基于中国管理实践的理论创新研究丛书

中国转型经济背景下企业创业机会与资源开发行为研究

蔡　莉　葛宝山等　著

科学出版社

北　京

内 容 简 介

本书以中国转型经济为背景,以学习过程为切入点,构建了创业机会-资源一体化开发行为概念体系,深入探究了创业学习在创业机会-资源一体化开发过程中的作用,揭示了创业能力在创业学习与创业机会-资源一体化开发行为中的深层次作用机理。通过探究创业学习、创业能力及创业机会-资源一体化开发行为三者之间的作用关系,突破现有理论研究的局限性,深入分析了中国转型经济背景下的创业行为特征和规律。基于生命周期理论,采用仿真技术探讨创业学习、创业能力与机会-资源一体化开发行为关系的变化特征,分析了创业机会-资源一体化开发行为的动态演化过程及机理。以企业创业战略的形成为切入点,深入研究了 LCOR 框架下创业战略的形成与演进问题。

本书适合从事创业研究和教育的专家和学者阅读。

图书在版编目(CIP)数据

中国转型经济背景下企业创业机会与资源开发行为研究 / 蔡莉等著. —
北京:科学出版社,2019.11
　(基于中国管理实践的理论创新研究丛书)
　ISBN 978-7-03-063067-4

　Ⅰ. ①中… Ⅱ. ①蔡… Ⅲ. ①企业管理-创业-研究-中国 ②企业管理-资源开发-研究-中国 Ⅳ. ①F279.23

中国版本图书馆 CIP 数据核字(2019)第 245951 号

责任编辑:王丹妮 / 责任校对:陶　璇
责任印制:吴兆东 / 封面设计:无极书装

科 学 出 版 社 出版
北京东黄城根北街 16 号
邮政编码:100717
http://www.sciencep.com

北京虎彩文化传播有限公司 印刷
科学出版社发行　各地新华书店经销

*

2019 年 11 月第 一 版　开本:720×1000　B5
2019 年 11 月第一次印刷　印张:19 3/4
字数:400 000
定价:178.00 元
(如有印装质量问题,我社负责调换)

丛书编委会

总　序

　　为了全面、系统、深入地研究与展示中国改革开放 40 年来的优秀管理实践与创新变革经验，聚焦中国管理实践的理论创新，国家自然科学基金委员会管理科学部于 2012 年首次启动了重点项目群的项目资助类型，资助了"基于中国管理实践的理论创新研究"重点项目群。该重点项目群旨在通过聚焦中国企业与组织的管理实践行为的多视角协同研究，充分发挥管理学多学科领域合作研究的优势，深度探索中国企业及组织管理的成功实践、作用机制及其发展演进机理。该重点项目群侧重研究在复杂多变和具有中国特色的管理制度、经济环境、社会与文化条件下中国企业与组织的管理模式、行为机制与成长策略。在此基础上，项目群拓展相关管理理论，探究创新机制，建构研究策略，尝试构建中国管理的理论创新，从而显著提升我国管理学基础研究和理论发展的原始创新能力。该项目群重点项目的主持人和项目名称如下。

　　（1）清华大学杨斌教授："中国企业战略领导力研究：集体领导力的理论模型及有效性"。

　　（2）中山大学陆亚东教授："中国企业/组织管理理论创新研究"。

　　（3）吉林大学蔡莉教授："中国转型经济背景下企业创业机会与资源开发行为研究"。

　　（4）浙江大学王重鸣教授："基于并行分布策略的中国企业组织变革与文化融合机制研究"。

　　（5）浙江大学吴晓波教授："中国企业自主创新与技术追赶理论研究：模式、机制与动态演化"。

　　（6）西安交通大学席酉民教授："建构中国本土管理理论：话语权，启示录与真理"。

　　五年来，在国家自然科学基金委员会管理科学部的指导下，"基于中国管理实践的理论创新研究"重点项目群的各项研究取得了一定的理论创新和研究成果，也积累了一些重点项目群有效运营和项目管理的宝贵经验。本系列成果论著从多个角度展现出该重点项目群研究的多项理论创新与实践成效。概括起来，在企业集体领导力特征、中国管理理论体系、创业机会与资源开发一体化、组织变革与文化融合、自主创新与技术追赶、本土管理模式六大领域取得了理论创新成果。

一、重点项目群取得的主要理论创新

重点项目群的各项目团队在"基于中国管理实践的理论创新研究"方面解决了哪些关键理论与实践问题呢？改革开放以来，中国管理经历了承包制改革、多元化经营、科技型创新、国际化创业、企业转制变革、数字化转型等重要实践，提出了一些新的重要理论问题与实践挑战。比较集中的问题有：中国管理的独特性、领导行为的新模式、技术创新的新路径、变革文化的新策略、创业行为的新视角与新战略、本土领导的新理论等。重点项目群的各项目团队紧紧围绕这些重要实践问题，开展了深度的实证研究与独创的案例诠释，取得了重要的理论创新。

（一）中国企业的集体领导力模型

清华大学杨斌、杨百寅项目团队完成的重点项目"中国企业战略领导力研究：集体领导力的理论模型及有效性"，以中国集体主义文化为背景，提出了"集体领导力"概念，并展开系统性研究，包括概念界定与梳理、测量工具开发与验证、理论检验和实际应用。该项目把集体领导定义为"有着共同理想和价值观的领导集体在民主集中制下分工合作、集体决策以实现集体利益最大化的过程"。其领导力来源于领导班子的众人智慧，以集体主义为社会文化基础，聚焦高层团队，扮演召集人与协调人领导者角色。中国企业通过领导团队内部充分交流和沟通以及组织成员的共识认同而形成领导力的过程，进而体现出多方协商机制、民主集中达成共识的决策机制。在此基础上，研究开发了"共同理想、分工协作、发展成长"三项中西方文化下的共有维度和"顾全大局、和而不同、民主集中"三项中国情境下的特有维度。围绕集体领导力结构维度的区分效度与聚合效度，组织基础的前因变量效应，验证个体层面、团队层面和组织层面的不同作用机制等开展了理论构建和实证检验，并对相关其他领导力研究（战略型领导、变革型领导、家长式领导等）的交叉验证和差异分析，开展了多层次的理论与实证研究，进一步拓展了对于中国情境下集体领导力的创新理解。

（二）中国企业的"合"理论体系

中山大学陆亚东项目团队所完成的重点项目"中国企业/组织管理理论创新研究"，探索以中国企业成长为目的，以战略管理为视角的中国企业管理中的"合"理论体系，包含复合、联合、相合、结合等核心元素，进而创建其竞争优势或弥补其劣势，关注资源与能力的"独特组合、开放利用和共生发展"，以合补短，以合促长，合则共生，从而创造出市场快速响应、高性价比、复合式服务的独特优势。该项目研究围绕中国与新兴市场企业的国际化理论体系，构建了包含"内向国际化、激进对外直接投资、国内转换能力、国内能力升级、全球能力增强"五步骤的上升螺旋模型及其动态机制。以中外、天地、古今思路做好中国特色管理理论的创新，并总结出中国管理学理论创新研究的六种方法：困惑驱动式、哲学引导式、分类式、框架式、比较式、隐喻式。这为优化和应用中国企业的"合"理论体系提供了切实可行的方法论。

（三）中国企业创业机会资源一体化理论

吉林大学蔡莉教授和中国人民大学徐二明教授团队完成的重点项目"中国转型经济背景下企业创业机会与资源开发行为研究"，聚焦于机会-资源一体化的视角，通过对 135 家创业企业（孵化器）的案例分析，围绕中国转型经济背景下的创业环境与企业内部因素特征，对创业机会-资源开发行为概念体系的构建及影响因素进行分析，创建了 LCOR（L 创业学习、C 创业能力、O 创业机会、R 创业资源）创业模型，并基于此模型对创业战略选择开展研究。该项目研究了中国转型经济情境下的创业环境维度，构建基于中国情境的创业研究体系。基于此，从创业环境中的制度环境视角切入，对制度创业下的机会-资源开发行为进行系统研究；系统提出机会-资源一体化概念体系并进行量表开发。以机会-资源一体化为研究视角，构建机会与资源作用关系模型，并就政府和市场强弱关系组合及特定行业背景下的机会-资源一体化行为进行分类研究；从知识视角揭示了创业学习机制，进而探究其与创业行为的作用关系；构建创业能力概念体系，探究创业学习到创业能力的转化机制；系统研究了创业战略的概念内涵及特征，并构建创业战略模型，进而深入探究机会、资源与创业战略选择的关系。该项目 LCOR 创业模型的构建，与 Timmons 模型互为补充，拓展和深化了创业行为理论。此外，该项目提出创业战略往往是在过程中形成的，同时提出创业战略是重行动、淡战略的过程。创业战略是活动积累的结果，这一结论是对传统创业战略理论的扩展。

（四）中国企业变革赋能行动理论

浙江大学王重鸣项目团队完成的重点项目"基于并行分布策略的中国企业组织变革与文化融合机制研究"，针对中国企业转型升级、全球创业、科技创业、云端运营、"互联网+"以及数字智能等重要实践问题，运用双栖演化行为策略和并行分布决策策略，以"文化竞合适应—团队决策选配—组织行动发展"为组织变革演进框架，通过深度案例分析、神经实验验证、专题问卷测量、企业数据库建模和现场准实验等一系列实证研究方法，创建了基于动态变革的问题驱动方法论和变革赋能行动理论。该理论包含三大维度：责任适应维度——创业社会责任理论，决策选择维度——前瞻警觉决策理论，赋能发展维度——创新赋能行动理论，以及基于两栖策略的变革文化融合三重机制等理论创新及其应用方法，这些理论和方法形成了中国企业变革赋能行动理论体系。该项目针对战略新兴产业发展、互联网与数字化转型、家族企业发展、企业国际化战略、企业转型升级和创业创新生态系统实践等当前典型的变革实践问题开展应用策略开发研究工作，并创建了包含 80 项案例的创业组织变革案例库和组织发展工具库。

（五）中国企业自主创新追赶理论

浙江大学吴晓波项目团队完成的重点项目"中国企业自主创新与技术追赶理论研究：模式、机制与动态演化"在长期扎根中国管理实践的基础上，通过对20 家典型企业为代表的跟踪式纵向案例研究的深度分析，系统研究了复杂多变和具有中国特色的制度转型、跨范式技术体制、多层次市场空间及新兴的全球网络与价值网络的中国情境下中国企业在范式转变的新构念"超越追赶"，并从技术范式转变和价值网络重组两个维度创新性地提出了基于自主创新的超越追赶模式，从技术追赶和市场追赶两个维度，丰富了对超越追赶内涵的诠释，积极探索中国企业技术追赶的模式、机制及创新能力演化规律，从而构建了超越追赶的管理机制。该项目进一步从知识产权控制和市场控制两个维度深度分析了超越赶超的非线性学习机制、迂回路径选择、迂回创新模式和创新能力要求，从而形成了超越追赶的新理论体系。

（六）中国本土和谐管理整合理论

西安交通大学席酉民项目团队所完成的重点项目"建构中国本土管理理论：话语权，启示录与真理"，基于情境依赖、主体互动的假设，深入研究与阐释了中国管理情境下领导资源获取的不同方式及领导资源偏好的一般特征，并围绕网络经济下资源与商业模式的新含义以及企业竞争优势的新来源，探索了组织适应新技术的背景和实现可持续发展的机制。项目研究取径多元范式，尝试了新的研究方法，从中国实际现象出发，让问题决定方法，从系统、批判性思维看待组织管理问题，并针对管理理论的基础问题和中国管理理论的构建进行了探索。该项目在组织应对环境复杂性的组织模式与动态机制、高新技术环境下的组织创新机制、组织与复杂环境及场域的互动机制和组织内部网络化的自治协作机制诸多方面取得创新，对于破除中国管理研究的单一范式之弊很有启发。

二、重点项目群的理论创新如何炼成

过去五年的重点项目群的探索与实践取得了宝贵的经验，主要表现在三个方面。

（一）专家指导与团队协同

重点项目群的设立，是国家自然科学基金委员会管理科学部的一项创新尝试，旨在集合一批国内的重量级学者投身于研究中国管理实践，提出中国管理理论创新的重要过程。重点项目群怎样才能充分整合优势和聚焦管理理论创新呢？由于重点项目群由多支跨领域的研究团队组成，如何强化多团队协作就成为新的探索。增强团队协作的创新方法是开展年度重点项目群团队交流与分享研讨会。来自多个重点项目群团队的海内外杰出专家学者就基于中国管理实践的理论创新研究这一重要专题进行报告、研讨和交流。

国家自然科学基金委员会管理科学部的创新做法是特邀了 5 位工商管理相关领域的国内外知名学者担任专家，成立了重点项目群专家指导组，对年度项目研讨会开展指导。各位指导专家对项目团队的研究进展汇报进行深度点评、热情鼓励并提出建议。清华大学的赵纯均教授、弗吉尼亚大学的陈明哲教授、南京大学的赵曙明教授、北京大学的武常岐教授、厦门大学的吴世农教授等专家指导组成员，在多次年度项目进展研讨会和中期检查会期间，先后就中国理论与管理实践的关系、中西方理论的对话、研究问题的聚焦、理论思路的精炼，乃至如何发挥研究成果的应用价值等问题和各项目团队进行了热烈的建设性讨论。他们在认真听取和审阅了各个重点项目的进展研讨中，指导各项目研究工作，建议各项目通过实证分析、案例研究、实验验证、脑电神经建模等多种研究方法，提炼中国管理实践理论，促进交叉领域间交流，深化理论进展和提升研究成果落地应用的方法。特别是勉励项目团队拥有一颗企图心，敢于尝试，敢于冒险，努力在理论创新上取得突破。

在此过程中，还就项目群指导专家组的成立、运营方式，项目群实施过程的协调、组织与管理机制进行了深入细致的讨论，形成了实施过程管理的相关约定。每次重点项目群年会，都发挥了沟通研究进展，分享新思想与新见解，探讨遇到的问题、困难以及合作需求等作用，显著推动了重点项目群的研究目标的最终达成。通过对各自科学研究和实践经验的分享，分阶段对促进中国管理实践的理论创新、中国企业的转型与超越、中国企业家的赋能与成长做出重要贡献。

（二）问题驱动与创新方法

"基于中国管理实践的理论创新研究"重点项目群，旨在以中国企业与组织的重要管理实践为研究对象，充分发挥管理学多学科领域合作研究的优势，多视角深度探索中国企业与组织管理的成功因素、作用机制、持续发展、演进机理，研究复杂多变和具有中国特色的制度、经济与文化环境下中国企业/组织的管理模式、行为模式与成长发展模式和建模理论，管理创新机制及其演化规律，提升我国管理学基础研究和理论的原始创新能力。为了达成这一目标，各个项目团队强化问题驱动，创新研究方法，努力融汇中西理论，连通古今文化，创造性地开展基于中国管理实践的理论创新研究，为中国乃至世界的管理理论作出很大贡献。

1. 定性分析与定量研究相结合

在"中国企业战略领导力研究：集体领导力的理论模型及有效性"项目的研究中，在理论思路构建的基础上，采用量表开发方法，识别与检验集体领导力的关键维度结构和测量方法，并通过实证方法检验其区分效度与聚合效度，以问卷调查方法验证了集体领导力对于绩效的预测效应。在"中国转型经济背景下企业创业机会与资源开发行为研究"中，项目团队综合运用分类案例分析与问卷调查，发现动态平衡灵活型知识整合和效率型知识整合对于提升高技术企业绩效具有显著作用，而灵活型与效率型知识整合则有助于高技术新创企业弥补创业能力。

2. 经典演绎与理论视角相整合

在"中国企业/组织管理理论创新研究"项目中，综合演绎中国古代经典理念，聚焦新型理论视角拓展，有效地整合了双元理论、动态视角、国际化视角、复合式视角，提出与检验了"合"理论，创新地解释为什么拥有普通资源和能力的中国企业能够实现成长的关键问题。在"建构中国本土管理理论：话语权，启示录与真理"研究中，项目团队因循和谐管理的研究足迹，以中国本土管理实践为出发点，尝试了一系列"宏观、中观经验理论"的本土建构，推进了和谐管理理论作为元理论、经验理论的体系化。

3. 问题驱动与多维实证相聚合

在"基于并行分布策略的中国企业组织变革与文化融合机制研究"项目中，首创问题驱动、情境嵌入、机制聚焦的新方法论，通过深度案例研究、脑神经认知实验、准实验现场实证等多构思多方法，聚合式验证了变革赋能行动理论的责任适应、决策选择和赋能发展三维理论体系及其三重演进机制。在"中国企业自主创新与技术追赶理论研究：模式、机制与动态演化"项目中，运用深度案例跟踪方法，建构了制度、技术、市场、网络四维情境下的自主创新的知识产权控制与市场控制两个分析维度，从而验证了超越追赶理论的多维体系及其动态演化机制。

（三）策略构建与成果应用

"基于中国管理实践的理论创新研究"重点项目群显著推动了各校的科研能力建设与专业队伍培养，并且对中国特色的管理实践应用具有重大的指导意义。

清华大学杨斌、杨百寅项目团队在研究策略上体现出概念构建、测量开发、变量定位、机制检验的严谨方法论运用和集体领导力在多类企业的应用；中山大学陆亚东项目团队通过创造性地利用"合"理论（包括复合、联合、相合、结合），提出了中国企业增强自身竞争优势或弥补其劣势的策略；浙江大学的王重鸣项目团队强调通过长期承担项目研究而增长团队创新能力与研究模式变革精神，并在变革赋能行动理论的应用上创建了创业组织变革案例库和组织发展策略库；吉林大学蔡莉项目团队和浙江大学吴晓波项目团队都运用深度纵向案例分析方法，在聚焦理论建构基础上提炼出中国企业的创业创新模式与策略；西安交通大学席酉民项目团队则通过多元范式，从中国实际现象出发，让问题决定方法，并从系统、批判性思维看待组织管理问题和探讨管理理论范式及中国管理策略的开发。

让我们检阅本系列专著的组织管理理论创新成果与应用价值：中国企业集体领导力、中国管理"合"理论体系、中国企业创业机会资源论、中国企业变革赋能行动论、中国企业超越追赶论、中国本土管理理论。从国家自然科学基金委员会管理科学部资助的首个重点项目群的研究与应用成果来看，理论创新与策略应用紧密结合，源于中国管理实践，用于指导新的实践，正在取得持续的创新成效！

重点项目群专家指导组

2018 年 6 月

前　言

　　国家自然科学基金重点项目"中国转型经济背景下企业创业机会与资源开发行为研究"开始于 2012 年。改革开放以来，我国历经 40 多年的快速发展，业已成为世界第二大经济体。创业在促进经济增长与发展方面起到了举足轻重的作用。创业环境和创业行为呈现出独有的"双元性"（ambidexterity）特征。在宏观层面上，如政府和市场两种作用机制并存，传统和现代两种经济发展方式并存。在微观层面上，如创业企业发展面临不断在效率与弹性、专业化与多元化、短期利润与长期成长等之间进行平衡。在此特殊背景下，创业环境和企业创业行为也存在着许多突出的问题，在创业环境方面存在创业要素市场不完善，创业政策缺乏创新性、稳定性和有效性等问题。在企业创业行为方面存在缺乏创新性、过于依赖政府政策、企业发展后劲不足，以及创业行为与企业发展的生命周期不匹配等问题。基于此，我们深刻地意识到中国企业的创业实践需要更加深入的、创新性的理论研究来指导企业所面临的困境。因此，本书的目标是以中国转型经济背景下新企业为对象，通过研究打开其创业行为过程的黑箱，揭示创业行为的作用机理。

　　尽管创业环境、机会开发、资源开发、创业学习和创业能力都是创业活动中不可或缺的要素，且在一定程度上得到了学者们的关注，但已有文献大多基于单一要素视角开展研究，对创业过程中要素之间的相互作用关系却鲜有涉及，且很少有文献将创业学习、创业能力、机会与资源开发行为整合在一个研究框架中。然而，创业是一个过程，伴随这一过程的是上述要素之间复杂的交互作用，因此仅从单一要素理解创业过程是片面的。为了更为全面、深刻地揭示创业过程的本质，构建更为完善的理论，我们需要进一步从过程视角出发，系统探究创业过程中各要素之间的作用机理。

　　首先，基于整体性（wholeness）和作用性（force），我们认为创业过程所涉及的各个要素在作用性的驱动下产生联系进而形成一个整体，因此需要用整合的思路研究创业过程中 LCOR（L-learning，学习；C-cabability，能力；

O-opportunity，机会；R-resource，资源）之间的作用关系，而这恰恰被已有研究所忽视。具体而言，在已有关于机会和资源的研究中，机会开发与资源开发主要被视为两个独立存在的行为，学者们大多对其割裂地进行研究。然而，当我们从创业过程审视机会和资源开发行为时就会发现，创业机会与创业资源二者互为条件、不可分割，机会开发离不开资源，资源开发也离不开机会，因此需要整合机会观和资源观重新定义创业概念。基于此，研究提出了"创业机会-资源一体化开发行为"的概念，并构建其概念体系。此外，创业不仅是机会-资源一体化开发的过程，还是学习的过程和能力形成的过程。在创业过程中，创业者需要通过不断地获取、共享、整合和利用新知识，即通过创业学习来构建灵活的创业能力体系，进而不断在所面临的各种挑战下调整机会-资源开发行为。总体而言，创业过程中的学习、能力、"机会-资源"之间相互关联、密不可分，需要将L-C-O-R整合起来研究，才能揭示创业过程的本质。因此，本书的核心内容是构建创业学习（L）、创业能力（C）、创业机会（O）-资源开发（R）行为之间关系的创业理论模型（简称 LCOR 创业理论模型），在明确创业学习、创业能力以及"机会-资源一体化"概念体系的基础上，探究它们之间在创业过程中的作用机理。

其次，基于开放性（openness），可以从情境视角研究 LCOR 与外部环境的关系。创业过程嵌入在一定的社会和组织环境中，一方面，由于创业环境，尤其是转型经济这一特殊环境处于不断变化中，驱使创业企业不断调整创业行为以应对环境的高度不确定性；另一方面，企业的创业行为也能够重塑和改变其所处的创业环境，如制度创业。因此，有必要将环境纳入拟构建的创业理论模型中，探究环境与创业行为之间的作用机制。此外，基于时间性（temporality），可以从动态视角研究 LCOR 要素之间的关系。LCOR 要素之间以及 LCOR 与外部环境之间的互动都是基于时间的流逝展开的，因此本书进一步将企业生命周期纳入理论模型之中，动态地分析在企业生命周期的不同阶段各要素之间的作用机理。最后，基于潜在性（potentiality），创业作为一个过程，随着创业主体和环境不断相互作用，会产生不同的结果，因此我们的理论模型还包括创业行为的产出。

本书首先对创业过程中的 LCOR 及环境要素的概念体系进行研究，为探究各个过程要素之间作用机制奠定理论基础。同时，对关键要素的测量展开研究，为验证要素间的作用机理打下基础。其次，基于所建立的概念体系，从过程视角探究创业过程中各要素之间的作用机理，并对关键要素间的作用机理进行实证检验。因此，本书主要分为两个部分：①概念体系及测量研究；②LCOR 作用机理研究。

本项目围绕 LCOR 创业理论模型共发表论文 118 篇，其中发表文献综述 20篇，所提出的机会-资源一体化思想，以及所构建的 LCOR 概念体系和开发的相关量表为后来学者们进一步研究公司创业、新企业机会开发和资源开发，以及创业学习、创业能力等方面所借鉴。此外，通过系统梳理近年来国外学者关于创业机会、创业资源、创业学习、创业能力及其之间关系的研究发现，LCOR 一体化的思想、创业学习跨层面转化、创业学习向创业能力转化等思想也得到了国外学者研究的印证。

　　本书的主要理论贡献在于将过程视角应用于创业研究领域，并重新定义了创业理论模型，深入揭示了创业过程的内在机理。对经典的 Timmons 创业思想进行系统总结发现，Timmons 模型表明创业就是创业者在不确定的外部环境下，如何协调机会与资源之间的关系从而创造价值的过程。Timmons 模型是一个有关创业过程的解释性模型，不是理论模型。本书从学习和能力视角，整合资源基础观，界定了中国情境内涵及要素，以及创业学习、创业能力和机会-资源一体化等概念体系，基于中国转型经济情境构建了 LCOR 创业理论模型，并进行了实证研究。此外，构建的 LCOR 创业理论模型也进一步完善了手段导向理论。手段导向是一种在高度不确定性环境之下普遍的行动逻辑，强调创业企业以创业行动为导向，基于已有资源选择或创造可行的机会，同时强调在探索新机会过程中反复迭代的试错过程，而这些过程均为企业创业学习提供了丰富的机会，因此手段导向也是促使新企业持续开展学习以提升创业能力的关键因素。手段导向的观点进一步验证了 LCOR 创业理论模型的合理性，基于模型开展的研究也进一步丰富了手段导向理论。其实践意义在于指导中国新企业在高度不确定的转型经济背景下如何准确地把握创业机会、科学地开发资源，以及如何切实可行地开展有价值的创业学习等创业活动，提升创业能力以实现成功创业，并为我国政府部门制定相关创业政策、改善创业环境提供参考。

　　在本项目研究结束之后，我们欣喜地发现学者们还进一步深化了 LCOR 之间关系的研究。如 de Massis 等（2018）从行业视角探讨机会和能力之间的关系，提出并界定了基于行业的创业能力概念，认为该能力能够为创业者创造和发现机会提供独特的见解，进而促进机会的成功开发，同时探讨了行业流动性对上述关系的影响。Khanagha 等（2018）探究数字化技术情境下企业资源和能力开发行为，研究基于云计算数字平台企业如何开展复杂创新活动来应对数字化技术的挑战，提出企业通过多种实验和试验、部署策略（deployment strategy）和生态系统构建等方式来不断重组资源、构建错位能力（misalignment capability），以匹配不同市场的客户需求。此外，有学者开始基于创业过程通过质性研究的方法构建理论模型，并从哲学层面探讨创业行为，如 Snihur 等（2017）基于过程视角，进一步探究创业企业如何持续与外部主体互动以实现机会-资源开发的过程，并构建出包括编译（translation）和转换（transformation）两阶段在内的机会-资源开发过程模型。

　　基于对近年来相关研究成果的梳理，我们提出以下未来研究方向：①从哲学层面深入探究创业行为的逻辑以构建创业理论，即运用哲学思维开展创业研究。哲学思维立足于从有寻无，从相对探寻绝对，以揭示事物的本质与发展规律（李艳艳和许佳君，2018）。脱离哲学思维的研究将缺乏对实践的批判性和反思性，以及从实践到理论的辩证逻辑，导致理论脱离实践。当前有些学者简单地将西方理论移植到中国情境下进行创业研究，导致研究结论的片面，甚至与实际相背离。因此，未来有必要从哲学层面开展创业研究，以提升理论的科学性。②过程视角的研究需要进一步展开。过去五年，本项目基于过程视角已经对机会-资源一体化开发行为、创业学习过程，以及创业能力形成过程等开展了深入的研究，未来仍需要进一步从该视角对中国独特情境下的创业行为开展深层次的、动态的机理研究。③互动视角的研究。近年来一个明显的研究趋势是学者们开始关注个体、组织与环境之间的互动关系，如 Suddaby 等（2015）认为创业取决于创业者反身性（reflexivity）和环境烙印（imprinting）之间更微妙的融合。Rae（2017）在研究创业学习过程时提出创业者、利益相关者以及环境之间需要产生人员、思想和资源的"双向流动"才能进行有效的创业学习。因此，未来研究需要进一步揭示要素间互动过程的作用机制。④开展创业生态系统层面的研究。近年来学者们开始强调生态环境对创业的重要性，并呼吁从生态系统层面开展创业行为研究，如 Rae（2017）提出需要在商业、政治、学术、文化和专家层面建立和维护良好的社会资本和关系网络，即生态环境，以促进资源的双向流动。Abdelgawad 等（2013）和 Teece（2017）开始探讨创业能力与企业所在生态系统的关系，但目前的研究理论支撑较弱。因此，未来需要基于生态系统进一步开展跨层面的创业过程研究，并探讨生态系统内外部企业创业行为的差异，以构建系统化的创业生态系统理论。⑤多视角结合的研究。本项目所选择的研究对象均为创业者或新企业，然而通过文献梳理我们发现，已经有学者将新颖的分析对象引入创业研究，如 Breslin 和 Jones（2012）在研究创业学习演化过程时将知识作为分析对象，探究知识与环境之间的互动。作者提出部分知识所具有的集体性质使得其更有利于抓住创业学习过程的本质。因此，未来可以创业过程中的不同要素为分析单元，从多个角度揭示并相互验证创业过程的本质特征。⑥多方法融合的研究。当前创业研究领域的大多数实证研究主要利用统计调查和案例研究来进行，但是新企业创建与早期成长是一个复杂的、非线性的过程，在不同情境下，呈现出不同的规律性，这些规律有时很难通过上述一般性的分析方法体现出来，因此未来要融合实验、仿真、叙事分析等方法展开研究，以突破现有研究的局限性（Jennings et al.，2015；Welter and Kim，2018）。

　　最后，需要特别提出的是，未来还需要深入探究新情境——创新驱动背景下的创业行为机理。当前全球新一轮科技革命、产业变革加速演进，互联网、大数据、云计算、新能源、人工智能等颠覆性技术不断涌现，技术与创业资本的有机结合，为创业提供了前所未有的机会，创新驱动也成为许多国家谋求竞争优势的核心战略。在此背景下，党的十八大首次明确提出实施创新驱动发展战略，将科技创新摆在国家发展全局的核心位置。《国家创新驱动发展战略纲要》中进一步强调创新驱动是国家命运所系，并做出科技创新和体制机制创新双轮驱动的战略部署。在此技术和制度不断变革的新情境下，创业过程的边界（Briel et al.，2018；Nambisan，2017），以及企业机会开发、资源开发、创业学习等创业行为范式将发生巨大变化，对已有的创业理论提出了巨大的挑战，因此，未来需要深入探究创新驱动下创新和创业相融合的创业模型，进一步揭示LCOR要素之间的作用机理；聚焦于独有的中国情境，研究政府与市场双元驱动的创业活动规律，重新构建符合当代技术背景和中国情境的创业活动的新理论和新方法，进而提出创新驱动型创业的理论范式。

参加本书写作的教师包括：蔡莉、葛宝山、李雪灵、费宇鹏、陈海涛、朱秀梅、尹苗苗和郭润萍。为本书写作做出贡献的同学有于婷、万妮娜、马艳丽、马蔷、王一、王冲、方琦、申佳、生帆、吉森淼、吕庆文、任海、刘月、刘国亮、孙嘉璐、杜小民、杨斐、宋姗姗、张立维、张惺、陆帅军、陈彪、赵杰、高洋、黄翔、崔月慧、续媞特、蒋大可、程龙、鲍明旭、谭凌峰（按姓氏笔画排序）。博士生蔡义茹和杨亚倩同学为本书的校对做了大量的工作。本书由蔡莉教授和葛宝山教授统编定稿。

本重点项目是与中国人民大学徐二明教授团队合作完成的，项目研究过程中徐二明教授团队各位老师和同学的观点和成果对本书的撰写具有启发意义，在此对该团队的工作表示衷心的感谢。

本书的公开出版得益于国家自然科学基金的资助和科学出版社的大力支持，在此表示衷心的感谢。

蔡　莉　葛宝山

2019 年 4 月于吉林大学南岭校区

目　　录

第1章 绪 论

1.1 研究背景

改革开放40多年来，我国经济发展已经取得举世瞩目的成就，并已成为世界经济强国之一。毫无疑问，创业在促进经济增长与发展方面起到了重要的作用，尤其是近10年来创业的作用更加明显，并在创业环境和创业行为方面呈现出独有的"双元性"特征。在宏观层面上，如计划与市场两种经济形态并存，政府和市场两种作用机制并存，传统和现代两种经济发展方式并存，等等。在微观层面上，创业企业发展同样面临着多种"双元性"，如不断在效率与弹性、专业化与多元化、短期利润与长期成长、机会与资源、守业与创业等之间进行平衡。处于中国转型经济背景下的创业企业，正以不同的方式变得更加"双元化"，其创业行为也必然呈现出自身特色。因此，系统研究中国企业的创业行为，无疑对创业管理研究领域具有重大的理论贡献，对中国经济的发展乃至对世界经济摆脱危机也具有现实意义。但是，我们必须清醒地认识到中国的创业环境和创业行为仍然存在着许多突出的问题，需要更加深入的、创新性的理论研究来解决面临的困境。

广义的创业行为指企业在发现、评价和利用创业机会过程中所有行为的集合（Kuratko et al.，2005）。Shane 和 Venkataraman（2000）认为机会识别是初始的创业行为，而且，在识别创业机会的基础上，需要开发有限的资源来利用机会创造价值，因而资源开发也是创造价值的创业行为。持有机会开发和资源开发整合观点的学者认为，创业行为指企业创造性地开发资源以追求机会进而实现机会价值的一系列行为（Gartner，1985；Zampetakis and Moustakis，2007）。从这些学者的观点中不难看出，创业机会开发与资源开发是难以分割的。中国转型经济背景下创业企业在面对大量创业机会的同时也受到较大的资源约束，如何有效地整合机会开发和资源开发就成为创业成败的关键。因此，有必要突破前人仅以机会开发或资源开发为核心的创业行为研究局限，将企业创业行为界定为机会开发与资源开发的整合行为，从中国转型经济情境下的创业环境与组织内部因素特征、创业学习（learning）与创业能力（capacity）、机会（opportunity）-资源（resource）开发着手进行深入探究。

1.2　理　论　价　值

1.2.1　国内外理论发展现状

当前，学者们对与创业行为相关的机会开发、资源开发、创业学习、创业能力及创业战略等方面进行了较为深入的研究。

1. 创业环境特征

从现有研究看，中国转型经济背景下独特的创业环境可从制度、市场和文化三个方面加以分析。一些外国学者认为，从制度环境看，中国转型经济背景下的制度不完善、缺乏稳定性（Hoskisson et al.，2000；Li and Zhang，2007），法律、法规的执行力不足（Delios and Henisz，2003），以及政府对经济存在干预（Faccio，2007）等是中国制度环境的重要体现。从市场环境看，这种独特性主要表现为市场逐步开放，但区域发展不平衡，竞争加剧，且竞争机制不完善，国有企业垄断现象仍较严重（Bruton et al.，2008；Hisrich and Ozturk，1999）。中国独特的文化环境主要表现在集体主义、关系利用倾向性和风险规避三个方面（Li and Zhang，2007）。这些独特的环境要素深刻地影响着中国企业的创业行为。

2. 组织内部因素特征

组织内部因素主要是指组织内部影响企业创业行为的因素。从对相关文献的梳理来看，可以将其分为组织结构、组织文化、资源特征、创业者/高管团队等方面（Hornsby et al.，2002；Ireland et al.，2009；Lumpkin and Dess，1996；李新春和刘莉，2008）。这些内部因素在很大程度上影响着企业的创业行为，同时在中国转型经济背景下具有一定的独特性。例如，有人认为，在组织结构方面，存在集权化、官僚化现象，特别是国有企业该特征更为明显（胡承波和毕育恺，2007），并且存在行政型治理结构与经济型治理结构演化与共生的现象（李维安等，2010）。在组织文化方面则强调对权威的尊重，对集体主义、面子和关系等的认同（张勉和张德，2004），注重"人际思考"而不是"组织思考"（Hui et al., 2004）。在资源特征方面表现为初始资源的约束性较强，较为依赖网络资源（Ahlstrom et al., 2000；Yiu and Lau, 2008）。在创业者/高管团队方面，领导方式（席酉民和韩巍，2001）、价值观和信仰（孙海法和伍晓奕，2003）等方面与西方成熟经济体存在较大的差异性，而且中国创业者/高管团队往往缺乏在市场环境下竞争的相关经验（Sheng et al., 2013）。

3. 创业学习相关研究

现有文献对创业学习的研究集中在学习主体、方式、程度和过程四个方面。从主体角度来看，创业学习研究可分为个体层面学习和组织层面学习，其中个体层面学习主要分析创业者如何获取或创造知识以创建或管理企业（Politis, 2005），组织层面学习主要分析创业企业如何通过学习过程来积累知识、构建能力以应对外部环境变革（Lumpkin and Lichtenstein, 2005）。从学习方式角度来看，学者们主要关注探索式和利用式学习（March, 1991；Politis, 2005），获得式和体验式学习（Zahra et al., 1999），经验学习、认知学习和实践学习（Lumpkin and Lichtenstein, 2005）等不同学习方式对创业知识获取的影响。从学习程度角度看，主要探讨创业学习的深度、广度、速度和强度等问题（Zahra, 2012）。从创业学习的几个研究视角看，有关学习过程的研究较多，现有研究借鉴 Huber（1991）的成果，主要基于知识管理视角研究组织层面的创业学习过程，如 Zahra（2012）从知识识别、转移（包含共享和沟通）、整合和利用几个阶段来分析学习过程，Lumpkin 和 Lichtenstein（2005）从信息和知识的获取、共享和储存几个阶段来分析学习过程。

创业学习对机会开发与资源开发具有重要影响，特别是在新企业创建阶段，学习是创业过程的核心（Cope, 2005），对机会识别与资源获取意义重大（Politis, 2005）。创业学习有助于新企业克服新生劣势。知识的获取、积累和创造过程（Corbett, 2007）以及不同学习方式（Zahra et al., 2006）都会影响机会的有效识别、评价与利用，影响资源的有效获取、整合和利用。

4. 创业能力相关研究

创业能力是"识别、预见并利用机会的能力"，是创业过程的核心能力（Hanks et al., 1993）。对创业能力的研究主要从个体和组织两个层面展开。个体层面的创业能力研究主要关注创业者能力，包括预见能力、政治能力、行动能力和技术能力；组织层面的创业能力较为广泛，存在不同观点，如 Javidan（1998）从资源、职能能力、竞争力和核心能力四个层次来分析创业能力，其中核心能力处于最高层次。而 Winter（2003）将组织创业能力分为普通能力和动态能力，其中动态能力可以扩展、完善或创造普通能力（Grewal and Slotegraaf，2007），特别是在快速变革的环境下这种作用更加明显（Wu，2007）。

无论是个体层面还是组织层面的创业能力都会影响机会开发和资源开发行为，如 Man 等（2002）指出网络能力使创业者获得有效信息以帮助识别有价值的创业机会，同时还能帮助创业者在资源匮乏的环境下开发这些机会。Hoopes 和 Madsen（2008）指出异质性的组织能力会促进创业机会的开发。

5. 机会开发相关研究

机会开发是创业活动中的典型行为，包括机会识别、评价和利用三个子行为（Shane and Venkataraman，2000），从机会视角研究创业行为成为学者关注的焦点（Barreto，2011）。较多学者基于不同视角，包括人力资本视角（Ucbasaran et al.，2009）和学习视角（Corbett，2007）等来分析机会开发行为，也有学者关注创业者特性、资源获取对于机会开发的影响。总体而言，可以将这些研究分为两部分，即分析组织外部因素和内部因素对机会开发的作用。

外部因素相关研究主要关注外部环境对机会开发的影响（Lumpkin and Lichtenstein，2005），如政府政策变化、市场需求变革、行业变革等对机会识别、评价与利用的影响。由于中国转型经济背景下独特的制度、市场和文化环境（Park and Luo，2001；Sheng et al.，2013），在机会开发方面也存在独特性，如有各种丰富的创业机会（Li et al.，2008）、由制度洞产生创业机会（Sobel，2008；Webb et al.，2011）、资源的强约束性使得机会开发面临障碍等（Wiklund and Shepherd，2008）。内部因素主要关注组织结构和组织规模（Liao et al.，2009）、资源特征（Aspelund et al.，2005）和创业者/高管团队特征（Zahra et al.，2005）等对机会识别、评价与利用的影响。同时，由于处于不同生命周期阶段，企业面临的组织内、外部因素存在较大的差异性（薛红志，2011），因此机会开发的特征也有所不同。

6. 资源开发相关研究

资源开发是企业构建资源组合以整合资源或提升能力，从而应用其能力开发商业机会、为顾客创造价值以实现企业竞争优势的过程（Sirmon et al.，2008）。资源开发包括资源的识别、获取、整合以及利用四个子行为（Sirmon et al.，2007；蔡莉和柳青，2007；柳青和蔡莉，2010），现有研究主要围绕资源开发过程展开，并着重关注了资源获取与资源整合两部分：①资源识别，即创业者对资源加以评价，并细化需求和确定来源的行为。资源识别的研究主要关注了那些对于创业活动比较重要的资源，如社会资源、知识资源、政治资源等（West et al.，2008）及其对创业的作用，资源识别受初始资源、组织结构的影响。②资源获取是当前学者研究最多的部分，其中资源获取与企业绩效之间的关系研究受到的关注最多。另外，初始资源、创业网络、组织结构和创业者特性（Auken et al.，2009；Zhao and Lu，2016）都会影响企业的资源获取。③资源整合，即对资源给予配置以形成能力的过程（Sirmon et al.，2007），有助于企业创造新知识，促进企业绩效，这种影响效果随创业者特性、企业结构和组织规模的不同而存在差异（Brush et al.，2008），并受创业网络、战略导向的影响（Sirmon and Hitt，2003）。④资源利用。资源利用是对资源整合形成的能力予以调动、协调和配置的行为，有助于提升企业绩效（Craig et al.，2004），而组织规模、组织结构以及战略导向等影响资源利用（Sirmon and Hitt，2003）。

从转型经济角度来看，独特的制度、市场和文化等外部环境使中国企业资源开发行为存在独特性，如制度的快速变革及政府对于稀缺资源的控制、市场需求的不确定性等使企业需要不断调整资源开发行为（Sirmon et al.，2007；Townsend and Busenitz，2015；Desa，2012），同时关系的利用、集体主义、风险规避等文化因素也会影响企业的资源开发行为（Li and Zhang，2007；Rooks et al.，2016）。在企业生命周期不同阶段，由于外部环境和内部因素的不同，资源开发行为也存在差异（Sirmon and Hitt，2003；柳青和蔡莉，2010；Gedajlovic et al.，2013）。

7. 创业战略相关研究

对于创业战略的概念，现有研究主要分为两派：一种认为创业战略是指新企业所采取的战略（Sandberg and Hofer，1987；Symeonidou et al.，2017），另一种则认为创业战略是指具有创业风格的企业战略（Dess et al.，1997；Crawford and Kreiser，2015），其研究对象既包括新企业也包括成熟企业。成熟企业的创业战略更加注重公司层面及长期导向的战略，如多元化、国际化等，而对于新企业的战略，国内外学者从不同角度进行了类型划分，如国外学者 Park 和 Bae（2004）基于 Porter（1980）的研究，根据目标市场、进入行业的成熟度、技术能力水平将创业战略划分为本地防御性模仿战略、本地化超前战略、本地化替代进口战略、创造性模仿战略、国际化新兴跟随战略、国际化成熟行业差异化战略、国际化新兴行业创新战略；国内学者林嵩等（2006）也基于现有文献的梳理，将创业战略划分为产品创新战略、市场定位战略、产品范围战略、市场进入战略和市场竞争战略。目前对于创业战略的认识与解读学者们还未达成一致，没有一个统一的研究框架。

企业机会开发与资源开发行为都会影响企业的创业战略。例如，Deligianni 等（2017）提出运用手段导向的新企业通过不断试错寻求新机会，保持必要的灵活性进行调整，同时利用预先承诺，通过控制成功开发机会，促进了产品多元化战略的实施。Zhang 等（2009）提出不同类型的资源会影响企业的融资战略，如果创业者具有较高社会地位和相关行业经验，可以增强创业者网络关系的丰富性，促使企业运用网络的方式进行融资；如果创业者具有较多的管理经验和市场经验，会增强创业者与陌生人之间的交流，促使企业运用市场的方式进行融资。

1.2.2 理论贡献

从目前的已有研究成果看，现有研究对于揭示中国转型经济情境下的创业行为规律和指导中国企业有效地进行创业机会与资源开发还存在以下不足之处。

1. 缺乏对中国转型经济背景下影响创业行为的创业环境、企业内部因素及之间作用关系的深入研究

中国转型经济背景下，制度、文化和市场等方面都呈现出独有的特征，与发达国家创业环境有本质的不同。因此，环境特性（动态性、宽松性和复杂性）及其背后的环境要素特征也存在独特性，但目前缺乏对影响中国企业创业行为的环境特性的深入研究。影响创业行为的组织内部因素的独特性以及创业环境对组织内部因素的作用机制研究匮乏。特有的中国情境对创业行为的影响是通过这些独特的因素实现的。正是这些独特因素的影响使得中国企业的创业行为存在独特性，因此需要对这些影响因素进行深层次的系统研究。

2. 基于机会开发与资源开发整合视角的创业行为研究仍然不足

中国转型经济背景下创业企业在面对大量创业机会的同时也受到高度的资源约束，创业企业需要平衡机会开发与资源开发二者的关系，仅仅关注一个方面不足以成功地进行创业活动。从总体看，目前关于机会开发与资源开发两个主题的单一视角研究成果较多，但基于中国情境，从整合视角对机会开发与资源开发行为进行的一体化系统研究还极为缺乏。

3. 创业学习、创业能力对企业创业行为的内在推动机理研究不足

中国转型经济背景下创业学习和创业能力对企业创业行为的作用越来越重要。虽然目前对创业学习和创业能力已进行了多视角、多层面的研究，但关于创

业学习对创业能力的作用机制，以及创业学习和创业能力对创业行为的深层作用机理的研究仍较为缺乏。特别是，关于中国转型经济背景下创业学习机制，创业能力的构成及层级体系，创业学习、创业能力对中国企业创业行为的内在推动机理的研究非常必要，但目前还存在很大局限性。

4. 基于动态视角的创业行为研究仍然不足

转型经济背景下的创业环境以及企业内部因素等都处于不断的变革中，因此创业行为具有动态性和复杂性的特征。虽然有些学者试图通过纵向数据或案例分析揭示创业行为的动态规律，但这类研究多局限于生命周期阶段的截面研究，对于不同生命周期阶段创业行为的特征及各阶段行为特征的比较研究仍然较少，对创业行为如何随生命周期而演化的研究则更少。从研究方法看，前人多采用案例跟踪研究及基于企业生命周期各阶段的截面数据的比较研究等方法对创业行为进行动态研究，而采用这些方法还不能完全真实地反映创业行为的演化过程，因而迫切需要探索能揭示创业行为演化规律的研究方法。

5. 缺乏中国情境下企业创业战略选择背后的推动机制研究

创业战略的选择需要与组织外部环境和内部因素相匹配，特别是在中国转型经济和新时代背景下，创业企业面临着较多不确定性，企业选择符合自身发展的创业战略至关重要又难以把握。而现有关于创业战略的研究大多关注于其内涵、类型划分、框架体系构建及与环境的作用关系，忽略了在中国转型经济和新时代新兴技术（互联网技术等）不断涌现的背景下，从动态演化的视角探索企业创业行为对战略的影响机制研究，更少有学者关注创业学习和创业能力对企业创业战略的影响。

弥补上述研究不足正是本书所要追求的学术贡献。针对以上理论研究的不足，并结合中国转型经济情境的特征，本书将深入研究以下问题：①转型经济背景下影响企业创业行为的外部环境与内部因素特征及其作用关系；②中国企业创业行为的独特性及创业机会开发与资源开发整合行为体系构建；③创业学习和创业能力如何影响创业行为；④创业行为的动态演化规律；⑤创业战略的形成及与创业学习、创业能力、机会开发与资源开发的关系。

本书的理论贡献：①结合创业研究的机会视角和资源视角，构建创业机会-资源一体化开发行为体系，开发适合中国情境的创业机会-资源一体化行为量表，为开创和拓展基于机会与资源开发整合视角的创业理论研究奠定坚实的基础；②以创业学习为切入点，界定了创业学习、创业能力、机会-资源一体化等概念体系，揭示与中国转型经济情境相适应的创业学习、创业能力和创业机会-资源一体化开发行为之间的作用机理;③基于动态视角,探究 LCOR 的演化机制;④基于 LCOR 所提出的创业战略形成与演进规律,验证并丰富了传统的战略形成思想,完善了创业战略理论。

1.3 实 践 意 义

目前中国在创业环境和创业行为等方面存在着一些突出的问题。在创业环境方面:①经济转型过程中创业要素市场不完善,资源约束问题越发严重。2010年全球创业观察(Global Entrepreneurship Monitor,GEM)报告指出,中国的创业资金来源较为有限、技术人员短缺、创业人才的创业意识薄弱、相关教育投入不足。同时,政府在很大程度上控制着稀缺资源,如银行信贷、土地等(Sheng et al.,2013),这使创业企业的资源利用成本较高,凸显资源约束问题。②创业政策缺乏创新性、稳定性和有效性,使这些政策难以转化为有效的创业行为。③缺乏包容创业失败的文化。

我国企业在创业行为方面也面临着诸多严峻问题:①创业行为缺乏创新性。中国企业的创业行为和战略实施多数是模仿国外的企业(Fernhaber and Li,2010),一些创业企业甚至忽略了中国特有的情境,盲目跟风进行多元化和国际化,最后导致创业失败。真正具有创新性的创业行为仍然较少。②创业行为过于依赖政府政策,具有明显的"政策导向"。③缺乏市场竞争经验,存在不良竞争行为。随着市场经济的不断深入发展,市场竞争格局发生着深刻的变革,但管理者往往缺乏理性思维和在激烈市场环境下竞争的经验,甚至导致无序的不良竞争。④企业发展后劲不足。企业原有的技术、商业模式、运营模式和增长模式已经不能够支撑其可持续发展。⑤创业行为与企业发展的生命周期不匹配,一些小企业盲目学习大企业的经营方式和管理模式,一些大企业在危机出现时才考虑组织更新和战略转型等。

我国企业创业行为之所以存在上述问题,一方面源于中国所处的转型经济情境;另一方面则由组织内部原因所致:企业长期忽视对其外部环境、自身条件和企业发展规律的跟踪研究和科学认识,即多数企业缺乏与环境相适应的组织层面的学习制度、机制和文化,也就是存在彼得·圣吉所讲的组织学习障碍;同时,企业长期不注重自身能力,尤其是创业能力的建设。

转型经济情境下,我国创业环境的基本特征就是高不确定性。创业企业在这样的复杂环境中需要不断地学习,持续获得新知识以提高创业行为的有效性,以此取得创业成功。从本书项目组成员近年来对企业的深度访谈和跟踪研究中能深刻地体会这一点。创业学习过程构建了新的能力与知识体系，有利于组织更好地保持在高不确定环境中对机会的识别和把握（Arikan and McGahan，2010），从而创造更高的绩效。创业学习不仅发生在个体层面，还发生在团队层面和组织层面上（Crossan et al.，1999）。创业学习过程的研究有利于我们理解机会开发行为如何在个体层面与组织层面之间进行转化。由于学习能够为企业提供有价值的战略选择（如捕捉机会），因而在机会识别过程中创业学习不仅加强了机会识别的能力，同时为战略选择奠定基础。创业学习还有利于提升管理资源的能力，有利于企业重新构建资源基础或重新整合资源，进而促进创业活动的开展（Wang and Zajac，2007）。

因此，创业企业需要不断地进行学习来提升创业能力，准确地甄选机会，并有效地开发资源以匹配创业机会，这正是本书需要解决的主要问题。本书的目的就是在实践上指导中国创业企业准确地把握创业机会，科学地开发资源，切实可行地开展有价值的创业活动，并为我国政府部门制定相关创业政策、改善创业环境提供参考。

1.4 本 书 结 构

是否能有效整合机会开发与资源开发行为是创业企业成败的关键所在。中国转型经济背景下，外部创业环境持续快速地发生变化，企业必须建立有效的创业学习机制，通过持续学习，即获取、共享、整合和利用新知识来构建灵活的创业能力体系，来更好地把握创业机会开发与资源开发之间的平衡关系。因此，学习对于转型经济中创业企业的生存和成长至关重要（Dixon et al.，2010），而现有研究并未揭示出学习在创业机会-资源一体化开发行为（协调机会开发和资源开发二者关系）中的作用（Hitt et al.，2011）。本书以中国转型经济为背景，以学习过程为切入点，深入探究创业学习在创业机会-资源一体化开发行为中的作用，并揭示创业能力在创业学习与创业机会-资源一体化开发行为中的深层次作用机理，进而探究在外部环境和组织内部因素影响下创业学习、创业能力和创业机会-资源一体化开发行为三要素作用关系。受外部创业环境的影响，企业从创建、成长到成熟的生命周期过程中其内部因素会持续地变革和演化，创业学习、创业能力、创业机会-资源一体化开发行为等也会随之变化，并且三者之间的作用关系也将发生改变。因此，伴随生命周期过程，企业创业学习、创业能力与创业机会-资源一体化开发行为之间是一个动态作用关系（图1.1），以此可以深刻地揭示创业机会-资源一体化开发行为的演化过程。

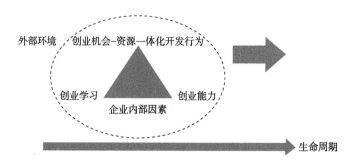

图 1.1 创业学习、创业能力与创业机会-资源一体化开发行为的动态作用关系

本书将按照如下思路展开研究。首先，在揭示中国转型经济背景下创业环境特征的基础上，构建创业机会-资源一体化开发行为概念体系。其次，基于资源基础观、制度基础观、资源依赖理论、学习理论和知识管理理论等来分析创业学习对于创业机会-资源一体化开发行为的作用，以揭示中国企业在外部创业环境的动态变化中通过学习机制对创业机会-资源进行一体化开发的作用机理。在此基础上，探究创业学习、创业能力及创业机会-资源一体化开发行为三者之间的作用关系，突破现有理论研究的局限性，深入分析中国转型经济背景下的创业行为特征和规律。进一步地，基于生命周期理论，采用仿真技术来探讨创业学习、创业能力与创业机会-资源一体化开发行为关系的变化特征，分析创业机会-资源一体化开发行为的动态演化过程及机理。无论是初创企业还是成熟企业，创业活动的最终目的都是企业不断成长，建立并保持竞争优势。因此，进一步推进LCOR 在创业战略管理中的应用很有必要。为此，本书以企业创业战略的形成作为切入点，深入研究 LCOR 框架下创业战略的形成与演进问题。综上所述，后续共分七章展开论述，各章之间的逻辑关系如图 1.2 所示。

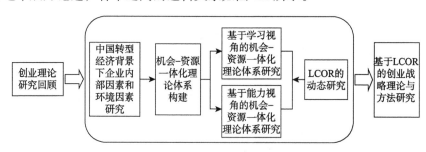

图 1.2 各章之间的逻辑关系图

第 2 章　创业理论研究回顾

当前学术界对创业进行的相关研究卷帙浩繁，使创业理论日趋丰富和完善。但由于不同学者的关注点和研究方向有所区别，创业的理论研究也从不同的方向展开，没有形成一个清晰、完整的体系。为了使创业理论研究更加清晰，本书在大量已有创业研究的基础上从机会观、资源观、环境观、特质观、网络观、能力观、学习观、过程观、手段观和系统观这十个视角进行梳理。一方面使创业理论研究成果更有条理性、更容易理解，另一方面为本书 LCOR 体系的构建提供理论基础和支撑，从而为完善创业理论做出贡献。

2.1　机　会　观

2.1.1　创业机会的概念

创业是围绕机会的识别、开发和利用展开的过程，对创业机会的研究是目前国内外创业研究学者们关注的热点。来自不同研究领域的学者站在不同的分析层次，从不同角度出发对创业机会做出了多种解释。虽然创业研究目前正受到越来越多管理学者的关注，但作为一门新学科，学术界对创业理论所涉及的各种问题至今依然争论不休。起初，多数研究者都是从特质的角度来描述为什么有的人能够发现创业机会，而其他人不能（Low and MacMillan，1998；Alvarez and Barney，2007）。而 Shane 和 Venkataraman（2000）提出，创业研究的核心问题之一是创业机会，对创业机会的研究应该包括"谁""什么因素"，以及这些因素"如何影响"机会的识别、评估和利用，才使得之后对创业机会的研究产生了新的共识。创业机会指的是形成新的手段、新的目标或者新的手段-目标关系，从而实现引入新产品、新服务、新原材料以及新的组织方式的可能性（Shane and Venkataraman，2000；Eckhardt and Shane，2003）。自此，学者们更多地开始从资源、制度、环境等视角来探究创业者是如何识别、评价和利用创业机会的（Zahra and Dess，2001；Mitchell et al.，2007；Shane，2012）。目前，虽然针对中国、印度、巴西等新兴经济体的创业机会研究正在迅速增加，但更多的还是针对西方成熟经济背景的研究。即使是对新兴经济体的研究，更多的也是在研究创业机会是什么，而不是进行更深层次的"为什么"和"如何"方面的研究（Bruton et al.，2008）。由于中国等新兴经济体在制度、市场和文化上与成熟经济体存在较大的差异，这些新兴经济体中的创业者的创业活动所面临的资源、制度与环境也有所区别，因此，其创业机会的产生途径也会有所不同。

创业活动大部分是以机会为主导的。新企业表现出较明显的机会导向，即新企业希望在短时间内以"最小投入"换来"最大产出"的倾向（Anokhin et al.，2011）。机会导向主要体现在两个方面，一方面反映在市场上，即新企业利用信息不对称进行"低买高卖"，攫取利润的倾向；另一方面反映在技术上，即新企业跟随、模仿当前的新技术和新产品，进而抢占市场的倾向（Anokhin et al.，2010）。

2.1.2　创业机会来源

在创业研究领域，关于创业过程中机会的来源问题在学术界一直存在很大的分歧，其中较为主流的两种观点为发现观和创造观。持发现观的学者认为，机会是独立且客观存在的，创业者凭借其警觉性来发现机会（Shane，2012）。创业机会的发现以及利用能填补市场的空缺（Kirzner，1978），达到市场的均衡（Miller，2007）。持创造观的学者认为，创业机会是存在于环境、创业者与其利益相关者之间的关系中的，是创业者在进行创业的过程中建构出来的（Sarason et al.，2006；Alvarez et al.，2015）。甚至有学者认为创业机会发现是机会创造的一个特例，而与之对立的学者认为创业机会构建是发现的一个特例（Alvarez et al.，2013）。

对创业企业而言，机会开发具有重要意义。每个企业都需要通过发现或创造机会来确立核心产品或服务，并挑选合适的时机进入新市场（彭秀青等，2016）。所以说创业初期企业对机会的发掘与筛选是关键，此时创业团队的重心是迅速整合资源以抓住机会。创业机会的发现取决于企业家的创业精神。早期奥地利学派的 Schumpeter 认为创业机会是与新信息的产生联系在一起的，新信息会改变资源的均衡价格，随之出现大量的创业机会，然而 Kirzner（1978）认为，创业机会是由追逐利益的创业者在非均衡状态下凭借警觉性而发现的。Kirzner 认为企业家发现机会不仅仅是发现纯粹偶然的机会，而且是在特定时间下通过警觉性进行搜索发现了别人发现不了的信息，将这个发现对象的内在信息外在化，从而发现了创业机会。创业机会的发现取决于他们拥有的不同知识。那么，根据创业机会来源的不同观点也可以将其分为两类，一类是客观存在的商业机会，企业家只需要及时掌握企业外部信息，通过知识整合分析即可发现，此类机会是由制度、市场或技术变动等外部冲击带来的客观存在，企业通过系统搜索信息来发现机会，向市场提供产品或服务。而另一类则是企业家通过自身创造的商业机会，此类机会是创业企业主观创造的，通过行动、再行动的不断探索，向市场提供全新的产品、服务或创造新的市场（Alvarez and Barney，2007）。尽管某些客观的环境条件（如技术进步、政治或监管环境以及人口转变）影响创业机会，但是创业机会最终取决于创业者的创造性想象以及社会化技能等内在因素，而不是仅仅依赖外在环境因素（斯晓夫等，2016）。从这一角度而言，创业机会存在于更加广阔的社会或文化环境，受助于创业者的想象与社会化技能的互动，通过创业者概念化、客观化以及实施三个过程来完成创业机会的构建过程（Tocher et al.，2015）。创业机会的构建是创造性想象与实践（Sarasvathy et al.，2008）或创造性"拼凑"（Baker and Nelson，2005；Senyard et al.，2014）的产物。

然而，现有研究多聚焦于单一理论视角，主要从横截面出发考察机会开发行为，忽视了机会发现与机会创造间的潜在链条，以及企业在动态发展过程中，由机会发现向机会创造的转变（Fourati and Affes，2014）。当企业处于初始阶段，创业者的战略决策一般会选择进行创业机会的发现，当企业不断成长壮大后，往往向创造创业机会倾斜。这是因为相对于机会发现，机会创造有着更高的价值创造潜力，也更难被竞争者模仿（彭秀青等，2016）。由此，企业家实现从创业机会发现向机会创造的转变具有重要意义。

2.1.3 创业机会开发

创业机会开发对创业的成功与否至关重要，许多学者就机会开发及其不同阶段对创业的影响展开了详细论述。例如，Shane 和 Venkataraman（2000）指出机会开发过程是创业活动中的典型行为，其包括机会识别、评价和利用三个子行为，在企业发展过程中，机会识别常伴随着对机会的评价。孙红霞和马鸿佳（2016）认为机会开发同时包括了机会识别与机会创造，机会识别包括"意识"到市场需求或未被完全利用的资源，进而"发掘"特有市场需求与特有资源的市场关联性，最后"创造"新的市场需求与特有资源的联结方式。机会识别是通过搭配时空与资源，将一个不明确的机会用创新的手段逐渐使其概念化的过程

（Shane，2000）。机会创造包括机会分析、评估与确认。机会分析主要是使机会能够渐趋明确，并具有实际发展的价值；机会评估与确认则是确保机会能够顺利转化为经济效益（Ardichvili et al.，2003）。创业者必须找出一种方式或策略，针对新企业及新市场来拟定方针，规划出精确及可执行的方法，确保机会的价值及其可实现性（Baker and Nelson，2005），同时降低新企业创建时所冒的风险（Starr and MacMillan，1990）。目前，通常将创业机会开发划分为机会识别、机会评价和机会利用三个维度。

（1）创业机会的识别。能够识别更多机会的创业者也许更能选择追逐更高质量的创业机会，因此创业机会的识别过程便成了创业研究的核心问题之一（Gaglio and Katz，2001）。机会识别围绕的主要问题是"为什么是这些人而不是其他的人识别了这个机会"（Shane and Venkataraman，2000）。在更大程度上，学者们对创业机会的识别是信息搜寻的结果还是创业者警觉性的结果产生了争论，并形成了以下两种观点：前者认为机会独立存在于环境中并等待被发现，如 Shaver 和 Scott（1991）认为，创业者只能通过获取外部信息来增强机会的识别能力，但是这仅在其获得的边际收益必须要超过其搜索过程的边际成本时才会发生。而后者则认为创业机会的出现基于创业者对环境效力的感知、诠释和理解。机会之所以被"一些人而不是另一些人"所识别是因为在他们之间存在对新价值创造敏感度的差异，如 Kirzner（1997）认为有些人对创业警觉具有很高的感知力，这种感知力也许产生于他们天生的遗传性或后天的教育背景和经历。为了调和两者的矛盾，一些学者试图为这两类彼此抵触的观点寻找桥梁，如 Smith 等（2009）认为两种观点并不相互抵触，它们的差异仅因为其涉及的创业机会类型不同，搜索和感知模型差异性的关键点在于搜索目标的清晰化路径不同。对机会的识别是一个复杂多维的过程，它不仅包含对创新型机会的研究，也包括对可行性机会的选择以及对不可行机会的中断。

（2）创业机会的评价。一些研究者认为，机会识别是创业的奠基石，而对于大多数创业者来说，创业成功的关键在于能否对创业机会做出中肯的评价（Hills et al.，1997）。通常情况下，创业者不会利用识别到的所有机会，他们需要对机会进行筛选，以选出在不确定性环境下最适合他们自身情况的机会。每个创业者心里都会有一个对机会的衡量水平，但这种对机会衡量的特征描述在很大程度上是创业者的主观行为。当创业者发现一个机会时，他们往往需要权衡实现该机会所需要的成本和凭此获得的利益，在此过程中可能需要考虑收益目标、风险、财务资源等因素。而且，这个过程还会受到创业者个人的责任感、个人目标及经历的影响（Ardichvili et al.，2003）。虽然实现机会的方式和计划在这个过程中将会被不断修改甚至流产，但这都是创业成功的必经之路。

（3）创业机会的利用。创业机会的利用是指创业者对识别到的机会进行有效的规模化运作（Choi et al.，2008）。对大多数创业者来说，要想创建企业以获取利润，机会利用是一个必要的步骤。在这个过程中，不仅要完成对产品、设备和市场等的开发和测试，还要在此基础上启动生产或规模化运作，运用企业资源充分保障商业系统的有效运作。在企业的运作中，机会利用通常是为其带来实际利益的环节，为确保机会价值的最大化，创业者在考虑未来环境时，需要寻求机会和最优战略间的匹配。其间，创业者需要考虑应该占领哪个市场位势，需要获取、开发和利用哪些资源和能力，以及应对未来机会需要哪些准备等。

对于创业学的发展来说，对创业机会的深入研究是不可绕过和忽视的关键。虽然目前对创业机会的研究中仍有很多未达成共识甚至相互矛盾的地方，但这些研究都有利于形成对创业机会乃至整个创业领域更深入的理解，这些都是从理论和实践上指导创业发展的必要条件。

2.2 资 源 观

2.2.1 创业资源概念发展

资源是创业过程的必要支持要素，是机会开发和利用的基础保证。创业围绕机会与资源所展开，机会是过程核心，资源为其提供基础性保障（Timmons and Spinelli，2008）。资源只有与机会进行匹配才能发挥作用，要想成功创业，就必须有效地开发机会，因为创业源于适当的机会（Montgomery，1996）。

为寻求创业学科领域的合法性，改变创业研究长久以来依靠战略（Alvarez and Busenitz，2001）、心理学、认知科学（Busenitz and Barney，1997；Baron，1998；Gaglio and Katz，2001）和社会学等领域理论观点的"大杂烩"局面，创业机会被视为创业研究领域特有的核心概念获得广泛认可（Shane and Venkataraman，2000；Carlsson et al.，2013）。但是当学者们对创业机会的发现和创造过程展开研究时，资源成为无法避免的研究主题。随着创业研究的推进与深入，越来越多的资源理论被纳入创业研究中。

基于资源的思考可追溯到 Penrose 所提出的主观资源理论，随后在 1978 年 Pfeffer 和 Salancik 首次在《组织的外部控制：对组织资源依赖的分析》一书中提出了资源依赖理论，其核心内涵是组织的生存依赖于公司从外部环境中获取关键稀缺资源的能力，强调资源仍掌握在外部资源提供者手中，企业需要经由合并、收购、合资和联盟等手段对依赖关系进行重组，将外部环境对关键资源的控制和权利影响最小化。创业企业同样受制于组织间的依赖关系，同时囿于创业企业不稳定的组织结构和不完善的绩效体系难以进行价值评估，因而创业企业突破资源依赖和权利劣势更加困难，成为资源依赖理论在创业研究中讨论的重点。

目前，多数学者认为 Jay Barney 是现代资源基础观（resource-based view，RBV）之父，根据 Barney（1991）的经典研究，企业之间存在相互差异的要素，这种要素为其中部分企业带来竞争优势。而这种要素就是具备 VRIN 属性的资源，其中 V（valuable）代表资源的有价值性、R（rare）代表资源的稀缺性、I（imperfectly imitable）代表资源的难以模仿性、N（non-substitutable）则代表资源的不可替代性。很多学者在对创业的研究中将资源视作企业创业成功的最重要因素，这些对创业资源方面进行研究的学者如 Candida G. Brush、Myra M. Hart、David G. Sirmon、Michael A. Hitt 及 R. Duane Ireland 等，都是从资源基础观的角度就在企业创建和成长过程中资源所发挥的作用进行探讨。但是，目前对创业资源的具体定义，学者们尚未达成共识。从现有研究来看，很多学者认为，重要的创业资源包括人力资源、财务资源、物质资源、技术资源和组织资源等（Brush，2001），而同时也有学者（Greene and Brown，1997）认为社会资本也是一种特殊的创业资源。

随后，资源整合概念模型和资源编排理论（Sirmon et al.，2007）作为资源基础理论的拓展，认为 VRIN 只是企业获得竞争优势的必要不充分条件，如何动态地构建和整合这些资源才是创造价值的关键，即企业经过构建资源组合、捆绑资源组合、利用能力最终实现客户价值和财富创造（Sirmon et al.，2007），强调了对资源进行有效管理的重要意义（Brush，2001），提供了在动态环境中企业基于能力的资源管理框架（Sirmon et al.，2007）。其中，资源编排理论有效地将资源观和能力观进行了整合，为创业研究提供了一个关于资源获取、整合和利用的动态企业资源管理过程模型。

近年来，资源化的观点在创业研究中逐渐受到关注，它认为工具与对象在采取行动之后才能体现出其资源价值，并为创业者如何在有限的资源中迸发创造力提供了解释。

对于创业企业来讲，创业资源的开发过程正是构筑资源基础、奠定竞争优势的过程。Milgrom 和 Roberts（1995）、Teece 等（1997）的研究都认同企业必须将现有资源和新资源科学整合以达到资源和战略的内部一致性，提高应对环境变化的灵活性，从而保证自身在特定的市场机遇中取得竞争优势。Hitt 等（2003）进一步强化了从资源整合到战略灵活性再到机会开发的动力传递关系链。Sirmon 等（2007）则认为创业者的机会开发过程其实也是创业者对新的和现有的资源的不断搜集、整合和利用的行为，其目的在于追求更加有效的方法和更为理想的结果。这些观点充分体现了资源开发行为对于机会开发过程的持续性影响作用。

2.2.2 创业资源开发

在对创业资源的研究中，对资源开发的研究是重中之重。具体来说，资源开发是企业构建资源组合以整合资源或提升能力，从而应用其能力开发商业机会，为顾客创造价值以实现企业竞争优势的过程（Sirmon et al.，2008）。通常，资源开发的过程被划分为资源的识别、获取、整合以及利用这四个子过程。

其中，资源识别是指创业者根据自身资源禀赋，对企业创业所需资源进行分析、确认，并最终确定企业所需资源的过程（Wernerfelt，1995；Brush，2001；柳青和蔡莉，2010）。为实现既定战略，首先需要明确所需的资源（Starr and MacMillan，1990；Abou-Zaid et al.，2012），因为资源对创业者的行为有重要的影响。创业者需要知道"资源库"中的现有资源，即创业者要知道自己的资源禀赋以及企业拥有的初始资源。一些资源可直接用于生产过程，而其他资源较复杂，需要经过整合才能使用。识别所需要的资源不仅要评估资源的类型，还要确定资源的数量、质量、使用时间以及使用顺序。资源识别得越准确，创业者就更加能够根据自己的状况来发现机会。产品/服务的开发计划和预计财务状况与特定的物质资源、人力资源等密切相关，这使创业者能够准确定位资源的获取和开发。而除了识别资源本身的特性之外，创业者在资源识别过程中还要对资源的潜在供应商进行识别（Brush，2001），这需要其具备一定的行业知识和社会联系，即为了获得持久的竞争优势，创业者必须通过其对行业的了解和社会网络关系对资源供应商的可靠性方面做出评价。资源识别方式分为自下而上和自上而下两种（Brush，2001）。其中，自下而上是指创业者首先开发商业运作的概念模型，分析需要投入的资源有哪些，再识别资源，并把这些资源开发、整合在一起以创造价值。而自上而下则是指创业者先勾勒出组织愿景及其实现方式，再识别实现其想法所需的资源。

资源获取是指在确认并识别资源的基础上，利用其他资源或途径得到所需资源并使之为创业企业服务的过程（Brush，2001）。在创业初始阶段，创业者的个人资源禀赋（如教育、经验、声誉、行业知识和社会网络等）是创业的前提。在企业形成的早期阶段，创业者面临着如何选择资源并把资源运用到新企业中的问题。通常，创业企业获取的资源来源于企业的内部资源积累和外部获取。而外部获取资源既可以是通过直接经济交易的方式来实现资源的转移，通过支付全额费用来获取资源的购买途径，如通过市场购入所需的资源，但知识资源尤其是隐性知识等很难通过购买直接获取并为企业所用。另外一种主要的外部获取资源的途径是以创业意愿和预期回报来引起资源主体的投资兴趣，多数新企业的初始资源禀赋是不完整的，创业者需要取得资源供应商的信任以取得所需的资源，他们往往通过一定的手段（如优秀的商业计划）来展示企业成功的形象，并借此吸引投资者对企业进行资源投资。创业者选择以何种途径获取资源的关键主要在于如何以最低的成本来获得所需的资源，如果快速进入市场能够带来成本优势则获取外部资源就是资源获取的最佳方式，而对于那些无法从外部直接获得的特殊资源（如特殊的人力资本等），企业必须采取内部积累的方式获取（柳青和蔡莉，2010）。

资源整合是指企业在获取了必要的资源之后，对资源进行调整，使它们互相匹配、相互补充并获得独特竞争力的过程。企业资源在未整合之前大多是零碎的、未经系统化的，要发挥这些资源的最大使用价值就必须运用科学方法对各种类型资源进行集成，并将有价值的资源有机地融合起来，使之具有较强的柔性、条理性、系统性和价值性。创业企业所获取的资源只有经过合理有效的整合，才能起到相互补充、相互协调的作用，从而最大限度地体现出这些资源的价值。这里的资源整合涉及对企业内部和外部的资源同时进行整合（林嵩等，2005；Wiklund and Shepherd，2008），如 Wiklund 和 Shepherd（2008）认为创业企业进行资源整合的实质是将外界资源进行复制并发生产权转让，同时与自身内部资源进行有效结合以产生协同效应，促使企业产生新的举措。任何资源均有不足之处，创业者在资源整合的过程中需要对其获取的资源有鉴别地使用，排除可能带来负面作用或无生产能力的资源，选择正确的资源并以正确的方式进行整合能够在一定程度上避免资源本身的局限性。成功的资源整合不仅能为企业的进一步发展提供资源基础，更能进一步帮助企业识别新的机会，并通过新机会的利用获取新的市场和客户，从而实现价值创造（Chrisman et al.，2003）。

资源利用是指创业者使用所获取并经过匹配的资源，在市场上形成一定的能力，通过发挥资源与能力的作用生产出产品或服务为客户创造价值的过程（Hitt et al.，2001）。资源利用包括资源的调动、协调与配置三个方面。其中，资源的调动与资源利用战略相匹配是指企业依据自身所制定的决策和战略目标来运用和选取现有资源，以便开发新的商机，这一过程需要与企业所处的环境相匹配。而资源的协调主要是指企业为了使资源结构更加合理，对资源运用的方式加以协调改进，使资源利用效率提高，如 Baron（1998）认为，通过协调企业的资源能够形成一种合力。资源的配置是资源利用的核心，是企业对资源结构和资源战略（如资源优势战略、市场机会战略等）相互协调匹配的重要手段。

对于创业企业来说，资源开发过程并不仅仅是为实现价值的创造，也在实现资源价值的基础上拓展了企业的资源库、提升了企业的能力、进一步开拓了企业能够开发的资源的范围和功能。为企业未来的资源识别、获取、配置和利用过程奠定坚实的基础，这也是企业持续竞争优势的根本来源。

2.2.3　资源拼凑

通常，企业不仅要掌握识别和发现新机会的能力，还要突破资源约束和限制的困境。如果企业行为过于依赖政府的政策和关系，在资源投入方面偏重于政治关系与商业关系的维护（杨治等，2009），具有明显的"政策导向"和"关系导向"，那么，这虽然能够提升企业的资源桥接能力和适应能力（吴晓波等，2014），但也在很大程度上限制了企业对新机会的识别与创造。另外，政府在很大程度上依旧控制着稀缺资源，如银行信贷、土地等（Sheng et al.，2013），这使得创业企业的资源利用成本较高，凸显资源约束问题。为了解决上述问题，实现企业新价值的不断创造，企业必须在重视外部环境变化的同时，注重对新机会的甄选，培育资源层面上的拼凑和整合能力，从而突破面前资源约束的限制以创造出独特的发展路径（陆亚东和孙金云，2013）。特别在企业新价值创造的过程中，包括机会识别能力、资源整合能力在内的中介能力会对绩效产生重要影响（胡望斌等，2010）。但许多中国企业过分关注对初始资源的维护，如管理者的社会关系等，缺乏机会识别与资源整合两种中介机制，使企业无法实现新价值的创造（郭海，2013）。

对于资源约束的问题，许多学者提出了各自的解决方法，而资源拼凑（resource bricolage）作为近年来兴起并受到广泛关注的研究方向，已经成为应对资源匮乏问题的最有效途径之一。最先提出资源拼凑概念的是人类学家Levi-Strauss，而 Baker 和 Nelson（2005）更进一步从创业学的角度对拼凑行为进行了研究，他们将拼凑描述为"将手边非常便宜、免费的有形或无形的资源，或是其他人认为没有用处或不符合标准的资源加以合理利用以解决问题或创造出新事物的一种方法"。从本质上讲，拼凑方式组合的结构与秩序并没有理性地规划，而是运用手边既有的物品或参差不齐的工具或零件，以即兴式的临场发挥（improvising），重新建立一套新的组合模式（Miner et al.，2001；Senyard et al.，2014）。这是一种权宜之计，但这种权宜之计有时却可能产生惊人的成果（Harrison and Hå kansson，2006），因为拼凑刚开始虽是无意识的行为，但在拼凑的过程中，这种行为可能逐渐变成有自我意识的设计行为。当拼凑成为最合乎企业资源考量的一种方式时，企业便能够开发出符合市场或客户需求的产品。因此资源普遍不足的新企业或中小企业，可利用资源拼凑来帮助企业实现最有效率的运营（Baker and Nelson，2005）。

事实上，创业的过程少不了资源，基于资源观的创业研究有其必要性。而除了从传统角度对创业资源开发进行深入研究外，也有必要从新的角度（如资源拼凑）探究创业者和创业企业如何在艰难的环境与可用资源不足的条件下开始和推进其创业过程。因为这与当前的中国乃至世界上的现实情况更加贴合，能够为为数众多的面临资源方面威胁的创业者和创业企业提供借鉴和参考。

2.3 环 境 观

2.3.1 创业环境的内涵

从企业组织管理与分工协作的角度出发，Barnard（1982）提出组织是对环境的适应性表现。在创业学的理论研究中，很多学者都将创业环境作为影响创业过程的重要因素。从已有的相关研究看，关于环境的作用，目前主要存在两种类型的环境认知观点：一方面是战略选择论，即把环境看作组织自身感知的"客体"（Child，1972）；而另一方面则是环境决定论，即把环境看作组织必须去适应的一系列外部条件（Aldrich and Pfeffer，1976）。为了了解创业环境如何作用于创业过程，首先应了解创业环境的内涵，在这方面，国内外许多学者都提出了自己的观点和看法。

具体来说，Gnyawali 和 Dan（1994）提出，创业环境是创业者通过一系列创业行为实现自身创业动机的过程中所遇到和利用的所有条件的复合体。也有学者认为，创业环境实质上是一种制度环境（Desai et al.，2004），而制度环境由规制、规范和认知这三方面制度构成。国内学者也对创业环境进行了研究，如池仁勇（2002）认为，创业环境是创业者周围的境况，是创业者与创业企业产生、生存和发展的基础，这一环境是由创业文化、政策、经济和技术等要素构成的多层面的有机整体，是一个复杂的社会大系统。张玉利和陈立新（2004）认为，创业环境是在创业活动中发挥重要作用的要素组合，其中包括影响人们开展创业活动的所有政治、经济、社会、文化等各方面的要素和获取创业帮助和支持的可能性。蔡莉等（2007a）在以往学者观点的基础上提出，创业环境是指对创业者创立企业整个过程产生影响的一系列外部因素所组成的有机整体。

2.3.2 创业环境的构成

从创业环境的内涵可以看出，创业环境涵盖的范围非常广泛，为了对此概念形成更深刻的理解，需要了解创业环境都包含哪些方面的因素。国内外很多学者已对其构成要素进行了研究，并以不同视角、不同方式对其内容进行了阐述。其中比较经典的如 Gartner（1985）等将创业环境所涉及的各种要素根据各自的分类标准进行分类，形成了各自的创业环境要素框架。很多国内学者也结合我国现实情况对创业环境的构成要素进行了研究，如池仁勇（2002）、周丽（2006）等将创业环境划分为几个子系统，并在此基础上进行了研究。

具体来说，如 Gartner（1985）结合 Porter（1980）、Pennings（1980）与 Tyebjee 和 Bruno（1984）的相关研究，认为创业环境的构成要素包含风险资本可用性，与有经验的创业者、技能娴熟的劳动力、供应商的可接近性，消费者和新市场的可接近性，政府的干预，周边的大学，土地和设施的可用性，交通的便利性，人们的创业态度，支持服务的便利性，人们生活水平，工业专业化程度，人口中近期移民的比例，雄厚的工业基础，较大规模的城市区域，金融资源的可用性，进入壁垒，现有竞争者的竞争状态，替代品的威胁，购买者的还价能力，供应商的还价能力。Gnyawali 和 Dan（1994）认为创业环境可以划分为社会经济条件、创业和管理技能、政府政策规程、创业资金支持和创业的非资金支持这五个维度。Scott（2001）则认为创业环境主要包括政治环境、经济环境和社会文化环境三个方面。Hunger 等（2002）认为创业环境包括必要性环境要素和支持性环境要素，其中，必要性环境要素包括自然环境、技术环境、融资环境和人才环境，而支持性环境要素则包括制度环境、文化环境和社会资本。Grundsten（2004）将创业环境分为感性环境要素（社会的认可、社会的规范和标准以及创业楷模的示范等）和理性环境要素（融资的可期望度、商业机会的可获得性以及五类资源——技术、资金、人才、社会资本、市场的可用性）两个方面。

国内的相关研究如池仁勇（2002）将创业环境划分为创业者培育、企业孵化、企业培育、风险管理、成功报酬和创业网络这几个系统，并在此基础之上对美国和日本的创业环境进行比较研究。张玉利和陈立新（2004）认为，创业环境包括政策支持与工作程序、社会经济条件、创业与管理技能以及金融与非金融支持这四个方面。周丽（2006）同样将创业环境划分为几个系统，即自然环境、经济环境和社会环境。蔡莉等（2007a）认为创业环境要素包括直接提供资源的直接匹配环境要素与保障资源获取的间接匹配环境要素，前者包括技术、资金及人才环境要素，而后者则包括政策法规、中介服务体系、文化、市场、信息化等。苏益南（2009）认为创业环境包括政策环境、经济环境、教育和培训环境、融资环境以及社会文化环境。文亮和李海珍（2010）则将创业环境划分为创业文化体系、激励体系、支持体系、市场网络体系和非市场网络体系五个体系。

这些研究对创业环境构成要素的维度划分虽然各有不同，但所涉及的方面基本相近，主要为政策、文化、教育、金融等。具体划分方式的选择与学者们的研究方向和研究中所关注的重点有关。除上述学者的研究外，根据《全球创业观察 2003 中国及全球报告》，创业环境主要包括金融支持、政府政策、政府项目支持、教育与培训、研究开发转移、商业环境和专业基础设施、国内市场开放程度、实体基础设施的可得性、文化与社会规范九个方面。此报告中构建了 GEM概念模型（图 2.1），并分析了创业环境所起到的作用。该模型包含两套经济增长机制，一套是一般环境条件下，现有公司和已成立的中小企业对国家经济增长的贡献，而另一套则是创业环境条件促进创业机会的出现与创业者的能力提升，从而通过创业活动促进经济增长。第二套机制是模型关注的重点，探究的正是在动荡变革的环境下创业受到的影响以及成功的创业所需求的更高程度的创造性、创新性和反应速度。

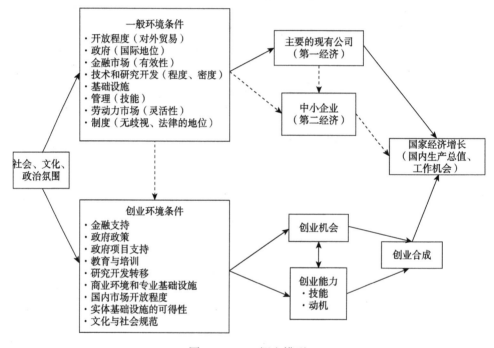

图 2.1　GEM 概念模型

2.3.3　转型经济下的创业环境

在转型经济环境下，新企业行为受到转型环境和"新入劣势"的双重影响而具有特殊性（Ahlstrom and Bruton，2006；蔡莉和单标安，2013），这一背景下战略形成同样具有特殊性，并值得关注（叶强生等，2013）。因此，以中国转型经济环境下的新企业为研究对象，探讨战略形成的作用是有价值的研究问题。

制度转型和经济转型阶段的典型环境特征是不确定性，这种不确定性环境会对企业战略行为产生影响（蔡莉和单标安，2013；买忆媛等，2015）。然而，企业长期忽视对外部环境和自身问题的科学认识，不能制定有效的战略行为达到预期目标，导致错失机会窗甚至创业失败。创业学习是创业背景下的组织学习（Harrison and Leitch，2005），能够帮助新企业探索、共享、利用新信息和知识（陈文婷和李新春，2010），从而改进企业内部认知模式。因此，新企业需要不断地学习以更新知识体系，确保对外部环境形成正确的认识，提高战略行为的有效性。

以中国为典型代表的新兴经济体的飞速发展使得越来越多的目光投向新兴经济国家，越来越多的研究者开始关注新兴经济国家的管理问题。作为经济发展的重要推动力，创业活动也备受新兴经济国家政府的重视，特别是政府对高科技创业投入大量的资金，给予相应优惠的政策扶持。因此，有关于新兴经济背景下的创业问题在近年来也开始吸引经济和管理领域学者的眼球。近十年来，国际杂志上发表的基于新兴经济背景下的创业研究文献呈现快速上升的趋势，有相当一部分杂志开辟专刊来深入探讨新兴经济下的创业问题，如国际创业领域影响力较高的杂志 *Entrepreneurship Theory and Practice*（ETP）、*Strategic Entrepreneurship Journal*（SEJ）等。这说明新兴经济背景下的创业研究已经成为创业领域乃至管理学领域重要的研究问题之一。

特别地，中国情境下的创业问题研究占据着相当大的份额。由于中国情境下的制度、市场和文化体系与西方发达国家或经济体存在较大的差异，这种差异使中国创业活动面临着与成熟经济背景截然不同的创业环境，如存在资源约束困境、合法性困境、知识产权困境、大量不良竞争行为及高权力距离等。这些困境和问题的存在必然对创业行为，以及新企业的创建、成长及战略制定产生深远的影响。然而，大多数学者的研究忽略了这些中国情境特征。中国情境的要素及其内涵、中国情境下独特的创业现象及其背后的深层次诱因等黑箱尚未打开。显然，有关中国情境下的创业研究尚处于探索阶段，应当关注哪些有价值的研究问题、这些研究问题与西方成熟经济背景存在哪些差异、未来的创业研究应当走向何方等都值得深入思考。

以中国为代表的转型经济国家经历着深远的制度变革过程，制度环境是学者们探讨较多的问题之一。传统的制度研究关注法律、政治、历史、社会等因素在社会经济生活中的作用，聚焦于解释制度的稳定性和持续性。对于制度环境的分析，North 将其分为正式制度和非正式制度，正式制度主要是指社会或国家以编码形式存在的法律、法规等，非正式制度是指以非正式形式存在的共同行为准则、价值观、信仰和文化等。较为全面的做法是将制度环境进一步划分为规制、规范和认知三个维度，其中，规制维度与上面提到的正式制度相同，主要包括国家的法律、法规等方面，规范维度包括国家的价值观、文化等方面，而认知维度则包括社会的技能、信息及知识等方面。这里的规范维度和认知维度便是非正式制度。Fligstein 解释了制度环境对所嵌入的个体行为有很大的局限性。在分析中国等转型经济体下的制度环境时，大多数学者认为规制、规范和认知方面都存在一定的独特性。具体地，规制方面的特征表现为产权保护不完善、缺乏公平竞争的制度、契约的法律效力不足以及政府干预等方面；规范方面的特征表现为受社会主义信念的影响较大，私营企业牟取暴利、存在剥削行为，社会缺乏鼓励创业的文化；认知方面的特征表现为创业者缺乏与市场环境相关的经验和创业技能等。

在从环境观出发对创业理论进行梳理的基础上，探究环境对创业产生的影响，有助于从理论上更加深入地理解创业过程以及创业环境产生作用的本质原因与作用机理。而从实践中总结的相关研究与现实生活中的创业更加贴合，能够对创业者和创业企业有所借鉴。

2.4 特 质 观

2.4.1 创业者特质的内涵

现今，创业已经不再是一种鲜有现象，国内外每时每刻都有新的创业者产生，也有创业者面临失败。除了知识、资源、外部环境等方面因素的差距外，是什么促使一部分人进行创业？又是什么因素促使有些创业者获得成功，而有些则黯然失败？很多创业领域的研究都将创业者的特质作为考量的方向，认为创业者特质是引导其走向成功或失败道路的重要因素。1937 年，Allport 在《人格：一种心理学的解释》一书中对一系列描述人格特征的词语进行梳理和研究提炼出了特质这一概念，他认为特质代表了人与人之间的不同之处，是区分不同人格特征的重要依据，并在此基础上形成了人格特质论。而创业者特质的概念正是在人格特质这一概念的基础上发展而来的。为了对创业者之间的个体差异进行更深入的研究，学者们将人格特质引入创业研究领域并形成了创业者特质的概念。创业者特质概念一经提出便得到了众多学者的关注，这些学者在创业者特质的理论发展方面进行了深入探索。学者们认为，除了选择进行创业之外，创业者也是一般的个体，具备一般个体所共有的特质，而作为创业者，他们又拥有一些区别于其他一般个体的、促使其进行创业的特质，这部分特质就是创业者特质。

正如 Brockhaus（1980）所提出的，创业研究主要追求的就是探索使创业者能够成功创立企业的动机和特性。对创业者特质的研究，目前主要集中在探究创业者和非创业者之间的区别，其目的在于找出那些影响创业成功的因素。根据学者们的研究，典型的创业者特质如成就动机（McClelland，1961）、风险承担能力（Brockhaus，1980）和内控能力（Sexton and Bowman，1986）等，是创业者与一般管理人员的区别所在，而这些创业者特质也是影响创业企业能否取得成功的重要因素。Carland 等（1995）和 Stewart 等（1999）通过对创业者、小企业主与企业管理者的比较研究发现，创业者与一般的企业管理者之间在特质方面的差异主要体现在风险承担、创新性、成就动机等方面，相比其他二者，创业者体现出更高的风险承担性、更高的创新性和积极性，也更具有成就动机。Kisfalvi（2002）则是通过研究创业者的战略制定过程与他们的生活问题、历史遗留问题等的关系，从而探究创业者特质与战略在企业发展过程中的相互作用，了解创业者的特质是如何影响企业战略演变的。对创业者特质的研究有很多，在已有研究中，执着、成就动机、专注机会、创新性、有远见与风险承担性等是目前学者们认可程度较高的创业者特质。

目前，创业者特质的相关研究主要涉及两个方面，一方面，部分学者将创业者作为独立的个体，从个体属性的角度进行研究，主要探究创业者的个体特质。另一方面，部分学者认为创业者特质与创业行为相关，是创业者在创业过程中表现出的特征，他们将创业者作为联结企业内外部的关键因素，从社会属性的角度进行探究，主要关注创业者的社会特质。

2.4.2　创业者的个体特质

以往研究表明，创业者的个体特质能够对其创业行为、创业过程乃至创业结果产生影响。例如，Hornaday 和 Bunker（1970）从心理学的角度出发，探讨了作为一名成功创业者应该具备的个体特质。在《竞争与创业》一书中，Kirzner（1973）从经济学和心理学的视角出发，认为创业者需要时刻警觉，只有那些对商机敏感的人才有潜力成为成功的创业者，而一般个体则不具有这样的警觉性。创业者与创业企业的类型具有多样性，为了能够更清晰地描述不同创业者与创业企业之间存在的差异性，Gartner（1985）构建了一个概念框架来描述创业这一过程，框架涵盖个体、环境、组织和流程四个部分，而个体特质如成就动机和控制点就是框架中个体维度的组成部分。

在创业者特质相关研究初期，学者们主要探究哪些特质能够影响个体，使其能够成为或不能成为创业者的因素。这些因素主要涉及个体的心理特征，从创业者的心理特征角度着手，McClelland（1961）认为驱使和推动创业者进行创业的特质主要包含三种动机，即成就动机、权力动机及归属动机。如具有较高成就动机的个体会更希望取得成功，也会在这一需求的驱使下克服走向成功道路之上的障碍，并在此过程中不断丰富和提高自己，从而获得成功并得到快乐。由此得出，拥有较高成就动机的人更倾向于和更容易实施创业行为并取得成功。Welsch和Young（1982）则认为，成就动机、内控性、风险承担性、自信和创新性是成功创业者应当具备的心理特质，这些特质能够帮助创业者做出并贯彻一些重大决策。创业者拥有的共同特征包括责任感和决策力，领导能力，对机会的执着，对风险、模糊性和不确定性的承受力，创造性、自信和适应能力，以及追求超越和成就的动机。此外，较高水平的成就动机是保障创业者取得成功的重要因素，对于创业者来说是一种非常重要的特质，这种特质能够帮助他们更加主动地参与竞争并挑战高难度目标，从而更加接近且更有机会获得最终的成功。

随着相关研究的逐渐发展，部分学者在创业者特质的研究中与心理学领域的理论进一步结合，如利用大五人格理论等经典心理学理论来分析创业者所具备的心理特征。Envick和Langford（2003）的研究就是如此，他们借助大五人格理论模型研究了不同性别创业者之间的区别，观测了创业者的开放性、社交性、责任心、适应性与宜人性，发现女性创业者比男性创业者更加开放，在社交性、适应性与宜人性方面也具有一定优势，而男性创业者比女性创业者更具有责任心。Ciavarella等（2004）的研究也借鉴了大五人格理论，通过分析创业者的个体特质与企业长期生存和发展的关系，发现创业者的责任心有利于企业更好地生存和发展，创业者的开放性则起到相反的作用，而外向性、宜人性和情绪稳定性与企业的生存和发展的相关性则不显著。

2.4.3 创业者的社会特质

与创业者的个体特质相比，创业者的社会特质与创业者的家庭背景、学历背景以及工作经历等有关，是在外部环境作用下形成的特质。Busenitz和Barney（1997）认为，创业者处于社会环境中，难以避免受到外部环境的影响，而这些影响往往会使其产生改变，这种改变既体现在性格方面，也体现在行为方面。McClelland（1961）的研究表明，创业者的创业动机受到家庭因素的影响，即对于一个个体，如果其父母拥有自己的企业，那么该个体在成长过程中更容易受到熏陶，更容易培养出责任感和独立能力以作为创业的基础，更容易走上创业的道路。

除了家庭背景之外，创业者的工作或创业方面的经验也是影响其创业过程的关键因素。例如，Kirzner（1978）认为，以往的创业经历是影响创业者决策的重要因素，创业者在制订未来的行动计划时往往会参考以往创业成功或创业失败的经验和反思。Jo和Lee（1996）则认为，创业者以往工作经验带来的对产品专业知识的了解有助于企业发展，而缺乏有关管理的经验则会给创业过程带来负面的影响。范巍和王重鸣（2004）将学生作为潜在的创业者，探究其特质对创业倾向的影响，研究发现以往有过工作经验的学生更倾向于进行创业活动。

此外，很多学者发现，创业者的受教育水平、受教育经历等也会对其创业产生影响。例如，Kourilsky 和 Esfandiari（1997）进行了有关创业教育的试验，研究表明适当的创业课程有利于促进和提高受教育者的创业积极性，并能够帮助其获得相应的创业理念和技能，从而促使其将识别到的创业机会落到实处。Ibrahim 和 Goodwin（1986）对 74 家小企业进行了研究，发现创业教育在提升创业者的创业技能与管理能力方面起到了积极作用，而创业和管理方面的技能正是这些小企业能够取得成功的关键。

创业者的社会特质与其创业行为相关，部分学者从创业者的行为特征角度进行研究，他们发现创业者的一些行为方面的特质也会给创业带来影响。例如，Drucker（1985）认为，创业是个体的行为特质而不是性格特质，如果个体敢于进行决策，那么每个人都有可能通过学习成长为创业者。正如 Gartner（1989）所述，对创业者特质的研究应借鉴行为理论，特质适用于解释和预测创业行为。根据 Robinson 等（1991）的研究，具有高水平自控能力的创业者更倾向于自己掌控事情的进展和自身的命运，所以这些创业者在思考自己的人生定位和对事情的看法时往往更倾向于通过自己的努力而不是依赖于他人。Suzuki 等（2002）在对日本和硅谷的创业企业进行的研究中发现，创业者所掌握的成就动机、技能、价值观、成长背景，所接受的培训等因素会影响他们创建和发展自己的企业。此外，Markman 和 Baron（2004）认为，如果创业者具备较高水平的自我效能感、机会识别能力、毅力、人力资本和社会资本、社交能力等方面的特质，那么这些创业者与其他个体相比更加适合进行创业。

在对创业者特质的相关研究进行梳理的基础上，可以探究创业者特质这一要素对创业产生的影响，有助于从理论上更加深入地理解创业者特质的作用机理，也有助于了解为什么有些人适合创业，以及具备特定特质的创业者适合进行哪方面的创业。而从实践上看，相关研究能够为创业者的创业实践提供指导，也有助于提升创业教育在培育创业者方面的效率和质量。

2.5 网 络 观

2.5.1 创业网络的内涵

Kilduff 和 Tsai（2003）认为，组织中的每个行动者都是一个节点，而连接多个节点之间的关系线所形成的网状结构即社会网络。董保宝（2012）认为，关系网络是企业间通过组织内的个人关系、组织外的中间人介绍或是因为企业本身良好信誉而相互联结形成的合作形态。马鸿佳等（2015）将社会网络定义为，每位行动者都是一个节点，而两位行动者之间会形成一个链带来代表他们之间的关系，而此关系会因为对象不同而有不同的形态，进而形成一个网络结构的模式。

随着国内外创业现象逐渐受到学者们的广泛关注，创业者以及创业企业在发展过程中所形成的各种关系也成为学者们的研究对象。通过对这些关系的深入研究，学者们对创业这一现象的理解不再局限于研究对象个体的表现，也对创业者与其他个体的交互作用有了更进一步的理解。学者们在对关系网络、社会网络等方面的深入研究基础上，对于创业现象中形成的关系以及由关系交织成的创业网络的内涵形成了更加深入的理解。具体来说，创业网络是指创业者具有的与创业活动相关的各种关系网络的集合（Hansen，1995），也是中国情境下进行创业活动不可或缺的要素，为创业者或新企业提供关键资源、信息和政治资本，可用于弥补正式制度的不完善（Luo et al.，2012）。创业管理领域诸多研究已经表明，创业网络是新企业搜索机会、获得资源、进入市场，实现生存发展不可或缺的创业要素，尤其是在诸如中国、俄罗斯和加纳这样的转型经济国家，由于独特制度、市场和文化环境的深刻影响，新企业在创业活动中倾向于利用创业网络。

2.5.2　创业网络的分类

根据已有研究，创业网络主要涉及个体网络、商业网络和政治网络三种（Watson，2007；Wiklund and Shepherd，2008；Yiu and Lau，2008）。其中，个体网络是在创业者个人情感关系的基础上建立的关系网络，主要由与创业者较为亲密的个人关系所构成，包括亲戚、朋友、同学和同事等，是创业早期创业网络的主要表现形式。

政治网络主要涉及企业与中央政府、地方政府、监管部门和资源配置部门等政府和管理机构之间的联系，也称为政府关系、政治战略或者政治能力（Guo and Miller，2010）。由于企业在创建期和成长期所具备的特征和需求不同，政府关系对企业的影响也存在差异。处于创建期的新企业对资源的依赖性强，而在稳定性方面较差，其所面临的挑战主要集中在机会识别、合法性建立以及资源获取这三个方面（申佳等，2013）。而政府作为关键资源的掌控者、行政事务的执行者和政策法规的制定者，与市场经济活动有密切的联系。因此，对于此时的企业来说，想要维持生存和发展需要构建和保持较高强度的政府关系，并通过政府关系了解政策制定和调整的信息（李雪灵等，2011a），从而尽早识别机会、开发市场，而这一过程也成为很多企业早期创业的捷径。而对于进入成长期的企业来说，经营目标通常会更多地放在巩固市场地位、扩大市场份额和提升利润创造能力上。相对来讲，创建期的企业构建政府关系的意愿更为强烈，而比较成熟的企业则更有能力来利用政府关系帮助自身成长。对于成长期的企业来说，随着其规模和实力的逐渐提升，政治资本逐渐成为其获取竞争优势的重要途径（Schuler，1996），有效地通过政府关系获取资源是企业提高绩效的有效途径。此阶段，政府关系是企业应对转型经济环境不确定性的有效工具。

而商业网络主要是指企业与供应商、分销商、最终客户以及竞争对手之间建立的联系。对于创建期的企业来说，其目标主要是保障组织的生存并追求发展，在此阶段，其商业关系主要从市场信息获得、合法性构建、外部资源获取等方面对企业产生影响（申佳等，2013）。基于 Burt（1992）的结构洞理论，企业与其他市场实体之间的弱关系更容易使企业获得异质性、有价值的重要信息。通过弱关系获得的产品销售、市场定价、客户分布等重要信息，在企业制定正确的生存战略方面发挥重要作用。对于创建期的企业来说，虽然其所涉及的商业关系规模较窄，但在彼此信任合作的基础上，这些企业更容易实现外部资源的积累，从而为未来的发展打下良好的基础。而对于那些成长期的企业，由于其业务来往相对较频繁、经营活动相对较密集，想要顺利地成长，企业需要保证持续稳定的产品生产与优质高效的服务，这也是此阶段企业成长的关键。此时市场关系在成本控制、市场扩张、组织能力提升以及竞争优势确立等方面影响企业的成长。

除此之外，Birley（1985）和 Littunen（2000）将创业网络分为正式网络和非正式网络两类。正式网络主要指基于商务交往与利益，以组织为背景建立的、为企业提供商业支持的网络，涉及竞争对手、供应商、税务机构、中介机构、政府部门等。而非正式网络则是基于信任、相似背景或共同语言建立的网络，除了资源方面之外，还为创业者提供情感方面的支持，主要涉及基于血缘关系和信任关系的亲朋好友、同事等。

与正式和非正式网络的划分类似，Ibarra（1993）将创业网络划分为工具性网络和情感性网络，前者是以利益关系为基础而建立的网络，主要面向企业发展需求的满足，涉及商业伙伴、投资人等。而后者主要指在家庭关系、朋友关系的情感基础上建立起的网络，主要追求满足创业者的人际需求。

还有学者将创业网络划分为活性网络和潜在网络，二者区别在于网络中成员之间的沟通频率和互动效果，这种划分方式的目的在于揭示和描述成员之间规律的、频繁的互动机制以及潜在的、无规律的活动行为（Ramachandran and Ramnarayan，2005）。

另有学者将创业网络划分为人际网络和延伸网络。其中，人际网络指的是与创业者之间建立直接交易联系的成员关系。而延伸网络则指的是和那些与创业者有直接联系的成员展开沟通，却不与创业者直接发生联系的人际关系，这种间接的联系机制能够更好地扩大网络的规模和影响力（Dubini and Aldrich，1991）。

2.5.3　网络导向

网络导向源于心理学研究，心理学家将网络导向定义为通过网络关系处理生活问题的信念、倾向与态度。由于网络导向在处理某些问题方面的重要性，它在20世纪90年代末也被逐渐地运用到经济管理领域，一些学者对其进行了概念上的界定。Barnir和Smith（2002）认为，网络导向是创业者或管理者构建和维持网络关系的倾向。Sorenson等（2008）从合作促进创业企业商业成功的角度对网络导向进行了界定，他们认为，网络导向是企业与外部利益相关者以及内部各部门建立合作关系的期望与倾向。虽然网络导向逐渐引起了学者们的关注，但它在创业研究中的应用却被极大地忽视了（Lans et al.，2011）。总体来看，网络导向强调新企业对网络价值的思考、开发和利用，强调了网络的情境性作用，着眼于在特定情境中利用网络识别新机会、获取新资源并培育新能力来实现创业企业的生存与成长。创业企业的网络导向是指创业企业在创建与成长过程中与内部行为主体和外部环境主体建立网络关系的倾向、期望与态度（Sorenson et al.，2008）。

关于网络导向的维度，Sorenson等（2008）用合作（collaboration）、网络构建（inclusive network）及网络团队结构（network team structure）等三个维度来分析这一概念。而任萍（2011）从合作性、关系关注度及开放性管理三个视角分析网络导向的维度并利用新企业数据进行了验证。借鉴上述研究，董保宝和周晓月（2015）将网络导向划分为三大维度：一是网络合作性，强调组织内、外部的合作、沟通与交流，这是网络导向的根本属性；二是网络关注度，强调组织倾向于建立内、外部联系，积极关注内外部信息以及网络的范围与联系紧密度；三是网络开放性，强调组织对内宽松、灵活地管理和去集权化，这是知识在内部扩散的基础。

社会网络对于成熟企业及新企业均具有十分重要的意义，因为它是个人、团队和组织从外部获取信息和资源的重要渠道。而新企业往往因为"新"和"小"而先天就有"新进入缺陷"和"小规模缺陷"，从而面临严重的资源约束（Siu and Bao，2008）。创业者在实施创业的过程中，通常会通过建立和利用社会网络来获得有价值的信息和资源，识别和开发有价值的机会，培育核心能力，进而创建新企业的竞争优势并不断确保其持续性（董保宝和李白杨，2014）。而这种利用网络来解决创业实践中所面临问题的倾向或态度正是网络导向的内涵。如前所述，中国转型经济情境下的创业企业面临着诸多约束，如资源匮乏、信用缺失，难以获取必要的资源。因此，它们会倾向于寻求网络关系以解决上述问题，即新企业的网络导向较高（董保宝和周晓月，2015）。

在从网络视角对创业的相关研究进行梳理的基础上，可以探究创业者以及创业企业的社会关系网络对创业产生的影响，有助于从理论上更加深入地理解创业网络的构成以及作用机理，从这一角度进行的研究能够在一定程度上避免将研究对象作为独立个体进行研究带来的误解。从实践上看，相关研究能够为创业者的创业实践提供指导，有助于创业者有目的性地构建、维护和培养自己的网络关系。

2.6　能　力　观

2.6.1　创业能力的内涵

创业能力是创业研究的焦点内容之一，已有研究表明，创业者或创业企业的创业能力是保障创业活动顺利开展并取得成功的关键因素（张玉利和王晓文，2011；Rasmussen et al.，2011）。从这些已有研究的成果看，创业能力在新企业的创建、成长或者创业者取得创业成功方面都发挥着重要作用。那么，从能力视角出发梳理创业的相关理论，理解创业能力的内涵，了解创业能力在创业中发挥的作用就十分有必要，对创业能力更进一步的理解对完善既有的创业理论和指导创业实践都具有十分重要的意义。

通过对"Elsevier""Emerald""Springer""ProQuest""EBSCO""中国知网"等数据库的相关研究关键词的检索发现，对创业能力的研究是一个比较新的研究方向，相关研究主要由西方学者在 20 世纪 90 年代发起，起步阶段大多采用理论研究方法来探讨创业能力的内涵及其必要性问题，而国内的相关研究起步相对较晚。进入 21 世纪以来，国内外的创业能力研究获得了迅速发展，相关的文献数量也迅速上升。从已有研究成果看，对于创业能力的内涵，学者们主要从个体和组织这两个层面进行界定。在个体层面，学者们大多把创业能力看作创业者所具备的天赋能力，或者是使创业者能够有效、成功地完成工作的特质，具体包括性格特质、技能和知识等（Thompson，2004；Man et al.，2008；Muzychenko，2008）。在组织层面，创业能力通常指的是那些为组织识别新想法、新产品和新观念的手段和方法（Rule and Irwin，1993），也有学者把创业能力界定为组织根据识别到的市场机会获取所需资源以开发机会或者建构新市场机会的能力（Arthurs and Busenitz，2006；Karra et al.，2008）。从组织层面看，创业能力能够为创业活动的有效开展提供持续原动力。

对于创业能力的概念，不论基于哪个层面，其来源主要是创业者特质、机会、管理、关系这四个方面。基于创业者特质视角，创业能力是创业者与生俱来的，或者可以看作创业企业的资源禀赋，即创业者的创业能力也是他们的个人特质（Thompson，2004）。基于机会视角，创业能力通常被看作创业者或创业企业在机会开发过程中应对外界环境变化的能力，创业者或创业企业为了开发创业机会，必须时刻关注环境变化，搜集有价值的信息以对机会进行开发，因此创业能力也是创业者识别、评价并利用机会的能力（Abdelgawad et al.，2013），通常包括机会识别能力、机会评估能力和机会利用能力（尹苗苗和蔡莉，2012）。从管理视角出发，学者们通常把创业能力看作企业内部运营的产物，是企业运营管理方面的能力，包括承诺能力、战略能力和组织能力，是促进企业内部运营不可或缺的关键动力（Man et al.，2008；尹苗苗和蔡莉，2012）。从关系视角出发的相关研究通常把创业能力看作一种将企业内外部因素联系在一起的重要能力，并且认为创业能力有助于企业从外部获得各种无形和有形资源，从而有利于创业活动的顺利开展，因此创业能力通常被界定为创业者能够参与多种形式的社交活动并在尊重和公平原则的基础上判断其他个体或团体情况的能力（Rasmussen and Nielsen，2004）。

综合来看，创业能力主要体现在创业者个体和创业企业组织这两个层面。其中创业者特质、机会识别能力、构想能力和承诺能力属于个体层面的创业能力，个体层面的创业能力主要在新企业创建阶段发挥重要的作用。机会评估能力、机会利用能力和关系能力既涉及个体层面也涉及组织层面，是个体层面的创业能力也是组织层面的创业能力，这几种创业能力在创业企业的成长阶段发挥主要作用。而战略能力和组织能力都属于组织层面的创业能力，这一层面的创业能力主要在企业成熟阶段发挥作用。

2.6.2 创业能力的维度划分

国内外对于创业能力的研究目前已经有很多，学者们在研究过程中根据自己研究的方向和重点采取了不同的维度划分方式，其中比较典型的如 Chandler 和 Jansen（1992）将创业能力划分为机会识别能力、机会预见能力、概念能力、人际关系能力、政治能力和职能能力六个维度；Rasmussen 等（2011）将创业能力划分为重新界定机会能力、资源的杠杆化利用能力与获取外部支持能力；

Zahra 等（2011）则认为创业能力包括感知、塑造、选择和实现机会的能力。

　　国内学者对创业能力的研究更多是结合中国情境进行的，其中比较有代表性的创业能力维度划分方式如唐靖和姜彦福（2008）以及郭润萍和蔡莉（2014）将创业能力进行整合并将其划分为机会识别与开发能力和运营管理能力；尹苗苗和费宇鹏（2013）在他们研究的基础上将创业能力进一步细化，将其划分为机会相关能力、战略相关能力、网络相关能力、管理相关能力和领导相关能力。

2.6.3　创业能力演化

　　随着企业生命周期的演进，创业能力会从个体层面逐渐过渡到组织层面，因此，创业能力在企业生命周期不同阶段的呈现形式有所不同（尹苗苗和蔡莉，2012）。也就是说，创业企业的创业能力并非一成不变，而是随着时间的推移与企业自身的发展情况不断变化的。

　　具体来说，已有研究对创业能力演化的论述主要从创业能力自身以及企业生命周期这两个方面入手。在创业能力自身演化的相关研究中，如 Helfat 和 Peteraf（2003）把创业能力生命周期分为初始、发展和成熟三个阶段以及继这三个阶段以后可能出现的退出或衰亡（retirement or death）、整顿（retrenchment）、更新（renewal）、复制（replication）、重新配置（redeloyment）和再组合（recombination）六种情况。对于企业来说，这六种情况的发生并无固定顺序，既有可能同时发生，也有可能依照一定顺序发生。Rasmussen 等（2011）基于企业生命周期来探究各阶段创业能力的演化。相对来讲，第一种演化在理论层面上更能够深入地完善创业能力研究，而第二种演化则更具实践性和可操作性，在现实中更容易进行观察调查并有所收获。此外，基于企业生命周期的创业能力演化能够揭示创业能力在不同层面之间的转化（张霞等，2011）。即对于初创期的企业来说，创业能力主要是创业者个体层面的能力，而成长期和成熟期的创业能力则主要是组织层面的能力，也就是说，随着企业生命周期的演化，创业能力会从个体层面向组织层面转化（尹苗苗和蔡莉，2012）。

2.6.4　创业能力与动态能力

　　在动态的环境下，创业能力作为一种独特的能力，对企业的资源获取和绩效有着重要的影响，而且创业能力是企业识别新机会并获取资源以开发机会的能力，是创业企业生存的关键决定因素（Ahuja and Katila，2004；Arthurs and Busenitz，2006）。因此，对于创业企业而言，创业能力是至关重要的。但对于一个追求成长和发展的企业，仅仅拥有创业能力是不够的，企业的特定竞争优势通常难以长期维持，为了能适应环境并维持快速成长，新企业必须不断地更新和提升自身的能力，从而作为新的竞争优势源泉来促进企业的动态成长，这必须借助有关调整、整合及重组企业内部活动与外部活动的组织技巧和资源，也就是Teece所说的动态能力。对新企业来说，如果仅拥有创业能力而没有动态能力，其初始资源将会被快速耗尽并消失殆尽，此时的企业将失去进一步成长的空间和动力（王瀚轮等，2010）。因此，关注创业能力的同时必须要重视动态能力培养。动态能力是企业用来建立、完善以及重构各种内外部资源和其他能力以适应不断变化的外部环境的一种能力，是企业获取竞争优势的来源。可以得出，创业能力与动态能力是两种不同的能力，前者主要从创业机会识别、获取必要的资源、开发创业机会的角度来解释企业的创业行为，而后者强调的则是企业整合资源和能力来适应外部环境的不确定性。创业能力和动态能力又是紧密联系的，对于新企业而言，创业能力为企业带来竞争优势，而对于相对成熟的企业而言，动态能力对企业竞争优势产生更大的作用。但当创业能力和动态能力共同作用时，会更有利于企业竞争优势的获取（马鸿佳等，2014）。理解创业能力和动态能力的关系，更加有助于创业者根据企业所处的不同阶段，重点培育适合企业的能力从而为企业带来持续的竞争优势。

从能力视角对创业相关研究进行梳理有助于探究创业者以及创业企业能力的产生、发展以及作用机理。对创业企业所具备的能力进行深入理解既是理论研究的需求，也有助于指导创业实践。从理论上来讲，对创业者及创业企业能力的深入研究是完善当前创业理论的关键板块，也是使学者们能够进一步揭示创业本质的基础。从实践上看，有关能力的研究能够为创业者的创业实践提供指导，促使创业者能够有目的性地构建、提升和培养自己以及企业的各种能力，从而有利于创业企业的成长和发展。

2.7 学　习　观

2.7.1 创业学习的内涵

当前对创业学习概念的研究仍在一定程度上依附于一般的组织学习理论，而通过对学习的时间、学习的任务、学习的主体、学习的对象、学习的客体、学习的方式等问题进行深入研究，可以更清晰地形成对创业学习的内涵的理解。

创业学习产生于创业理论与组织学习理论的交界，与组织学习存在本质区别。

开展创业学习是为了建立"创业型"组织，而组织学习能够帮助企业建立"学习型"组织。创业活动的最终目标是完成创业任务，主要包括机会识别和机会开发，二者是创业过程中最基本的两个子过程（Shane and Venkataraman，2000），而创业学习对机会识别和机会开发具有直接影响。在机会识别与机会开发过程中，创业企业需要逐步提升创业能力，并累积战略性资源。

创业知识指的是能够帮助创业企业识别机会、配置资源、运营管理、进行创业战略选择并创造出具有经济效益的知识。Rae（2006）在社会构建理论的基础上建立了创业学习理论模型，指出创业学习并不是简单的从外部环境中获取知识的过程，而是学习者的社会身份、与利益相关者的企业共建以及社会情境三者之间相互作用的结果。

除了当前备受学者们关注的创业者的创业学习之外，员工、群体和组织也是重要的创业学习主体，且不同的主体具有不同的任务分工和差异化的学习内容。在上述创业主体的创业学习中，创业者的创业学习指的是创业者获取、整合和利用创业知识的过程（蔡莉等，2014）。而员工的创业学习则指的是员工获取数据、信息、技能等创业知识以执行创业任务的过程。

创业者的创业学习有不同的方式，如经验式创业学习主要强调个体利用自身先前经验，通过反复地思考、实践和归纳总结，将已有的、有价值的经验转化为知识（陈彪等，2014）。创业者和创业企业能够从已有经验中获取并吸收新知识（Sheng and Chien，2016）。认知式的创业学习则强调了他人经验的重要性，主要指通过观察他人而进行的学习，也称为观察学习（Holcomb et al.，2009）。而实践式的创业学习则没有可供参照的"标准流程"和教科书式的答案，强调创业学习具有路径依赖性（Rae and Carswell，2001）[上述研究详见朱秀梅等（2017）]。

2.7.2 创业学习过程

可以将创业学习看作一个连续的学习过程，这一过程可以促进创业企业的知识形成。创业学习也是创业者和创业企业在识别和开发机会以及组建和管理新企业的过程中重构新方法的过程（蔡莉等，2012）。总体来看，创业学习是一个反复的决策过程，在这个过程中，创业者不断地决定是对先前获得的知识采取行动，还是试着获取新知识（尹苗苗和刘玉国，2016）。

创业学习过程是创业学习相关研究的主要方向之一，学者们对此方面的贡献极大地推动了创业学习相关理论的发展。具体来说，创业学习的理论研究经历了从关注于创业个体学习过程的研究（即创业者如何学习、学习什么、何时学习等）向构建以机会或资源开发为主线的创业学习模型的转变。下面对一些比较有代表性的创业学习过程模型进行分析，以期对创业学习活动的形成有更加深入的了解。

1. Kolb 的经验学习模型

Kolb（1984）认为经验学习过程是通过将隐性的经验显性化为知识的过程，认为经验的获取与显性化是学习过程的核心，并提出学习可以分为具体体验、反思观察、抽象概括和行动实践构四个阶段：①具体体验阶段。具体体验过程是使学习者完全投入一种新的体验的过程。在此阶段，学习者以开放性和包容的心态打破已有经验的局限，融入新的环境，通过新的观察、学习和实践获得新的经验。②反思观察阶段。在反思观察阶段学习者对体验加以思考，具体来说，在此阶段学习者在新经验的基础上关联已有经验，从多个视角批判性地思考所获得的新经验的价值和意义等方面，通过与已有经验比较得到更加适用的经验。③抽象概括阶段。在抽象概括阶段学习者必须能理解所观察的内容并将其吸收，此时学习者在进一步深入反思观察的基础之上，从更加理性的视角将经验归纳和整合成抽象的概念，形成更适用于一般情况的经验法则。④行动实践阶段。此阶段中学习者需要验证其形成的概念并将其应用于问题解决过程，此时学习者将抽象概念作为实践的指导，并根据实践效果对其进行修正，最终转化为更具价值的已有经验。在 Kolb 的经验学习模型中，学习过程是一个具体体验—反思观察—抽象概括—行动实践—具体体验这样的循环。此循环始于经验并通过实践形成新的经验，个体通过参与活动获得具体经验，在回顾、反思的基础上将其内化为合乎逻辑的抽象经验，并在新情境中对应用这些经验进行检验，在修正的基础上最终形成新的经验。而学习者也正是在这种循环更新和重构的过程中实现了学习过程的螺旋上升。这四个阶段相互关联并循环往复，需要由学习者自己把握每个阶段的重要特性，从具体体验阶段开始，经过反思观察阶段和抽象概括阶段到最后的行动实践阶段，无论实践的结果如何，对经验的修正都会开启新一轮的循环。从这一点看，经验学习没有终点，是一个持续发展的过程，但学习可以开始于任何一个阶段（王浩宇，2017）。

2. Politis 的基于创业学习转化过程模型

在 Kolb 的经验学习模型的基础上，Politis（2005）更强调经验对知识重构的作用，认为创业者的先验经验对其创业过程具有重要意义。他将创业学习视为机会识别和克服新进入缺陷的经验学习过程，并构建了创业学习转化过程模型，模型涵盖创业者从业经验、创业知识、创业经验转化为创业知识的转化过程和影响转化过程的因素，从而使创业者的个人经验到创业知识的转化过程得以体现。他认为，创业经验、管理经验和行业经验等创业者所具备的经验均正向影响识别机会和克服新进入缺陷两方面所需的创业知识。此外，创业者的探索式经验和利用式经验在影响机制上存在差异，探索式经验的转化更侧重于提升创业经验对机会识别的正向影响，而利用式经验的转化更侧重于促进创业经验对克服新进入缺陷的正向作用。

3. Cope 的创业学习模型

Cope（2005）的创业学习模型主要关注创业学习的任务和过程两个方面，他提出，创业过程中所面临的机遇和挑战均有利于提升创业者的学习效率。在他的模型中主要突出反思过程的重要性，并认为创业过程中的关键事件能促使创业者进行深刻的反思。而这一反思的过程也是创业者的学习过程，事件中的经历为创业者提供了生动的学习素材，并可以把学习到的知识应用于类似情境中。这里的创业知识主要包含创业者自身的兴趣和目标等方面的知识，商业活动方面的知识，创业环境和管理网络方面的知识以及管理新企业方面的知识四类。这种将学到的知识延伸并导入新情境、事件和经历的能力也被他称为"创生性"的学习能力。创生性学习过程可以将不同情境中获取的知识再应用于其他情境，反思在此过程中起到至关重要的作用，它通过不断修正、整合将学习到的知识与新的情境相连接，并在实践中检验知识。

从学习视角对创业相关研究进行梳理有助于探究创业者以及创业企业的学习过程，从而明晰创业过程所需的知识来源。对创业学习过程进行深入理解既是理论研究的需求，也有助于指导创业实践。从理论上来讲，对创业学习的深入研究为创业知识、创业能力等方面的研究起到了支撑作用，使学者们能够对创业知识、创业能力等的形成和提升的机理有更深入的理解。从实践上看，相关研究能够为创业者的创业实践提供指导，使创业者能够更有效率地进行学习，从而形成与当下创业环境更匹配的知识和能力，使新企业维持生存并取得进一步发展。

2.8 过 程 观

2.8.1 创业过程的内涵

创业过程的相关研究主要兴起于 20 世纪 90 年代，并迅速成为创业研究者们所关注的重点领域之一。目前对创业过程进行的研究主要是为了探索成功创业中具备普遍性的一般规律，并追求通过相关研究来梳理出创业活动中涉及的各种关键因素，明晰可能导致创业成功或者失败的重要影响因素，从而了解是什么促使创业过程走向了不同的方向。此外，创业过程研究也可以分析创业者的特质、资源、机会等要素与创业成功或失败之间的作用关系，以帮助创业的理论研究进一步发展，并且帮助创业实践走向成功。

随着创业研究的发展，学者们开始逐渐从过程观的视角对创业进行研究。创业是一种思考、推理和行为的方式，强调机会驱动、注重方法和与领导相平衡，创业过程就是机会、资源和团队三者之间持续的匹配与平衡。在 Baron 和 Shane（2007）的研究中，创业是一个随着时间推进而逐渐展开的动态过程，该过程包含识别机会、整合资源、开办企业、建立成功、收获回报等阶段。创业研究的发展已经从以往注重对创业自身复杂性的解构过渡到注重对创业动态性的研究，并逐渐发展到兼顾创业的动态性和复杂性的研究。

目前，对于创业过程的内涵，学者们尚未形成统一的观点。从已有研究看，学者们对创业过程的界定主要从广义和狭义两个方面进行。从广义上看，学者们主要从成长角度来对创业过程进行分析，如林嵩等（2004）认为创业过程包括具有价值的创业机会、产生创业想法、创建新的企业、实现企业成长等环节。而从狭义上看，创业过程则仅仅是指创建新企业的过程（Carter et al.，1996；唐靖和姜彦福，2008）。从已有研究看，更多的学者倾向于认为创业过程是一个较为广义的内涵，即他们大多从企业成长的角度来分析创业过程。随着研究的推进，学者们逐渐发现仅仅将创业过程界定为组织的创建和成长可能并不全面，于是部分学者开始尝试从其他角度着手研究创业过程，如部分学者从机会视角入手，认为创业过程是围绕着机会的识别、开发、利用与组织创建相关的一系列职能、活动和行为（Bygrave and Hofer，1991；Shane and Venkataraman，2000）。也有学者从资源视角对创业过程进行阐述，认为创业过程指的是创业者凭借知识和资源来创建新组织的过程（Aldrich and Martinez，2007）。有的学者在对创业过程的研究中结合机会和资源视角，认为在创业的过程中，创业者需要首先通过识别和整合有效的创业资源，再通过资源来识别和利用创业机会，从而完成从构思到企业建成的过程（唐靖和姜彦福，2008）。

2.8.2 经典创业过程模型

企业的创业过程从无到有、从小到大，往往涉及很多阶段和时期，学者们在对创业过程进行研究的过程中通常会根据自己所研究的角度和各自的不同理解来对创业过程进行阐述。这种阐述可能是从企业的创立、成长和成熟的各个阶段进行，也可能是根据创业过程中所涉及的具体环节如编制商业计划书、寻求融资等实际操作方面进行。在实际的研究过程中，很多学者都采用构建理论模型的方法来阐述自己对创业过程的理解。事实上，创业过程模型的构建对于创业过程的研究也十分重要，即在一个形象、合理、有效的创业过程模型的基础上，研究者们才能更加清晰地将他们所理解的创业过程以及这一过程中的重要特点和关键环节表述出来。同时，通过模型与叙述的结合也能够更生动地体现出创业过程的动态性。因此，创业过程模型的构建在现阶段的创业过程研究中具有重要的应用价值和理论价值。

1. Gartner 创业模型

Gartner（1985）在已有研究的基础上，从复杂性的角度来分析创业过程，构建了一个动态的多维度创业模型，此模型是一个包括个人、组织、过程与环境四个要素的网状结构，每个要素之间存在相互作用且都涵盖多个维度。其中，个人表示的是创业的实行者，组织指的是创业者所创建的客体，过程指的是创业活动实施的进程，环境则指的是新企业所处的经营环境。Gartner 的创业模型揭示了创业实践中个人、组织、过程和环境之间存在相互协调和相互作用，为未来创业过程理论模型的研究发展奠定基础。Gartner 模型创造性地以多维概念将创业活动所涉及的要素进行细分和整合，强调了创业过程的复杂性，但此模型在所涉及的四个要素之间的具体作用方面缺乏详细的阐述。

2. Bhave 的企业创建过程模型

基于案例研究，Bhave（1994）构建了企业创建过程模型，并确定了创业过程每一阶段中的关键要素。Bhave 的模型中强调机会识别的过程，并将之称为机会阶段。他认为，创业过程由机会阶段、技术确立和组织创建阶段及交换阶段构成。其中，机会阶段的关键要素是刺激机会识别过程的内外部因素，在此阶段创业者的想法被提炼为机会，技术确立和组织创建阶段的关键要素是生产技术，而交换阶段的关键要素则是产品。Bhave 的模型所描述的是微观的创业过程，他认为创业过程是一个闭环的系统，是一个理性的、非线性的、反复修正的过程，而且，创业过程中的三个阶段都受到顾客反馈的影响。Bhave 模型在构建过程中考虑了微观环境对创业过程的作用，具备了系统性的特征，但模型中所考虑的仅仅是企业所处的微观系统，未能充分考虑宏观环境对创业过程的影响。此外，此模型在描述创业过程各阶段的关键活动时缺乏对其间动态过程方面的阐述，未能充分描述创业过程的动态性方面。

3. Timmons 创业过程模型

Timmons 和 Spinelli（2008）提出了一个全新的创业管理模型，他认为创业是机会、资源和团队围绕商业计划动态平衡的过程，创业活动中需要对三者进行协调。其中，机会是创业过程的核心要素，创业活动就是以机会作为契机而产生的，资源则是创业过程中不可或缺的重要支撑要素，创业者和创业团队就是以其现有的资源为基础来挖掘和利用创业机会的。商业计划能够体现机会、资源和团队这三种"驱动力"之间的相互关系，创业者和创业团队在制订发展计划的过程中，需要进行精细的设计，充分调动和利用资源来实现对商机的挖掘，从而获取最大的经济效益。Timmons 模型将创业理论研究与实践紧密结合，模型具有很强的动态性。Timmons 认为创业过程是创业团队基于要素的变化情况不断调整以维持要素之间动态平衡的发展过程。

4. Bruyat 和 Julien 的创业模型

Bruyat 和 Julien（2001）在 Timmons 创业过程模型的基础上构建了新的创业模型。模型中的主要要素为创业者和新企业，所关注的是创业者与新企业之间的相互作用关系。模型将新企业的创立、创业过程管理以及环境网络视为创业管理的核心问题，认为创业者、新企业、时间与环境之间存在一定的函数关系。他们认为，随着时间的推移，在创业者与新企业相互作用下，创业企业会沿着一定的发展轨迹演进。而且，在整个创业过程中，外部环境始终产生影响，使创业者与新企业之间的相互作用关系随着创业过程的不断推进发生变化。

5. Shane 创业模型

在 Shane（2003）所构建的创业模型中，包含个体、环境、创业机会和实施等要素，其中，创业机会是模型的核心部分。Shane 认为，创业过程是发现机会和开发机会的过程。个体特征、心理特征、人口素质等个体方面因素以及宏观环境和产业环境等环境方面因素对创业机会的发现和开发产生影响，并作用于创业的实施。而创业的实施则包括集中资源、设计组织结构、战略的制定和选择等方面。在 Shane 所描述的创业过程中，创业者感受和发现创业机会，并根据相应的机会来集中自身所拥有和能够获得的资源来开发和利用机会，是整个创业过程得以发生和持续的关键。

从过程视角对创业进行研究是目前创业研究中的重要领域，从理论角度来看，创业过程的研究涉及资源基础理论、资源依赖理论、社会认知理论等经典理论，对这一领域的深入研究能够对这些理论进行拓展，从而丰富和发展创业管理领域中已有的理论和方法。从实践上看，创业过程的研究能够为创业者和创业企业的创业实践起到指导作用，使他们在实际创业的过程中能够根据自身创业所处的情况和企业的发展阶段有针对性地做出调整和完善，从而减少出现错误的概率并保障其创业活动能够更加顺利地进行。

2.9　手　段　观

2.9.1　手段导向理论

手段导向理论是由 Sarasvathy（2001）最早提出的，她认为在高度不确定性的情境下，创业者或创业企业的决策逻辑不仅包括传统的目标导向逻辑，即选择实现既定目标的手段，还存在一种以手段为导向的决策逻辑，即选择既定的手段创造目标，Sarasvathy 将这种决策逻辑称为手段导向。作为新兴的创业理论，其旨在提供一种区别于目标导向的战略形成逻辑，即手段导向，这种逻辑强调在创业行动过程中形成新的战略目标。

Sarasvathy（2008）认为，手段导向是一种在高度不确定性环境之下普遍的行动逻辑，其所具备的内在一贯性是个体产生明确行动的基础。创业研究所要做的不是给创业行为制定一个固定的顺序或模式，而是根据所涉及的不同环境寻找适当和有效的行为（Shaver，2010）。根据 Sarasvathy 的研究，手段导向应当是一种创业决策和行动的逻辑，而不是要告诉人们应该做什么。在手段导向的作用下，创业者可以避免在机会开发过程的初始阶段就大量投入资源，而是可以随时与利益相关者进行互动并根据其承诺和反馈来制定新的手段和目标。

2.9.2　手段导向与目标导向的区别

在已有研究中，学者们普遍认同目标导向和手段导向是在诸多方面存在明显差异的两类决策逻辑（表2.1），其对于创业企业的生存与成长具有重要意义（Wiltbank et al.，2006；Chandler et al.，2011；Reymen et al.，2015）。目标导向以预测为特点，通常是给定目标之后寻求实现此特定目标的手段，即寻求最有效、最佳的实现既定目标的方式。而与目标导向不同，手段导向的特点是控制，在动态环境中，创业者在特定手段所能带来的不同结果之间做出选择，从而减少不确定性带来的影响。近年来，手段导向理论作为新兴的创业视角逐渐得到战略创业研究的关注，虽然一些学者如 Reymen 等（2015）在研究中将目标导向和手段导向称为战略创业决策逻辑，然而并未从理论上对此进行深入的论证和解释。

表 2.1　手段导向与目标导向之间的差异

文献	手段导向	目标导向
Sarasvathy（2001）	1. 关注可承受损失 2. 强调战略联盟 3. 利用偶然因素 4. 控制难以预测的未来	1. 关注预期收益最大化 2. 强调竞争分析 3. 利用已有知识 4. 预测不确定的未来
Wiltbank 等（2006）	1. 手段驱动 2. 可承受损失 3. 利用偶然因素	1. 目标驱动 2. 预期收益最大化 3. 规避偶然因素
Chandler 等（2011）	1. 通过一系列短期试验以识别机会 2. 关注可承受损失 3. 强调战略联盟和先前承诺 4. 保持柔性以利用权变因素	1. 预先定义目标以预测未来 2. 关注预期收益最大化 3. 强调竞争分析和商业计划 4. 利用已有的资源和能力
Perry 等（2012）	1. 始于给定的手段 2. 关注可承受损失 3. 强调战略联盟 4. 利用权变因素 5. 控制难以预测的未来	1. 始于给定的目标 2. 关注预期收益最大化 3. 强调竞争分析 4. 利用已有知识 5. 预测存在风险的未来
Brettel 等（2012）	1. 手段驱动 2. 关注可承受损失 3. 合作伙伴 4. 允许意料之外事件的发生	1. 目标驱动 2. 关注预期收益最大化 3. 竞争性市场分析 4. 克服意料之外事件的发生
Reymen 等（2015）	1. 创业行动始于可利用的资源 2. 充分利用意料之外事件创造价值 3. 对战略联盟伙伴的加入持开放态度 4. 关注可承受损失	1. 创业行动始于设定目标 2. 被动应对意料之外事件的干扰 3. 有目的地选择战略联盟伙伴 4. 追求预期收益最大化

2.9.3　手段导向创业过程

Fisher（2012）在研究中将手段导向下的创业模式和目标导向下的创业模式进行了对比。根据他的研究，由于手段导向与目标导向在思维方式上存在较大的差异，基于二者所做出的决策、进行的创业过程也会产生显著的区别。

手段导向的思维沿袭了机会创造论的观点，即创业者在面对不确定的外部环境时所要做的是积极采取行动，并根据市场、客户的反馈信息不断调整其行为，而创业机会也正是在此过程中被创造出来的。即对于采用手段导向的创业者来说，未来不是"在那里"等待被发掘的，而是参与者采用恰当的战略创造出来的（张玉利等，2009）。具体来说，当创业者在面对来自外部环境和内部目标模糊的情境时，一个具备手段导向的理性创业者在把其商业想法转变成结果的过程中是行动导向的。通常创业者具备三个初始条件："我是谁"，即创业者的独特能力如其特质、品味和能力；"我了解什么"，指的是创业者通过之前的努力所获取的先验知识，包括创业者所受到的教育、训练及所拥有的专长和经验教训等；

还有"我认识谁",即创业者所拥有的人际网络和在专业领域的关系网络。在初始条件的基础上,创业者能够凭借其所拥有的资源禀赋判断自己能够做什么,从而积极、有目的性地与熟人或偶然遇到的资源持有者进行互动,并争取获得伙伴的承诺,从而获取并整合更多外部资源,使资源实现逐渐积累和不断扩张循环,进而实现新市场的创造。对于手段导向的创业者来说,机会并非已经存在,而是在其创业过程中创造出来的,市场对于他们来说是未知和无法预测的,也就不能通过市场调查开始其创业活动。那么他们需要在对自己的资源整合和拼凑基础上,发现对于自己来说可行的创业方向,再通过自己的社会网络关系实现资源的扩张。事实上,研究表明,创业者们的第一个顾客往往是他们的亲戚或朋友,而在第一个顾客的作用之下,其影响力会逐渐向外扩展,并吸引到更多的客户,从而逐渐形成一个基础的市场。在此基础上,通过战略合作等手段,原有的市场会逐渐累积并扩大,实现创业过程(Read et al., 2009)。

2.9.4 手段导向对创业企业的作用

手段导向通常适用于难以利用历史数据进行预测的高不确定环境,强调创业企业以创业行动为导向,基于已有资源选择或创造可行的机会(Chandler et al., 2011)。手段导向的理论强调,处在不确定条件下的创业者会识别多种可能的潜在市场并不在于预测信息,而在于在可承担风险范围内与外部资源持有者保持互动,以建立战略伙伴关系的方式结成利益共同体,整合更多稀缺资源,并充分利用突发事件来创造可能结果。根据手段导向理论,手段导向与学习型战略一致,强调在探索新可能性过程中反复迭代的试错过程,重视与利益相关者的密切互动和战略联盟,以利用环境不确定性创造价值,而这些过程均为创业企业组织学习提供了丰富的机会(Perry et al., 2012)。由于创业企业组织学习是提升其创业能力的重要途径(Zahra et al., 2011),因此,手段导向是促使创业企业持续开展学习以提升创业能力的关键因素。学者们普遍认为创业能力是创业企业识别和利用机会的能力,其核心体现为机会探索和利用的双元逻辑(Abdelgawad et al., 2013)。在转型经济下政治和经济的频繁变化,加之创业企业普遍缺乏识别和把握环境变化的市场竞争和先进的研发经验(蔡莉和单标安,2013),创业企业尤其需要采取手段导向在创业实践中学习和提升自身,以寻求自身能力的提升,从而使企业能够顺利地维持生存和成长。有些学者认为手段导向包含试验、可承受损失、柔性和先前承诺四个维度,即创业企业强调保持柔性,在可承受损失的原则下尽可能多地尝试新的商业模式,并通过获取先前承诺以降低不确定性(Chandler et al., 2011; Perry et al., 2012)。

为了形成新的战略目标，手段导向促使创业企业在创业行动中持续学习，以获取相应的知识，并逐步明确自身如何在市场竞争中获取成功。根据组织学习理论，知识的获取有助于创业企业新惯例的形成和已有惯例的改变，而组织惯例是组织能力构建的核心构件（Zollo and Winter，2002）。可见，知识获取是组织能力构建的重要基础。创业领域的学者们也认为知识获取与机会的开发密不可分，Shane（2000）认为先验知识的积累是创业企业机会识别和利用的重要前提。可见，手段导向促使创业企业从创业行动与外部环境互动中获取相应的知识，以识别和利用机会，并根据客户和市场反馈对多样化的创业知识进行选择，从而构建和提升创业能力，进而使创业企业的生存和发展获得保障（Zollo and Winter，2002；Perry et al.，2012）。

手段导向除了促进创业企业通过试错学习实现新机会的感知和创造外，也能帮助企业实现更好的资源整合。例如，根据 Chandler 等（2011）和 Welter 等（2016）的研究，手段导向能够促使企业在与外部合作伙伴的互动中获取所缺乏的资源从而构建具有优势的资源组合，而且在多变的外部环境中，手段导向也能够帮助创业企业根据其所处环境的变化灵活地整合多样化资源以追求企业内部资源和能力与环境的匹配。此外，手段导向有利于企业在尝试商业模式的过程中探索不同资源组合的价值从而创造性地整合资源（Perry et al.，2012）。而资源正是成功创业必不可少的条件，通过手段导向对资源的灵活、适当的整合，创业企业的资源需求能够最大限度地得到满足，从而有利于企业的成长。

对创业来说，手段导向是一个随机应变的灵活发展思路，从手段观的视角对创业进行研究能够丰富当前的创业理论，使创业理论的发展与复杂动荡环境下的创业实践更加密切地结合。从实践角度出发，手段导向创业理论的发展和进步为现实中的创业指明了方向，使在不确定性环境下创业的创业者能够在战略决策过程中形成更清晰的决策逻辑，从而得以更加清楚地了解和把控其创业过程的未来发展方向。

2.10 系　统　观

2.10.1　系统思想简介

系统代表了相互联系的元素集合，这些元素形成了一个整体，元素代表了部分，而科学的研究便是从整体的角度和整体的性质来研究世界的复杂性，用系统的思维来思考世界的运行方式。在把握特殊系统概念的前提下，系统实践可以推动和指导人们对这个世界的改造，且有助于人们抓住事物的本质。在系统论学科开展的初期阶段，研究者们一直围绕"组织的复杂性"这一概念来展开工作，目的是描述和弄清事物的基本原理与运行机制。系统思想适用于处理那些在以科学为基础的工作中管理者常碰到的复杂的组织难题。传统的系统理论一般都会上升到哲学的理论范畴，研究科学的意义与世界的存在等复杂难题。而现代系统理论已经发展成为解决技术、经济、管理等包含社会科学在内的多领域综合学科。

系统论运动包含了在任何研究领域运用不可还原的整体思想（Popper，1972）。这些思想始于对外部环境的观察与描述，同时根据内部组织中的等级制度与其他个体相联系后完整地描述世界。因此，为了对系统形成更清晰的认识，在对其进行探究的过程中需要了解系统的目的性、整体性、层次性、开放性、稳定性、突变性、自组织性和相似性等基本特征（Bertalanffy，1968）［上述研究详见高洋（2014）］。

2.10.2　创业领域的系统论应用

事实上，创业本身就是一个复杂系统，而究其本质，创业研究同样是一门多学科交叉的研究。例如，Audretsch 和 Kayalar-Erdem（2005）在对科学家的创业行为进行研究中，从个体层面、企业层面、区域层面以及制度、政策层面找出了大量的决定因素，借此强调创业的复杂本质。那么创业这个复杂的系统所涵盖的因素就涉及能够影响创业机会的创造、发现和开发以及资源的获取、整合和利用的经济因素、社会因素、制度因素及所有其他的重要因素。此外，在创业机会的创造、发现和开发的过程中，创业活动的顺利进行，就是在系统中的个体（如发明家、创业者等）、组织（如企业、研究机构、政府机关等）和制度（如产权、专利权保护等）等共同作用之下实现的（Edquist，2005）。

通常，创业围绕机会与资源所展开，机会是过程核心，资源为其提供基础性保障。二者相互匹配的共同作用注定了创业成为一门追求创新且注重管理的综合性学科。纵览创业研究成果，关于机会与资源的研究时至今日都仍在继续，机会开发、资源开发、二者共同开发等一系列问题被持续关注，理论内容十分丰富。然而，随着对这些成果的梳理与总结，葛宝山等（2015）发现了一个在哲学上看似诚然实非然的问题。研究中，学者们普遍认为，机会开发与资源开发作为两个独立存在且相互影响的复杂行为，是同时作用于创业过程中的，二者相互联系不可分割。于是，与之相关的研究不仅关注个体（单独开发行为），也关注个体之间。

这种情况从表面上看无任何问题，实则并非如此。系统论的观点指出，系统是一个有联系的物质和过程，看待任何事物都要从其整体性角度出发，探寻其内在本质属性。而这种整体性却恰恰是以上研究所忽视的。进一步讲，学者们在潜意识中已经承认机会与资源是一体的、是相联系的，但却没有从系统角度加以展开论述，更有甚者对个体的研究逐步接近了还原论思想（高级形式还原为低级形式）。这种问题不仅造成了研究结果的局限性，也在很大程度上增加了创业过程的复杂性，使其缺乏主体研究脉络，极易脱离创业本源。

2.10.3 创业生态系统

除了应用于个体创业活动研究外，系统论也被应用于更为宏观层面的创业研究。创业生态系统是一个在创业研究领域新提出的概念，这一概念起源于生物学领域的生态系统，通过借鉴生态系统对生物体和环境之间关系的描述，创业生态系统这一概念实现了对作为一个统一整体的创业者、创业企业与外部环境之间复杂关系的描述。此概念最早出现于 2005 年，Dunn 在其研究中关注如何构建基于大学的创业生态系统，提出了创业生态系统的基本轮廓，但并没有进行明确定义。此后，其他学者也开始致力于对创业生态系统开展研究。研究者对创业生态系统内涵的界定主要分两类：一类是将创业生态系统视为创业企业（含新企业和进行内创业的成熟企业）的外部环境，以 Cohen 和 Isenberg 等学者为代表。Cohen（2006）提出创业生态系统是特定区域内相互作用的主体形成的群落，通过支持和促进新企业的创建和成长来实现可持续发展，创造社会和经济价值。而Isenberg（2010）则从政府角度提出了百森创业生态系统项目，通过形成具有区域特色的创业生态系统来改善创业环境，从而提高当地的创业水平。Isenberg（2010）指出，当创业者和创业企业处于一个容易获得资金和人才、政府提供政策支持、当地有鼓励创新和容忍失败的文化、具备一定的基础设施和其他支持要素的环境中时，创业最容易获得成功。

而另一类则以林嵩、Vogel、Mason 和 Brown 等学者为代表，他们将新企业纳入创业生态系统中，认为创业生态系统是由创业主体和所处的外部环境共同构成的统一整体。林嵩（2011）将创业生态系统定义为"由新企业及其赖以存在和发展的创业生态环境所构成的，彼此依存、相互影响、共同发展的动态平衡系统"。Vogel（2013）提出创业生态系统是一个地理区域内的交互群落，由多种相互依赖的创业主体和环境要素（市场、监管体系等）构成并随着时间而演化，主体和环境共存并相互作用来促进新企业的建立。Mason 和 Brown（2014）则认为创业生态系统是由一系列相互联系的创业主体（创业企业、投资机构、大学等）和创业环境（政策、文化等）组成的，通过正式和非正式的联系来提升绩效。在已有研究的基础上,蔡莉等(2016)认为,创业生态系统是由多种创业参与主体(包括创业企业及相关企业和机构)及其所处的创业环境所构成的有机整体,彼此间进行着复杂的交互作用,致力于提高整体创业活动水平(创业数量和创业成功率)。

　　创业过程是一个复杂的过程,从系统论视角对创业进行研究能够更深入地对其进行剖析。从理论上看,借助系统论对创业进行深入研究对完善当前创业理论起到关键的作用,也是使学者们能够进一步揭示创业本质的基础。而从实践上看,相关研究能够为创业者的创业实践提供指导,在创业实践中将创业活动作为一个系统进行管理也能使创业者对其有更加清晰的了解,既能实现对子系统的详细管理,也能对整个系统有一个整体的掌控,从而使创业企业得到顺利发展。

第3章　中国转型经济背景下企业内部因素和环境因素研究

3.1　转型经济背景下的环境特征

3.1.1　转型经济背景下环境的不确定性

当代企业的生存环境处处表现出不确定性，对于环境不确定性的概念，不同学者有着不同的阐释。目前对环境不确定性概念的理解主要按照 Milliken 所归纳的一般定义。Milliken 指出，对环境不确定性最为普遍的三个定义为：①没有能力用概率值来估计将来发生事情的可能性；②缺少因果关系信息；③没有能力准确预测对一个事件决策的后果。根据以上三个揭示环境不确定性本质的定义，Milliken 提出了环境不确定性的一般定义：对于相关或者不相关的数据，个体可能由于缺乏信息或者没有能力区别这些数据而导致其不能准确地预测组织的环境。后来研究者提出了很多关于环境不确定性的定义，Duncan 认为，由于缺乏相关环境数据的信息，不能准确预测决策结果，因此难以做出决策的情况。Priem 根据环境不确定性在经济学的定义，结合字典解释，把环境不确定性定义为无法预测的变化，包括在决策研究中与环境不确定性相区分的风险和模糊性。中国学者汪浩瀚把环境不确定性看作是一种动态的过程，从未来的角度说明了事物的属性或状态是不确定的，因此现在的人无法对未来的人或事物做出准确的预测。

关于环境不确定性的来源，Katz 和 Kahn 认为经济市场和劳动力输入、信息和技术、物质分布和自然资源、政治和法律规范、社会价值等可作为环境不确定性的来源，Duncan 把环境不确定性的来源进行了细分，认为其来源于顾客、竞争者、供应商、技术、社会政治、员工/职能单位/组织因素等。Mike 等（1978）

认为环境不确定性来源于顾客、竞争者、供应商、资本市场和政府（规范、规制）等。Daft 等（1988）把环境不确定性的来源定义为顾客、竞争者、经济形势、技术、规制和社会文化等。Tan 和 Litschert（1994）认为环境不确定性的来源为竞争者、顾客、供应商、技术、制度、经济、社会文化和国际环境等。Manolis 等（1997）认为环境不确定性的来源为任务环境、一般的市场背景、规制环境与激励和文化困境相联系的社会因素等。Priem 等（2002）认为环境不确定性的来源为产业竞争、国际竞争优势、政府和社会变革、人力资源和生产成本（组织内部环境因素）。中国学者王益谊等（2003）从人的有限理性和行为不确定性两方面分析了环境不确定性的来源。侯玉莲（2004）认为环境不确定性来源于竞争、政策、技术、顾客需求和供应商。黄旭等（2004）认为环境不确定性的来源为主体、竞争者、供应商和顾客四部分。张黎明和徐静（2008）把环境不确定性的来源分为信息的不确定性和资源的不确定性。

Manolis 等（1997）认为，环境的不确定性并不是一个一维的概念，而是一个多维的概念。对于环境不确定性的特征，不同学者在术语的运用上略有不同，如 Lawrence 和 Lorsch（1967）认为环境不确定性的特征是信息不清楚、变化速率快、反馈不及时。Dess 和 Beard（1984）进一步把环境不确定性的特征描述为复杂性、动态性、丰富性。就整体而言，大部分学者把环境不确定性分为三个维度，即变化性、复杂性和难预测性。

对于环境的变化性特征，Lawrence 和 Lorsch（1967）指出，组织环境是在不断变化的，并用变化速率快慢来展示环境不确定性的特征。有学者用复杂性、可变性和贫乏来刻画环境不确定性的特征，也有学者用动态性来表示环境是不断波动并且难于预测的，环境变化的过程是一个动态的过程，因此，环境不确定性的维度可以用动态性来描述（Tung，1979；Dess and Beard，1984；Tan and Litsschert，1994）。汤普森（2007）用稳定/变迁来描述环境要素中的稳定的变化和难预测的变化。

对于环境的复杂性特征，大多数学者在对该特征进行测量时用的术语为复杂性，Dess 和 Beard（1984）把复杂性定义为组织环境要素的数量较多，呈现多样化与广泛分布的特征。Child（1997）把复杂性定义为一个组织活动的异质性和范围。汤普森（2007）在 Child（1997）所描述的组织活动的异质性的基础上，把环境不确定性的测量维度定义为同质/异质，以此来描述环境要素的相似和不同。

对于环境的难预测性特征，Dess 和 Beard（1984）把环境不确定性的特征定义为丰富性，认为组织环境的资源是丰富的，用资源的丰富性来测量组织环境的不确定性。Child（1997）认为环境中资源的可利用性可以测量环境不确定性的维度，所用术语为贫乏。资源的丰富性与可利用性都反映环境不确定性的可预测程度，因此在本书研究中使用的术语是难预测性。

3.1.2 转型经济背景下制度环境研究综述

上文已经阐释了不同学者对环境不确定性来源的划分，但中国作为一个转型经济国家，其环境不确定性的来源应该适用中国国情。对于转型经济背景下创业环境的分析，中国情境的独特现象受到国内外相关学者的广泛关注。转型经济体是指那些正由计划经济向市场经济过渡的国家和地区，如东欧、中国（Peng and Heath，1996）。转型经济体强调通过自由、稳定的贸易以强化其市场机制，并鼓励私营企业的发展，但转型经济背景下的企业缺乏竞争经验和意识（Hoskisson et al.，2000），也缺乏完善的法律和制度来规范其市场化行为（Li and Zhang，2007；Peng and Luo，2000）。

制度环境一直是创业管理领域的重要研究问题之一。从计划向市场进行的经济制度转型，形成了更为复杂、动荡和特殊的制度环境，其对创业活动的影响受到了国内外创业及制度领域学者的广泛关注（Peng and Heath，1996；Peng and Luo，2000；李雪灵等，2011a；蔡莉和单标安，2013）。

著名制度经济学家 North（1990）将制度分为正式制度和非正式制度，正式制度主要是以编码形式存在的法律、法规等；非正式制度则是以非正式形式存在的共同行为准则、价值观、信仰和文化等。另一个被广泛接受的制度划分是 Scott 提出的"制度三支柱"理论模型由规制、规范、认知三个维度构成，其中规制制度主要指政治层面的强制性制度，包括国家法律、法规和编纂的政府政策等方面（North，1990），通过强制性的政府规章和法律来引导行为；规范制度指的是社会规范和价值观，泛指追求有价值目标的合法手段，包含国家的价值观、文化等方面；认知制度是指被强加于社会行为者，并内化为理所当然的信念和价值观，包括社会的技能、信息及知识等方面，强调人们在做出选择时自己甚至都没有意识到自己所依赖的框架和脚本（DiMaggio and Powell，1983）。

依据以上制度理论框架，结合转型经济情境，大量学者已经开展了相关研究，代表性的学者 Peng 和 Heath（1996）借鉴了 North 对于制度环境的划分，分析了组织在制度环境下的战略选择，指出转型经济时期正式制度的特征为缺乏以产权为基础的法律框架、稳定的政治结构和战略要素市场，非正式制度则表现为基于网络的个性化交易和高水平的集体主义等特征。Williamson（1986）提出宪法、法律与规章等构成了正式制度，而习俗、道德、传统和行为标准等的非正式制度以"嵌入"的方式影响社会生活，正式制度与非正式制度共同发挥作用降低了社会的不确定性和交易成本。Ahlstrom 和 Bruton（2006）的研究从规制、规范和认知的角度诠释私营企业如何在转型经济下构建合法性，并指出转型经济情境中最显著的特征是制度不健全，包含规制制度上的法律不健全、规范制度上的不守合约、认知制度上的对私营企业的不认可。在转型经济背景下，市场环境快速变革使制度环境存在制度洞（Li et al.，2008），Aidis 等（2008）提出非正式制度可以在一定程度上弥补正式制度的不完善，特别是可以利用关系网络弥补资本市场的不完善、政策的不稳定性等给企业带来的不良影响。蔡莉等（2012）则以中国为背景从制度、市场和文化三方面总结了转型经济情境的特征，认为制度环境中存在法律、法规不完善，执行力不足，政府干预等特征；市场环境存在市场竞争加剧、国企垄断与私企并存、市场体系不健全等特征；文化环境存在集体主义、关系利用倾向性、风险规避等特征。于晓宇和汪欣悦（2011）从规制环境、规范环境、认知环境三个维度来分析转型经济制度环境对再次创业意向的影响，并提出中国转型经济的规制、规范、认知环境会影响创业失败成本。朱建安等（2015）从正式制度和非正式制度的角度研究了中国企业在特定的制度环境中产生的适应环境的内生性行为和特殊的治理安排。

依据 Scott（1995）的"制度三支柱（pillar）"理论模型，研究重点梳理了转型经济制度环境中规制（regulation）、规范（norm）、认知（cognition）三个维度的相关研究。

规制制度主要包括国家法律、法规和政府政策等政治层面的强制性制度（North，1990；Scott，1995）。Aidis 等（2008）的研究指出，转型经济国家规制方面的特征表现为产权保护不完善、缺乏公平竞争的制度、契约的法律效力不足以及政府干预等方面。Tang 和 Tang（2012）指出，转型经济下的国家，对于知识产权的规制性保护较弱，使企业创新很难达到期望收益。Peng 和 Heath（1996）的研究认为缺乏以产权为基础的法律框架和缺乏稳定的政治结构是造成规制环境极具动荡性的原因，同时会对公司的成长造成巨大的影响。李雪灵等（2011b）认为导致这些规制制度呈现出不确定性与复杂性的原因可能是转型经济国家同时存在政府职能越位和市场机制失灵的情况。在这些规制制度阻碍创业者决策判断的同时，也有研究认为转型经济中的创业者可以利用这些制度缺陷所带来的商机获得更大的收益（Luthans et al.，2000）。

针对规制制度，本书研究以吉林省为例，主要对吉林省生产性服务业中小企业的规制环境特点进行探索。经济全球化和中国的经济转型，使企业所面临的制度环境、经济环境等外部环境变得更加动荡。规制环境作为制度环境的重要组成部分，是企业生存必不可少的。由于现有规制环境中的不完善、不合理等因素，如法律的不健全、政策的执行力弱等，造成了企业经营的困难，难以保持绩效的增长。再者，与发达地区相比，吉林省加强软环境建设显得更为紧迫。因此，研究吉林省内生产性服务业中小企业所面临的规制环境更有必要。基于规制环境相关理论，同时对环境不确定性给予了分析。在大量阅读文献的基础上对国内外学者的研究进行了归纳总结。在理论研究的基础之上，同时考虑到我国和吉林省实际的规制环境情况，把规制环境分为了市场准入、调控政策、行政执法、税费、融资和行政审批等六个维度，并且后续分析也都是从这六个方面展开。通过分析国内外发达地区的优秀经验，为吉林省生产性服务业中小企业的发展提供了借鉴。在把握吉林省生产性服务业中小企业整体发展现状的同时，结合地方实际发展的需要，选取了具有代表性的物流业和信息服务业。针对这两个行业，综合运用案例分析和问卷调查的方法，有助于从深度和广度上充分理解它们在市场准入和生产经营等方面的现状和现存问题。然后，本书研究运用理论剖析了这些问题存在的原因。最终，研究提出了具体的对策和建议，如优化调控政策的制定、健全法律法规体系、建立融资体系、改革并完善现有税费制度等（上述研究详见（程龙，2015））。

规范制度包含价值观、文化等方面的社会规范和价值观（Scott，1995）。North（1990）和 Scott（1995）的研究都指出规范制度相较于规制制度是较为不正式的制度，通常体现在标准和商业惯例等方面，如专业和贸易协会以及商业团体所建立的标准和商业惯例。Peng 和 Heath（1996）指出，转型经济体的最基本特征是转型前属于高度的中央计划经济，而转型后，中央放开管制的同时会导致市场中缺乏战略要素，市场的规范性还没有完全建立起来。Aidis 等（2008）对于转型经济环境的研究指出，相较于发达国家，这些处在转型经济的国家，规范环境受社会主义信念的影响较大，社会缺乏鼓励创业的文化。Lee 和 Peterson（2000）指出，计划经济体中流行的不鼓励创业的文化倾向阻碍了创业经济的发展。李雪灵等（2011b）学者认为在转型经济国家中，阻碍创业的文化来源于传统文化、价值观点与创业活动逐利性之间存在的矛盾，在转型前的计划经济体制中更强调集体主义、个人服从组织，对于个体商业创业活动往往呈现出敌对性，但是随着转型的逐步推进，规范制度环境对于创业活动的敌对性呈下降趋势。

认知制度将包括社会技能、信息及知识等方面的内容内化为社会行为者理所当然的信念和价值观，它们通常包括传统的非正式制度，被视为理所当然的规则和惯例，以及被潜意识和广泛接受的习俗（DiMaggio and Powell，1983；North，1990；Scott，1995）。转型经济下的认知环境表现为创业者在商业计划书的准备、人力资源管理、现金流处理等方面缺乏相关的经验和创业技能（Aidis et al.，2008）。还有学者认为由于转型经济国家在转型前的几十年，个体行为受到压制，即使创业者本身具有较高的受教育程度，但是他们的创业知识和技能水平仍较低（Welter and Smallbone，2011）。虽然不少转型经济体为了鼓励创业，增加了创业相关方面的培训，但在过去社会主义制度下获得的管理经验和培训技能可能与市场机制的相容性较弱，不足以保证在动荡的制度变迁环境下创业企业的生存（Welter and Smallbone，2011；Peng，2001；Lyles et al.，2004）。李雪灵等（2011b）的研究也指出转型经济国家中的认知制度环境可能导致这些国家较高的创业失败率，这些缺乏技巧的创业者可能无法面对复杂的制度环境，无法做出高效的创业决策。

3.1.3　中国转型经济背景下创业环境特征

以往的研究仅仅从正式的规制、非正式的规范和认知角度来分析中国的创业环境，极大地忽略了市场主体和文化的作用和特征，存在明显的缺陷。本书研究认为市场和文化环境特征需要得到重视，因此，本书从制度、市场和文化三个方面来分析中国转型经济背景下创业环境的特征。

1）制度环境特征

中国情境下的制度环境特征主要体现在以下几个方面。

第一，制度不完善、缺乏稳定性。一方面，中国企业在运营过程中往往面临制度失效，缺乏成熟的合同法、财产法等正式制度（Xin and Pearce，1996），并且这也导致产权关系不明晰（Hoskisson et al.，2000；Park and Luo，2001）；另一方面，制度的转型使制度环境缺乏稳定性（Peng and Luo，2000；Meyer，2001）。

第二，法律、法规的执行力不足（Delios and Henisz，2003）。由于合同法、产权法等相关法律法规存在不足使其在实际操作中遇到困难，难以有效地规制企业的行为（姜翰等，2009）。虽然有统一的法律体系，但地方政府的介入以及不同的实施机构对法律的解释不同，这使区域间和行业间法律的执行情况出现较大的差异（Zhou and Poppo，2010）。由于缺乏强有力的法制体系及其执行机制，机会主义等行为增加（Nelson et al.，1997）。

第三，存在政府干预现象。政府的干预在于其控制着稀有资源和战略资源，如土地、石油、银行信贷、补贴、税收优惠等（Khwaja and Mian，2005），并且通过制定产业发展规划和一些政策法规来引导经济活动（Park and Luo，2001；Sheng et al.，2013）。政府机构对项目批准和资源配置有较大的主导权，深刻地影响市场的规模、结构和企业竞争力（Hillman and Keim，1995；Hillman and Wan，2005），与其他转型经济国家一样，这些特殊的权利可能产生一些官僚化现象（Aidis et al.，2008）。

2）市场环境特征

中国制度的深刻变革也带来了市场环境的变化（Hoskisson et al.，2000）。市场环境主要描述的是企业所面临的经营和竞争环境，反映在市场竞争、市场需求、技术波动等方面（Jaworski and Kohli，1993；Kohli and Jaworski，1990）。中国在计划经济体制基础上引入市场机制，市场的开放使得竞争加剧，同时也减弱了原有经济系统的作用（Li et al.，2008）。然而，仅仅经历了30余年的发展，市场体系还不完备、尚未成熟，并且原有的计划经济体制依然对社会经济产生一定的影响，如存在明显的国企垄断、不同所有制企业并存但获得的待遇差距较大等现象。

第一，市场竞争的特征表现得最为明显，市场竞争日益激烈，但不同所有制的企业竞争地位不同。一是市场向私营企业和国外投资者逐步开放，市场竞争加剧（Li et al.，2005；Zhou and Li.，2005），存在较多不良竞争行为。Peng 和Luo（2000）指出国有企业和非国有企业同时存在并相互竞争是转型经济的重要特征之一。支持市场的正式制度（如有效的法律系统）尚未成熟，市场竞争的规则很难预测（Hoskisson et al.，2000），侵犯专利和版权，契约和合同往往得不到有效的履行，以及不公平竞争行为等普遍存在（Li and Zhang，2007）。因此，这些潜在的因素导致大量的不良竞争现象。二是私营企业的地位尽管呈逐步上升势头，但国企依旧处于垄断竞争地位。虽然近年来私营企业不断蓬勃发展，给国有企业带来挑战，国有企业也在不断调整其生产运营方式和战略，从而适应市场经济环境（Hoskisson et al.，2000），但国有企业与政府或其代理机构关系密切，从而能够获得政府的支持甚至是保护，而民营企业从政府获得的支持相对较少，也缺乏市场合法性，处于较弱的地位（Luo et al.，2012），加上民营企业本身的竞争力不足，导致国有企业垄断的现象依然存在（Yamakawa et al.，2008），并影响民营企业的发展。

第二，市场需求快速变化，供需不平衡现象严重。我国的资本市场、劳动力市场、商品市场等要素市场尚不成熟（Bruton and Ahlstrom，2003），特别是资本市场还处于发展阶段，从正式金融市场渠道获得资金的成本和难度较高（Zhang and Wong，2008）。私营企业往往缺乏资金，但其获取资本的难度更大，因为银行更青睐国有企业（Li et al.，2008）。市场体系尚不成熟，市场需求变革较快、难以预测（Li et al.，2008），这为创业者带来了机遇。

第三，高强度的技术波动是中国市场环境的又一重要特征。中国企业本身具备的技术基础较为薄弱，中国的市场开放化和全球化使中国企业接触到更多的技术，并受到全球范围内技术发展趋势的深远影响，这促使中国企业要参与技术研发，不断改进自身的技术以应对快速变革的市场环境（Song and Parry，1994；Li et al.，2008）。

3）文化环境特征

文化的核心是社会传统价值观和信念的集合体（Tsui et al.，2007），包括个体主义与集体主义、权力距离、不确定性规避、男性气质与女性气质、长期导向与短期导向（Hofstede，1980）。根据 North（1990）的观点，文化反映的是人们用于解释周围世界的主观模式，在经济活动中起到重要作用，属于非正式制度。从本书的文献梳理来看，中国独特的文化环境主要表现为集体主义、风险规避、高权力距离和关系利用倾向性等几个方面（Zhang and Wong，2008），并深刻地影响着创业活动。集体主义与风险规避是进行跨文化比较研究时关注最多的两种文化（Li and Zahra，2012；Lau et al.，2010），在中国情境下的特征也较为明显。中国受儒家文化的影响较为深远，强调对关系的利用（Tsui and Farh，1997）。较多学者的研究都证实中国创业者或管理者关系利用倾向较高，并对其经济活动产生深远的影响（Yang，1994；Li and Zhang，2007）。

第一，强调集体主义。集体主义更加关注个体行为给集体成员带来的影响，强调社会化目标（Lau et al.，2010），而西方成熟经济国家则崇尚个人主义，更加关注个体行为的产出或者个人需求、利益和目标满足情况（Li and Zhang，2007）。集体主义文化关注共享集体福利，但容易产生锁定效应（Morris et al.，2009）。

第二，风险规避。风险规避也是中国文化较为重要的方面，管理者较为保守，与西方国家管理者相比，学习新知识和技能的意愿相对较低，特别是在中外合资企业中，这种文化冲突在日常管理中表现得尤为明显（Lau et al.，2010）。

第三，高权力距离。权力距离反映的是个体对权力不平衡性的接受程度（Hofstede，1980）。中国文化中存在接受权力和角色安排的传统，这也成为社会关系稳定性的重要支撑，管理者也普遍认同层级式决策和领导权威（Lau et al.，2010）。

第四，关系利用倾向性。受儒家文化的影响，中国人有运用关系协调交易活动的传统，这导致中国社会将关系看作企业运营的生存根源（Tsui and Farh，1997）。关系是中国重要的文化和社会要素（Park and Luo，2001），强调将社会关系作为经济和社会组织中的主要形式（Yang，1994），尤其是个人关系的使用（Zhang and Wong，2008）。

3.2　企业内部因素研究

3.2.1　中国企业内部因素内涵研究

1. 合法性研究

1）新企业合法性战略

《财富》杂志最近公布的数据显示，全球范围内创业失败率高达70%以上，创业被认为是成功率最低的经济活动。与成熟企业相比，新企业往往面临更多的资源约束和不确定性，并且经营历史有限，难以向利益相关者展示其可靠性并获得其他成员的认可。一些学者通过实证研究分析发现，"合法性"是导致新企业死亡率高的最根本原因（张玉利和王晓文，2010）。因此，新企业如何获取合法性是其生存与发展绕不开的首要难题，这已成为创业研究领域中特有且重要的研究话题。企业获取合法性的过程是通过制定并实施适宜的合法化战略，跨越"合法性门槛"，并不断嵌入制度的过程（Zimmerman and Zeitz，2002）。基于此，本书研究了新企业合法性战略的演化路径与体系构建，从制度、资源和行为三个视角出发，在对现有新企业合法性战略研究进行梳理、比较与评述的基础上，刻画了新企业合法性战略研究的演化路径。对于制度视角下的合法性战略，新企业通过服从和趋同行为来适应制度的管制、规范和认知三个层面而获取合法性（Meyer and Rowan，1977；DiMsggio and Powell，1983；Elsbach and Sutton，1992；Scott，1995），制度视角更强调制度力量对企业组织过程影响的持续性和趋同性，在此视角下，合法性战略更倾向于制度嵌入的被动和顺从策略。对于资源视角下的合法性战略，合法性是从外部环境抽取的一种资源，能够帮助组织获取到其急需的资源，从而促进组织的生存与成长。学者们逐渐意识到了合法性具有帮助企业获取资源的工具性特征，从而赋予企业获取合法性的主观能动性。资源视角的合法性战略更强调环境中资源所有者对企业的关键作用，企业获取合法性的目的也是得到这些资源所有者的认可，从而获取资源并实现成长。行为视角下的合法性战略是以企业行为为关注焦点，强调企业主观的创造性和变革性。因此，行为视角的合法性战略充分发挥了企业的主观能动性，使企业逐步摆脱环境的束缚，关注企业对外部环境的影响和改造。

2）合法性视角下的创业导向与企业成长研究

我国创业活动发展势头迅猛，创业成为人们追求自我价值实现、创造社会财富的重要手段与途径。然而，与蓬勃发展的创业趋势相对立的是现实中创业的高失败率。到底是什么因素导致创业热情高涨和创业结果的主观愿望与客观现实背离？率先行动、追求创新和风险担当伴随着新企业机会识别、新市场进入、资源获取等整个创业过程，形成了创业活动的最基本特征，即创业导向（Lumpkin and Dess，1996），但为何大量基于资源约束和社会网络理论来探索创业导向与新企业绩效关系的研究并没有得出一致的结论？现实和理论研究存在的问题使我们不得不去探究其原因。本书研究基于中国新企业的实证检验，从合法性的视角研究了创业导向与企业成长的关系，研究指出主动获取的战略合法性行为和客观表现的自洽合法性状态是新企业可以解决合法性障碍的两种方式，并分析了战略合法性和自洽合法性在创业导向与成长绩效间的作用机制。实证研究证实了企业战略合法性在解决创新和先动行为实施带来的市场认同缺陷和顾客接受偏见中的作用，从合法性视角打开了企业创新、先动行为与成长过程的黑箱；而企业自洽合法性为企业创业导向战略促进企业成长提供了良好的市场接受和认可的企业背景和环境。基于合法性视角，本书研究分析了新企业创业导向对成长绩效的作用过程和机理，并结合中国新企业的 418 份调查问卷，对上述理论进行了实证探究，主要得出了以下结论：第一，创业导向的创新性、先动性和风险承担性三个维度对新企业成长绩效的作用显著。创业导向重点描述了企业追逐新事业、应对环境变化的一种特定心智模式。创业导向已成为不确定环境下有效的企业战略之一，因此日益成为创业研究热点。我们的研究表明，新企业的创业导向在面临"新进入缺陷"、把握机会创造价值、在短时间内实现快速成长中的确起到了重要作用。通过比竞争者开发出更具有独特竞争优势、不可替代并能更好契合顾客需求的新产品，为顾客创造更多的价值；通过比其竞争对手更快地识别市场商机，将新产品投放到市场，来获得市场先机；通过主动承担面临的巨大不确定性等获取竞争优势，实现企业发展。值得注意的是，这一结论与李雪灵等（2010a）所做的关于"创业导向、市场导向和企业创新绩效"的研究结论有一定的差异。当时的研究发现风险承担性对新企业创新绩效的影响作用并不显著，而本次研究结果显示其对新企业成长有着明显的促进作用，这反映了企业在追求不同成长目标时，创业导向，特别是风险承担性对其影响作用不同。因此，企业应根据其具体的发展目标，调整其发展战略。第二，新企业解决合法性障碍的方式与途径主要有两种，其作用机制不尽相同。企业为获取市场竞争优势所采取的先动性、创新性和风险性活动往往面临着"合法性门槛"，因此，要想通过创业导向战略实现企业成长，就需要跨越新企业特质带来的合法性门槛。为解决新企业面临的合法性障碍问题，新企业应该谋求恰当的合法化方式和途径：一是主动获取的战略合法性行为，二是客观表现的自洽合法性状态。两种合法性在解决新企业通过创业导向实现成长的过程中，作用机制不尽相同。理论分析和数据结果证实，企业战略合法性在解决创新和先动行为实施带来的市场认同缺陷和顾客接受偏见中起到了关键作用，并从合法性视角打开了企业创新、先动行为与成长过程的黑箱；而企业自洽合法性为创业导向战略促进新企业成长提供了良好的接受和认可的背景与环境。第三，战略合法性在创业导向各构成维度的作用程度不同。就创业导向的各个维度而言，创新性完全通过战略合法性来实现企业成长，表明企业的技术创新、产品升级必须紧紧把握顾客的需求，必须使顾客充分了解创新为他们带来的独有价值，使他们认识到创新是合理、恰当的，这样才有利于顾客和市场接受新产品及新服务；先动性通过战略合法性的部分中介作用转化为企业成长，说明先动性的实施在一定程度上依赖新企业是否向顾客阐明其行为的合理性，是否能向顾客解释新企业先动行为的必要性与恰当性。依赖于先动行为实现新企业成长，还要考虑其他创业要素所发挥的作用；如风险承担性与战略合法性关系就存在冲突，表现为对新企业成长的消极影响，这就给风险承担倾向较高的新企业敲响了警钟：新企业的风险承担与战略合法性存在着不可调和的矛盾，新企业需要在风险承担性与合法性之间寻找恰当的平衡点来实现企业的成长。

3）新企业认知合法性研究

在创业理论和实践中，新企业的高失败率是一个公认的挑战。其中一个主要原因就是"合法性门槛"。如果利益相关者（包括供应商、分销商、客户、员工和社会）之间缺乏商业信心和有效的市场信息，合法性门槛可能会导致公众意识和认知度下降，从而导致合法性丧失。从客户的角度来看，认知合法性意味着人们是产品或服务的支持型用户（Aldrich and Fiol, 1994）。此外，当消费者将他们的活动视为理所当然的时候，他们将拥有很高的认知合法性。由于认知能力较低，顾客往往对产品或服务知之甚少，因此很难接受产品或服务。较低的认知合法性将直接导致企业经营的失败。因此，提高客户知识是获得新企业认知合法性的有效途径。基于此，本书研究运用实验研究的方式，重新审视了新企业的认知合法性，基于 Shepherd 和 Zacharakis 提出的合法性模型，从客户的角度出发，将认知合法性扩展到了客户的角度，基于此提出了理论框架，通过区分顾客的积极认知和消极认知，从新企业的产品、组织和管理者身上建立认知合法性。我们在实验研究中收集了 100 个样本以分析 900 个决策值。研究结果表明，公司的认知合法性与客户所拥有的信息量和信息质量有关。特别地，消费者的积极认知会提高认知的合法性，而消极认知会降低认知的合法性。因此，认知合法性不仅包括公司认可，还包括企业声誉。本书研究主要关注顾客感知对新企业认知合法性的影响。通过承认客户拥有的信息量，我们也可以平等地将客户拥有的信息质量考虑在内。本书研究调查了顾客对产品知识、顾客对组织知识、顾客对顾客知识的掌握程度，顾客所拥有的信息量与新企业的认知合法性之间的关系。此外，客户的知识被分类为客户的积极看法和负面看法。本书研究通过实证分析总共验证了六个理论假设，它们分别为：假设 H_{1a}：客户对新产品的口碑信息了解越积极，客户的购买意愿就越高；假设 H_{1b}：客户对新产品的口碑信息了解越消极，客户的购买意愿就越低；假设 H_{2a}：客户对新企业积极的社会责任的信息了解越多，客户的购买意向就越高；假设 H_{2b}：客户对新企业消极的社会责任的信息了解越多，客户的购买意向就越低；假设 H_{3a}：顾客对新企业管理者特征了解的信息越积极，顾客的购买意愿就越高；假设 H_{3b}：顾客对新企业管理者特征了解的信息越消极，顾客的购买意愿就越低，经验证，所有假设均得到了支持。研究结果表明，顾客的正面认知会给新的冒险带来更多的认知合法性。

2. 关系网络研究

1）基于本土研究视角的关系质量量表开发与验证

中国社会是一个"关系取向"的社会，传统的文化基因使关系网络嵌入了较多的人情和感情属性，持续的经济转型又导致了市场与政府并存的"二元"网络结构。本书研究基于中国传统文化及转型制度环境特征，深度剖析关系质量的情感和工具属性，从构建、维持和加强视角进行维度建构，从市场和政府二元格局进行结构分配。通过文献回顾与结构化案例访谈相结合的量表开发方式，开发了人情、感情、信任、承诺和满意五维度的市场关系质量量表，以及移情、人情、信任、承诺四维度的政府关系质量量表，深化及扩展了关系本土化理论研究。

具体的量表开发与验证过程包括：①测量条目的生成。本书研究初始测量条目采用演绎法和归纳法并用的方式，一方面通过对关系质量文献的系统回顾，对构念进行自上而下的理论演绎；另一方面通过创业者结构化访谈及相关案例分析进行自下而上的理论归纳。②测量条目的修订——预调研。测量条目开发出来以后，采用问卷法对测量条目进行修订。问卷测度采用 Likert-7 打分法，包括两轮预调研及正式调研。第一轮预调研对象是 100 个 MBA 学员，采用现场答题的方式。发放问卷 100 份，回收 63 份，其中有效问卷 52 份，回收率为 63%，有效率为 52%。我们对回收的数据进行探索性因子分析，调整并修订了初始量表。第二轮预调研的对象是企业的管理高层，发放问卷 50 份，回收 28 份，有效 22 份。我们对第二轮预调研回收的数据进行验证性因子分析，分析结果较好地符合了第一轮提炼的维度，市场关系质量条目调整为 41 项，政府关系质量条目调整为 34 项。综合两轮预调研的分析结果，形成了正式调研的测度问卷。③测量条目的精简——正式调研。正式规模的调研主要在长春、北京、上海、杭州四个城市，针对企业创业者发放调研问卷 300 份，回收问卷 166 份，有效问卷 127 份，回收率为 55%，有效率为 42%。④从正式调研的分析结果可知，市场关系质量提炼出"承诺、信任、人情、感情、满意"5 个维度，共计 13 个条目，总解释变异量为73.51%，Cronbach's Alpha 系数最低为 0.632，方差贡献率最低为 65.03%；政府关系质量提炼出"移情、信任、人情、承诺"4 个维度，共计 17 个条目，总解释变异量为 74.75%，Cronbach's Alpha 系数最低为 0.761，方差贡献率最低为67.43%。本书研究所开发的量表见表 3.1。

表 3.1　市场-政府关系质量量表

市场关系质量量表（13）	
承诺	123.我们觉得合作企业会遵守其承诺
	114.未来我们会继续与合作企业合作
	118.我们会尽力满足合作企业要求

市场关系质量量表（13）	
信任	140.我们往往更信任合作企业
	117.我们与合作企业打交道感觉很愉快
	106.合作企业的长期发展，是我们建立关系的重要因素
人情	121.我们会与合作企业开展除业务外的交往
	115.我们与合作企业会在节日彼此馈赠礼物
	129.我们与合作企业会在未来维持人情往来
感情	102.在合作企业出现困难时，出于感情我们会给予同情和支持
	107.我们认为合作企业值得我们努力去维持双方关系
满意	111.我们对合作企业的行为比较满意
	142.我们不经常抱怨合作企业
政府关系质量量表（17）	
移情	302.当我们犯错时，政府相关部门能予以谅解
	336.政府相关部门会照顾我们的长期利益
	334.在我们有需求时，政府相关部门会尽力来满足我们的需要
	306.做重大决策前，我们会考虑政府相关部门是否会受到伤害
	318.我们觉得在与政府相关部门的交往中处于较为平等的地位
	309.我们觉得政府相关部门在做重大决策时会考虑我们的利益
信任	317.政府相关部门总能按其承诺，做出恰当的决定
	313.我们出现困难时，政府相关部门会给予力所能及的帮助
	324.我们感觉政府相关部门是站在我们一边的
	312.我们觉得政府相关部门不会利用我们的问题做出损害我们利益的行为
人情	328.我们对政府相关部门会进行有目的性的人情投资
	330.我们经常与政府相关部门有关人员一起进餐
	319.我们与政府相关部门之间人情往来较为频繁
	304.我们会在节日给政府相关部门赠送礼物
承诺	326.我们会努力帮助政府承担应有责任
	333.在政府相关部门有需要时，我们会做出一定的牺牲
	308.未来我们会继续保持与政府相关部门的关系

本书研究选取企业绩效五个指标（销售总额的年增长率、企业利润的年增长率、企业员工的年增长率、投资回报的年增长率和市场份额的年增长率）来验证关系质量量表的预测效度，结果显示本书研究开发的量表具有较高的预测效度。

本书研究的主要贡献包括：首先，开发了描述关系质量混合性特征的多维构念量表。回顾社会网络理论及关系质量的研究，发现以往研究主要强调关系的构建（acquisition），而对既有关系如何维持（maintaining）和强化（enhancing）

则研究甚少。本书研究对关系质量的测量既包含过去关系投入的效果反馈，也强调未来关系发展的心理预期，弥补了现有关系理论的不足。关系质量强调关系主体（个人或组织）存在状态的多维变量：工具性维度中，信任是关系构建的基础，满意是关系现状的评价，承诺则是未来维持现有关系的意愿；情感性维度中，感情是关系存在最深层、最稳定的情感源，移情是关系主体对彼此处境和行为换位思考的情感投射；混合性维度中，人情交换使得关系在利益或情感的迭代中得以维持。

其次，从文化视角探析关系质量情感性特征的生成内因及表现形态。本书研究在对比分析东西方社会管理情境差异的基础上，发现源自文化"伦理观"及"互惠观"的情感导向是引导和塑造中国企业关系行为不可忽视的重要力量，通过关键维度"人情""感情""移情"得以呈现。而目前关系质量理论构念及测量依然存在重"理"不重"情"，或谈"情"不谈"理"的现象。本书研究结论有助于呼吁管理学者在原有西方理论的理性假设基础上，强化对管理行为的情感性认知，特别关注其在企业长期发展、风险承担中不可或缺的重要地位。

最后，从转型背景剖析中国关系质量双元结构的特殊性。官商关系的"服从性"和"依附性"特征：政府关系质量中没有"满意"维度，即企业没有更多的话语权去评价与政府关系质量的优劣。政府关系质量中"移情"维度的提出是本书研究的一个创新，尽管转型期政府的强干预依然存在，但致力于营造公平、公开、公正的市场环境，共同愿景、换位思考、长期共赢、共同发展是衡量新常态下政府–企业关系的重要特征。

2）关系质量对新企业绩效的影响

蓬勃发展的创业活动越来越成为经济发展的重要支柱。然而新企业面临着巨大的生存压力与生存障碍，资源的稀缺性、机会识别和利用能力不足以及合法性的缺失，严重影响其健康发展。新企业的实践迫切要求系统的理论研究以引导其健康发展，因而引起了学者的普遍关注。目前，创业学理论已经成为经济学和管理学的重要研究领域，而社会网络理论作为新企业解决其生存发展障碍的重要途径，是创业研究的重要分支。大量研究成果表明，新企业的关系网络作为一种重要的社会资源，可以帮助创业者以较低的成本获得需要的稀缺资源、提高其机会识别和利用能力、增强其合法性，影响企业绩效（Hansen，1995），因而对企业的创建和发展起着至关重要的作用（张玉利和赵都敏，2009）。

基于此背景，本书研究在调查问卷收集数据的基础上进行政府关系质量和市场关系质量对企业绩效影响的实证分析及企业规模与年龄的调节作用分析。结果表明，政府关系质量和市场关系质量对企业绩效有正向的影响。同时也表明，政府关系质量和市场关系质量的构建方式与作用机制有很大的差异，需要在以后的研究中分别予以测量研究。实证分析也证明了企业的市场关系质量比政府关系质量对企业绩效的影响更强，这说明企业的市场关系比政府关系对企业绩效的影响更大，进一步说明在转型经济背景下的中国，市场作为基础资源配置的作用已经初步完善，并对企业在市场中的运行发挥着重要的作用，而掌控稀缺资源的各级政府的作用已经明显减弱。

实证分析结果同样表明，企业的规模和年龄对企业的关系质量与企业绩效之间的关系有着调节作用，证明了我们的假设：与成长期企业相比，初创期企业政府关系质量对企业绩效的影响更强；与成长期企业相比，初创期企业市场关系质量对企业绩效的影响更强。这表明，在企业创建的早期，由于急需资源、机会识别利用能力和合法性的提高，政府作为资源掌控者、政策制定者和中国最强大的公信力主体，对新企业解决其此时面临的问题有着非常重要的作用，新企业与政府的良好关系，会为新企业的生存发展提供更好的空间。而此时，不同于政府对新企业的扶持，现有企业一般以营利为目的，新企业由于其业务、营利能力较低，合法性较低，与其他企业的良好关系也难以改变其他企业逐利的发展战略，因此，现有企业对新企业的影响比较小。随着企业的成长，能成功走出创建期的新企业逐渐被市场所认可，新企业的创业团队、发展战略和能力得到供应商/合作商的认识和接受，得到市场消费者的认可，能够更好地融入市场，并获得更大的发展空间，此时与市场的关系质量也越来越重要，而政府关系质量作用也会逐渐下降。

实证分析结果证明假设：规模较小的企业与规模大的企业相比，企业的政府关系质量对企业绩效的影响更强；规模较小的企业与规模大的企业相比，企业的市场关系质量对企业绩效的影响更强。这表明，对于不同规模的企业来说，规模较小的企业，国家有大量的政策扶持。但是除了某些减免税政策外，大多数的扶持政策，如政府采购订单、中小企业贷款等，并不能无差别地落在所有企业身上，只有与政府具有良好关系质量的企业，才能很容易地获得这些对中小企业极为重要的宝贵订单，使企业获得更好的发展。而营利性质的企业，即使有较好的关系质量，也很难因为彼此的交情，而放弃盈利更多的与大企业的长期合作，因而对中小企业的绩效影响有限。随着企业规模的扩大，企业业务能力的增强能够给市场上的合作企业带来切实有效的利益，能够让竞争企业愿意与其和谈共谋机制，能让市场消费者信任其产品服务及售后服务，使其在市场上更好地发展。此时，规模大的企业，已经超出了政府对中小企业的扶持范围，虽然可能有其他方面的优惠条件，但相对来说已经不如早期影响大，此时企业的障碍完全可以通过市场来弥补，而且随着市场机制的不断完善，也会越来越多地利用市场来谋求发展。

3）政府关系和市场关系对企业创建与成长阶段的影响

转型期特殊的制度环境下，市场规则的日益深入和政府在资源配置上的集权形成了强政府与强市场博弈并存的双元局面，导致新企业政府与市场关系同时并重的网络结构特征。然而，尽管社会网络理论已经发展三十余年，关系网络与企业绩效之间的关系研究始终没有得出一致的结论。本书研究基于转型期中国特殊的制度环境，提出了政府关系和市场关系在创建与成长阶段对企业生存和成长绩效影响的理论假设，利用问卷调查的方法进行了假设检验，在此基础上，针对调查结论与理论预期不一致的研究结果进行深入的典型案例分析，得出了关系网络对企业不同成长阶段绩效影响的相关结论。主要结论如下：首先，政府关系在创建期对企业的生存绩效没有显著影响，在成长阶段对企业成长绩效影响显著，研究结论响应了以 Watson（2007）为代表的学者对于企业成长阶段关注的相关结论。他们认为，在不同的成长阶段，关系对企业的影响是存在差异的。结合中国转型经济的背景，这种差异存在的原因主要有两点：就政府来说，"扶大扶强"是一种潜在的政策导向，政府对新企业政策优惠和支持力度相对较小；就企业来说，不同阶段成本收益、经济基础、谈判能力，以及对政府关系需求差异都造成了创建和成长期政府关系对企业影响程度的不同。其次，在企业创建阶段，企业与市场的强关系对企业生存绩效有着积极的影响作用。在企业早期成长阶段，企业与市场的强关系对企业成长绩效有着积极的影响作用。最后，转型阶段下，相对于强政府关系，强市场关系更有利于提升企业绩效。假设证明转型后期市场关系对于新企业的影响要高于政府关系。尽管当前中国经济转型中"强政府-强市场"的结构特征依然明显，但市场规则更为清晰明确，企业经营的重心由政府转向市场，企业家在生产经营中以更务实的姿态开展市场活动。从政府到市场的这一转变促使企业更注重市场关系的构建与培育，有利于减少经济发展中非生产性寻租活动的滋生和繁衍，对推动生产性寻利活动的繁荣和发展具有重要意义。同时应注意，尽管市场关系对于企业来说更为重要，但未来很长一段时期内政府对企业的潜在影响不会彻底消失。在市场化进程中，国家对生产要素市场依然拥有直接或间接的影响力，如政府支出、税收、行业管控、银行规制等。因此，处理好政府和市场的关系依然是企业发展的关键，也是我国经济体制改革的核心（申佳等，2013）。

4）基于情感性关系和工具性关系的研究

中国企业的社会关系受传统文化的影响，既有感情、信任等情感性成分，也存在着互惠、面子等工具性成分。本书研究从儒家思想视角切入，探讨中国社会关系的起源，并对社会关系属性从工具性和情感性的角度进行了界定。研究认为，在新企业创建初期，处于差序格局中心的亲友关系呈现明显的情感性特征，政府关系则以情感为突破达到工具性目的，商业关系则工具性特征明显；伴随着企业渡过生存期进入早期成长期，其亲友关系的情感性特征下降，工具性特征上升，政府关系和商业关系的工具性特征依然处于主导地位，但商业关系中或多或少会掺杂情感性因素。

本书研究给相关理论和实践带来如下启示。

（1）对创业研究学者的启示。当前，国内创业学研究有一种明显偏好：套用西方已有的战略、经济、社会和心理理论来解释中国本土现象。这种偏好导致国内的创业学研究仅关注如何使用现有理论，而不关注这个理论在中国的适用度。本书研究基于中国传统文化对社会关系内涵的重新界定和特征描述，基于中国转型期和企业成长阶段对社会关系演化特征的研究，强调和突出了创业研究的情境化，对创业学的本土化研究将起到一定的启示作用。另外，对于企业社会关系属性不同阶段演化特征的研究，本书研究仅进行了定性描述，搭建了概念层面的分析框架，未来应该深入地从 "属性差异—行为差异—产出差异"的研究范式对其进行动态的实证性探索，这将会对社会网络理论、创业理论的发展和完善有所贡献。

（2）对创业者的启示。对在中国进行创业实践的创业者来说，一方面，不仅应该具备对转型期的市场"世事洞察皆学问"的能力和本领，也需深知"人情练达即文章"的道理，应充分了解中国特有的传统文化和待人处事之道，为创业活动营造良好的外部氛围，克服市场进入的合法性门槛； 另一方面，应根据企业不同成长阶段关系属性的变化，充分衡量关系类型、关系属性对企业绩效的影响，有针对性地构建和培育关系网络，使其更好地为企业生存和成长绩效服务。

3.2.2　不同行业、不同所有制企业内部因素特征比较研究

1. 跨界创业企业的合法化战略研究

以往学者的研究，对以公司跨界创业为研究对象的合法性研究明显不足。前人对组织合法性的研究大多针对一般组织，对于特定组织的研究多聚焦于跨国企业或非营利性组织，对于跨界创业企业这一群体的相关研究却稍显不足。另外，在复杂条件下合法化战略的研究也尚未完善。前人在组织合法化战略的研究中，大多从单一视角出发，有的站在社会制度的角度"朝里看"，把合法性作为制度化的产物；有的站在组织管理者的角度"往外看"，用战略理论解释企业的行为选择。事实上，跨界创业企业的合法性挑战既有外部环境对企业施加的制度压力，也有企业内部对外界的资源依赖；企业行为既包括制度嵌入的被动接受，同时也包含企业发展的主观创造。因此，单一视角并不能完全解释创业企业合法化过程中遇到的合法性挑战及战略行为选择，需要整合多个视角对合法化战略进行研究，在识别出内外部关键影响因素的条件下，对组织合法化战略应进行系统而

全面的研究。本书研究运用合法性的视角选取公司跨界创业的 4 个典型案例企业：云南白药集团、吉林神华集团、阿里巴巴集团和海尔集团。具体案例信息见表 3.2。

表 3.2　公司跨界创业大事件

企业名称	跨入行业	业务相关	跨界业务重要事件
云南白药集团	传统	高相关	2003 年，云南白药集团董事长王明辉对外宣布，全面推广云南白药牙膏 2005 年，云南集团成立"健康产品事业部"，增加广告宣传，加大云南白药牙膏的推广力度 2006 年，经过长达半年的四轮宣传攻势，云南白药牙膏的口碑开始建立 2007 年，养护型牙膏——金口健牙膏面世，新品牌推动云南白药牙膏的多品种建设 2012 年，云南白药牙膏已经建立 3 种香型、3 种金口健品种的多品种牙膏群组 2015 年，聘请影星担任广告代言人，将云南白药牙膏向年轻群体推广
吉林神华集团	传统	低相关	2000 年，神华集团投入巨资收购了一个濒临倒闭的医药企业，重组成立长白山制药股份有限公司 2001 年，长白山制药股份有限公司通过了片剂、胶囊剂的 GMP 认证，成为吉林地区首家通过该认证的药企 2004 年，企业推出的康艾抗癌针剂注射液为国家食品药品监督管理局批准生产的独家品种 2012 年，企业收购了通化玉圣药业股份有限公司，补充了企业现有的治疗性输液产品的生产线和品种 2015 年，制药企业上缴的利税占据所在城市的第一位 2016 年，投资国际领先的中药颗粒剂的生产项目，整体市场规模有望突破 110 亿元
阿里巴巴集团	新兴	高相关	2003 年，淘宝网首次推出支付宝服务 2004 年，浙江支付宝网络科技公司成立 2010 年，支付宝与中国银行合作，首次推出信用卡快捷支付 2013 年，与天弘基金合作推出余额宝业务，同时中国人民银行发布《支付机构客户备付金存管办法》 2013 年，深圳证券交易所和上海证券交易所修订交易规则，"场内余额宝"诞生，客户数达到 4 303 万人，规模 1 853 亿元，跃居行业第二 2014 年，四大行下调支付宝快捷支付限额，央行叫停"宝宝"类产品的提前支取存款不罚息优惠，周小川明确表态肯定不会取消余额宝 2014 年，蚂蚁金融成立
海尔集团	新兴	低相关	2001 年，由国家经济贸易委员会牵头成立数字家庭工作组，海尔成为组长 2003 年，海尔成立"e 家佳"联盟，和国内众多家电厂商共同构建数字家庭标准 2007 年，海尔着手和房地产商合作，将数字中控预装到户，以此实现不同品牌产品的互通互联

续表

企业名称	跨入行业	业务相关	跨界业务重要事件
海尔集团	新兴	低相关	2012 年,负责数字检点业务的 U-home 部门划归到家电部门,内部实现不同事业部的优化整合 2014 年 3 月,在上海的智慧生活体验分享会上,首次发布了全新的 U+智慧生活操作系统 2014 年 6 月,海尔出席苹果开发者大会,并与京东合作将其平台介入海尔 U+ 2014 年 7 月,海尔 U+在北京召开开发者大会,阿里巴巴、百度、华为等企业承诺为产品全生命周期提供支持和帮助,U+智慧生活平台开始公测 2015 年 10 月,海尔 U+受邀出席安卓全球开发者大会,HOPE 平台和开发者社区准备上线

我们通过对以上 4 个案例的分析,运用合法性理论、资源基础观理论、资源依赖理论和边界跨越理论等相关理论,提出合法性视角下的公司跨界创业合法化战略选择以及资源配置视角下的公司跨界创业资源配置战略选择模型。在此基础上,整合合法性与资源配置的双重视角,深入分析公司跨界创业进入不同行业开展与原有业务相关程度具有差异的跨界创业活动时,选择什么样的战略组合可以使企业获得更好的绩效,提出整合视角下的战略组合选择模型,得出公司跨界创业战略选择的十个研究假设。随后,本书研究在全国范围内展开实地调研,通过回收的 357 份有效样本对案例研究得出的研究假设进行检验,八个假设得到了实证数据较好的支持,主要研究结论如下。从合法性视角研究发现:公司跨界创业进入传统行业,面临的合法性门槛较高,此时企业更倾向于选择依从战略(依从战略即主要按照制度环境的要求来开展活动);而公司跨界创业进入新兴行业,面临的合法性门槛较低,此时企业更倾向于选择创造战略。从资源配置视角研究发现:公司跨界创业的新业务与原有业务相关程度越高,其面临的资源配置障碍越小,企业越倾向于选择利用战略;反之,公司更倾向于选择资源配置的探索战略。从合法性与资源配置的双重视角研究发现:公司跨入传统行业进行业务高相关的跨界创业,选择稳妥型战略组合能够获得更高的绩效;公司跨入新兴行业进行业务高相关的跨界创业,选择积极型战略组合能够获得更高的绩效。而当公司进行业务低相关的跨界创业时,无论进入的是传统行业还是新兴行业,其选择的渐进型或突破型战略组合对绩效的中介作用都没能得到实证数据的支持。

2. 民营企业制度创业在新兴场域和成熟场域下的创业策略研究

1)新兴场域下的创业策略研究

新兴场域下的制度创业研究选择的案例是阿里巴巴的余额宝,主要基于如下理由。第一,余额宝案例是典型的制度创业案例:①余额宝作为在金融领域精心制作的工件（artifact）（Christiansen and Lounsbury，2013），是一种新的货币基金发展模式。这一全新的实践催生出新的制度逻辑——互联网金融的快速形成，开启了中国互联网金融元年。②产生了新的客户群和新的互联网金融场域。③引发第三方支付公司创新的浪潮，改变了银行传统的市场竞争格局，加速了中国的利率市场化进程。④引起了一系列监管政策的变化和出台。⑤教育了大众的理财理念，改变大众的金融消费习惯，促进了普惠金融的发展。

第二，这是发生在新兴场域的制度创业案例。互联网金融作为一个新兴行业，不仅在中国，在全球范围内都是一个全新的领域，没有可以参照的现成模板。余额宝产生之前，不管是金融从业者、监管者还是普通大众，都对互联网金融知之甚少，甚至学术界和制度创业者自身都对余额宝的迅猛发展始料未及。

第三，这是民营企业制度创业的案例。正是由于阿里巴巴和天弘基金成功地推出了余额宝这种新的实践，才促使这种新的货币基金发展模式得以快速传播，促使中国互联网金融快速发展，2013年也成为中国互联网金融元年。

第四，余额宝案例能代表中国情境下新兴场域民营企业制度创业的情况。余额宝作为一种互联网金融产品，属于金融行业，而金融行业受到国家的严格管制。因此在余额宝案例中政府是重要的利益相关者和监管者。金融行业也处于从国有垄断走向市场竞争和利率市场化的转型时期，是中国转型经济的一个缩影。

第五，余额宝案例很能代表新兴场域的典型制度创业策略行为——拼凑策略。

第六，案例研究需要丰富数据的支撑。余额宝作为一种全新的互联网金融产品，因其拥有众多优点和创新而广受关注，大量的新闻媒体、财经作家、学者从不同角度对此案例进行过广泛和深入的报道与研究，为本案例研究提供丰富的数据。

基于此研究背景，本书研究对阿里巴巴余额宝这个新实践的产生与推广过程中制度创业者在组织、物质和话语三个维度上所使用的各种拼凑策略进行深入的分析和归纳。通过分析我们发现，在新兴场域中，制度创业者为了获得广泛的认可与支持，经常采用拼凑的方式来形成新的制度。他们同时在组织、物质和话语三个场域维度上使用拼凑策略：在组织维度上，使用挂靠性拼凑策略绕过监管的限制，以获取推动新实践所需的主体地位；使用桥接性拼凑形成新实践所必需的组织路径和组织关系网络。在物质维度上，使用简化性拼凑和扩展性拼凑策略，使新实践具备技术和经济基础，获得旧实践所不具有的效率、功能或效果，凸显新实践的优越性。在话语维度上，使用美化性拼凑和类比性拼凑策略，对新实践进行理论化和制度化，从而使新实践获得广泛的认可和支持。

这些策略没有严格的先后顺序，我们从案例中可以看到，制度创业者几乎是同时致力于这些策略。而且这些策略各有侧重，又相互依赖和相互影响。在其他不同的制度创业案例中，制度创业者会根据不同的情境、不同的制度、不同的阶段以及自身的不同条件而有所侧重地选择这些拼凑策略。

2）成熟场域下的创业策略研究

成熟场域制度创业研究案例选择的是 1996~2006 年突破政府的准入管制进入汽车行业实践的中国民营企业，主要基于如下理由。

第一，这是发生在成熟场域的案例。汽车行业在国外早已存在，已有一百多年的历史。我国的汽车行业从 1949 年伊始就已经开始发展，至 20 世纪 90 年代已发展了近五十年的时间。在汽车行业这个场域内，生产商、供应商、消费者、监管者、行业竞争者等各场域成员的角色已经固定；监管者（主要是政府）对汽车行业有明文规定，行业内也有明确的规范，并且有专门的汽车工业协会协调和约束彼此之间的行为；汽车工业因是国民经济非常重要的一部分而广受关注，汽车也是人们生活中非常重要的一部分，各场域成员间的常规性互动非常频繁。因此汽车行业是典型的成熟场域。

第二，这是民营企业制度创业的案例。在 20 世纪 90 年代，汽车行业属于国家准垄断行业。几乎所有的汽车制造企业都是国有企业。民营企业和外资企业进入这个行业有严格的限制，需要行政性审批。要进入这个行业一般采取与国有企业合营的方式。以吉利汽车为代表的民营企业，打破了这种行业的垄断和行政政策的限制，开启了民营企业造车的浪潮。因此，这是民营企业制度创业的案例。

第三，这个案例很能代表中国情境下成熟场域民营企业制度创业的普遍情况。

第四，案例研究要求案例具有典型性。原本没有任何造车背景的吉利，没有资金、没有技术、没有人才、没有品牌、没有政府支持而能成功进入政府高度管制的汽车行业，并使其造车实践最终获得大众的广泛接受，非常契合中国情境下成熟场域中制度创业的典型情况：制度创业者受到原有制度场域极大的制度约束和资源限制，并且政府是场域的关键利益相关者。

第五，案例研究也需要丰富的数据以确保证据的充分性和可信性，从而支撑案例研究。中国民营企业吉利汽车突破政府对汽车行业的准入管制，因"汽车疯子"李书福的传奇创业故事和自下而上的倒逼政策改革而广受关注。大量的新闻媒体、财经作家、研究学者，从不同角度对此案例进行过广泛和深入的报道与研究，这为我们的案例研究提供了丰富的数据。同时我们也可以联系到吉利汽车和汽车行业的相关人员进行访谈，获得一手资料。

基于此背景，本书研究对汽车行业这个成熟场域中民营企业突破政府的准入管制进行分析，按照制度创业者遇到的主要障碍—制度创业者的应对措施—应对措施所导致的结果的分析逻辑，从组织、物质和话语三个维度深入分析和归纳制度创业者在改变制度过程中所使用的各种嫁接策略。通过分析发现，成熟场域中的制度创业者，为了既能够躲避因挑战旧制度可能带来的抵制与惩罚，又能够从现有制度系统中获得足够的资源和权力来推动新制度，主要使用"嫁接"策略。在组织维度上，制度创业者使用寄生性嫁接策略和政治性嫁接策略，绕过监管的限制，使新实践嵌入现有制度场域，获得推动新实践所需要的社会主体地位和组织关系网络。在物质维度上，使用模仿性嫁接策略和匹配性嫁接策略，使新实践具备技术和经济基础，凸显新实践的优越性。在话语维度上，使用矫正性嫁接策略和嵌套性拼凑策略，对旧制度进行去制度化，对新制度进行理论化。组织场域的组织、物质和话语维度是相互交织在一起的，不同维度上的策略也需要相互配合。从案例分析中可以发现，制度创业者几乎是同时致力于这些策略。

从嫁接的方法和对旧制度元素的修改程度看，寄生性嫁接和模仿性嫁接属于单方贴附型嫁接方法，主要依靠调整自身以充分利用现有的制度元素；匹配型和嵌套性嫁接属于互相对接型嫁接方法，主要依靠调整自身和对方来形成有效对接；政治性嫁接和矫正性嫁接属于部分替代型嫁接方法，主要依靠批判和改造部分旧制度元素来实现嫁接。这些策略关注的焦点有所不同，但都遵循嫁接的逻辑：有效对接，相互兼容，充分利用，差别发展。

3）新兴场域和成熟场域下的创业策略对比

基于以上研究，本书研究从组织、物质和话语三个维度进行了创业策略的比较。在组织维度策略方面，新兴场域的余额宝案例中，制度创业者在组织维度主要使用了挂靠性拼凑和桥接性拼凑策略；而成熟场域的民企造车案例中，制度创业者在组织维度主要使用了寄生性嫁接和政治性嫁接策略。在物质维度策略方面，新兴场域的余额宝案例中，制度创业者在物质维度主要使用了简化性拼凑和扩展性拼凑策略；而成熟场域的民企造车案例中，制度创业者在物质维度主要使用了模仿性嫁接和匹配性嫁接策略。在话语维度策略方面，新兴场域的余额宝案例中制度创业者主要使用了美化性拼凑和类比性拼凑策略；而成熟场域的民企造车案例中，制度创业者主要使用了矫正性嫁接和嵌套性嫁接策略。

3.3　外部创业环境对企业内部因素的影响研究

3.3.1　制度情境与微观企业行为的"嵌入性"研究

对于制度情境下微观企业行为的"嵌入式"研究，主要集中在中国情境下民营企业制度创业策略，并从适应性视角分析了制度环境对企业的寻租活动、可持续创业机会开发行为的影响;从能动性视角构建了制度创业的理论框架体系,刻画了制度创业未来的研究方向。

基于此,本书研究借助"六何"分析框架对制度创业进行了相关研究,从谁(who)在创造或改变制度、为何(why)创造或改变制度、怎样(how)创造或改变制度、创造或改变制度有哪些阶段与顺序(when)、创造或改变的是什么制度(what)和在什么环境条件下进行(where)这六个方面对制度创业现有研究成果进行梳理和述评,并进行逻辑关系整合,构建出制度创业研究的系统性分析框架。对于制度创业的情境(where),制度创业发生的情境有大有小,小层面可以包括组织场域,大层面可以包括整个社会环境。

第一,组织场域。根据场域的结构化程度、关系稳定性和规范化程度(Maguire,1999)可以将场域分为成熟场域和新兴场域(Fligstein,1997),它们对制度创业的影响完全不同。成熟场域代表制度化程度比较高的场域(DiMaggio and Powell,1983),在该场域中各利益相关者的身份被详细定义,因而产生占支配地位的中心成员和占被支配地位的边缘成员。中心成员可能有能力促使制度改变,但缺乏积极性;而边缘成员可能有动机去创造和支持新制度,但缺乏能力去改变制度(Levy and Scully,2007)。中心成员和边缘成员进行制度创业所使用的策略和所遵循的机制是不同的(Maguire,1999;Greenwood and Suddaby,2006;Misangyi and Elms,2008)。在成熟场域中,各行动者之间的关系相对稳定,行动者可能更确定该使用什么方法、途径、策略去抓住机会和获得资源(Beckert,1999;Dorado,2005)。另外,在成熟场域中,制度高度合法化,制度的约束力也比较强,制度创业者可能不倾向于与现有制度正面冲突,而是采用私下实践的方式(Li et al.,2005)。新兴场域则不同,行动者的身份没有明确界定,缺乏主导成员;行动者之间缺乏稳定的关系;场域缺乏统一的规范。场域的这些特点使制度创业呈现不同的特征。首先,制度秩序的不确定性为制度创业者提供了相当大的战略和机会的范围(Fligstein,1997)。其次,与成熟场域中常常是改良旧制度相比,新兴场域是创造全新的制度,不确定性很高,但因此也提供更大的回报(Leblebici et al.,1991;Garud et al.,2002)。最后,与成熟场域相比,新兴场域的制度创业面临着不同的挑战。例如,没有现有的模式可供模仿,与规范制度相联系的广泛共享的价值观尚未发展;场域内行动者比较分散,制度创业者难以强迫其他人接受新制度安排,新兴场域中的制度创业者必须以符合不同利益相关者的方式设计和进行制度安排(Fligstein,1997;Maguire and Lawrence,2004)。

第二,社会环境。学者们也重视社会环境对制度创业的影响。例如,Child等(2007)对中国环境保护制度的研究发现,中国环境保护制度受到国内外两种环境的影响:一方面,其发展和国际上对环境关注的兴起同步,意味着中国的制度创业者能够学习国际经验并获得国际上的认同；另一方面，国内经济改革也影响环境保护制度的顺利构建，地方政府为了保证地区经济的发展经常对环境保护措施贯彻不到位，影响着环境保护制度的建立和推广。

另外，本书研究选择中国情境下民营企业制度创业的典型案例，对民营企业制度创业策略进行深入研究。策略的使用是情境化的，制度创业者策略的使用很大程度上取决于制度创业者所处的是新兴场域还是成熟场域。本书研究分别深入分析新兴场域和成熟场域这两个完全不同情境中制度创业者所使用的策略并对两者进行比较，选择合适的逻辑将不同类型的制度创业策略进行整合，形成统一的分析框架。我们通过研究得出如下结论。

首先，在新兴场域中，广泛认同的制度规范还不存在，缺乏可以参照的制度模板；场域成员的角色还没固定，必须迎合众多不同的利益相关者；场域成员之间的互动还不频繁，行为习惯和组织路径难于形成。制度创业者为此必须采用拼凑策略，即利用手边可以得到的有限制度资源，选择性和创造性地进行重新整合，迎合和桥接不同行动团体的利益和期望，使新实践得以产生和推广。具体来说，在组织维度上，制度创业者主要使用的是挂靠性拼凑策略和桥接性拼凑策略；在物质维度上，制度创业者主要使用的是简化性拼凑策略和扩展性拼凑策略；在话语维度上，制度创业者主要使用的是美化性拼凑策略和类比性拼凑策略。

其次，在成熟场域中存在具有强约束力的制度和强大的既得利益集团，场域成员之间关系稳定且已经形成行为惯性和思维定式，在场域中推动新的实践和制度逻辑去挑战旧的制度将会受到强烈的抵制和严厉的惩罚。制度创业者为此必须采用嫁接策略，即通过精心的设计和巧妙的包装，在原有制度系统能够容忍的前提下嵌入新的制度元素，最大限度地保留和包容原有制度的合理成分，并充分利用原有制度系统获得所需的资源和权力，使新制度逻辑得以不断发展。具体来说，在组织维度上，制度创业者主要使用的是寄生性嫁接策略和政治性嫁接策略；在物质维度上，主要使用的是模仿性嫁接策略和匹配性嫁接策略；在话语维度上，主要使用的是矫正性嫁接策略和嵌套性嫁接策略。

最后，从制度创业策略行为所作用的场域维度和制度创业资源调动方式这两个方面综合考虑，可以将新兴和成熟这两个完全不同场域中的制度创业策略都纳入同一分析体系，形成以场域三个维度（discursive-organizational-material，话语-组织-物质）为纵列，以资源调动方式（leverage-accumulation-convening，杠杆-积累-聚集）为横列的 DOM-LAC 制度创业策略整合分析框架，框架内容见表 3.3。利用现有文献中的不同制度创业策略进行检验，有较好的适用性。

表 3.3 制度创业策略整合分析框架

场域维度	积累（accumulation）	聚集（convening）	杠杆（leveraging）
组织（organization）	寄生性嫁接	桥接性拼凑	挂靠性拼凑 政治性嫁接
物质（material）	匹配性嫁接	简化性拼凑 扩展性拼凑	模仿性嫁接
话语（discursive）	美化性拼凑 矫正性嫁接		类比性拼凑 嵌套性嫁接

3.3.2 制度距离对公司创业合法化战略行为影响研究

商务部统计数据显示，自 2002 年以来中国企业对外直接投资（非金融类）（outward foreign direct investment，ODI）连续 13 年持续增长，年均增幅高达 33.6%。2015 年达历史最高值 1 180.2 亿美元，同比增长 14.7%，对外直接投资存量首次超过万亿美元大关，并连续 2 年超过外商直接投资（foreign direct investment，FDI）量成为资本净输出国。目前中国有超过 1.53 万家境内企业参与境外直接投资，设立的对外直接投资企业超过 2.54 万家，范围涉及全球 180 多个国家和地区。随着中国经济全球化的不断发展及经济总量和质量的持续提升，尤其是国家从战略层面提出了"一带一路"的建设构想与建设自由贸易区的战略规划，越来越多的企业选择了向外发展。然而实践中大量的案例也表明，"走出去"的企业出现很多水土不服的症状，表现尤为明显的是制度性障碍。从外部来看，主要有：企业被当地社会认知和接纳的程度低（Kostova and Zaheer，1999），投资行为往往受到权力部门的特别审查或受到不公正的区别待遇，企业无法获取当地政府、行业以及民众的支持和认同（Yiu and Makino，2002）。从内部来看，主要有：跨国企业内部股东、管理层和雇员等相关利益方的组成更为多元，股权或决策控制权争斗矛盾突出，母子公司或子公司各部门之间的关系复杂（Lu and Xu，2006；Kostova and Roth，2002）。越来越多的跨国企业发现，制度性障碍成为在实践中制约企业生存和发展最重要的影响因素之一。

合法性作为制度理论中最重要的概念之一，越来越多地成为理解和诠释上述相关问题的工具和手段。合法性理论认为跨国企业在东道国开展经营时，争取必要的合法性是其生存的先决条件。然而不同的制度距离与进入模式带来了不同的制度压力和合法性障碍。一方面，制度距离不仅在宏观层面上影响了跨国企业被东道国受众接受和认同的难度，同时组织层面的制度距离也影响跨国企业母公司对其内部合法性的授予，以及跨国企业自身内部合法性的获取。另一方面，跨国企业的合法性状态与其进入东道国的模式密切相关，不同进入模式下跨国企业的合法性基础、获取路径、获取方式及面临的合法性约束也不尽相同。

本书研究运用制度距离的视角，探索跨国企业的合法性门槛，指出跨国情境下制度的差异性为企业带来机遇的同时，也成为内、外部诸多问题的来源和企业面临的最大挑战。制度距离越来越多地成为理解和分析跨国企业投资和运营的关键因素。本书研究从制度距离的视角出发，分别就跨国情境下正式制度距离与非正式制度距离对企业内、外部合法性门槛产生的影响进行了深入的研究与探讨。

在此基础上，提出以下四个命题：第一，正式制度距离越大，跨国企业获取外部合法性的难度越大。第二，正式制度距离越大，跨国企业获取内部合法性的难度越大。第三，非正式制度距离越大，跨国企业获取外部合法性的难度越大。第四，非正式制度距离越大，跨国企业获取内部合法性的难度越大。研究发现，制度距离对跨国企业的海外发展产生了重要的影响，制度距离带来了不同程度的内、外部合法性获取障碍，提高了跨国企业合法性获取的门槛。制度距离越大，跨国企业获取内、外部合法性的难度也越大。中国企业正在经历全球化发展的重大历史机遇，如何将中国企业带入国际舞台，建立全球影响力，跨越内、外部合法性门槛是其中最为关键的挑战，中国企业应当全面、客观地审视制度距离带来的影响。研究将对中国企业走出去应对制度性障碍、实现跨国发展提供一定的参考和启示。

基于以上研究背景，本书研究重点阐述了跨国企业面临的合法性的门槛，认为制度距离与进入模式是导致跨国企业合法性障碍最为重要的影响因素。一方面，制度距离为企业带来机遇的同时，也成为合法性障碍的来源和企业面临的最大挑战。对于跨国企业而言，不同的制度距离带来了不同的合法性获取难度，制度距离越来越多地成为理解和分析合法性问题的关键。另一方面，跨国企业的合法性授予受到其进入东道国模式的直接影响。不同进入模式下，跨国企业的合法性基础、特征和主要约束也不尽相同。制度距离、进入模式二者的不同特征，构成了跨国企业合法性门槛的不同类型。因此，本书研究从制度距离、进入模式两个因素出发，就跨国情境下制度距离与进入模式对企业内、外部合法性门槛产生的影响及其作用机理进行了深入的剖析与探讨，最后对制度距离与进入模式下克服合法性门槛的战略选择问题进行了研究。

首先，探讨了制度距离单因素下的跨国企业合法性门槛问题，提炼了制度距离对跨国企业合法性门槛的影响，并分别从正式与非正式制度距离两个方面详细阐述了制度距离带来的内、外部合法性门槛。由此提出两条假设：制度距离越大，跨国企业面临的内部合法性门槛越高。同时，制度距离越大，跨国企业面临的外部合法性门槛越高。也就是说，制度距离提高了跨国企业获取内、外部合法性的难度。经验证，假设全部通过。

其次，探讨了进入模式单因素下的跨国企业合法性门槛问题，分别提炼了新建模式与并购模式下跨国企业内、外部合法性的主要特征，阐述了不同进入模式导致的跨国企业合法性门槛。由此提出两条假设：相较于新建模式，并购模式下跨国企业面临的内部合法性门槛较高。而相较于并购模式，新建模式下跨国企业面临的外部合法性门槛较高。经验证，假设全部通过。

最后，讨论了制度距离与进入模式"双因素"对跨国企业合法性门槛的影响，并进一步提出了跨国企业合法性门槛的四种类型：高制度距离与并购模式下的"敌对-多元"型合法性门槛、低制度距离与并购模式下的"宽松-多元"型合法性门槛、高制度距离与新建模式下的"敌对-单元"型合法性门槛、低制度距离与新建模式下的"宽松-单元"型合法性门槛。

本书研究共收集了 306 份中国跨国企业的有效样本，通过实证研究，对提出的理论假设进行验证，主要得出以下几点结论。

第一，制度距离、进入模式均导致了不同程度的合法性获取障碍。制度距离越大，跨国企业面临的内、外部合法性门槛越高；并购模式下跨国企业面临的内部合法性门槛较高，而新建模式下跨国企业面临的外部合法性门槛较高。

第二，制度距离的不同属性影响了跨国企业合法化战略的选择。当东道国正式制度优于母国时，跨国企业倾向于采取依从战略克服外部合法性门槛。非正式制度距离越大，跨国企业越倾向于采取依从战略克服外部合法性门槛，反之，则倾向于采取操纵战略。制度距离越大，跨国企业越倾向于采取异构战略克服内部合法性门槛，反之，则倾向于采取同构战略。

第三，进入模式对跨国企业内部合法化战略选择产生重要的影响。并购模式下，跨国企业倾向于采取异构战略克服内部合法性门槛，而在新建模式下，跨国企业倾向于采取同构战略克服内部合法性门槛。

3.3.3 制度环境对企业关系网络的影响

随着中国经济转型步伐加快和经济的高速发展，私有经济成分在我国整体经济中的地位越来越重，成为推动我国经济发展的一支主要力量。尽管目前我国政府已经致力于鼓励私有制经济的发展，但企业家仍然面临着许多困难，制度环境的不完善是较为普遍的情况，特别是制度环境对企业关系网络的影响在一定程度上成为制约企业发展的障碍。制度包含正式制度和非正式制度。正式制度主要是指正式的法律法规体系及其实施情况；非正式制度则聚焦于中国儒家文化中的互惠性。对于企业关系网络，针对我国企业关系独特的二元性，选取企业的政府关系和市场关系作为研究的落脚点。本书研究认为，在中国转型经济背景下，制度环境对企业关系网络的影响是多方面的，并进行了制度环境与政府关系强度、制度环境与市场关系强度和制度环境间交互作用与企业的政府和市场关系强度的研究。本书对制度环境与企业关系网络的关系进行了分析，提出了如下观点及假设。正式制度的不完善，伴随着政府权力过大，企业保护薄弱，而政府关系网络作为一种非正式形式，可以有效地弥补正式制度的缺失。据此我们提出假设 1：即正式制度越不完善，企业越倾向于构建政府关系，企业的政府关系强度越高，经验证，假设 1 通过。但随着正式制度的完善，政府关系的作用降低，市场关系对于企业越来越重要，据此我们提出假设 3：即正式制度越完善，企业越倾向于构建市场关系，企业的市场关系强度越高，经验证，假设 3 通过。互惠性是一种帮助与回报的规范，在互惠性倾向越高的社会，政府关系网络与市场关系网络所涉及的物质及感情的交换越容易达成，合作关系越容易建立，关系网络的价值也得以扩大，据此我们提出假设 2：社会互惠性越强，企业越倾向于建立政府关系，企业的政府关系强度越高，以及假设 4：社会互惠性越强，企业越倾向于建立市场关系，企业的市场关系强度越高，经验证，假设 2 和假设 4 都通过。最后对正式制度与社会互惠性的交互作用进行研究，认为正式制度与社会互惠性影响企业关系强度时存在交互作用，并提出假设 5：正式制度与社会互惠性间交互作用会影响企业关系强度，经验证，假设 5 没有通过。其原因可能是本次调研地点选择了安徽、北京、福建、甘肃、吉林、浙江等 27 个省（直辖市），调研对象为企业的中层或高层管理者，样本采集地点不同，我国不同地区制度环境存在差异。社会互惠性方面，东部地区受外来文化影响，社会互惠性较低；中部地区、西部地区、东北地区的社会互惠性相对较高。同时，不同所有制的正式制度环境也存在差异。实证分析表明，虽然企业处于同样的地理环境，但不同所有制所面对的正式制度存在差异，国有企业所处的正式制度环境相对较好，私营企业和合资企业所处的正式制度环境则相对较差。

此外，在中国转型经济背景下，针对制度环境对企业关系网络影响的研究，本书从宏观制度情境及微观社会网络结构的双元视角出发研究制度环境对企业关系网络的影响。研究发现，正式制度正向促进企业的市场关系构建，而对企业的政府关系构建有显著负影响；非正式制度的社会互惠性对企业的市场和政府关系构建均有显著正影响。本书研究旨在通过以经济转型为核心情境进行实证研究，探究中国制度环境对企业关系网络的作用机理。转型期的中国，正式和非正式层面制度环境的复杂性、强政府和强市场并存的双元性极大地影响了企业关系行为的构建和选择。由此，本书研究结合制度理论和社会网络理论，开展中国情境下制度环境和企业关系网络之间作用机理的理论及实证研究具有重要的意义。本书研究理论分析与实证检验结果基本一致：正式制度环境越完善，政府关系强度越低，而企业的市场关系强度越高；社会互惠性则对企业的市场关系和政府关系强度均有正向作用；正式及非正式制度的交互作用对企业的市场关系和政府关系强度存在影响。研究进一步揭示转型期中国社会调节机制鲜明的复合型特征：企业市场关系的有效构建更依赖公开化、规范化正式制度的建设与完善；企业日常与社会各界的广泛互动则受到隐蔽性、广泛性非正式制度规则的影响与引导。其中，互惠传统在企业构建市场关系和政府关系中起到重要的调节作用。本书研究从宏观制度及微观社会网络视角开展实证分析，丰富中国情境化的相关研究，为宏观制度环境下研究企业微观行为打开了一扇窗，同时为企业家整合网络价值及管理网络资源提供新的启发。

第4章 机会-资源一体化理论体系构建

4.1 机会-资源一体化内涵

4.1.1 机会-资源一体化理论的基础

1. 创业中的机会与资源

尽管创业一词被认可和广泛使用已超过 200 年，但其内涵在学术界仍然存在较大的争议。很多学者在对创业进行定义的过程中从机会、资源等角度考虑创业的内涵，如 Kuratko 等（2005）提出，广义的创业行为一般是指企业在识别、评价与利用机会的创业过程中所有的行为集合。Shane（2000）指出机会识别是企业基本的创业行为。Timmons（2005）指出，在识别创业机会的基础上，需要通过开发有限的资源来利用机会创造价值，因而资源开发也是创造价值的创业行为。现有研究中，存在着一种通过整合创业核心元素来阐述和揭示创业的本质过程。在 Stevenson 和 Jarillo（1990）的研究中，创业被归纳为价值创造的过程，即依靠整合资源的特殊组合来识别和发现新的机会，在此过程中，创业的内涵包括三层意义：首先，创业被视作一个可以被人为操作和管理的完整过程，在此期间，创业可以拥有多个步骤和阶段，管理者可以在组织内部不断运用手段和方式创造新价值。其次，创业是以机会为导向的，机会导向型的创业使企业可以忽略所有内外部因素而单纯追求新机会，这需要管理者有超高的外部机会识别能力以及评估和利用新机会的经验，从而对机会进行利用。此外，创业过程还需要以资源作为支撑，资源是实现机会的基础性保障，创业者会以独特的方式将资源进行分类组合和拼凑，而资金、技术、团队等一系列要素都能够给创业者带来新的价值。总之，对于创业者来讲，有效合理的资源利用是实现机会的关键。

在创业中，机会和资源是不可或缺的要素。实际上，当我们深入打开创业学黑箱时可以发现，单独研究机会和单独研究资源尽管都可以在一定程度上解释创业领域内的一些现象，但却往往有一定的理论局限性。在复杂的动态创业过程中，机会与资源二者相互作用往往不可分割，复杂的作用关系使学者们对创业行为的揭示不能面面俱到，甚至产生片面的理论成果。所以 Ardichvili 等（2003）的研究将视角转移到机会与资源的作用关系上，提出机会的利用需要获取相应的资源，机会利用与资源获取存在一定程度的联系，配置资源时也会对机会利用产生影响，成功的机会开发离不开创业资源的投入，只有机会与资源二者相互匹配并且合理作用于创业过程，才能使机会最终被有效实现并且创造价值。作为创业活动的两种重要行为，机会开发和资源开发之间的关系十分密切。正如 Timmons 和 Spinelli（2008）的创业理论中所述，机会是创业活动开展的前提，资源为机会的实现提供基础性保障。Baker 和 Nelson（2005）也强调机会与资源二者密不可分。目前，创业机会开发通常被划分为机会识别、机会评价和机会利用三个阶段，在机会被识别与评价后，资源开发随之同时进行（Shane，2002）。Samuelsson 和 Davidsson（2009）在对机会识别与资源识别的相互作用关系进行研究的基础上指出，机会有时来自于一些尚未识别的资源，这些资源包括一些闲置的土地、设备、技术发明专利与团队等。当然，仅仅识别出这些资源是远远不够的，管理者还要匹配相应的机会来开发这些资源。Kuratko 等（2011）认为创业是一个可以管理的过程，这一过程始于机会，是一系列能够创造需求和为新商业理念提供优良保障的环境。机会和资源对创业来说十分重要，但在现实生活涉及的实现机会的资源保障中，许多创业者往往将资金看作首要资源。资金固然重要，但实际上却存在着许多其他决定创业者成功与失败的关键资源要素，如技术、关系、客户、团队、专利等资源都是创业不可或缺的，企业只有协调和充分利用这些要素才能成功创造价值。

考虑到在创业过程中机会与资源二者复杂的作用关系贯穿始终，因此，对二者关系的追寻和辨析成为学术界关注的焦点。迄今为止，创业学领域中最主流的两种阐述创业行为的观点分别是机会主导型观点和资源主导型观点。机会主导型观点的理论提倡创业应主要抓住机会、识别机会，而资源只是辅助的手段而已（Barreto，2011；Webb et al.，2011）。结合第 2 章对创业理论研究回顾的内容，基于机会视角的研究涉及范围较为广泛，有学者从人力资本（Ucbasaran et al.，2009）、社会网络（Singh，2000）和组织与个体层面学习（Corbett，2007）出发进行研究，也有一部分学者关注创业者特征，研究创业者的经验、偏好、背景对机会开发的影响。而资源主导型创业研究则主要指以资源基础观为导向的研究（Sirmon et al.，2007），相关的学者们认为资源可以提供给创业者强于竞争者的优势，强有力的资源网络会使创业者拥有稳固的防线以抵御市场外部竞争者的压力。同时，学者们也将资源开发行为分为资源识别、获取、整合和利用四个子行为，并且着重关注资源获取与资源整合两部分。

2. 机会-资源一体化的研究问题

我们认为创业不仅仅是机会开发，也不仅仅是资源开发，而是二者的有机结合。基于已有研究文献，为了能够阐述机会资源之间的相关性以及二者在对创业过程作用中的整体性，本书将机会与资源二者视作一个完整的动态系统，在此基础上以整体性和系统性的视角来揭示机会-资源一体化行为的本质属性和内在特征。由于机会与资源之间的相互作用关系十分复杂并且在整个创业学领域没有一个全面有力的理论支撑，所以我们建立了一种动态新颖的思路来解析机会与资源之间的互动关系。为了更进一步加深对机会-资源一体化的理解，我们构建了创业机会-资源一体化开发行为的度量体系，从而为更进一步的研究奠定基础。具体而言，本章主要探讨以下两个问题。

首先，从理论层面解释和发掘创业活动中机会与资源之间的关系到底是怎样的，并回答"机会与资源之间是否存在一体化"这一关键问题。

在理论层面，创业学领域的知名学者 Jeffery A. Timmons 曾在《创业学》一文中提出机会与资源的相互作用关系复杂且存在于整个创业过程。他指出，创业的商机是由机会驱动的，除了机会之外，创业者还需要识别并合理配置资源，而不被资源牵着鼻子走，这是释放创造力和实现商机的关键。在 Timmons 的理论体系中，匹配和平衡二者之间的关系是创业成功的关键。也就是说，高层管理者需要在企业创建过程中不断维持机会与资源之间的平衡，保持创业各要素的相互匹配，从而创造出巨大的竞争优势。对于企业来说，以尽量少的资源做尽量多的事情是强有力的竞争武器，最小化地控制资源、合理有效地配置资源是机会实现的途径。

另外，随着创业研究的不断发展，无论是机会主导型创业研究还是资源主导型的创业研究，都没有把二者之间的作用关系摒弃。Shepherd（2011）从机会评价和资源开发的关系角度出发研究了机会和资源之间的关系在整个创业过程中的体系。他指出，机会的评价就是创业者及创业团队识别现有资源的一个前提和手段，在此基础上，创业者才会逐步开发资源并分析其是否有价值，如可用、稀缺性的资源会给机会的实现提供保障，资源的可获得性也是创业者必须考虑的。为了有更深入的理解，一些学者对影响机会和资源开发以及二者之间关系的影响因素及其作用进行了研究，如 Hoskisson 等（2000）从组织的内外部环境特征的视角进行研究，发现动态性、宽松性和不确定性的外部环境会对机会开发和资源开发起到关键作用，组织内部因素如组织结构也会在一定程度上影响机会资源二者的作用方式。

通过梳理已有文献，本书不仅汇总了以机会开发和资源开发为主线的两种创业行为特征的相关研究，也分别利用机会开发三阶段（机会识别、机会评价和机会利用）以及资源开发四阶段（资源识别、资源获取、资源整合和资源利用）之间不同层次的相互作用，并在此基础上阐述了机会、资源二者之间的相关性。然而，机会开发与资源开发的作用关系繁杂，到目前为止，学术界都不存在清晰的方式对其作用机理进行整理和呈现，所以本章的第一个问题锁定在二者之间一体化方式是否存在。鉴于此，我们引入系统论这一科学的方法论，将创业的复杂动态过程视为一个完整的系统，系统思维的导入给本书研究提供了新方向，也使得后续研究有了新的进展。

其次，从实证角度分析验证创业机会与资源二者之间的一体性，最终合理有效地构建创业机会-资源一体化开发行为的度量体系。系统论指出，看待任何事物都要从其整体性视角出发，探寻其内在的本质属性，这对于本书的创业过程研究十分重要。创业是一个机会与资源相互作用后产生的一系列复杂行为的集合（Singh，2001；Sirmon et al.，2008）。对其进行的研究不能局限于关系网络的梳理和归纳，而是要跳出原有的限制，从系统角度加以分析。所以为了探寻机会资源之间的一体化到底具有何种属性，以及其存在方式是否合理，采用系统思维必不可少。实际上，目前学术界之所以对机会与资源的关系网络无法梳理清晰，原因无非是在二者的互动中，外部影响因素繁多且具有多种不确定性，而创业又是一个高度动态的控制过程，不同的机会属性和资源属性都会为创业过程带来不稳定因素，所以采取整体系统的思路不失为一个相对合理的选择。

但是，对于创业机会与资源一体化存在方式的合理性和有效性检验则需要一定的数据支撑和验证。为了解决这一关键问题，本章首先采取前人研究的成果作为理论根基，在此基础上，界定了机会-资源一体化的内涵、划分了机会-资源一体化的维度并开发了机会-资源一体化行为的量表。量表设计是在对机会开发与资源开发相互作用关系的归纳总结上产生的。例如，"本企业在寻求新商机之前已对初始资源（人力、物力、财力等）进行了系统评估，以帮助企业发现有效可行的商机；本企业在寻找新市场商机的过程中会得到一些行业或政策方面相关的新信息，而这些信息资源会帮助企业发现市场机会"。此问题的选择基于机会识别阶段和资源获取阶段二者的相互作用关系，而这种关系的存在性在理论上已经得到了应有的支持。接下来，通过主成分分析法提取了创业机会-资源一体化的三个主成分，结合问卷设计和理论根基将三个主成分分别归纳为"创业准备阶段一体化开发行为""创业实施阶段一体化开发行为""创业成长阶段一体化开发行为"。

按照系统论的指导思想，系统中不仅仅关注系统的层次性，还要关注系统的结构性和功能性。在研究中，首先将创业过程看作一个完整的动态系统，然后利用系统层次性原理将其逐步展开，有利于深化对此过程的理解。以整体性和系统性的角度对机会-资源一体化开发行为的研究有助于我们深入理解创业行为的本质属性，摸清创业过程的主体脉络。现有研究多基于双元理论对机会-资源双元性进行展开，思维与结论仍受到一定限制。为了进一步破除约束，本章设计并确定了基于系统思维并利用实证分析手段分析、探索、验证创业机会-资源一体化开发行为的属性以及体系构建的合理性，以期为进一步机理研究提供基础性保障。

4.1.2　机会-资源一体化理论的提出

1. 机会主导型创业理论中的资源要素

在机会主导的创业理论中，大体上可以把创业活动概括为识别和开发创业机会的过程，也可以说是从识别机会到企业最终得到成长的过程。但在现实中，新企业初期大都会遇到资源匮乏的困境，这限制了它们的机会识别、评价与利用过程，从而对企业的发展战略造成影响，因此将资源理念引入创业理论体系是十分必要的。从创业过程角度看，创业者在决定创业之前首先需要识别商业机会，并且根据基本的产品或服务理念来评估环境和创业者所拥有的能力和资源等要素，一旦评价结果显示机会是可行的，创业者就会制订相应的创业机会开发计划并创建企业。机会之所以存在是因为在可以将资源转换到另一种状态的条件下，社会不同成员对于资源相对价值的判断不统一。也就是说，创业者在识别机会的过程中其实已经初步完成了资源评价活动。对于识别到机会的创业者来说，他们可能发现了稀缺的资源或发觉某些资源当前价值被低估。在机会识别过程中，产生的资源需求以知识资源需求为主，而利用这些知识资源也能帮助企业发现、筛选和评估新的机会。类似地，在机会利用过程中，资源需求以运营性资源需求为主，这种需求同样促使企业去获取该类资源。创业机会不仅以新产品、新服务、新市场需求的形式存在，也可能以发现新的生产工艺、原材料、组织方式的形式存在。这些都是可见的，所以机会本身并没有排他性。创业者对于某个商业机会的开发行为会向其他的相关资源持有者提供市场信息，如果这些资源持有者也意识到了创业者所要开发的机会，他们就可能会选择针对这一机会进行创业或以有利可图的价格水平来出让这些资源，从而抽取一定的经济利益；而如果所有的潜在创业者都识别到这一机会，他们中的一部分可能会选择利用这一机会并相互争夺利润，这种竞争会进一步降低每个企业从机会中获得超额利润的份额，直到这些超额利润带来的刺激作用被摊薄到不足以激发新的竞争者加入竞争。与此同时，创业者们也在不断地努力获取、整合、配置和调动资源，以保证机会开发活动顺利进行。这就表明，处于相同机会环境中的企业能够最终胜出，同时需要重视资源方面的影响。在创业过程中,创业者眼中的机会引导着企业内部的资源流向,也使企业选择性地吸收企业外部的资源。

实际上,虽然机会主导型创业理论强调了机会在创业中的驱动作用,但也并非只关注机会对资源的单独影响,而是将资源看作帮助机会实现的辅助性工具。不过下面所介绍的资源主导型创业理论,却将资源视作企业成功的最重要因素。

2. 资源主导型创业理论中的机会要素

总结前人的研究成果,可以发现人们一般都将资源概括为两类:经营性资源和知识资源,其中知识资源可视为一种战略性资源。资源学派的资源基础观是一种十分务实的企业战略制定策略。创业企业的本质特性决定了创业往往面临着资源短缺的问题。在创业初期,企业可以直接控制的内部资源往往不足以满足机会开发的需要,通过将外部资源内化的方式整合资源既能缓解资源短缺,又能减少创业的财务风险。而且,创业者的人力和社会网络资源也影响着创业者的信息域,形成创业者特有的信息资源,这对于创业活动的首要环节——机会识别过程产生重要影响。在此过程中,信息资源丰富的创业者会表现出较强的创业动机、更强的冒险倾向和风险承担能力,而信息资源较为匮乏的创业者则需要识别和评价不同的机会,从而选择一个与自身能力和资源相匹配的创业机会,这可能不利于企业的快速响应。然而,机会的时效性和潜在竞争对手的存在迫使创业者尽快并有效地抓住机会,以获取先动优势。对于创业者来说,行动准备的时间越久,不确定性带来的创业失败风险也就越大,创业者没有时间用更广泛的途径整合资源。一个使其能够"无中生有"地开发现有资源的有效手段是资源拼凑,即为了新机会重新组合资源,通过另一种形式立即将现有资源投入新用途中。这种资源整合和配用的理念,也是资源基础观的精髓所在。为了识别和开发机会,企业需要战略上的灵活性。战略灵活以资源作为保障,财务资源在其中发挥着重要作用,知识和能力则更加关键。资金宽松的企业可以自己独立行动而不必依赖其他人的资源,以实施更积极的创业战略和更主动的企业管理方式。信息资源丰富的企业,机会视野更加宽阔,战略决策从长远来看会更加合理。而在资源较少的企业,管理者被迫去寻找适合自己企业的新资源和新机会,资源的约束让管理者不得不更加注重企业的战略定位,战略风格很可能趋向保守。从这一方面看,企业的资源情况深远地影响着企业的战略决策和机会观,即企业自身资源状况影响着企业的可选机会集合、机会评价活动和机会利用水平。如果创业者识别并完成了机会开发过程,企业可能也只能保持短暂而非长久的竞争优势,这是因为企业没有战略性地管理资源。借鉴福利经济学的原理,竞争带来的均衡状态下是没有机会存在的，因为资源已经被最优配置了。

于是，通过对创业过程中机会和资源的双元性的简要概述，本书将机会主导型理论和资源主导型理论中机会和资源之间的关系通过图4.1和图4.2进行描述。

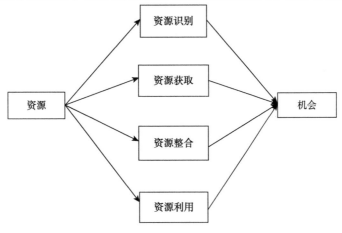

图 4.1　机会主导型创业理论

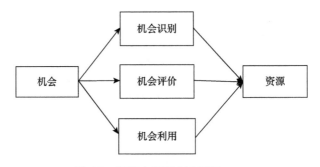

图 4.2　资源主导型创业理论

3. 创业机会–资源一体化开发行为的理论体系构建

创业围绕着机会与资源展开，机会是创业过程的核心，资源则为其提供基础性保障。从创业理论的研究成果看，关于机会与资源的研究时至今日都仍在继续，机会开发、资源开发、二者共同开发等一系列问题持续受到关注，相关的理论内容也十分丰富。然而，随着对这些成果的梳理与总结，可以发现一个问题，即大多数研究学者认为，机会开发与资源开发作为两个独立存在并互相影响的复杂行为，是同时作用于创业过程的。于是，相关的研究往往关注单一的开发行为。这种将机会和资源独立开来的思考方式虽然在分析时有其优势，但是现实中二者之间的联系可能更加紧密，独立考虑可能不够全面。系统论的观点指出，系统是一个有联系的物质和过程，看待任何事物都要从整体性角度出发，探寻其内在的本质属性，而这种整体性却恰恰是目前多数研究所忽视的。进一步讲，学者们在潜意识中已经承认机会与资源是相关联甚至是一体的，但却没有从系统角度进行展开论述。更有甚者，对单一行为的研究已经逐步接近了还原论思想（高级形式还原为低级形式），这种问题不仅造成了研究结果的局限性，也在很大程度上增加了创业过程的复杂性，使其缺乏主体研究脉络，极易脱离创业理论的本源。

为了解决这一现状，在上述对机会和资源的双元性进行简要概述的基础上，本书研究首先将机会与资源二者的作用关系分成两类，分别是"机会下的资源"和"资源中的机会"。然后，在大量文献分析的基础上提炼出机会资源之间作用关系的机理，从而阐明机会资源之间的相连性。然后基于创业过程视角并借鉴系统论的观点，提出"机会-资源一体化开发行为"的构念，同时构建其理论体系。

1）机会下的资源

机会下的资源研究的主要思路为探究机会对资源的影响。基于前面对机会和资源开发相关理论的梳理，机会开发过程通常可以分为机会识别、机会评价与机会利用，而资源开发过程通常可以分为资源识别、资源获取、资源整合和资源利用。考虑到资源的整合与利用是同一时期针对机会所展开，这里将其统一为资源配用。另外，在机会主导的创业理论中，许多学者已经在理论层面上证实了机会开发的不同阶段对资源产生的影响，但目前却缺少对机会开发不同阶段与资源开发的不同阶段之间复杂作用关系的系统梳理。想要厘清其间烦琐的关系就需要先整理机会与资源开发的各个子阶段之间的作用机理。因此，为了能够将机会与资源之间的复杂关系网络梳理清晰，这里特地选择了影响较深、作用明显且具有代表性的5个子开发行为之间的作用关系进行归纳。

（1）机会识别对资源识别的影响。

机会识别对资源识别影响的关系线代表了机会识别的不同方式与特征对资源识别的选择、方向与方式的影响。正如 Kirzner（1973）所指出的那样，企业对机会的期望和认知会指引企业搜索特定的资源，并且引导企业发现所需资源。机会识别是企业获取利润的重要环节，机会识别影响企业对稀缺资源的识别和获取，促使企业能够依照机会的不同特征来开发新的稀缺资源，并且找到相应的替代品，最终促使企业实现机会并且适应与改变周围的环境。

（2）机会识别对资源获取的影响。

机会识别对资源获取影响的关系线代表了机会识别对资源获取途径以及资源获取种类的影响。例如，柳青和蔡莉（2010）在对新企业资源开发过程的研究中将企业资源分为运营性资源和非运营性资源两大类，其中非运营性资源以隐性资源中的知识资源为代表。他们认为，企业对机会的识别需要以对此机会的认知为前提基础，相应地，企业需要获取与新知识对应的知识资源。也就是说，企业机会识别将始终影响着企业对新知识的获取，新知识的获取途径与获取新知识的内容都将受到企业机会识别的影响。

（3）机会评价对资源获取的影响。

机会评价对资源获取影响的关系线代表了机会评价对资源获取的内容、种类和途径的影响。根据柳青和蔡莉（2010）的研究结论，运营性资源包括了人力资源、物质资源、资金资源、技术资源以及市场资源等，企业在对新机会的评价过程中必须对以上资源进行识别和把握，才能够确保机会的可行性。所以，在资源获取的方式与途径的选择上，应特别注意保障那些稀缺、有价值和难以模仿的资源的可获取性。此外，Shane 和 Venkataraman 指出，企业在机会评价过程中需要时刻调整机会评价的阶段性结论，在不断地调整与修改过程中，企业需要不断获取外部新的知识并且将其吸收和有效运用，从而对新机会的可行性做出合理的分析和预测。

（4）机会利用对资源获取的影响。

机会利用对资源获取影响的关系线代表了机会利用对资源获取的途径和种类的影响。在企业对机会利用的过程中，企业往往需要依据机会利用的状况来及时调整手头资源并且从外部获取特定资源。然而，特别是在针对稀缺资源或在购买竞争者手中的资源的情况下，企业所需求资源的获取途径却并不能永远得到保障。预防机会开发中的损失发生是创业者需要具备的能力之一。当创业者对企业内部新机会的出现产生了自我认知时，其在接下来的过程中必须考虑新机会能否在不投入新资源的情况下实现，否则创业者将会应对资源获取带来的一系列损失。而在实际的创业中，计划往往不能十全十美，这种在机会利用的过程中出现的变数就会对资源获取产生影响。

（5）机会利用对资源配用（资源整合和利用）的影响。

机会利用对资源配用的影响主要包括了机会利用对资源整合的影响及机会利用对资源配置以及资源拼凑的影响。首先，机会利用影响资源整合的首要表现方式是作为资源整合的动力来源，资源整合的方式与目的都需按照机会利用的现状和需求来进行。其次，在机会利用过程中，企业需要合理有效地配置资源来实现机会的价值。最后，机会的利用还会影响资源的拼凑效果。"资源需要创造性拼凑"，具体来说，企业的创业过程都受到资源约束的影响，然而创业企业应利用手头现有的资源实现机会的最大化价值。在此基础之上，资源拼凑的概念被定义为企业为了解决新问题或利用新机会，整合手头现有资源的形式。在整个资源拼凑理论的发展历程中，资源拼凑过程主要有三个重要的特征与阶段，分别是资源的凑合运用、资源的约束突破以及资源的创造性操作。资源拼凑的合理性和快速性必须按照机会利用的现状进行，即机会利用对资源拼凑的过程产生了影响。

综上所述，在机会开发对资源开发的影响关系中，本书主要提炼了五个方面的子影响关系线，这些影响关系线代表了机会中的资源是如何存在的，即资源受到机会的影响后是如何被识别、获取、整合和利用的。为了明确这些重要的作用关系，这里将以上五个方面进行了汇总归纳（图 4.3），作为进一步研究的基础。

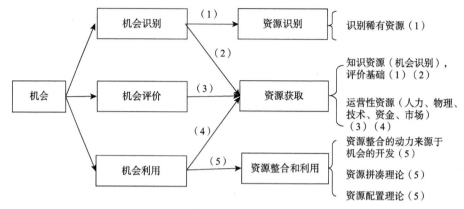

图 4.3　机会对资源的作用关系线

2）资源中的机会

资源中的机会也意味着机会来源于资源，资源开发的子过程同样影响着机会开发的子过程。在资源基础观的理论体系中，许多学者认为创业机会产生于企业现有的资源，这些资源包括知识资源、市场资源及关系网络等。所以，企业配置、拼凑和获取手头与外部稀缺有价值的资源是企业创造机会的最大保障。为了能够进一步体现机会从资源中来的这一核心思想，这里将资源对机会的影响进行提炼并汇总出 6 个具有代表性的子阶段影响关系线。

（1）资源识别对机会识别的影响。

资源识别对机会识别的影响主要包括对初始资源的识别评价对机会识别结果的影响。机会之所以存在是因为在具备可以将资源转换为另一种状态的潜在可能性条件时，社会中的不同成员对资源的相对价值的判断不同。Sanchez 等在对创业伙伴合作的研究中强调了资源的重要性。为了能够适应竞争型社会，创业型企业必须利用战略合作伙伴之间的互补性资源来实现机会的价值。然而，在众多合作关系网络中，企业如何快速识别周围潜在的稀缺资源并进行获取和利用是企业率先取得竞争优势的关键。此时，只有通过识别竞争性资源、建立良好的合作机制并与合作伙伴相互沟通进而获取资源，企业才能不断扩大其竞争优势，从而达到领先于竞争对手并能够持续识别和发现新的可行性商机的目的。

（2）资源获取对机会识别的影响。

资源获取对机会识别的影响主要涉及资源获取过程中引发机会识别的活动，对机会识别的时间和结果产生影响。借鉴柳青和蔡莉（2010）的研究结论，资源获取过程可以分为资源的外部购买、资源的内部积累以及资源的吸引过程三大类。外部购买是指企业通过直接的经济交易来获取资源的方式；内部积累主要是针对无法从外部获取的资源，此时只能通过内部积累以提升资源质量来获得；吸引过程则代表了企业通过预期的经济回报来吸引资源持有者的加入，吸引他们参与新机会的开发。基于对资源获取过程的理解，结合已有研究，如 Williams 和 Lee（2009）指出外部知识的内部积累会帮助企业不断识别新的机会，进而达到企业的竞争侵略性目的。Shane 和 Venkataraman（2000）也指出外部市场资源的获取在帮助企业实现技术性机会上贡献了巨大的力量。可以得出，资源获取的过程和结果、资源的外部获取与内部积累对机会识别过程产生影响。

（3）资源获取对机会评价的影响。

资源获取对机会评价的影响代表了资源获取的状况对机会评价结论的影响。在 Timmons 的创业理论体系中，一直强调机会评价的重要性，并将机会评价需要考虑的因素列为八个方面的指标，从而用于对创业机会的评价。这些指标包括行业与市场、经济因素、管理团队、竞争优势、收获条件、个人标准、理想与现实以及战略差异。而这些指标当中，管理团队资源、行业与市场资源等都会影响机会的评价结果。此外，资源获取的途径、资源购买的方式及资源内部积累的状况也会影响创业者对机会展开的系统评价，所以企业的战略决定往往是在资源等多方面基础之上做出的。

（4）资源整合对机会识别的影响。

资源整合对机会识别的影响代表着资源整合过程的结果对机会重新识别的影响。借鉴柳青和蔡莉（2010）的研究结论，资源整合过程可以分为资源的稳定调整、资源的丰富细化及资源的拼凑创造。稳定调整是指企业依据自身内部现有资源与能力逐渐调整内部资源的组合和分配，进而形成新的能力。丰富细化是企业扩展内部资源水平的重要手段。其通过在不确定的外部环境下利用快速学习的方式获取新的技能从而实现资源的丰富化。拼凑创造预示着企业创造新资源与新能力的过程。由于外部商机的短暂性和模糊性，企业必须发展新的能力来开发新的商机，这种开拓性的创造必须以创建可持续的竞争优势为最终目的。于是，在资源整合对机会识别的影响方面，当前的研究多倾向于注重资源的内部稳定调整对机会识别的影响，以期在企业调整过程中逐渐发现新机会，从而丰富机会识别的结果。

（5）资源整合对机会利用的影响。

资源整合对机会利用的影响主要涉及资源整合方式对机会利用结果的影响。创业是不拘泥于当前资源约束、识别和把握机会并谋求机会价值实现的行为过程。在发现机会之后，快速整合必要的资源来开发创业机会的价值是取得创业成功的关键。Sarasvathy 等（2010）的研究表明，在 15 000 个创业者中，63%的创业者在感知到机会后的几个月内创立新企业，甚至有 26%的创业者在几周内创立新企业，这是因为机会的时效性与潜在竞争对手的存在会迫使创业者通过尽快创立新企业来开发创业机会，从而有效利用机会，在后来者的竞争中抢占先入优势。从创业想法的产生到创业行动的实施相隔时间越长，不确定性对创业的影响就越大，创业行为失败的风险也就越大。这意味着，在此过程中创业者整合资源的速度越快，所花费的时间越少，就越有可能成功把握创业机会并实现创业机会的价值，从而提高创业初期的绩效。

（6）资源利用对机会利用的影响。

资源利用对机会利用的影响主要指的是资源利用结果与方式对机会利用结果的影响。借鉴柳青和蔡莉（2010）的研究，将资源利用分为资源的调动、协调与配置三大方面。其中，资源的调动是指企业依据自身所制定的决策和战略目标来运用和选取现有资源，以便开发新的商机；资源的协调主要是指企业为了使内部的资源结构更加合理，进而对资源运用的方式加以协调改进，提高资源的利用效率；资源的配置是资源利用的核心，是企业对资源结构和资源战略二者相互协调匹配的重要手段。资源利用和机会利用之间的作用关系在创业研究中明显存在，特别是在 Kuratko 等的《公司创新与创业》一书中，他们从企业资源的操作层面充分详细地阐述了资源应如何利用才能够使机会利用的过程更加顺利这一重要问题。

综上所述，在资源开发对机会开发的影响关系中，本书提炼了六个方面子关系的影响线，这些关系影响线代表了资源中的机会是如何被发现，以及机会的实现过程是如何受到资源的影响的。于是，为了明确这些重要的作用关系，在此将以上六个方面进行了汇总与归纳（图4.4），作为进一步研究的基础。

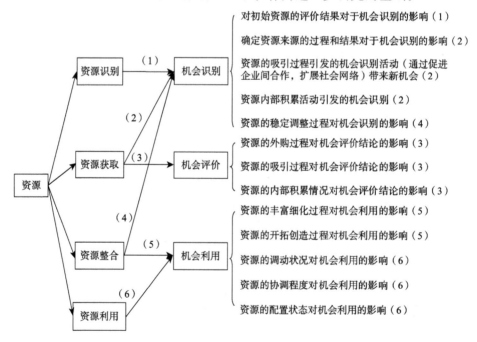

图 4.4　资源对机会的作用关系线

3）创业机会-资源一体化开发行为体系理论构建过程

在整理出"机会下的资源"与"资源中的机会"两大类机会资源开发子过程的复杂作用关系后，本部分首先系统整理了机会与资源之间的相关联系，然后基于系统运动过程的观点逐层依次分解机会资源二者的关系网，从而在系统论的角度提出了机会-资源一体化开发的整体过程，并将其视为一个完整的动态系统进行分析。这里将机会-资源一体化过程按照创业的过程分成三个主要阶段，分别是创业准备阶段、创业实施阶段与创业成长（调整）阶段。每一阶段都涵盖各自的子系统，每一子系统中也有着复杂的作用关系，这些子系统及子系统中的作用关系共同构成了机会-资源一体化开发行为体系。

（1）机会与资源的作用关系网络。

结合前面所述，机会开发对资源开发子过程的影响关系有 5 个典型作用，而资源开发对机会开发子过程的影响关系有 6 个典型作用。为了能够使二者之间的相互作用关系得到更加全面和详细的体现，除了上述的典型作用外，下面还进一步提炼了其他几个方面的影响关系。

一是机会识别对资源整合的影响。

基于资源基础理论，Alvarez 和 Busenitz（2001）在创业研究中指出，资源整合可以使企业形成一种能力，创业者可以利用这种能力来开发机会，但是这种资源整合能力是在对机会自我认知的基础上形成的。创业者需要不断重新认知机会的内在构造与本质特征，并根据其认知来整合手头资源，对机会的认知差异性会决定企业内部资源组合的差异性，进而决定公司的能力。机会识别对资源整合的影响是反映企业内部创业能力形成过程的一条重要的影响因素。

二是机会开发对资源获取的影响。

部分学者从机会开发的整个过程角度来研究机会对资源的影响。机会开发是创业的核心，体现了创业的本质特征，包括机会识别、评价到利用的一系列过程。柳青和蔡莉（2010）在研究机会开发过程时将创业导向引入机会识别与开发中，研究指出在基于创业导向的创业实施进程中，创业导向会驱动企业和创业者搜索和发掘自身所需资源，即为了能够满足企业的资源需求，创业者将会不断挖掘机会识别所需的知识资源并不断获取实现机会所需的运营性资源。其中，知识资源可以为企业评估、筛选和决策新商机提供基础保障，而运营性资源（如人力、物力、资金、技术、市场等）则是机会开发的基本条件。所以，在机会利用过程阶段，机会开发过程对企业资源获取的影响主要体现在运营性资源的获取上，而在机会识别和评价阶段，企业则会以知识资源的需求为主。也就是说，企业在不同的机会开发阶段有不同的资源需求重点，机会开发对资源获取有着重要的影响。

三是资源识别对机会利用的影响。

资源识别过程代表企业对手头资源和现有资源的认知和评价，影响着企业进一步的资源获取方式和途径。在资源识别阶段，企业首先把握的是自身对机会识别的认识，机会的潜在价值决定着创业者对资源的识别，而识别后的资源获取、整合和利用则将直接影响企业对机会的利用结果。在《创业资源和组织战略选择》一文中，Mosakowski（1998）明确提出了资源识别的前提及其对机会的影响，他认为机会识别的结果影响资源识别的结果，而资源识别的过程决定了资源获取的方式，进而作用于企业创业行为的选择。此外，个人拥有的异质性资源会对未来机会的利用产生直接的影响，这些异质性资源包括创业团队、市场渠道、合作伙伴等。可见，资源识别并非直接影响了机会的利用，而是在受到机会识别的结果影响后间接通过资源获取等方式逐渐影响着企业战略与创业行为的选择，从而最终作用于机会利用的结果。

　　基于此，结合上述对创业机会和资源开发的子行为之间的影响关系的提炼，这里汇总了机会开发与资源开发之间的作用关系网，如图 4.5 所示，以用来支撑和从理论层面上阐述创业机会与资源之间的相连性和互动性。

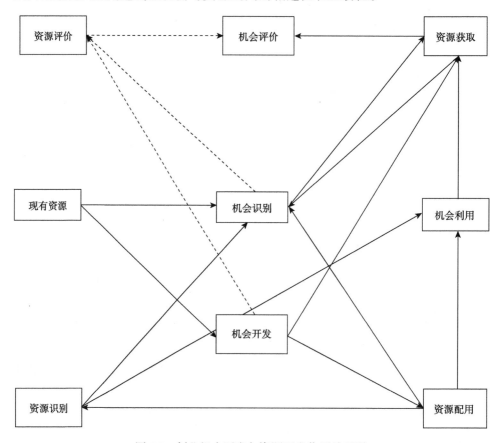

图 4.5　创业机会开发与资源开发作用关系图

（2）基于系统论的创业机会-资源一体化开发行为体系。

基于上述对已有研究的梳理和总结，可以将机会主导型与资源主导型中的相关作用关系整合为机会与资源的总体作用关系。在将机会和资源的作用关系整合后，二者的总关系线如图 4.6 所示。

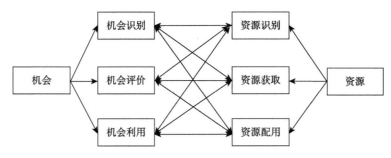

图 4.6　创业机会与资源总关系线图

系统论的相关观点表明，个体之间相互运动组合成一个整体，这一整体拥有个体所不具备的属性，而每一个个体都是整体中的一个子系统。也就是说，在对任何一个个体进行研究之前，必须要明确其被分解后的子系统。基于此原理，本部分首先对上述机会与资源开发子过程之间的作用关系进行分类，分别为机会识别与资源识别一体化子系统、机会识别与资源获取一体化子系统、机会评价与资源识别一体化子系统、机会评价与资源获取一体化子系统、机会利用与资源配用一体化子系统、机会利用与资源识别一体化子系统、机会利用与资源获取一体化子系统、机会识别与资源配用一体化子系统以及机会评价与资源配用一体化子系统，共九类。

为了更清晰地描述机会-资源一体化开发系统的构成，这里还需要阐述系统层次性原理。系统层次性原理是指，由于组织系统诸要素的种种差异（包括结合方式上的差异），系统组织在地位与作用、结构与功能上表现出等级秩序性，形成了具有质的差异的系统等级，层次概念就反映这种有质的差异的系统或系统的等级差异性。那么，根据此原理并结合"若先研究物质必先明确过程"的系统过程观点，可以再次将这九类子系统按照整个创业过程整合为三大类更高层次的子系统，分别为准备阶段一体化开发子系统、成长阶段一体化开发子系统和实施阶段一体化开发子系统。其中，每一高层次的子系统都涵盖与其自身属性所匹配的低层次子系统，无论在功能还是地位上都优于对方。系统的具体构成情况参见图 4.7 和图 4.8（高洋，2014）。

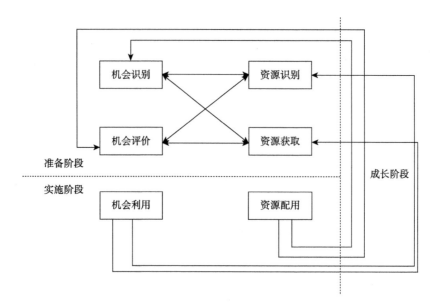

图 4.7 创业机会-资源一体化开发行为体系构建

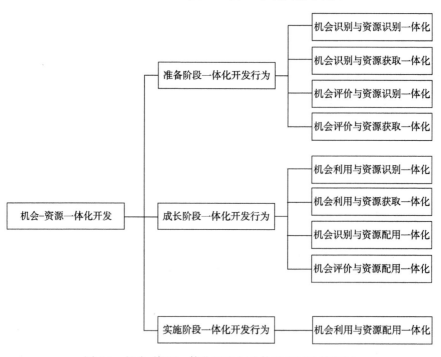

图 4.8 机会-资源一体化开发行为体系的层次结构图

4.2 机会–资源一体化维度

4.2.1 机会–资源一体化开发行为体系

Ardichvili 等（2003）指出，由于创业的机会开发与资源开发关系密切且相互影响，所以二者之间的作用关系网络使创业的整个过程具有高度复杂性和动态性。从目前的创业研究发展看，尽管绝大多数已有研究在上述影响关系及其作用因素的层面达成了共识，但在这些研究中二者仍处于"各自为政"的局面。究其本质无非是关系繁多、作用机理复杂，同时难以寻到一条主线将整个作用关系网予以整合。而基于系统整合视角进行的研究能够将二者之间交叉融合的领域进行明确界定和细分，可以从整体性角度切入创业过程，探寻创业研究的基本脉络主线。系统论指出，个体相互运动组成一个整体，而整体拥有个体所不具备的属性，每一个个体都是整体中的一个子系统（钱学森，1982）。也就是说，对任何一个个体进行研究之前，首先要明确其被分解后的子系统。那么，在机会与资源之间的总关系线图的基础上，结合系统动力学的观点"系统会依照一定的目的和方向进行循环运动，循环的动力是其遭遇到了不可避免的困境"（Forrester，1994），可以将创业视作一个动态系统。此系统的基本运动路径为"准备—实施—成长"，其中每一阶段都有其内在属性和特殊的行为方式，三个阶段之间的循环是系统发展的必要前提和关键。

为了更深入地理解机会–资源一体化的内涵并为进一步的研究做铺垫，有必要对其进行维度划分，而本书中的维度划分主要从机会–资源一体化开发行为的发展阶段着手考虑。正如前所述，创业机会–资源一体化开发行为体系被分为三个层面：准备阶段（preparation stage）、实施阶段（implementation stage）和成长阶段（growth stage）。准备阶段主要发生于创业的早期，其中包含机会识别/评价与资源识别/获取之间的所有关系线，即机会识评与资源识取的一体化。机会的识别和评价是创业的核心，可以从行业市场、经济性、收获、竞争优势、管理团队、个人标准以及战略差异这七个方面进行商机的筛选与甄别。而 West 等（2008）在对资源识别的影响研究中提出，资源识别是创业者对资源加以评价并细化需求和确定来源的行为，受初始资源、组织结构的影响。资源获取则是当前学者们研究关注较多的部分，初始资源、创业网络、组织结构和创业者特性等都会影响企业的资源获取（Auken et al.，2009）。从创业过程角度来看，准备阶段主要负责创业前期的机会识评和资源识取二者之间的相互协调。此时，创业者不仅要注重机会的识别和发掘，还需要在此基础上考虑是否能够有效获取和开发实现此机会所需的资源，并且要在机会与资源二者之间不断转移自身的注意力，从而保障前期准备的充分与完整。总的来说，创业准备阶段代表了创业者对机会开发的重视，体现了创业者自身的素质和个人特征，而不同的企业创业准备阶段的工作也存在着明显的差异性。

实施阶段代表了创业的进行，代表机会从抽象升华到现实，也蕴含着资源被整合配置和利用的过程。Sirmon 等（2007）指出，资源整合是指对资源进行配置、形成能力的过程，这种能力能够帮助企业适应外部环境并创造价值。Tolstoy（2009）也提出了资源整合能力有助于企业创造新知识、提高企业绩效。Brush 等（2008）在进一步研究其影响效果后提出，资源整合会随创业者特性、企业结构和组织规模的不同而存在差异并受到创业网络、战略导向的影响。那么，本书也将机会利用与资源配用（即资源整合与利用）之间的影响关系表示为机会利用与资源配用一体化。这种一体化行为主要体现为企业如何依照机会利用与资源配用的协调状况进行调整，以使二者在操作层面上达到平衡状态，从而使企业实现机会的最大化价值。此时的创业者在创业实施过程中要不断配置、协调和调度资源去开发商机，除此之外还需在机会开发的过程中不断拼凑手头资源来进行创新和创造。Kuratko 等在《公司创新与创业》中特别从操作层面给予了创业全面的阐述与解释，认为创业的实施过程具有高度的不确定性，在资源管理与机会利用的协调中，创业者需要建立符合自身战略定位的创业控制体系，内部控制、风险控制和创业型组织建立都是创业实施阶段需要切实考虑的行为和方式。

按照系统动力学观点，成长阶段也可被视为调整阶段，是系统循环运动解决其所面临的困难的方式。那么对于成长阶段一体化开发行为的循环路径而言，其路径主要有两条：资源配用-机会识评一体化成长方式和机会利用-资源识取一体化成长方式，这里将以上两种成长方式用成长方式 1 和 2 表示。其中成长方式 1 表示企业依照机会自身的特性和价值来调整和配用自身内部有限的资源，实现内部资源的拼凑效应，使企业获得成长（Baker and Aldrich，2000；Baker and Nelson，2005）。而当企业进行资源配用时，还必须考虑机会的识别和评价结果，机会的核心本质是决定企业资源配置方式的根本。正如 Alvarez 和 Busenitz（2001）基于资源基础理论进行研究时得出的结论，资源整合可以使企业形成一种能力，创业者可以利用这种能力来开发机会，但是这种资源整合能力是在对机会自我认知的基础上形成的。创业者需要不断重新认识机会的内在构造与本质特征，以此来整合手头资源，其对机会的认知差异性也会相应地影响企业内部资源组合的差异性，进而决定公司的能力。相对而言，成长方式 2 则代表企业在机会利用阶段会不断与外部环境进行交流从而吸引外部资源的加入，如新的资金、新的关系网络及新的团队等，进而帮助新企业获得资源杠杆效应，而资源杠杆效应的产生又是以自我资源合理配置为前提的。机会利用与资源识取一体化不仅体现了企业撬动外部资源的能力，还将企业向外部学习的能力体现出来。反过来讲，当企业面对新机会对应的资源需求，且这些资源获取的途径主要为外部购买时，由于购买竞争者手中的资源存在困难或资源本身具有稀缺性，企业的机会利用也会面对一定的延迟和困难。总的来说，成长方式 1 代表了企业内部的自我控制与调整，而成长方式 2 代表了企业与外部的交流与沟通。成长方式 2 会受到成长方式 1 的影响，而成长方式 1 又因为受到了成长方式 2 的影响而变化，两种成长方式相互促进并共同发展，如图 4.9 所示。

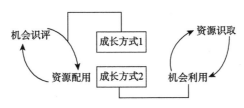

图 4.9　机会-资源一体化的两种成长方式

4.2.2　创业系统的其他基本属性

　　实际上，创业系统的属性不仅包括层次性，还涉及系统的结构与功能性、系统的突变性、系统的目的性等一系列内在属性，为了充分体现创业机会-资源一体化系统的特点，这里以结构与功能相关律为例来阐述机会-资源一体化系统的部分本质特征。

　　结构是指系统内部各个组成要素之间相对稳定的联系方式、组织秩序及时空的内在表现形式。功能是指系统与外部环境相互联系和相互作用过程中表现出来的性质、能力和功效，是系统内部相对稳定的联系方式、组织秩序及时空形式的外在表现形式。结构和功能是系统普遍存在的两种既相互区别又相互联系的基本属性，揭示二者的相互关联和相互转化就是结构功能相关律。相关律指出，结构作为要素及其关系的综合，代表了系统质的性质，而功能作为系统与环境相互作用的外在表现形式，具有量的性质，两者之间相互制约，相互转化。任何一个现实的系统总是具有其内部结构的，合理的系统结构使系统具有合理的功能，而合理的系统功能又反作用于合理的系统结构。在结构与功能中，结构侧重于从系统的实体、要素之间的关系看问题，功能则侧重于从系统的特性及其具有的能力看问题。

4.2.3 机会-资源一体化的子系统

为了从更深的层面分析机会-资源一体化开发行为体系，这里本着结构决定功能、功能产生能力、能力影响结构的原理，将机会-资源一体化系统的子系统进一步展开，从而进一步揭示其结构与功能，如图4.10所示。

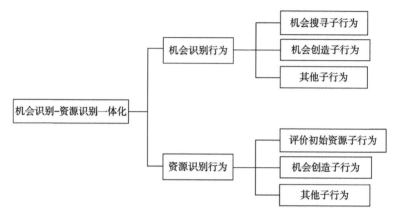

图 4.10　机会识别-资源识别一体化子系统结构图

以机会识别-资源识别一体化为例，该系统是准备阶段机会-资源一体化的子系统，主要涉及的是机会识别与资源识别这两个过程，其中每个过程又可以单独作为一个更细微的系统来对待。正如系统论的观点所述，系统可以分解为无限个层级的子系统，对机会识别和资源识别行为的分解也可以无限分解，但为了表述和研究的清晰，这里仅进行更深一层次的分解，如将机会识别行为看作由对机会的搜寻、创造等一系列子行为所组成。那么，当我们考察机会识别-资源识别一体化子系统时，就可以将研究定位在机会识别行为和资源识别行为之间的相互作用关系上，即不同的企业具有不同的机会识别与资源识别一体化系统结构，其子系统结构又会体现出不同的子系统功能，这些不同的子系统功能又能够体现出不同的子系统能力。在机会识别-资源识别一体化子系统中，体现出的系统能力可以使新机会产生于稀缺资源和外部资源（关系网络），使外部有价值资源被企业有效地识别/评价并被合理获取和利用等。当子系统能力产生后，又会与其他子系统能力进行交互（如机会识别与资源整合一体化子系统能力），进而决定创业机会-资源一体化系统整体的能力。那么，在以机会-资源一体化为基础进行研究时，就可以按照类似的研究轨迹进行分析。例如，在研究机会-资源一体化的企业所拥有的创业能力时，可以按照"系统层次性—系统功能性—系统能力"这一条主要线索开展研究，探索不同创业能力归属于哪一个层次的子系统范畴，进而将这一子系统进行展开，分层沿袭进行归纳和发掘，不断剖析下一层次系统的结构与功能性，最终将这一系统的内在功能予以揭示。此时，对于资源识别行为和机会识别行为而言，二者的能力分别体现为机会识别能力和资源识别能力，其中机会识别能力受到机会搜索行为、机会创造行为等行为的影响，所以企业机会识别能力将有所差异；而资源识别能力受到评价初始资源行为和机会创造行为相互结合的影响，同样产生差异性。因此，不同企业的机会识别–资源识别一体化子系统的结构、功能与能力就会产生明显的差异性，而这种差异性会深深受到下层子系统相互结合的影响。

4.2.4　机会–资源一体化开发行为体系的基本特征

在明晰了机会–资源一体化的内涵与维度之后，还有必要对创业机会–资源一体化开发行为体系的一系列基本特征进行归纳和总结，从而进一步揭示创业过程的动态性、系统性、复杂性等内在基本属性，为相关研究的开展提供重要保障。

首先，对机会–资源一体化开发行为体系的研究应先将创业视为一个完整的动态系统，从而在此基础上分层次研究创业内在不同子行为相互作用形成子系统的性质和能力。例如，机会识别行为是一个单独的系统，其与资源识别行为相互作用形成机会识别–资源识别一体化子系统。这一子系统又会与机会识别–资源获取一体化等子系统发生交互作用形成合理的结构和功能，从而形成准备阶段一体化系统，创业机会–资源一体化系统也同样是由下一层级要素相互作用而来。按照这样的逻辑顺序不难发现，创业的复杂性正是源于最初始的那些子行为，而这一系列子行为的产生依赖于创业者个人的意志和偏好，并受制于创业者所处外部环境的动荡变化。因此，创业过程是一个复杂的、突变的并有一定创业者主观色彩行为的系统，对其进行研究不仅需要关注个体，更需要关注个体之间的作用，并从整体性角度出发，探寻其内在的本质属性。

其次，层次越高系统的内在结构就越复杂，由结构决定的功能与能力也更具多样性。创业是一个复杂的过程，固定的成功规律难循，学者们多以研究影响因素的视角切入创业黑箱的研究，从而探寻行为背后所蕴含的原则。但这种成果在一定程度上的枝繁叶茂却并不能代表对创业本源探究的清晰和完整。迄今为止，创业学由于一直缺乏自身独特的主体研究脉络而被其他学科所诟病。因此，为了能够打开创业黑箱，还原创业的本质，相关的研究应当以系统论的视角来看待整个创业过程，且必须建立已有的理论，如按照系统运动过程观构建"成长阶段创业机会–资源一体化模型"。其中，机会–资源一体化成长方式可分为机会识评–资源配用一体化成长方式与机会利用-资源识取一体化成长方式两类。对创业这一最高层次的系统来说,其功能和能力也受到两种成长方式相互作用的影响。成长方式 1 与成长方式 2 不仅相互促进、共同发展,也存在着相互制约的情况。为了能够避免相互制约带来的低效率,成长阶段机会-资源一体化应保证以内外相互结合、共同兼修为目的。

再次,创业过程由机会-资源一体化开发行为系统所代表,合理的创业过程同样要求其下一层级的子系统必须具备合理的结构和功能,任何一个层级子系统的结构不合理都会通过与其他子系统的相互作用关系影响上一层系统,并最终影响整个创业过程。由于复杂的创业过程会受到多种内外部因素的影响从而产生不同的结果,那么子系统的合理性对保障创业系统的顺利运行就十分重要。例如,在准备阶段机会-资源一体化子系统中,机会评价和资源获取途径的相互作用能够使创业在资源层面得到保证并帮助企业减少一系列的风险损失。许多组织失控的现象都源于组织内部自控系统的不完善和前期准备工作的不健全,特别是对风险预测的忽视。Tsui 等(2007)从广义的角度将创业控制系统视作实现目标的机制,它涵盖了创业者个人、创业团队,以及组织内部决策和组织行为等多个环节。同时,设计完善的创业控制体系也代表了创业准备阶段的工作已经基本完成,组织适应性、既定任务灵活性的设计宗旨是其产生的基本要求。另外,在Timmons 的创业理论体系中,创业准备阶段还包含了管理者对融资途径的确定、商机未来前景的预测及风险资本的获得等,这些都是创业风险控制系统内部所涉及的一些基本条目。正如 Kuratko 等(2011)指出的,创业控制体系的完善代表着企业所呈现出来的创业水平和能力相对优秀,体现了管理者和创业团队在前期创业准备工作中有着丰富的经验。

最后,创业过程会形成创业能力,对创业能力的研究不仅应根据下一层级各子系统能力之间的相互作用展开,更要结合系统的开放性原理进行(即与外部环境的相互作用)。创业能力是创业学领域内受到学者关注颇多的一个关键性概念。此概念能够在一定程度上解释不同企业内部为何会有不同的资源分配方式和不同的商业模式,也揭示了为何在同样资源约束的条件下相同企业会产生不同的创业绩效等重要问题。Winter(2003)将企业的创业能力分为普通能力和动态能力,其中动态能力可以得到相应的扩展,并且具有完善和创造普通能力的要求。另外,创业能力是一个多维度概念,其包含了企业内部不同层面的创业子能力。按照本章系统层次的划分方式分类,这些子能力至少包含了创业机会识别能力和创业资源整合能力两个关键性能力。两种能力的相互结合能够产生成长方式 1 代表的机会识评与资源配用一体化所需的能力。同样,机会利用能力和资源识取能力的结合能够产生成长方式 2 代表的机会利用与资源识取一体化所需的能力。因此,创业能力的完善与否也影响了创业机会-资源一体化开发的过程。当然,依据系统层次性原理,对创业能力的研究需依照系统下一层级能力之间的相互作用所展开。因此，在此过程中随着研究的深入会逐渐涉及创业者个体的创造力，甚至与创业者的头脑风暴产生关联。在新的商业环境下，管理者的创造力不仅需要具备新颖性和独特性，还需在竞争态势中拥有实用性价值。个体创造力是机会识别能力的基本单元，是公司成功创业所有必要因素中最关键的影响因素。同时创造力也是企业的灵魂，对于确定公司未来的战略方向与市场定位尤为重要。从个人单元出发对创业能力的展开有助于我们理解为什么相同的系统结构会产生不同的创业能力，而不同的系统结构却会拥有相同的创业能力等更为深层次的问题（高洋，2014）。

4.3　机会-资源一体化测度

4.3.1　研究构念的生成

为了研究创业机会-资源一体化开发行为，本章通过对现有文献的梳理和总结归纳了机会与资源二者之间复杂的作用关系。为了使这一行为能够为实证研究所用，应当开发针对机会-资源一体化的开发量表。首先，研究的构念应确定为"创业机会-资源一体化开发行为"。接下来，为了能够明确这一研究构念所包含的维度与层级，依据以往研究，将机会开发过程分解为机会识别过程、机会评价过程与机会利用过程；将资源开发过程分解为资源识别过程、资源获取过程与资源配用过程。机会开发与资源开发二者的作用关系贯穿了整个复杂的创业过程，而创业机会-资源一体化开发行为则由机会开发与资源开发内在关联所生成。在此基础上，对于该构念的测度体系的设计，按照系统运动过程观将创业的过程分成了三大阶段。创业的准备阶段主要负责创业前期的机会识别和资源识取二者之间的相互协调，创业者此时不仅要注重机会的识别和发掘，还要在此基础上考虑实现此机会的资源是否能够有效获取和配用，并且要在机会资源二者之间不断转移创业注意力，从而达到前期准备的充分与完整。创业准备阶段代表了创业者对机会开发的重视，体现了创业者自身的素质和个人特征，不同创业型企业创业准备工作存在明显差异性。创业实施阶段则代表了创业的进行，代表机会从抽象升华到现实，也象征着资源被整合和利用。这一阶段主要涉及机会利用与配用一体化开发行为。至于成长阶段，就此阶段的循环路径而言，主要有两种成长方式：机会识评-资源配用一体化成长方式和机会利用-资源识取一体化成长方式，以上两种成长方式可用1、2代表。成长方式1代表了企业依照机会自身的特性和价值来调整和配用自身内部有限的资源，实现自我内部资源的拼凑效应，使企业获得成长；成长方式2则代表了企业根据机会利用的情况与在机会利用过程中出现的需求变化调整其选择和获取外部资源的方向与战略定位，即表示与外部的交流与沟通。那么，在将创业机会-资源一体化开发行为的这三个阶段作为其维度的基础上，构念的测量条目生成成为下一步研究工作的重心。

4.3.2 测量条目生成

1. 创业准备阶段一体化

首先，对第一个维度创业准备阶段一体化进行条目设计。此阶段的一体化包含了机会识别与资源识别一体化、机会识别与资源获取一体化、机会评价与资源识别一体化、机会评价与资源获取一体化四个基本子维度。在机会识别与资源识别一体化子维度中，前面研究已证实了机会识别与资源识别存在相互作用。机会识别对资源识别的影响在于帮助企业识别稀缺资源，而相反资源识别又会辅助企业发现新的商机（Casson and Wadeson，2007）。所以，在此基础之上生成了测量此一体化子维度的两个条目，分别为P1和P2。

P1：本企业在寻求新商机之前已对初始资源（人力、物力、财力等）进行了系统评估，以帮助企业发现有效可行的商机；

P2：本企业在寻找新市场商机的过程中会得到一些行业或政策方面的相关新信息，而这些信息资源会帮助企业发现市场机会。

其次，在机会识别与资源获取一体化子维度中，按照柳青和蔡莉（2010）以及Williams和Lee（2009）的研究，外部知识的内部积累会帮助企业不断识别新的机会，进而达到企业的竞争侵略性目的，并且企业的机会识别将始终影响着企业对新知识的获取，且新知识的获取途径、获取内容也都将受到企业机会识别的影响。在此基础上，又生成了测量此一体化子维度的条目P3。

P3：本企业在设计新产品或新服务项目的过程中会主动吸纳相关人才或者补充资金，以保证研发活动的顺利开展。

在机会评价与资源获取一体化子维度中，Shane和Venkataraman（2000）曾指出，企业在机会评价过程中需要时刻调整机会评价的阶段性结论，在调整与修改过程中企业需不断获取外部新的知识并且将其吸收和有效运用，从而利用组织对外部资源的吸收程度来对新机会的可行性做出合理的分析和预测。而在Timmons的创业理论中也明确提出了资源获取途径是机会评价最终是否可行的重要依据。基于此，这里生成了针对此一体化维度的条目P4。

P4：本企业在评价新商机是否可行时，十分重视现有资源状况以及获取新资源的难易程度。

最后，在机会评价与资源识别一体化子维度中，Wheelen 和 Hunger（2011）指出，企业必须依据现有资源做出战略决策，在识别和评价商机之前，应该根据产品或服务的销售理念来确定新机会的可行性，评估外部环境和创业者所拥有的能力与资源是创业成功的前提条件。甚至有些机会识别过程来源于创业者对手头稀有资源的认知。基于此，生成了针对一体化子维度的条目 P5。

P5：本企业经常需要一些新知识来对新商机进行评价，评价后会展开寻求人才、资金等资源的工作。

2. 创业实施阶段一体化

创业实施阶段的一体化主要涉及机会利用与资源配用之间的相互作用关系，即机会利用与资源整合一体化与机会利用与资源利用一体化两个子维度。对于机会利用与资源整合一体化子维度来讲，Baker 和 Nelson（2003）提出的资源拼凑概念为内部手头资源的拼凑整理提供了新的研究视角，也在一定程度上指明了机会利用与资源整合二者之间的作用关联。另外，Sarasvathy 等（2010）提出，创业者整合资源的速度越快，所花费的时间越少，就越有可能把握创业机会并实现创业机会的价值，从而提高创业初期的绩效，这一说法也从侧面证实了资源整合效率影响机会利用的程度。因为机会的时效性与潜在竞争对手的存在会迫使创业者通过尽快创立新企业来开发创业机会，并促使其有效利用机会，在与后来者的竞争中抢占先入优势。另外，根据柳青和蔡莉（2010）的研究结论，资源整合倾向于注重资源的内部稳定调整对机会利用的影响，使企业在调整过程中逐渐完善机会的利用方式和状态，进而提高机会价值实现的可行性。基于上述研究成果，可以生成以下 4 种测量条目，其中 I1、I2 与 I3 是针对资源整合方面（稳定调整、丰富细化、协调配置）设计的，而 I4 则针对资源拼凑理论提出。

I1：本企业经常会循序渐进地对现有资源进行调整，以实现新商机的开发；

I2：本企业经常会通过追加新资源来实现资源的丰富化，从而帮助企业开发新商机；

I3：本企业经常会对新获取的资源进行整合和配置，以实现商机的价值；

I4：本企业在面对新资源需求时（为了实现新商机），经常依靠企业内部努力自己创造出来，而并非依赖外部获取的方式。

3. 创业成长阶段一体化

创业成长阶段一体化发生于创业型企业获得成长的关键阶段，此阶段也可以理解为创业型企业的调整期。在成长阶段中，创业管理者需要不断依靠机会利用的状况来调整自身战略定位和资源利用方式，也需依照资源配用方式来重新对已有商机和现存市场中潜在的商机进行认知。根据一体化的划分方式,此阶段之所以成为创业型企业成长的主要阶段,是因为企业此时会以两种方式对机会和资源进行重新调整,即成长方式1与成长方式2。从机会-资源一体化角度出发,成长方式 1 可理解为企业内部自我调整的一种方法,即内调整。例如,Baker 和 Aldrich(2000)提出,企业依照机会自身的特性和价值来调整和配用自身内部有限的资源,实现自我内部资源的升华效应,使企业获得成长。Alvarez 和 Busenitz(2001)在研究创业中的资源基础理论时也表示,资源整合可以使企业形成一种能力,创业者可以利用这种能力来开发机会,但是这种资源整合能力是在对机会自我认知的基础上形成的,创业者需要不断重新认知机会的内在构造与本质特征,以此来整合手头资源。对机会的认知差异性会决定企业内部资源组合的差异性,进而决定公司的能力。成长方式 2 涉及机会利用与资源识取一体化,可视为外调整。在机会利用出现问题的同时,创业者会将视野与工作重心聚焦于外部环境的变化以及外部资源的获取上,如新的资金、新的关系网络以及新的团队等,从而帮助企业获得资源杠杆效应,而资源杠杆效应的产生又是在对自我资源合理配置的前提下的。机会利用与资源拾取一体化不仅体现了企业外部撬动资源杠杆的能力,还将企业外部学习能力体现其中。例如,在面对基于新机会的需求时,企业的资源获取途径需要通过外部购买实现,由于购买竞争者手中的资源具有稀缺性,于是带来机会利用的延迟和困难。因此,基于以上作者提出的理论,针对成长方式 2 的机会利用与资源识别一体化、机会利用与资源获取一体化可以得到 G1、G2 两个测量条目,而对于成长方式 1 的资源配用与机会识别一体化、资源配用与机会评价一体化则得到了 G3、G4 和 G5 三个测量条目。

G1:本企业在对商机的利用过程中会十分重视现有的人力、物力、财力等资源情况,以帮助商机更好实现;

G2:本企业在开拓新市场或者研发新产品的过程中会有针对性地增招员工、聚拢资金;

G3:本企业经常通过资源的合理配置与利用降低成本,使企业获得新价值;

G4:本企业在对资源的合理配置与利用过程中,会偶尔产生一系列创新性的新想法,这些新想法会帮助企业获得新价值;

G5:本企业在对资源的合理配置与利用过程中,会根据资源的使用情况重新评价新商机的可行性与价值性。

本节对于量表开发和设计的原则严格遵照 Rummel(1988)和陈晓萍等(2008)对管理研究实证方法所提出的一系列标准和要求。量表中所设计的题项都必须在理论上有严格的支持,每一问题的内在含义都代表了不同学者提出的不同观点;另外,有些关于创业机会与资源一体化开发行为子维度的关系线在量表设计中被忽视，而有些却被针对设计了多个题项，主要原因是在体现创业机会-资源一体化行为之中，这些关系线相对较弱，进而在创业行为中体现的强度并不明显，但却相应存在着。例如，机会评价与资源识别这条关系线，在题项设计中只提出了一个问题，这无非是由于资源识别受到机会评价的影响主要通过资源获取来实现，所以此关系线属于间接关系线，影响较弱，所以问题提出的相对较少。最后，创业机会与资源一体化开发行为分为三个维度，而本节提出的每一个题项都是针对这三个维度的子维度提出的，所以在后续的研究中，主成分分析需要针对每一个子维度单独进行算法和数据处理。特别地，由于题项设计时也是对一体化行为来进行提问，所以每一个子维度、创业子行为都是一体的，都需要理解成创业系统中的一个整体子系统，量表题项设计也是系统中的一部分。

4.3.3　实证分析与数据处理

基于前面的理论推演和实际的题项设计，这里利用 SPSS17.0 对量表进行实证分析与检验。首先根据数据收集情况进行初步的描述性统计分析，然后依照样本特征情况来进一步了解数据收集的真实性和可靠性，再通过因素分析、主成分分析等手段对量表的信度、效度情况及每一个题项是否能代表创业机会-资源一体化开发行为这样的关键问题予以揭示，最后对结果进行深入的探讨。

1. 样本收集与特征

在对机会-资源一体化测量量表的验证方面，首先通过问卷调查的方式获取数据。本次问卷的发放、收集历时 4 个月，共发放了 672 份调查问卷。问卷回收后，舍弃掉填写不全或明显态度不端的问卷，最终保留有效问卷 214 份，问卷有效回收率为 32%。受调查主体在所属行业、所有制性质、企业规模、企业成立年限、所在行业竞争态势和企业在行业中的地位等特征方面均分布合理。样本特征如表 4.1 所示。

表 4.1　样本特征的描述性统计分析

样本数据分类	样本量/百分比				
企业所有制	国有企业	民营企业	中外合资企业	外商独资企业	其余
	41/19%	111/52%	36/17%	17/8%	9/4%
企业规模	10 人以下	11~50 人	51~100 人	101~500 人	500 人以上
	17/8%	124/58%	15/7%	39/18%	19/9%

续表

样本数据分类	样本量/百分比			
企业年限	1 年以下	1~4 年	5~10 年	10 年以上
	9/4%	21/10%	124/58%	60/28%
企业所属行业态势	独家垄断	寡头垄断	垄断竞争	完全竞争
	9/4%	21/10%	124/58%	60/28%
企业所处行业地位	领导者	挑战者	追随者	生存者
	32/15%	116/54%	53/25%	13/6%
受访者所处职位	高层管理者	中层管理者	底层员工	
	111/52%	84/39%	19/9%	

依据研究的主要问题，在最终进入数据处理的 214 份有效问卷中，本节详细分析了受调查企业的信息情况，并分别从企业所有制、企业规模、企业所处行业态势、企业所在行业中的地位以及企业所在行业分类进行了详细的梳理和总结。例如，从企业所有制性质来看，国有企业占 19%、民营企业占 52%，中外合资企业占 17%、外商独资企业占 8%，其余占 4%；从企业规模来看，员工人数在 10 人以下企业占 8%，11~50 人企业占 58%，51~100 人企业占 7%，101~500 人企业占 18%，500 人以上占 9%；从企业年限来看，1 年以下企业占 4%，1~4 年企业占 10%，5~10 年企业占 58%，10 年以上企业占 28%；从企业所属行业态势来看，行业属于独家垄断形势占 4%，处于寡头垄断占 10%，处于垄断竞争占 58%，处于完全竞争占 28%；从企业所处行业地位来看，处于行业领导者地位的占 15%，属于挑战者的占 54%，属于追随者的占 25%，属于行业生存者的占 6%；从受访者所处职位来看，高层管理者占 52%，中层管理者占 39%，公司底层员工占 9%。所调查企业所属行业涉及能源、新农业、汽车、运输仓储、建筑、地产、金融、零售、餐饮住宿、租赁、软件、互联网及信息技术。具体特征如表 4.1 所示。

从数据中可以看出，受调查样本分布广泛合理。从企业所有制角度来讲，中小型民营企业居多，而国有企业、中外合资企业相对持平并且都高于外商独资企业，因此所调查企业的所有制情况能够代表创业型企业的一系列特质；企业规模又能反映本次研究的目的。数据显示，企业规模为 11~50 人的企业和 101~500 人的企业居多，二者共占 76%，这说明本书研究不仅关注新企业，还将研究重点趋向于大企业内部的公司创业。从企业年限来看，5~10 年的企业超过半数。企业所属行业态势更能直接说明样本来源合理有效并且十分符合我国当前的基本国情。由于研究开展的基本条件处于中国转型经济背景下，所以在此环境下，垄断竞争符合大多数创业型企业所处的环境情况。另外，样本来源多为那些处于行业中挑战者地位的企业，这些企业更加能够代表创业型企业的一些独有性质，如进入市场存在竞争性壁垒，需要对市场领导者予以不断的挑战，还需在行业中不断学习外部先进技术以维持自身的竞争优势等。最后，为了能使样本数据的搜集具有一定准确性和全面性，所采访和调查的对象多数聚焦于企业内部的高层管理者和中层管理者，这些领导者能够全面了解企业内部的信息，对企业所处环境以及内部战略定位都能准确把握，适合样本数据的采集。综上所述，受查样本具有较高的可靠性与信任度。

2. 研究方法

机会—资源一体化开发行为是一个全新的构念，对其检验必须严格遵照 Rummel（1988）及陈晓萍等（2008）对于管理研究实证方法所提出的一系列标准和要求。首先需要构建概念体系，每一个子维度的设计都必须拥有确定的理论支撑，接下来对新量表进行信度和效度分析检验。信度分析能够保证量表整体体系的可靠性和稳定性，效度分析能够代表测量结果的正确性和可靠性，反映测量量表能够代替新构念的特质程度。最后，通过主成分分析来检验量表构建与维度划分的合理性和有效性。主成分分析是因素分析在抽取共享因子时常用到的方法，能够明确反映出机会—资源一体化量表中各条目对创业中三个阶段一体化的替代性以及对所构建变量的解释程度。可见，信效度检验是检验新量表生成的基本要求，而主成分分析则用来进一步明确"机会—资源一体化开发行为"体系构建的合理性和有效性，并可以确保每一个维度都存在实证效用。

量表开发的验证采用问卷调查作为测量方式，除收集量表题项答案外还调查了受访者（企业）的背景资料，并编码录入，统计整理。量表部分采用利克特五点量表测量，分别使用"1"到"5"五个数字代表受访者态度，其中"5"表示"非常符合"，"1"表示"极不符合"。本量表问卷设计的题项是创业准备阶段、成长阶段和实施阶段中企业的机会开发与资源开发行为设计问题，并将之前该领域内已经充分证实了的关系研究实行简化处理，尽可能地精简量表结构。为了支持机会—资源开发一体化理论框架及其维度——准备阶段一体化、成长阶段一体化和实施阶段一体化的存在，在量表通过信度、效度检验后，需要分别在这三个子维度题项组（第 1~5 题，属于准备阶段一体化题项组，第 6~9 题属于实施阶段一体化题项组，第 10~14 题属于成长阶段一体化题项组）内进行主成分分析，以证实在创业过程中的机会—资源开发行为存在着准备、成长和实施三个环节的一体化内在聚合联系。

3. 信效度检验与主成分分析

1）信度检验

信度和效度是衡量量表质量的两个主要指标。通常，可以运用 Cronbach's

Alpha 系数对量表进行信度检验。对前期问卷调查中收集的 214 份有效问卷进行项目总体相关分析（corrected item-total correlation，CITC）。经过几轮筛选，各项目的 CITC 值都大于 0.4 的标准值（表 4.2）。表 4.2 中列示了项总计统计量的各分量的数据处理结果，其中项已删除的刻度均值代表了删除该题项变量后，分量表其余题项加总的新平均数。项已删除的刻度方差代表了该题项被删除后，样本在分量表剩余其余题项加总后的新方差。校正的项总计相关性代表了该题项与其余 13 个题项总分的积差相关系数，此系数值越高，表示此题项与其余题项之间的内部一致性系数越高，因此可以代表此题项是否应该删除和保留。如果此指标代表的分数系数值越低，则可代表此题项与其余题项之间的内部一致性越低，此题项可以被删除。在表 4.2 中，P3 的项总计相关系数最低，为 0.403，这表明此题项与其他题项之间的内部一致性最低，此指标可以被删除。在下一项多相关性平方系数中，此数值代表了多元回归分析中的决定性系数，此系数的算法与求得是以该题项作为校标变量，以其他题项作为预测变量，进而进行多元回归分析以得到 R^2。多相关性平方越高，代表此题项与其他题项之间的内部一致性系数越高；系数越低，代表此题项与其他题项之间的内部相关性系数越低。表 4.2 中，P3 的相关性平方系数为 0.458，此分数偏低，待删除。最后一项为 Cronbach's Alpha 系数，该系数越大，则利用测量工具测度结果的稳定性和一致性越高，量表的信度越大，用其测量的标准误差越小。根据 Nunnally（1978）的研究，Cronbach's Alpha 系数高于 0.7 的量表是具有高度一致性和稳定性的，0.7 也是一个较低但却可以接受的量表临近边界值。表 4.2 中的项已删除的 Cronbach's Alpha 系数代表了该题项删除后量表的 Cronbach's Alpha 系数值。对于题项 P3 来讲，Cronbach's Alpha 系数为 0.927，这代表了此题项被删除后 Cronbach's Alpha 系数相对 P2 被删除后的值变低，所以使量表的整体信度系数降低，因此不宜被删除。所以，依据表 4.2 得到的数据统计分析结果，在初期数据处理终止后，删掉任何一个题项都会导致包含 14 个题项的量表信度系数降低，因此保留所有题项。

表 4.2　样本项目总体相关非及有效性分析表

项总计统计量				
题项	项已删除的刻度均值	项已删除的制度方差	校正的项总计相关性	多相关性的平方	项已删除的 Cronbach's Alpha 值
P1	44.15	99.164	0.563	0.565	0.926
P2	44.32	99.814	0.540	0.522	0.928
P3	44.49	101.528	0.403	0.458	0.927
P4	44.41	99.896	0.530	0.566	0.928

续表

题项	项已删除的刻度均值	项已删除的制度方差	校正的项总计相关性	多相关性的平方	项已删除的Cronbach's Alpha 值
			项总计统计量		
P5	44.36	98.261	0.660	0.643	0.924
I1	44.49	92.045	0.809	0.765	0.918
I2	44.30	92.147	0.777	0.753	0.919
I3	44.49	92.692	0.761	0.725	0.920
I4	44.43	92.068	0.796	0.734	0.919
I5	44.47	92.006	0.776	0.712	0.919
G1	44.69	93.296	0.732	0.749	0.921
G2	44.86	95.000	0.638	0.840	0.924
G3	44.84	95.308	0.649	0.834	0.924
G4	44.84	94.541	0.656	0.677	0.923

　　通过对题项量表进行量表信度检验，内部一致性系数检验结果显示：总体量表信度系数 Cronbach's Alpha 值为 0.928，大于 0.70。同时三个子题项组的 Cronbach's Alpha 值也大于 0.7，如表 4.3 所示，说明量表具有较高的信度，且问卷量表内部一致性较好，量表稳定。

表 4.3　机会–资源一体化量表有效性分析表

案例	样本处理汇总		可靠性统计		
	N	%	Cronbach's Alpha	基于标准化项的 Cronbach's Alpha	项数
	有效	214			
	已排除	0			
	总计	214	0.928	0.927	14

2）效度检验

　　效度检验代表了测量结果的正确性和可靠性，是针对某一特殊功能而言的，其具有目标导向性，最终目的是解释测量量表所欲解释的构念的心理特质。效度检验需要运用因子分析方法中的一系列检验系数。这里主要从量表的收敛效度和区别效度来对创业机会–资源一体化开发行为量表进行效度检验。

　　收敛效度是指在测量具有相同潜在特质的题项或者在测验落在同一个因素构念上时，题项与所测构念之间是否存在相关性的一个系数检验指标。收敛效度是建构效度的一个代表性指标，其能够确定所开发的量表与其代表的同一构念之间的差异性和相关性。这种相互关联程度可通过 CFA 检验进行测试。如果标准化估计值大于 0.5，也就是因子载荷量大于 0.5，平均提取方差（average variance extracted，AVE）大于0.6，组合信度（construct reliability，CR）大于0.7，便可以认为量表的收敛效度较高。其中，AVE 表示在潜在变量中，变异量能够被指标变异量来解释的最大程度，即题项设计指标能够解释潜在变量的程度；CR 是对量表内在结构合理性和质量好坏判别的重要指标之一。在对模型内在质量判别准则之中，每一个潜在变量的所有测试项目能否一致性地解释该潜变量是 CR 的意义所在。表4.4中体现了对量表的因子载荷、CR值、AVE 的测试结果，各项指标也都呈现了相应的结果。在准备阶段一体化中，AVE 达到了 0.64，大于 0.6，因子载荷量大于 0.5，CR 值为 0.899，大于 0.7，所以准备阶段一体化开发行为量表内在收敛效度较高，量表开发真实有效，其他阶段一体化同样如此。

表 4.4　机会-资源开发一体化量表维度分析和有效性分析（N=214）

维度	题项	Alpha 系数	CR	因子载荷	AVE
准备阶段一体化	P1	0.937	0.899	0.844	0.64
	P2			0.801	
	P3			0.798	
	P4			0.787	
	P5			0.767	
实施阶段一体化	I1	0.919	0.882	0.791	0.65
	I2			0.849	
	I3			0.836	
	I4			0.748	
成长阶段一体化	G1	0.86	0.81	0.709	0.61
	G2			0.678	
	G3			0.727	
	G4			0.738	
	G5			0.709	

量表的区别效度也可理解为构念的判别效度，是指测量值或变量与其他应该存在不同构念意义变量之间的不相互关联程度。其主要目的是区分所测数值之间的不同构念意义。在检验区别效度时，最常用的方法为在进行 CFA 检验时，获得因子之间的相关系数矩阵。如果各个因子之间的 AVE 的平方根大于该因子与

其他因子之间的相关系数值，那么该因子或者说该变量代表的构念具有高度的区别效度。区别效度的目的在于能够将变量和变量之间区别开来，使变量之间的重叠较少。在表 4.5 中，因子相关系数以及各因子 AVE 值平方根被完整地陈列如下，对角线上的数字表示了各因子 AVE 值的平方根。从数据结果中来看，每一个因子的 AVE 平方根值均大于该因子与其他因子之间的相关性系数（如 P1 的 AVE 平方根为 0.8，远远大于其与其他因子之间的相关系数），所以说量表的判别效度较好，各个变量之间具有较高的区别效度。

表 4.5　因子相关系数以及各因子 AVE 值平方根（N=214）

变量	P1	P2	P3	P4	P5	I1	I2	I3	I4	G1	G2	G3	G4	G5
P1	0.800													
P2	0.593	0.800												
P3	0.535	0.800	0.800											
P4	0.628	0.730	0.714	0.800										
P5	0.661	0.677	0.718	0.749	0.800									
I1	0.594	0.790	0.761	0.775	0.774	0.810								
I2	0.707	0.526	0.457	0.436	0.479	0.480	0.810							
I3	0.723	0.533	0.468	0.477	0.502	0.511	0.795	0.810						
I4	0.769	0.558	0.471	0.531	0.521	0.551	0.696	0.653	0.810					
G1	0.291	0.424	0.417	0.469	0.421	0.447	0.222	0.178	0.318	0.710				
G2	0.297	0.369	0.453	0.464	0.413	0.446	0.206	0.198	0.206	0.620	0.710			
G3	0.174	0.233	0.271	0.388	0.300	0.316	0.202	0.190	0.124	0.453	0.429	0.710		
G4	0.270	0.364	0.407	0.366	0.374	0.399	0.239	0.230	0.241	0.607	0.582	0.447	0.710	
G5	0.389	0.482	0.512	0.561	0.499	0.525	0.276	0.337	0.350	0.618	0.590	0.488	0.685	0.710

3）主成分分析

主成分分析是因子分析中在抽取共享因子时常用到的方法，其重点在于解释数据的变异量，这与因子分析重点解释变量之间的相关有所不同。主成分分析在模型理论中假定每一个指标都由两部分构成，一部分为共同因素，一部分为唯一因素。在对主成分分析进行检验时，一般会采取正交旋转和斜交旋转两种转轴方式。正交旋转首先保证了坐标轴的正交性特征，并且其假设是基于各因素之间不存在相关性，使公共因子相对的负荷方差之和最大，从而使结果中公共因子的正交性保持不变。正交转轴产生的结果易于理解，便于解释，是因子分析中十分受欢迎的分析方法。相比较而言，斜交转轴的假设是因素之间存在较大的相关性，这是必须通过对坐标轴进行旋转来使各因子上的具有最大载荷的变量数目达到最小，从而简化对各因子的解释。这里采用了方差最大化正交旋转（varimax），抽取了特征根大于 1 的因子。方差最大化正交选择是最为常用的因子分子方法，其目的在于使因子符合两极分化，或者接近于 1，或者趋近于 0。另外，在考虑题项是否适合进行主成分分析时，对 KMO（Kaiser-Meyer-Olkin veasure of sampling adequacy）值进行了计算。KMO 统计量是根据变量间的净相关系数求得，介于 0~1。如果 KMO 的值大于 0.8，表示题项间的变量关系完善，此时适合研究者对量表进行主成分分析和因素分析。

实际上，由于对机会–资源一体化开发行为量表的设计是基于三个维度进行的，所以对每一个一体化维度都进行了单独的检验和分析。分别对三组题项进行方差最大化正交旋转抽取特征根大于 1 的因子。Bartlett 球形检验显示，三组变量的 KMO 统计量在 0.001 显著性水平下通过检验（表 4.6~表 4.8），呈现的性质为"良好的"标准，变量适合通过因素分析。显著性概率值 $p=0.000 < 0.05$，代表总体的相关矩阵间有共同因素存在，适合进行因素分析。

表 4.6　准备阶段一体化题项组 KMO 和 Bartlett 的检验

KMO 和 Bartlett 的检验		
取样足够度的 KMO 度量		0.888
Bartlett 的球形度检验	近似卡方	904.817
	df	10
	Sig.	0.000

表 4.7　实施阶段一体化题项组 KMO 和 Bartlett 的检验

KMO 和 Bartlett 的检验		
取样足够度的 KMO 度量		0.760
Bartlett 的球形度检验	近似卡方	718.977
	df	6
	Sig.	0.000

表 4.8　成长阶段一体化题项组 KMO 和 Bartlett 的检验

KMO 和 Bartlett 的检验		
取样足够度的 KMO 度量		0.821
Bartlett 的球形度检验	近似卡方	393.790
	df	6
	Sig.	0.000

通过对三个题项组进行主成分分析，均成功提取出一个主成分，且每个主成分可解释的所在组的总变异量均高于 60%，分别达到 79.918%、80.576%、71.284%（表 4.9~表 4.11）。三组内各自的主因素的 Cronbach's Alpha 系数均超过 0.70，符合要求。以上数据及分析结果支持了准备、实施和成长阶段的机会–资源一体化开发行为存在较强的内部联系，证明了机会–资源一体化开发行为量表的有效，支持本书提出的机会–资源一体化开发行为体系的合理性。

表 4.9　准备阶段一体化题项组解释的总方差

	解释的总方差					
成分	初始值特征			提取平方和载入		
	合计	方差贡献率	累计贡献率	合计	方差贡献率	累计贡献率
1	3.996	79.918	79.918	3.996	79.918	79.918
2	0.360	7.197	87.115			
3	0.260	5.198	92.313			
4	0.216	4.320	96.633			
5	0.168	3.367	100.000			

表 4.10　实施阶段一体化题项组解释的总方差

	解释的总方差					
成分	初始值特征			提取平方和载入		
	合计	方差贡献率	累计贡献率	合计	方差贡献率	累计贡献率
1	3.223	80.576	80.576	3.223	80.576	80.576
2	0.445	11.122	91.699			
3	0.233	5.832	97.531			
4	0.099	2.469	100.00			

表 4.11　成长阶段一体化题项组解释的总方差

	解释的总方差					
成分	初始值特征			提取平方和载入		
	合计	方差贡献率	累计贡献率	合计	方差贡献率	累计贡献率
1	2.851	71.284	71.284	2.851	71.284	71.284
2	0.458	11.460	82.744			
3	0.376	9.391	92.134			
4	0.315	7.866	100.00			

在创业学领域，许多学者一直主张对创业的研究要回归本源，但这一任务并非如想象那般简单。本源既然代表了事物的核心，则其在质与量上都有其复杂和独到之处（高洋，2014）。

构建机会-资源一体化理论体系的目的在于还原创业过程的本质，揭示创业行为背后隐藏的机理性问题。本章基于对机会资源双元关系理论的深层次理解，首先提出了"机会-资源一体化开发行为"这一系统性概念，并将其视为创业的本质过程。其次，利用系统论原理将其展开，不仅构建了此系统的层次性，也阐明了结构性与功能性等其他的内在特性。最后，为了证实"机会-资源一体化开发行为"的存在与合理性，利用信效度分析与主成分分析进行了实证检验，使机会-资源一体化这一理论体系得以作为未来更深入研究的基础。

第 5 章　基于学习视角的机会-资源一体化理论体系研究

5.1　创业学习经典模型回顾与比较

　　已有的创业学习研究主要是基于心理学、社会学、行为学和经济学四个视角展开的。基于心理学视角的创业学习研究主要聚焦于创业者的认知和心理因素对创业学习的影响；基于社会学视角的创业学习研究主要关注创业者和新企业所处的社会情境对创业学习的影响；基于行为学视角的创业学习研究则更加关注创业学习的过程和方式；基于经济学视角的创业学习研究主要关心创业学习的效果，试图分析创业学习对新企业机会识别与开发以及克服新来者劣势的作用。经济学视角的创业学习研究最早提出创业学习概念，但经典模型很少，因此，本章主要介绍和比较分析其他三个视角的创业学习经典模型。为了深入理解不同学派创业学习模型的内涵和比较分析它们之间的异同，本章在创业学习经典模型回顾的基础上，从谁在学习、向谁学习、学习方式与过程、学习结果、关键影响因素、模型实质和理论贡献等方面对创业学习经典模型进行对比分析（表 5.1）。

表 5.1　不同理论学派的创业学习模型对比分析

理论学派	模型	谁在学习	向谁学习	学习方式与过程	学习结果	关键影响因素	模型实质	理论贡献
心理学派	Rae 和 Carswell（2001）创业认知学习模型	创业者个体	人生经历	未涉及	实现创业目标提升创业能力	信心与自信创业者经验	基于心理视角，采用叙事法阐明信息与自信的来源及其对创业学习的影响	将认知理论和个性理论应用于创业学习，强调创业者主观认知对创业学习的决定作用

续表

理论学派	模型	谁在学习	向谁学习	学习方式与过程	学习结果	关键影响因素	模型实质	理论贡献
社会学派	Rae 创业社会学习模型	创业者个体	外部情境	未涉及	识别机会形成新企业	人际关系关联交易社会情境	利用叙事法详细解析了创业学习的外部来源、构成及对学习的影响因素	将社会建构理论应用于创业学习,强调创业者的社会嵌入性对创业学习的决定作用
行为学派	Politis 基于经验转换的创业学习过程模型	创业者个体	职业经验	探索式利用式	创业知识	前期事件职业导向主导逻辑	解释了创业者职业经验如何通过创业学习过程转化为创业知识	区分了创业知识与经验,揭示了创业学习的具体过程及驱动因素
	Corbett 动态创业学习模型	创业者个体	先验知识	转化式吸纳式扩散式调整式	识别机会、克服新生劣势	知识认知创造性	将机会识别不同阶段匹配以相应的创业学习模式	揭示和还原了创业学习过程的动态本质
	Corbett 学习不对称模型	创业者个体	经验	信息摘取信息转换	发现机会数量	一般人力资本特殊人力资本	揭示了创业者一般及特殊人力资本、信息摘取和转移方式对机会识别的影响	界定了学习不对称,揭示了创业学习过程中,创业者学习行为选择的倾向及其对创业机会识别的影响
	Holcomb 基于直接推断的创业学习过程模型	创业者个体	经验观察	直接学习模仿学习	创业知识创业行为创业结果	直接推断	阐明了直接推断、创业知识和创业学习间的关系	区分了创业学习过程中经验学习与模仿学习,从一个新视角扩展了经验学习研究
	Petkova 错误学习模型	创业者个体	创业错误先验知识	错误侦察错误修正	修正创业知识结构	创业领域知识认知能力归因模式	阐明了创业者的错误学习过程和机制	扩展了经验学习的观点,提出了行为学派的新研究视角

从表 5.1 可以看出,不同理论学派的创业模型,其关注焦点和理论贡献差异较大。心理学派主张创业者认知是创业学习的关键,其关注焦点是创业者的心理和认知因素对创业学习的影响,Rae 和 Carswell(2001)的创业认知学习模型实质是回答了信心与自信从何而来,并如何决定创业学习和创业目标实现,强调没有创业者的信心与自信,创业者就无法展开有效的创业学习,更无法实现其创业目标,创业学习嵌入在信心与自信的形成和作用过程当中,而在这一过程当中的一个最重要的产物就是创业能力的不断积累和提高。Rae 和 Carswell(2001)模型的主要理论贡献在于将认知理论和个性理论应用于创业学习,强调创业者主观认知对创业学习的决定作用。

社会学派主要关注创业学习的外部来源,主张创业者和新企业所处的环境情境对其创业学习具有决定性作用。社会学派指出创业学习研究必须解释学习的来源问题，Rae（2006）的创业社会学习模型对创业者的个人与社会身份、情境学习和企业共建等三个创业学习的关键来源进行了研究，并分别解释这些因素对创业学习的影响。Rae（2006）创业社会学习模型的主要理论贡献在于将社会建构理论应用于创业学习，强调创业者的社会嵌入性对创业学习的决定作用。

行为学派主要关注具体的创业学习过程，强调创业学习行为的重要性。行为学派的几个典型创业学习模型关注的焦点各不相同。Politis（2005）基于经验转换的创业学习过程模型认为创业者职业经验是创业学习的重要投入因素，经过创业学习的转移过程，产出创业知识，他将学习方式划分为探索式和利用式两种，两种模式的选择受前期事件结果、职业导向和主导逻辑的影响。他提出的创业学习过程模型的主要理论贡献在于区分了创业知识与经验，揭示了创业学习的具体过程及驱动因素。Corbett（2007）的动态创业学习模型将学习模式划分为转化式、吸纳式、发散式和调整式学习，其关键贡献在于揭示和还原了创业学习过程的动态本质，将机会识别细化为不同阶段，并根据各阶段特点匹配以相应的创业学习模式。Corbett（2007）的学习不对称模型指出学习不对称。而非知识不对称决定了创业活动的有效性，知识是静态的，而学习是动态的，学习存在不对称。其主要理论贡献在于界定了学习不对称，揭示了在创业学习过程中，创业者学习行为选择的倾向及其对创业机会识别的影响。Holcomb 等（2009）的创业学习过程模型扩展了经验学习的观点，指出除了直接经验学习，间接的模仿学习也是重要的学习方式，直接推断是驱动创业学习和决定学习效果的关键因素。其主要理论贡献在于区分了创业学习过程中的经验学习与模仿学习，从一个新视角扩展了经验学习研究。Petkova 的创业错误学习模型阐明了创业者的错误学习过程和机制，其主要理论贡献在于扩展了经验学习的观点，提出了行为学派的新研究视角。从几个模型的演化脉络看，行为学派以经验学习理论为核心，并不断提出新的研究视角来拓展和深化经验学习理论。

总体看，创业学习的不同理论学派均有其独到的见解和特定的理论贡献，同样也存在其理论局限。心理学派认为创业者个性认知及影响认知的因素是创业学习的决定因素，但未能解释创业学习的来源和创业学习的具体过程；社会学派重点解释了决定创业者学习的社会因素，但忽略了创业者的个性因素和创业学习过程；行为学派主要关注创业学习过程本身，模型多采用学习投入—学习过程—学习产出的逻辑范式，认为创业学习最关键的投入要素是经验，而经验又分为成功经验和失败经验。因此，行为学派的经典模型可归为两类，一类是基于积极经验的创业学习，另一类是基于失败和错误经验的创业学习。行为学派的主要局限在于在创业学习过程中，未能充分整合学习来源和创业者个性等因素。虽然各有贡献和局限，但三者的整合恰好可以从不同视角综合地解释创业学习现象和规律。

5.2 创业学习理论渊源和概念体系构建

5.2.1 创业学习的理论渊源和概念发展

创业学习概念源自于创业理论与组织学习理论的融合。创业学习与组织学习的根本区别在于，创业学习旨在提高创业活动的有效性，而组织学习主要是指成熟组织及其成员的学习过程。传统的组织学习理论对于创业学习仅有有限的应用价值。与成熟企业的管理者相比，创业者任务量大且复杂并存在高度不确定性，因此，创业学习与组织学习在学习目标、学习动机、学习任务、主导因素和学习情境等方面均存在很大差别。尽管组织学习目前已形成比较成熟的理论体系，但不能生搬硬套地移植于创业学习研究，创业学习研究应该基于创业情境发展自己的构念和理论体系。

由于创业学习是一个较新的研究领域，因此，一些学者仍把自己的研究兴趣放在创业学习概念界定上。本章对学者们界定的创业学习概念进行了总结归纳，旨在比较分析它们之间的区别、联系与演进关系，如表 5.2 所示。

表 5.2 创业学习概念发展和深化

学者（年份）	创业学习概念	基础理论	学习主体	创业阶段
Schumpeter（1934 年）	创业学习是指对自然和社会的学习，学习的结果是产生想象与创新	经济学	创业者个体	创建
Kirzner（1973 年）	创业学习是指创造性和发现性学习，学习的结果是提高机会警觉性	经济学	创业者个体	创建
Rae 和 Carswell（2001 年）	创业学习是指人们在识别和开发机会以及组织和管理新企业的过程中如何建构新的意义，是利用信心和自信驱动学习资源的利用以实现创业目标的过程	认知学习	创业者个体	创建
Cope（2005 年）	创业学习可界定为一个意识、反馈、关联和应用的动态学习过程	经验学习	创业者个体	孕育和创建
Politis（2005 年）	创业学习可界定为将从业经验转化为创业知识的经验性过程，创业者从业经验、转化过程以及利用以提高机会识别效能和克服新来者劣势为特点的创业知识是这个过程的三个关键因素	经验学习	创业者个体	创建
Rae（2006 年）	创业学习可界定为以社会和行为方式，通过创建、组织和管理新企业来识别和利用机会的学习	社会学习	创业者个体	创建

续表

学者（年份）	创业学习概念	基础理论	学习主体	创业阶段
Cope（2011 年）	基于创业失败经验的学习	经验学习	组织	创建
Man（2012 年）	通过不同的创业行为将创业者的创业任务、创业经验转化为学习结果的循环过程	经验学习	创业者个体	创建

资料来源：根据相关文献整理

从表 5.2 可以看出，创业学习的概念主要通过以下两条路径得到了演进。第一条路径是基础理论的拓展和深化。首先，创业学习的理论雏形源自于经济学理论，Schumpeter 和 Kirzner 可以说是创业学习研究的先驱，他们最先从经济学视角发现了创业学习对创新和创业机会发现的作用。其后，很多学者基于他们的观点来界定创业学习的概念。其次是认知学习理论，学者们认为创业者的认知及影响认知的人力资本特征、先前知识等是影响创业学习的重要驱动因素，并且开始讨论这些因素对创业学习的影响。再次，出现经验学习理论，经验学习理论将创业学习视为一种基于经验的学习过程，关注创业者和新企业如何将创业经验转化为创业知识进而实现创业目标的过程。经验学习理论仍是近年来创业学习研究关注的焦点之一。最后是社会学习理论，主要强调创业者和新企业所处的创业情境对创业学习的影响。四者相比，经济学理论和认知学习理论较少涉及创业过程，主要从创业者个体层面来阐述学习问题，而社会学习理论和经验学习理论将创业学习情境和创业学习过程纳入创业学习的概念体系，极大地丰富创业学习的概念内涵。第二条路径是学习主体和创业阶段的演进。早期学者们主要将创业者个体视为学习主体，并强调创业学习主要发生在新企业孕育和创建阶段。其后，有些学者逐渐认识到创业学习不仅局限于新企业孕育和创建阶段，企业创立之后的成长和发展阶段为创业学习提供了更为广阔的空间，并且主张创业学习应为新企业组织层面的学习，是一个贯穿于新企业创建、成长和成熟等各个阶段的动态过程。

由上可见，无论是经济学、认知学习、社会学习还是经验学习理论，单一理论都无法准确全面地界定创业学习的概念内涵。只有综合创业学习的情境、投入因素、过程和结果，从组织层面和生命周期视角才有可能准确、全面地界定创业学习的概念体系和丰富内涵。

5.2.2　创业学习的概念体系构建

已有创业学习的概念界定仍相对简单，未能触及创业学习的本质，在某种程度上，创业学习的概念体系仍依附于一般的组织学习理论，尚未形成清晰的、独立的创业学习概念体系,对于学习的时间、学习的任务、学习的主体、学习的对象、学习的客体、学习的方式等问题需要深入研究。为了回答上述问题,本章试图建立创业学习的 5W1H 模型(图 5.1),旨在回答何时学习(when)、为什么学习(why)、由谁学习(who)、从哪学习(where)、学习什么(what)及如何学习(how)等问题。

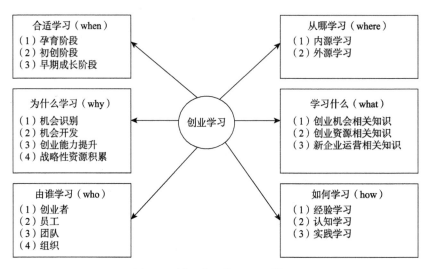

图 5.1　创业学习的 5W1H 模型

1)何时学习

"何时学习"主要界定了创业学习所对应的新企业发展阶段。创业学习产生于创业理论与组织学习理论的交界,与组织学习存在本质区别,开展创业学习是为了建立"创业型"组织,而组织学习能够帮助企业建立"学习型"组织(单标安等,2015a)。企业不同周期阶段呈现不同特点,管理学意义和范畴下的创业研究应该更加关注新企业孕育、创建和早期成长阶段的管理问题(蔡莉等,2007a)。因此,从发生时间看,创业学习主要发生在新企业的孕育、初创和早期成长阶段,创业学习研究也应主要聚焦于新企业孕育、初创和早期成长阶段。而组织学习则主要发生在成熟组织当中,主要对应于企业快速成长、成熟和衰退阶段。

2)为什么学习

"为什么学习"主要界定了创业学习所要达成的学习目标。创业学习的最终目标是完成创业任务,主要包括机会识别和机会开发,但在机会识别与机会开发的过程当中,新企业需要逐步提升创业能力,并累积战略性资源。机会识别和机会开发是创业过程当中最基本的两个子过程(Shane and Venkataraman,2000)。创业机会是界定创业理论研究范畴和边界的核心概念,Dutta 和 Crossan

（2005）将创业机会界定为创业者或创业团队利用创业企业或新建企业将新产品或新服务引入市场的一系列环境条件。机会识别是指通过知识和信息的搜集来发现或创造、评价和筛选创业机会的过程。机会开发是指新企业投入资源建立有效的商业运营体系，从新产品或新服务当中获取收益的过程（Choi and Shepherd，2004）。创业能力主要体现在创业者个体和组织两个层面，是新企业创业成功的关键。创业学习是创业能力提升的关键路径（Gomes and Wojahn，2016）。Bunz等（2016）指出在新企业国际化过程中，创业学习最为关键，国际新企业需要贯穿各种不同的情境持续不断地进行创业学习，进而促使新企业创业能力的不断提高。战略性资源是指有价值的、稀缺的、不可模仿和不可替代的资源，资源的有价值性和稀缺性是新企业竞争优势的基础，而资源的不可模仿性和不可替代性则是新企业竞争优势可持续的基础，新企业竞争优势能够提升其短期和长期绩效（Newbert，2008）。Lagarda等（2016）认为创业学习能够促使新企业累积战略性资源。

机会识别、机会开发、创业能力提升与战略性资源累积之间并不是彼此孤立的，它们之间存在密切联系。Atsan（2016）指出机会识别和机会开发是创业学习的两大重要结果，机会识别是一个成功的创业者必须具备的最重要的能力，机会开发是在机会识别之后，进一步利用和实现机会的一系列决策和行为，机会识别是机会开发的必备前提。创业能力的提升能够促进机会识别和机会开发过程的顺利开展，而新企业也能够在机会识别和开发过程中不断提升创业能力。战略性资源的累积与创业能力具有相辅相成和相互促进的关系，创业能力能够促进战略性资源的累积，资源的累积和利用也会促进创业能力的提升（Pellegrino and Mcnaughton，2017；Fink et al.，2016），资源与能力存在一体化的关系（Newbert，2008），两者的有效匹配能够进一步增强新企业的竞争优势，提高新企业绩效。

3）由谁学习

"由谁学习"主要界定了创业学习的主体。除了备受学者们关注的创业者创业学习之外，员工、群体和组织也是新企业重要的学习主体，不同的主体具有不同的任务分工和差异化的学习内容，其学习的重要性也在新企业不同发展阶段具有不同的体现。创业者创业学习是指创业者获取、整合和利用创业知识的过程（蔡莉等，2014）。员工创业学习指员工获取数据、信息、技能等创业知识以执行创业任务的过程。员工的学习明显区别于创业者，主要体现在创业任务的执行层面。群体学习（group learning）可以界定为利用一系列共享规则和流程促进个体共同累积知识和共同解决问题的社会过程（Capello，1999）。这里并未使用团队学习的术语，因为群体学习是更常见的组织现象。组织创业学习是指嵌入于组织体系、结构和流程当中，逐步形成组织记忆的学习过程（Walsh and

Ungson, 1991）。

4）从哪学习

"从哪学习"主要界定了创业学习的知识源。关于知识源，Rae（2006）基于社会建构理论建立了创业学习理论模型，指出创业学习并不是简单地从外部环境中获取知识，而是学习者的社会身份、与利益相关者的企业共建以及社会情境等三者之间相互作用的结果。从知识源看，新企业的创业学习可分为内源学习和外源学习，对于不同的学习主体，其知识源有所差异。创业者的知识源主要包括先前知识和经验、亲戚朋友建议、环境扫描和员工建言等。员工的知识源主要包括创业者知识的直接转移，以及其他组织内部和组织外部学习。群体学习是组织成员之间知识的共享和整合，因此，其知识源主要来自于组织成员的知识，组织成员通过内外部学习不断更新和积累其所掌握的创业知识，再通过知识的共享和整合，促使群体知识不断累积和更新。组织学习是群体知识通过制度化和体系化形成组织知识的过程，包括组织内源学习和外源学习。外部网络关系是外源学习的主要途径，如 Cantu（2016）研究发现商业合作关系是新企业学习技术知识并将其转移到本企业的有效路径，通过外部网络转移的创业知识对新企业绩效具有重要影响。Dau（2016）强调了创业学习要结合本土情境，在企业不同发展阶段要结合相应的本土情境，这种学习模式能够为新企业提供更有效的知识获取和转移方法。

5）学习什么

"学习什么"主要界定了创业学习的客体，即创业知识。创业知识是指帮助新企业识别机会、配置资源、运营管理新企业以及进行创业战略选择并创造出经济效益的知识（单标安等，2015b）。因此，创业知识与一般知识具有本质区别，主要包括创业机会、创业资源及新企业运营的知识，这些知识以显性或隐性的状态存在，对于新企业有效识别和开发创业机会，提高新企业的合法性，降低不确定性，成功将新产品或新服务推向市场具有重要作用。为了保证新企业能够快速适应并稳固市场，新企业需要时刻保持创业学习并利用创业知识的态势（Fan et al., 2016）。在不同创业阶段，新企业需完成不同的创业任务，实现不同的创业目标，因此具有不同的知识需求。

6）如何学习

"如何学习"主要界定了创业学习的方式，主要包括经验式、认知式和实践式创业学习。经验式创业学习主要强调个体利用自身先前经验，通过反复地思考、实践和归纳总结将已有的、有价值的经验转化为知识（陈彪等，2014）。创业学习不仅要从成功中总结经验，还需要从失败中总结经验，使创业学习的经验视角更加多元化。Valaei 等（2016）从战略视角强调经验学习当中利用式学习的重要性，利用式学习具有较低的风险性，将已有经验在创业学习过程中加以利用会极大地降低创业不确定性。Sheng 和 Chien（2016）强调利用式学习对组织创新的正向影响，利用式学习更关注已有的知识经验，聚焦于挖掘已有知识的高价值性和可用性，能够加速组织内部创业知识的自我更新。创业者和新企业可以从已有经验中获取并吸收新知识，Sutanto（2017）研究发现已有经验越丰富，新企业的创新力度越大。Toft-Kehler 等（2016）的研究得到了不同的结论，他研究了创业者经验与放弃新企业可能性之间的关系，研究发现创业经验与新企业生存呈现倒 U 形关系，新手或者经验丰富的创业者，往往更可能放弃其新企业，而创业经验中等的创业者则更可能在创业中坚持。认知学习强调了他人经验的重要性，主要指通过观察他人而进行的学习，也称为观察学习（Holcomb et al., 2009）。实践学习，也称情境学习，指发生于特定的环境背景或者独特的社会情境下，通过创业实践获取新知识的学习过程。实践学习认为创业学习并没有可供参照的"标准流程"（单标安等，2015a）和教科书式的答案（Rae and Carswell，2001），强调创业学习具有路径依赖性。

　　尽管三种学习方式在创业知识的来源方面存在很大区别，但这三种学习方式都涉及对相应创业知识的获取、创造、整合和利用。有研究者认为新企业的战略学习可以分为五个子过程：知识创造、知识扩散、知识编译、知识转化和知识利用。尽管学者们倾向于选择经验、认知或实践学习当中的某一视角展开创业学习研究，但这三种学习方式并不是彼此割裂的。经验学习和认知学习能够加强实践学习，因为新企业通过经验和认知学习所取得的创业知识和经验是新企业实践学习的重要知识来源和知识基础，有利于新企业在特定情境下进行有效的实践学习，通过干中学取得更好的学习效果。实践学习也能够促进经验学习和认知学习。新企业在实践学习的过程当中能够积累更多独有的知识和经验，从而促进经验学习。同时，新企业在实践学习的过程当中，能够产生新的知识需求，使其更有针对性地开展观察学习，从而有效指导新企业的认知学习（朱秀梅等，2017）。

5.3　不同层面创业学习主体间学习转移研究

5.3.1　不同学习主体的创业学习机制与特征

　　不同学习主体具有不同的内涵、学习机制、学习分工和知识源，在新企业的不同发展阶段具有不同的侧重。不同主体创业学习的机制与特征如表 5.3 所示。

表 5.3 不同学习主体的创业学习机制与特征

学习主体	内涵	学习机制	学习分工	知识源	侧重阶段
创业者	创业者获取、整合和利用创业知识的过程	intuiting（直觉）interpreting（编译）	识别创业机会获取和配置创业资源	先前知识和经验亲戚朋友建议环境扫描员工建言	孕育阶段初创阶段
员工	员工获取数据、信息、技能等创业知识以执行创业任务的过程	intuiting（直觉）interpreting（编译）	创业任务执行业务开展资源利用	创业者直接转移组织内部组织外部	初创阶段
群体	利用一系列共享规则和流程促进个体共同累积知识和共同解决问题的社会过程	integrating（整合）	业务开展形成群体知识形成共同理解形成实践社区提升创业能力	员工之间	初创阶段早期成长阶段
组织	将个体创业学习和群体创业学习嵌入于组织体系、结构和流程当中，逐步形成组织记忆的过程	institutionalizing（制度化）	战略制定与实施形成组织记忆累积战略资源提升创业能力建立竞争优势	内源学习外源学习	早期成长阶段

1. 创业者创业学习的机制与特征

创业者创业学习的学习机制主要包括直觉和编译两个方面。直觉是指创业者获取新知识、拓展新视野、开发新思维的过程。因为在直觉的过程中，主要涉及个体对隐性知识和专业知识及技能的获取（Behling and Eckel，1991），个体需要利用编译的过程将隐性知识转化为显性知识（Nonaka，1994），编译是将直觉显性化的过程。创业者创业学习的任务分工主要是识别创业机会，获取和配置创业资源。作为新企业的领航者和中流砥柱，创业者创业学习的作用举足轻重。由于新企业的新颖性和高不确定性，通常没有现成的路径可遵循，没有现成的方法可依照，能否取得创业成功很大程度上取决于创业者的创业学习。创业者需要通过不断的创业学习创造性地解决新企业所面临的各种问题，降低高不确定性。创业学习能够帮助创业者拨开重重迷雾，从混沌到清晰，探索出一条引领新企业取得创业成功的全新之路。

从新企业的发展阶段看，创业者创业学习主要侧重于新企业孕育和初创阶段。孕育阶段也称创业预备阶段，是新企业创业过程的开始阶段。在这一阶段内，创业者需要进行创业机会的识别和评价。创业者的主要任务是发现或者创造包含有商业价值的创业机会，采取一定的方法对创业机会的潜在商业价值进行评价和考核，从而决定能否进行创业活动。在初创阶段，新企业的主要任务是开发创业机会，也是创业资源的获得和积累阶段。初创企业的商业价值观、未来使命感及企业发展方向的确定等大都是从这一阶段开始的。初创企业可以利用的资源非常有限，创业者通过自身及家族的积累或者通过个人的外部关系网为初创企业筹措必要的创业资源。在这一阶段，创业者通常依赖个人先前的经验、知识及技能等补充自身在技术、管理等方面的匮乏。

2. 员工创业学习的机制与特征

员工创业学习与创业者学习一样，属于个体层面学习，因此其学习机制也与创业者一样，包括直觉和编译。通过直觉，员工从外界获取创业知识和技能。通过编译，员工将获取的隐性知识和技能显性化，只有显性化后，员工的创业知识才能够彼此分享。编译能够帮助员工个体形成其所从事不同领域的认知图谱（cognition map），这种认知图谱可以视为个体学习的存量，是个体知识和能力的象征（Bontis et al.，2002）。员工创业学习的任务分工包括创业机会开发过程当中的创业任务执行、业务开展和资源利用。由于新企业缺少绩效记录，新产品或新服务的质量对于新企业成功打入市场、获取利润至关重要。作为创业任务的执行主体，员工创业学习对于新产品或新服务的质量具有重要影响。员工创业学习有利于员工进行产品和工艺改进，开辟销售渠道，提高顾客满意度，进而提高创业任务执行的质量。因此，员工创业学习对创业成功的作用不可忽视。从阶段看，员工个体学习主要侧重于初创阶段。在初创阶段，新企业组织结构简单，通常没有清晰的组织层次，也缺少明确的分工和管理秩序，资源匮乏并难以吸引各种专业领域方面的人才，缺少稳定的市场份额，决策的不确定性较强。此时，员工个体创业学习对于创业任务执行的质量至关重要。员工创业学习能够促进新企业的群策群力，这也决定了新企业能否通过创业者和员工的共同努力来顺利度过困难重重的初创阶段。

3. 群体创业学习的机制和特征

群体学习具有累积性、互动性和公共性等社会特征，与个体学习具有本质区别，是实现知识在时间和空间上传递的工具。群体创业学习的主要机制是整合。整合是员工个体之间形成共同理解，并对创业知识进行共享和整合的过程。新企业创业能力和战略性资源通常不会存在于某个个体当中，而是存在于由员工个体整合而形成的群体当中。因此，群体创业学习是个体创业学习的共享和整合。群体创业学习的任务分工是创业任务的开展、形成群体知识、形成共同理解、形成实践社区和提升创业能力。群体学习主要侧重于新企业初创阶段和早期成长阶段。在早期成长阶段，新企业已经完成原始资本及最初资源的积聚。通常具备了一定的融资能力和相当的企业规模，在市场、技术、知识和管理等方面具备了一定的基础，也获得了投资者、债权人及顾客的信赖，大都拥有适销对路的产品及较为成熟的生产销售体系，拥有较为稳定的市场份额，组织结构已相对健全完善。这时，新企业已经具备促进群体学习的基本组织条件。

4. 组织创业学习的机制和特征

组织创业学习的机制是制度化。制度化是指把共同理解转化为新产品、新过程、组织流程、组织结构和组织战略的过程（Crossan et al., 1999），由于组织创业学习已经惯例化和结构化，所以不会受员工个体离职的影响。组织创业学习超越于员工个体创业学习和群体创业学习，员工和群体创业学习可归结于企业的人力资源问题（human perspective），而组织学习则属于非人力资源问题（non-human perspective）。组织创业学习的主要任务是战略制定与实施，形成组织记忆，累积战略资源，提升创业能力和建立竞争优势。新企业组织学习能够使组织体系、结构和流程支持新企业的战略导向，使新企业能够在竞争性的环境中得以生存和发展（Bontis et al., 2002）。由于新企业战略是一个逐步形成的过程，许多新企业在孕育和初创阶段并未形成清晰的战略，通常在早期成长阶段才能形成比较明晰的发展战略，所以，组织创业学习的最重要任务分工是战略的制定与实施。在战略制定与实施的过程当中，会不断形成组织记忆，累积战略资源，提升创业能力和建立竞争优势。组织创业学习与员工和群体创业学习的根本区别在于组织创业学习聚焦于战略层面问题，而员工和群体创业学习通常更关注于业务执行层面。

5.3.2　创业学习转移理论模型构建

由于创业学习涉及创业者、员工、群体和组织等不同主体和不同层面的学习，且在新企业不同发展阶段不同学习主体的重要性有所不同（Bontis et al., 2002），因此，不同的创业学习主体需要在新企业不同发展阶段进行转换和承接，创业知识需要在不同主体之间进行转移与利用。Aerts 等（2017）指出创业学习具有动态性，在新企业的不同发展阶段，其始终贯穿于不同主体之间。然而，在新企业不同发展阶段创业学习主体的转换和承接，创业知识的转移与利用通常不会自发产生，需要在特定机制和因素的影响和激发下才能实现。因此，本书将创业学习转移界定为在新企业不同发展阶段，在特定机制和因素的作用下，不同创业学习主体之间的学习转换和承接。创业学习转移包括前向学习转移（feed-forward learning flows）与后向学习转移（feed-back learning flows）。前向学习转移是指新企业对不同学习主体创业学习的吸收，包括从创业者到员工的创业学习转移、从员工到群体的创业学习转移、从群体到组织的创业学习转移。后向学习转移则与之方向相反，指新企业对不同主体创业学习的利用和反馈

（Bontis et al.，2002），本书主要关注前向学习转移。根据创业学习转移的内涵和特征，本章构建了创业学习转移的理论模型，如图 5.2 所示。

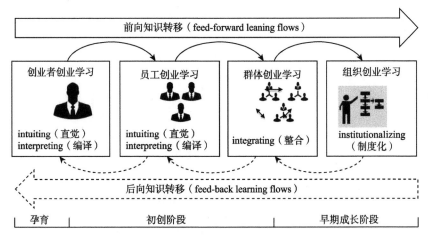

图 5.2　创业学习转移机制的理论模型

从图 5.2 可以看出，创业学习的转移模型可以分为三个层次：第一，以 4I（intuiting、interpreting、integrating、institutionalizing）模型（Crossan et al.，1999）为核心建构了不同创业学习主体的创业学习机制，创业者与员工属于个体层面创业学习，主要的学习机制是直觉（intuiting）和编译（interpreting）；群体创业学习的主要学习机制是整合（integrating），组织创业学习的机制是制度化（institutionalizing）。此外，图 5.2 中四个学习主体框图内的指示图标的含义依次是：创业者作为单一主体的创业学习；员工作为多个单一主体的创业学习；小群体内部员工之间的创业学习及不同小群体之间的创业学习；制度化与流程化的组织层面创业学习。第二，建立了不同创业学习主体与企业不同发展阶段的对应关系。创业者创业学习主要侧重于新企业孕育和初创阶段，员工个体学习主要侧重于初创阶段，群体创业学习主要侧重于初创和早期成长阶段，组织创业学习主要发生于新企业早期成长阶段。第三，建立了不同创业学习主体之间的学习转移关系，包括前向与后向学习转移。图 5.2 中的实线箭头和虚线箭头分别代表前向和后向学习转移。

5.3.3　不同主体之间创业学习转移机制

1. 从创业者到员工的创业学习转移机制

从创业者到员工的创业学习转移是指创业者通过直接知识转移和间接学习激

励来推动新企业中员工的创业学习。因此，创业者向员工的创业学习转移包括直接和间接两个途径。直接转移的主要渠道是创业者与员工之间的沟通、交流和理解，领导成员交换（leader-member exchange，LMX）是诠释这种沟通、交流和理解的最恰当变量，是创业者的创业知识向员工转移的直接通道。创业者创业学习向员工创业学习转移的间接渠道有三个，这三个渠道也是员工个体创业学习需要具备的三个前提条件：一是能力（capability），决定了员工能够做什么；二是动机（motivation），决定了员工想做什么；三是聚焦（focus），决定了员工需要做什么（Bontis et al.，2002）。创业者对员工创业学习的激励应注重对员工创业学习的能力、动机和聚焦三个方面的培养、激发和推动。员工就业能力、工作激情和工作投入分别是表征员工能力、动机和聚焦的最恰当变量。领导成员交换作为领导和成员之间的二元连接，能够正向调节能力、动机和投入与员工创业学习之间的关系。创业者创业学习向员工创业学习转移的机制如图 5.3 所示。

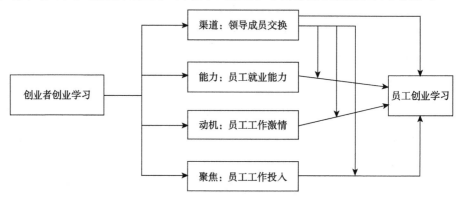

图 5.3　从创业者到员工的创业学习转移机制

领导成员交换理论起源于垂直对子联结理论（vertical dyad linkage，VDL）（Dansereau et al.，1975）。领导成员交换是领导与下属之间的二元交换关系，为创业者与员工之间的知识转移提供了直接通道。领导成员之间的知识交换具有很强的情境匹配性，领导能够根据员工的具体特征转移相应的知识。领导成员交换大大提高了创业者向员工直接转移知识的效率，也能够正向调节能力、动机和聚焦与员工创业学习之间的关系。高质量的领导成员交换能够从目标设置和动机激励的角度促进员工创业学习，提高员工创业学习的主动性与积极性，增强员工创业学习的效率与效能（朱秀梅等，2016）。

员工就业能力是由员工的工作技能和特征所决定的一系列与工作相关的能力集。就业能力决定了员工的两种排序，一是应聘或取得某一公司职位的排序，二是在企业当中薪资水平的排序（Firpo et al.，2016）。员工就业能力是一个体现员工综合素质和工作能力的多维变量，主要包括对变化的开放性、工作和职业前瞻性、职业动机、工作和职业的可塑性、工作乐观性和工作身份六个维度（Fugate and Kinicki，2008）。就业能力能够从认知、行为和情感等方面提高员工的工作适应性，增强员工与工作之间的匹配度，是员工与组织情境之间的桥接（Fugate et al.，2004）。员工就业能力使员工具备了创业学习的胜任力。员工工作激情包含对工作的积极情感，对工作持续的、有意义的幸福状态和对工作与组织价值的良好评价。这些丰富内涵会带来持久的、有益的工作动机和行为，并使个体从工作中体验到快乐、兴奋等强烈的情绪（张剑等，2014）。员工工作激情包括和谐激情和强迫激情两个方面。员工工作激情促使员工产生强烈的创业学习动机。员工的工作投入（work engagement）指员工具有饱满的工作状态，投入大量的时间与精力，忘我地沉浸于工作当中。工作投入包括工作专注（absorption）、注意力（attention）和活力（vigor）三个方面。工作专注是指员工能够全神贯注于工作，工作注意力是指员工能够将大量时间和精力投入工作，员工活力是指员工能够以健康的身体、充沛的精力投入工作。工作投入能够促进员工积极、主动和有效地开展创业学习。

2. 从员工到群体的创业学习转移机制

新企业中员工之间的共同理解（Bontis et al.，2002）和知识的共享与整合（Wang and Chugh，2014）是实现群体创业学习的最关键前提。因此，共同理解（shared understanding）和知识的共享与整合（knowledge sharing and intergration）成为员工向群体创业学习转移的两条基本路径。为了实现员工向群体创业学习的转移，新企业需要致力于促进员工之间的共同理解和知识的共享与整合。员工对创业任务的了解和深度参与能够促进共同理解，共同愿景与员工高度参与工作系统（high involvement working system，HIWS）是影响共同理解的关键变量。实践社区（practice-based community）和冲突解决机制是影响知识共享和整合的关键变量。从员工到群体的创业学习转移机制如图 5.4 所示。

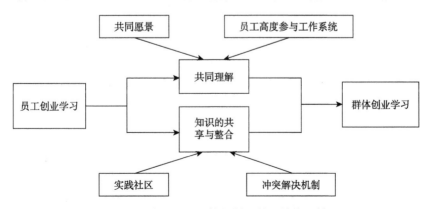

图 5.4　从员工到群体的创业学习转移机制

员工对复杂问题和任务的共同理解能够促使他们共同面对问题并寻找有效的方式解决（Runhaar et al., 2014），因此，员工对创业任务的共同理解是群体创业学习的前提。创业者和新企业高管团队需要通过适当的方式与员工交流并使他们了解企业的愿景和目标，使员工建立共同愿景。因为新企业面临高度不确定性，与成熟企业相比，新企业员工的共同愿景更能够提高员工的工作主动性和积极性。共同愿景使员工熟悉其所从事和将参与开创的新事业，建立对创业任务的共同理解，并通过主动的群体学习有效完成创业任务。高度参与工作系统是指能够提高员工参与、员工承诺和员工授权的一系列相关的人力资源管理实践（Hsi-An et al., 2010）。高度参与的工作系统能够通过诱发工作参与和工作承诺给员工带来工作安全、较好的薪酬、工作自治和高度参与的工作环境（Batt and Valcour, 2003）。高度参与工作系统具有团队合作的机制设计，能够促进员工对创业机会开发任务的共同理解，促进企业成员之间的交流和合作，使成员能够合作完成创业任务。高度参与工作系统通常包括四个维度：一是人力资源流动，指员工的招聘、选择、培训和开发；二是工作结构，指对员工的控制、对工作的界定和对合作的设计；三是薪酬体系，指工作和绩效评价；四是员工影响力，指员工的参与和授权（Chen et al., 2005）。

知识共享和整合是群体创业学习的核心进程，知识共享和整合能够使员工通过有效的合作完成创业任务。为了促进员工个体之间的社会交往，组织需要具备有效的知识共享系统（Jones and Macpherson, 2006），也需要通过制度和体系的变革促使组织成为致力于集体学习的实践社区（Macpherson and Jones, 2008）。实践社区为员工之间知识共享和整合提供了交流、沟通和合作的平台。从社会建构的角度看，组织提供了集体行动的场所，通过集体行动，员工个体能够建立对创业活动的共同理解（Easterby-Smith et al., 2000）。组织充当了员工个体之间相互交往的小生境，从而促进群体学习。员工之间需要具备良好的冲突解决机制以促进彼此之间的知识共享与整合。冲突分为认知冲突和情感冲突，前者是由于看法不同产生的冲突，后者是由于信任问题产生的冲突。认知冲突的解决有利于员工从多视角多领域分享知识和看法，有助于创造性地解决问题。情感冲突的解决能够增进员工之间的信任，使员工之间乐于主动分享彼此的知识。

3. 从群体到组织的创业学习转移

从群体到组织创业学习转移的关键是实现创业学习的制度化和体系化，新企业需要从企业战略、组织结构、组织流程、规章制度、组织文化和薪酬体系等方面进行设计以促进创业学习的制度化和体系化，通过创业学习的制度和体系建设逐步打造学习型组织。从群体到组织的创业学习转移机制如图 5.5 所示。

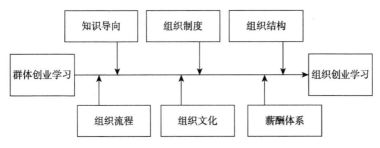

图 5.5　从群体到组织的创业学习转移机制

　　知识导向（knowledge orientation）从战略高度上体现了新企业对知识的重视程度，其内涵可界定为新企业将知识视为企业的战略性资源，并致力于知识调整（adaptation）和扩展（augmentation）的战略倾向（Nag and Gioia，2012）。知识导向能够使企业的一般知识转化为企业特有的知识，成为新企业竞争优势的基础。组织一系列规章制度的设计要以促进群体创业学习的制度化和体系化，以向组织创业学习转移为导向。组织结构是指将组织工作划分为不同的任务，推进员工通过合作以达成任务目标的一系列方式和方法。组织结构对企业适应变化的能力、学习和创新的能力、为顾客创造增值价值的能力具有重要影响。组织结构包括结构、合作、规范和控制四个维度，根据这四个维度特征的不同，可以将组织结构划分为有机结构和机械结构两种类型。有机结构具有扁平化、水平分工、低规范化和分权的特征，具有更大的灵活性，更有利于推动群体创业学习向组织创业学习的转移。适当的组织流程、组织文化建设和薪酬体系的设计也能够促进群体创业学习向组织创业学习的转移（朱秀梅等，2017）。

　　4. 从创业者到组织的创业学习转移

　　成功的创业者通过试验、反思、观察等不断学习以捕捉和开发机会，但随着企业的发展，创业者自身学习获取的知识渐渐不足以支撑企业业务的逐渐多样化，需要新企业整体的学习以构建组织知识库，维持新企业良好的发展态势，促使其走向成功。因此，新企业在发展过程中存在从创业者到组织的创业学习转移，而知识共享（包括正式和非正式）和知识整合（包括精确化和抽象化）是实现这种转移的关键机制。从创业者到组织的创业学习转移机制如图 5.6 所示。

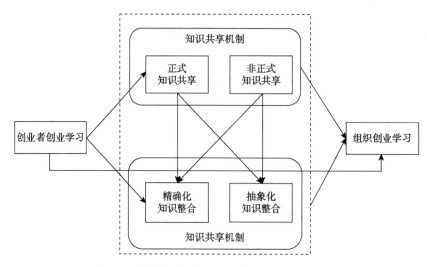

图 5.6 从创业者到组织的创业学习转移机制

　　知识共享是指组织成员间相互交流、解释和传递知识并创造新知识的过程，对构建竞争优势具有重要作用。知识共享机制分为正式和非正式两种，其中，对于可存储和可检索的文件等显性知识，如创意、专利和发明等，可以通过使用结构化的正式会议和正式讨论等方式实现知识的共享和转移；而对于隐性的、社会建构的和集体持有的知识（Nonaka，1994），如技术诀窍、心智模式和组织惯例等，则需要"集体性实践"以培养和保存集体知识来实现这种知识的共享，即非结构化、面对面和个性化的非正式交流惯例。一般来说，知识共享是将个体知识转化为组织共有知识的必要环节，能够显著扩大组织成员的知识获取来源并提高对知识的利用效率，同时也是知识创造的前提，增加了组织的整体创造性。因此，在新企业发展过程中，知识共享机制能促使创业者知识向组织创业知识的转移。创业者所具备的知识需要凭借知识共享在组织内部实现流动，连接不同知识领域，最终将其转化为组织创业知识。如果缺乏这个过程，创业者的知识将很难被其他组织成员所吸收、同化和利用，这会对新企业的成长产生一定的限制作用。例如，当创业者产生了一些新想法，有助于新企业开发新产品、新服务或进入新市场，但新企业中的知识共享程度较低，导致组织成员经过较长的时间才能完成对这些新想法的评估，甚至导致他们降低对新想法的支持程度。当创业者和其他组织成员之间建立起较频繁、深入的沟通交流时，不仅会促使信息和知识的传递和分享，同时，会使知识在交流的过程中碰撞、迸发出"火花"，产生更多新知识和新思想，使新企业对特定知识有着更加全面、更为新颖的解释和利用。

　　知识整合是新企业对其新获取的和已有的显性和隐性的创业知识进行重构、

编码和转化的过程（Zahra et al.，1999）。知识整合机制可以分为精确化和抽象化两种，其中，精确化知识整合是指对知识的重组、简练和摒弃等，按一定的逻辑将原本粗略的信息和知识转化为明确的、可表达的显性知识，如正式报告、工作手册、标准化流程等；抽象化知识整合是对知识的归纳、概括和抽象等，将原本具体的信息和知识转化为抽象的、非正式的、难以表达的隐性知识，如技术诀窍、组织认知图式、组织默契等。新企业知识资源有限，较多依赖于创业者所拥有的知识，因而更需要对其进行有效的利用，这使知识整合机制对于新企业而言尤为重要。通过知识整合，促使新企业的创业者易于将经验或知识通过社会化互动机制传递给其他成员，有助于员工创造力的发挥和集体智慧的转移，有利于组织知识库的拓展。例如，对于创业者或其他成员所具有的与机会识别和评价相关的经验，通过知识整合可以促使新企业将其转化，帮助企业迅速评价机会的可行性、潜在价值和风险的准则和流程，实现新企业知识的增加，导致新的文化、系统和操作规范和流程的出现以及新技术、产品或服务的开发（Zahra et al.，1999）。同时，从认知角度来讲，新企业在识别其新获取的和原有知识的价值之后，通过知识整合对知识进行编码化，形成一种组织成员间的共享语言，这个过程弥合了创业者的个体认知与组织认知之间的分散，这为组织认知图式的开发提供了对新知识的解释框架，使新企业更能够整合对现有知识的认知和理解从而充分明确新知识的价值，有利于从创业者到组织的创业学习的转移。

5.4　创业学习的影响因素研究

5.4.1　手段导向对创业学习的影响

1. 问题的提出

转型经济情境下制度的快速变革以及市场化竞争的日益加剧创造了丰富的创业机会，同时也为新企业的价值创造和获取提出了严峻的考验（蔡莉和单标安，2013；Webb et al.，2014）。在鼓励"大众创业，万众创新"的国家战略下，中国新企业既要能够在机会窗关闭前快速利用机会以稳固竞争地位，也要能够洞察市场、技术及政策的变化以识别新机会从而构建新的竞争优势（Teece，2011）。由此可见，创业能力作为新企业识别和利用机会的能力，是其成败的关键因素（Zahra et al.，2011）。然而，处于经济转型期的新企业往往急于追求短期利润而忽视对创业能力的建设，导致创业活动呈现出较强的投机导向以及后劲不足等特征，这在很大程度上阻碍了新企业的可持续成长（尹苗苗等，2014）。因此，创业能力构建对于转型经济情境下新企业获取持续竞争优势具有重要的现实意义。

尽管学者们普遍认同创业能力对新企业生存和发展的重要作用，但对于如何构建新企业创业能力这一问题尚缺乏深入的理论探讨。作为新兴的创业理论，手段导向理论（effectuation theory）指出手段导向有助于新企业在创业行动中迭代学习以利用高不确定性创造财富（Sarasvathy，2001）。根据组织学习理论，知识获取作为组织学习的核心环节是组织能力构建的基础（Zollo and Winter，2002）。可见，手段导向理论和组织学习理论为解释转型经济情境下新企业创业能力的构建机理提供了有效的理论视角。本节将结合转型经济情境分析手段导向、知识获取与新企业创业能力的关系。

2. 理论假设

手段导向理论最早由 Sarasvathy（2001）提出，旨在提供一种在高不确定环境下创业战略形成的逻辑。传统的战略决策主要基于完全理性的目标导向逻辑，而 Sarasvathy（2001）提出一种基于有限理性的手段驱动型战略决策逻辑，并将其称为手段导向（effectuation）。手段导向是新企业持续学习的重要前提，而由此产生的组织学习活动是构建组织能力的重要基础（Teece，2007；Zollo and Winter，2002）。回顾已有研究，学者们普遍认为创业能力是指新企业识别和利用机会的能力（Teece，2007；Zahra et al.，2011；Abdelgawad et al.，2013）。采取手段导向的新企业会在与外部环境的互动及行动过程中持续学习，这将有助于其对机会的感知、选择和把握能力的提升（Perry et al.，2012）。在转型经济情境下，政治和经济的频繁变化造成新企业面临高度的环境不确定性（Dixon et al.，2010），为了应对环境的高不确定性，新企业更需要采取手段导向在创业过程中持续学习以提升自身的创业能力。

根据组织学习理论，知识获取作为创业学习的关键环节有助于构建和修正组织惯例，而组织惯例是组织能力构建必不可少的核心构件。可见，知识获取有助于构建新的组织能力（Zollo and Winter，2002）。此外，创业机会开发与知识获取密切相关。Shane（2000）指出先验知识是新企业机会开发的重要前提。Zahra（2008）也指出知识获取是机会发现和创造及相互转化的基础。因此，知识获取有助于新企业提升识别机会和利用机会的能力（即创业能力）。综上所述，知识获取是手段导向转化为创业能力的关键中间路径。本节研究的概念模型如图 5.7 所示，后文将探索手段导向对创业能力的影响及知识获取在手段导向与创业能力之间关系中的中介作用。

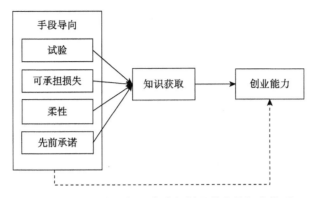

图 5.7　手段导向、知识获取与创业能力的概念模型

手段导向与应急战略或学习战略相一致，其适用于很难利用历史数据进行预测的高不确定环境（Chandler et al., 2011；Wiltbank et al., 2006）。手段导向包含四个维度：试验、可承担损失、柔性及先前承诺。采取手段导向的新企业强调保持柔性从而在可承担损失的原则下尽可能多地尝试新的商业模式，并通过获取先前承诺从潜在的供应商、顾客等利益相关者那里预先获取资源支持以降低不确定性（Chandler et al., 2011）。在高不确定环境下，手段导向为新企业从外部环境和创业行动中持续学习以提升自身创业能力提供基础。

1）手段导向与创业能力

（1）试验与创业能力。

试验是新企业界定可行商业模式过程的一部分。当试验结果不好时，创业者将探索新的路径开发商业模式，而试验的本质是一个迭代的战略变化过程，其包含探索环境和组织关系的小幅试错学习过程（Nicholls-Nixon et al., 2000）。试验有助于新企业在试错学习过程中构建自身的创业能力。McGrath 指出包含一定程度的试错学习的试验有助于能力构建。Zahra 等（2006）也指出新企业若能有目的地试验可能会产生最强的学习效果，在此过程中新企业逐步构建自身的能力。在商业模式的试错学习中，新企业逐步改善其对自身与外部环境关系的理解进而提升其在高不确定环境下识别和利用机会的能力（Andries et al., 2013）。可见，试验有助于新企业从市场或客户反馈中持续学习进而提升自身的创业能力。因此，提出假设如下：

H_{5-1a}：试验对新企业创业能力的构建具有积极影响。

（2）可承担损失与创业能力。

可承担损失是创业决策的重要准则。当开发新机会可能造成的资源损失超出新企业愿意承担的范围时，新企业会放弃这个机会而转向新机会的开发（Sarasvathy，

2001；Chandler et al.，2011）。而在高不确定环境下，新企业在创业行动之前很难对开发某个机会可能造成的资源损失做出准确预测和评估。新企业为了将探索新机会的损失锁定，需要在利用新机会的资源投入过程中学习评估机会开发的风险进而调整资源投入决策。因此，在此情况下新企业会采取渐进式资源投入方式，通过上一步的资源投入结果获取反馈进而评估机会开发的风险，并按照可承担损失原则进行下一步创业决策。通过上述迭代学习，新企业能够在追求新机会潜在价值的同时将风险控制在可承担的范围。此外，通过这种学习机制，新企业能够及时将资源从不合理的创业投资中撤出，从而将手头有限的资源充分应用于机会利用中而不至于造成资源的浪费（Dew et al.，2009）。可见，可承担风险有助于新企业提升识别和利用机会的能力。因此，提出假设如下。

H$_{5-1b}$：可承担损失对新企业创业能力构建具有积极影响。

（3）柔性与创业能力。

相比成熟企业，新企业凭借相对简单的组织结构和非正式的制度在保持柔性方面往往更具有优势（Zahra et al.，2006）。保持柔性的新企业愿意改变自身的结构和内部流程以整合手头资源，从而提升其捕捉和把握外部环境变化所创造的机会的能力（Baker and Nelson，2005）。在动态环境下柔性对于新企业通过外部学习实现资源整合进而提升创业能力具有关键作用（Uhlenbruck et al.，2003）。保持柔性的新企业能够通过与外部利益相关者互动进行迅速且广泛的外部学习以提升自身识别新机会的能力（Zahra，2012）。此外，柔性促使新企业通过外部学习引入核心技术、人才等战略性资源，并以较低的成本使之与内部资源整合从而提升其将新机会转化为获得客户认可的产品和服务的能力，即机会利用能力（Bock et al.，2012；Sirmon et al.，2007）。综上所述，柔性是构建新企业创业能力的重要基础。

H$_{5-1c}$：柔性对新企业创业能力构建具有积极影响。

（4）先前承诺与创业能力。

先前承诺是新企业降低不确定的重要方式。新企业的资源劣势在一定程度上加剧了创业决策的不确定性，预先从投资者、供应商、客户等合作伙伴那里获取新资源有助于缓解新企业的资源约束，从而提升其在高动态竞争环境下识别和利用新机会的能力（Sarasvathy，2001）。在多样化的资源基础上，新企业更容易投身于新商业模式的试错学习中，从而促使新企业能够识别和把握行业内外的新机会，甚至创造新的机会（Zahra et al.，2011）。此外，为了获取先前承诺，新企业会积极引入外部战略合作者参与新企业的创建，这将有助于新企业获取新的想法从而改善自身管理和运营体系，促进内外部资源创造性整合以提升新企业将新机会转化为新产品和服务的能力，即机会利用能力。可见，先前承诺是新企业提升自身创业能力的重要手段。

H_{5-1d}：先前承诺对新企业创业能力构建具有积极影响。

2）知识获取的中介作用

在试验过程中新企业与外部环境如供应商、客户、竞争者发生交互作用，进而有目的地积累了必要的创业知识以识别尽可能多的新商业模式（March 1991；Zahra et al.，2006）。此外，试验过程中会产生大量与商业模式因果关系相关的知识，新企业通过获取这些知识可以有效评价市场上哪些机会可行，哪些机会不可行（Nicholls-Nixon et al.，2000；Zahra et al.，1999）。特别对于新兴市场上的新企业而言，它们很难在市场上找到可以模仿学习的商业模式，因此尤其需要在试验中持续获取多样化的与商业模式开发相关的新知识，通过获取市场或客户反馈对这些知识进行选择，从而在企业范围内共享这些知识并形成指导新企业识别和利用机会的组织惯例进而构建创业能力（Zollo and Winter，2002）。由此提出假设如下：

H_{5-2a}：知识获取在试验与新企业创业能力构建关系中具有中介作用。

采取可承担损失原则的创业者为了识别值得投入相应资源的机会，常常会对做出决策所需要的信息产生怀疑（Dew et al.，2009）。充分的知识是有效决策的基础（Grant，1996a），处于新生劣势并具有较强资源约束的新企业需要从渐进式的资源投入中获取充分的知识以提升创业决策的质量。可承担损失有助于新企业从先前的资源投入因果关系中搜集与机会评估相关的实时知识，从而将其应用于未来的投资中以确保资源的投入不会超过它们愿意承担的范围。在这种反复迭代学习过程中，新企业不断提升识别机会的能力。此外，在资源配置过程中新企业也不断积累了人才、资金、技术等资源管理相关的知识。可见，可承担损失准则促使新企业从迭代式学习过程中获取必要的与机会评估和资源配置相关的知识以提升创业能力。由此提出假设如下。

H_{5-2b}：知识获取在可承担风险与新企业创业能力构建关系中具有中介作用。

具有柔性的新企业为了创造更大的灵活性以适应快速变化的外部环境，往往需要探索多样性的新知识（Sanchez，2004）。新企业通过保持柔性可以更快速并且更广泛地搜寻和识别外部的新知识，这对于新企业形成识别产品市场所涌现机会的警觉性是非常必要的，并且对其从要素市场有效筛选出资源以利用机会也是非常必要的（Makadok，2001）。此外，所获取的多样化创新性知识是新企业整合和利用现有资源形成创业能力的基础（Baker and Nelson，2005）。通过获取与识别新机会和资源整合相关的知识，新企业避免陷入"能力的陷阱"，从而形成新的创业能力（Politis，2005；Zahra，2008）。可见，当外部环境变化难以预测时，柔性促使新企业快速地获取新知识以构建创业能力，从而促使企业利用高不确定性创造财富。由此提出假设如下。

H_{5-2c}：知识获取在柔性与新企业创业能力构建关系中具有中介作用。

先前承诺为新企业获取有价值的信息创造了异质性的外部知识源（Fisher，2012；Larrañeta et al.，2012）。通过获取先前承诺，新企业与外部利益相关者建立了相对紧密的战略联盟关系，这将有助于新企业从这些具有独特能力的合作者那里获取与新机会识别相关的信息以及有助于利用机会的隐性知识（Hitt et al.，2003），从而弥补自身的知识缺陷，促进自身识别和利用机会能力的提升。在动态竞争的市场环境中，新知识在不断更新，旧的知识很快就会被淘汰变得过时（Zhao et al.，2011），新企业很难仅仅依靠自身知识抓住新的机会。因此，通过与利益相关者建立合作关系以获取预先的资源支持，新企业可以持续获取外部多样化的知识，这为提升新企业的创业能力创造了丰富的知识来源，由此提出假设如下。

H$_{5-2d}$：知识获取在先前承诺与新企业创业能力构建关系中具有中介作用。

3. 实证研究

1）样本与数据收集

根据学者们对新企业的界定，本书将成立时间在 8 年内的企业作为调查对象（Zahra，1996）。我们采用大规模问卷调查收集数据，本次调研对象为长春市和北京市的新企业创业者或高管，以上门拜访和通过电话访问发放电子邮件的方式向这些企业的创业者或高管共发放问卷 300 份，回收有效问卷 215 份。

2）变量测量

（1）创业能力。重点借鉴 Chandler 和 Jansen（1992）、张玉利和李乾文（2009）的研究，采取 7 个题项对创业能力（EC）进行测度，为了从单一因变量角度分析创业能力的构建机理，本书研究将机会识别能力和机会利用能力聚合为一个维度以全面反映创业能力。变量的度量采用利克特五点量表，受访者根据企业实际情况，在 "非常不符合"、"不太符合"、"一般"、"比较符合" 和 "非常符合"之间选择，分值为 1~5。

（2）手段导向。借鉴 Chandler 等（2011）的量表，试验维度（EX）包含 3 个题项，可承担损失维度（AF）包含 3 个题项，柔性维度（FL）包含 4 个题项，先前承诺维度（PC）包含 2 个题项。变量的度量采用利克特五点量表，受访者根据企业实际情况，在 "非常不符合"、"不太符合"、"一般"、"比较符合"和"非常符合"之间进行选择，分值为 1~5。

（3）知识获取。借鉴朱秀梅等（2011）以及 Wiklund 和 Shepherd（2003）的研究，本书研究采取 5 个题项对知识获取（KA）进行测度，变量的度量采用利克特五点量表，受访者根据企业获取知识资源的多少进行打分，在 "非常少"、"较少"、"一般"、"较多"和"非常多"之间进行选择，分值为

1~5。

　　（4）控制变量。企业年龄是依据企业的创办时间按照年数计算的。企业规模采用公司全职员工总数进行度量。创业经验被设定为一个虚拟变量，若创业者在创业前创建过其他公司则取值为 1，否则为 0。企业所处区域也被设定为一个虚拟变量，企业所处城市若是长春市则取值为 0，若是北京市则取值为 1。

　　3）回归分析结果

　　表 5.4 反映的是手段导向、知识获取与创业能力间关系的 5 个多元线性回归模型。如表 5.4 所示，所有回归模型的 VIF（variance inflation factor，方差膨胀因子）均小于 1.730，表明本书研究避免了多重共线性的问题。其中模型 0 是基准模型，反映的是控制变量与因变量新企业创业能力的关系。模型 1 反映自变量（手段导向各维度即试验、可承担损失、柔性及先前承诺）、控制变量与因变量的关系，其数据分析结果表明：自变量手段导向各维度即试验（$\beta=0.233$，$P\leqslant0.001$）、可承担损失（$\beta=0.162$，$P\leqslant0.05$）、柔性（$\beta=0.398$，$P\leqslant0.001$）及先前承诺（$\beta=0.127$，$P\leqslant0.05$）均对因变量新企业创业能力具有积极影响。假设 $H_{5\text{-}1a}$~$H_{5\text{-}1d}$ 得到支持。

表 5.4　手段导向、知识获取与新企业创业能力关系的回归模型

因变量	新企业创业能力		知识获取	新企业创业能力	
	模型 0	模型 1	模型 2	模型 3	模型 4
企业年龄	0.017	0.015	−0.087	0.060	0.042
企业规模	−0.138	−0.048	0.034	−0.094	−0.058
创业经验	0.112	0.037	0.125*	0.010	0.001
企业所处区域	0.190*	0.021	0.030	0.102	0.014
试验		0.233***	0.176**		0.175**
可承担损失		0.162*	0.146*		0.113
柔性		0.398***	0.249**		0.316***
先前承诺		0.127*	0.165*		0.076
知识获取				0.628***	0.321***
R^2	0.053	0.503	0.355	0.424	0.569
调整后的 R^2	0.034	0.482	0.328	0.409	0.548
F 值	2.773*	23.887***	13.096***	29.255***	27.544***

*表示$P<0.05$，**表示$P<0.01$；***表示$P<0.001$
注：$N=215$

　　如表 5.4 所示，模型 2 反映自变量手段导向各维度即试验（$\beta=0.176$，$P\leqslant0.01$）、可承担损失（$\beta=0.146$，$P\leqslant0.05$）、柔性（$\beta=0.249$，$P\leqslant0.01$）及先前承诺（$\beta=0.165$，$P\leqslant0.05$）对中介变量知识获取具有积极影响。模型 1 和模型 2

的分析结果表明自变量对中介变量与因变量均具有显著的作用。模型 3 分析知识获取与新企业创业能力的关系,其数据表明中介变量知识获取对因变量新企业创业能力具有积极影响($\beta=0.628$,$P\leqslant0.001$)。模型 4 数据分析结果表明在知识获取的中介作用下($\beta=0.321$,$P\leqslant0.001$),试验与新企业创业能力间的 β 系数大小和显著性均有明显下降($\beta=0.175$,$P\leqslant0.01$),可承担损失($\beta=0.113$,$P>0.05$)和先前承诺($\beta=0.076$,$P>0.05$)与新企业创业能力间的 β 系数大小下降,并且两者关系变不显著。综上,假设 H_{5-2a}、H_{5-2b}、H_{5-2d} 均得到支持,即知识获取在试验、可承担损失、先前承诺与新企业创业能力间关系中具有中介作用。而柔性($\beta=0.316$,$P\leqslant0.001$)与新企业创业能力间的显著性却没有发生变化。因此,假设 H_{5-2c} 未得到支持。

4. 结论与讨论

1)理论贡献与实践启示

本节研究的理论贡献在于:其一,引入手段导向理论为分析转型经济背景下新企业组织层面的创业能力构建机理提供了有效的理论视角。本节对手段导向对创业能力的影响机理进行深入的理论探讨和实证检验,为 Sarasvathy 等(2010)提出的创业能力与手段导向可能存在相关性的观点提供了理论基础和实证依据,这有助于从手段导向的理论视角深化和拓展新企业组织层面的创业能力研究。其二,探索并检验手段导向对知识获取、创业能力的影响,有助于推动手段导向理论的发展。已有实证研究较多地关注了手段导向对新企业绩效的影响及其权变因素,本节研究创新性地验证了手段导向对新企业创业能力的影响及知识获取在其中的中介作用,这对于手段导向理论的进一步发展具有重要意义。

本节研究的结论对于中国转型经济情境下新企业如何构建创业能力具有重要的启示意义。独特的制度和市场环境造成创业环境的高不确定性和强资源约束并存,中国新企业的成功尤其需要运用手段导向持续提升创业能力。具体而言,转型经济情境下的新企业可以在可承担损失的原则下通过试验和获取战略合作伙伴的先前承诺从而获取相应的实时信息及隐性的资源整合和利用经验,而这些知识的获取是新企业构建识别和利用机会的组织惯例的核心要素。然而,在高度动荡的市场和技术环境下,中国新企业为了快速抓住转瞬即逝的机会生存下来,往往更倾向于借助柔性直接整合有形资源而不是获取知识以快速提升把握新兴机会的创业能力。

2)基本结论及研究局限

本节以转型经济情境为研究背景,运用手段导向和组织学习理论以探索手段导向、知识获取和新企业创业能力之间的关系。研究结果表明：手段导向各维度，即试验、可承担损失、柔性和先前承诺，对新企业创业能力具有积极影响；此外，知识获取是中国新企业运用手段导向的三个维度即试验、可承担损失和先前承诺以构建创业能力的重要中介，然而知识获取在柔性与新企业创业能力关系间的中介作用却并不明显。

本节研究也存在一些局限性，这为未来进一步深入研究提供了方向。其一，手段导向的度量存在不足，如 Chandler 等（2011）指出应该增加测量先前承诺的题项。未来研究可以结合案例访谈提炼和完善手段导向的量表。其二，鉴于时间和精力的局限性，本部分研究使用的数据仅来自长春市和北京市两个创业活跃程度差异较大的北方城市，为了提升样本数据的代表性，未来研究还需要收集来自广州、深圳等南方城市，以及创业活跃度处于中等水平的成都、大连等城市的新企业数据加以实证分析。其三，本部分研究仅从截面数据分析手段导向、知识获取与创业能力的静态关系，难以捕捉随着生命周期的推移核心变量间关系的变化，未来研究可以采用动态案例跟踪的方法探索新企业创业能力构建机制的动态规律（郭润萍，2016）。

5.4.2　学习导向对创业学习的影响

1. 问题的提出

创业学习可界定为通过获取和开发创业知识、技能和能力创建新企业或推动新企业成长的学习行为（Hamilton，2011）。创业学习更加聚焦于创业领域的学习，成为组织学习的一个新的分支。Harrison 和 Leitch（2005）指出不断发展的创业领域为组织学习提供了一个新的学术情境，但目前组织学习主要应用于管理学领域，在创业领域的应用还非常有限，在组织学习和创业领域的交界处存在潜在的研究空间。新企业具有新而小的劣势，为克服这样的天生劣势，新企业必须更加高效地进行创业学习以快速捕捉和开发市场机会。然而创业学习失败的例子屡见不鲜，新企业极低的创生率和成长速度便是很好的证据，如何进行有效学习成为大多数新企业所面临的难题，从态度—行为—绩效的范式看，学习导向作为一种学习的价值观和文化，是创业学习行为的重要驱动因素。高学习导向的企业具备积极的学习环境，能够持续不断地驱动组织有效学习，但学习导向只有驱动有效创业学习行为才能真正带来新企业竞争优势的提升。创业学习本质上是对创业知识的处理过程，主要存在两种知识处理方式，即知识外部获取和内部开发（Zhao et al.，2011），这对应于两种学习行为，一是侧重于外部新知识获取的探索式创业学习，二是侧重于内部知识开发和整合的利用式创业学习，学习导向能够驱动两种创业学习行为。

从已有研究看，有关学习导向的国外研究成果出现较早，主要关注学习导向对企业绩效的影响并探索两者之间关系的权变因素。学习导向近年来也引起国内学者的关注，有些学者实证研究了学习导向对组织绩效的影响，并检验了知识整合、组织创新、知识管理能力、产品创新等变量的中介作用。然而，学习导向如何有效驱动创业学习行为才能带来新企业竞争优势的提升仍需深入研究。因此，本部分研究构建了学习导向、双元创业学习与新企业竞争优势之间关系的理论模型，旨在揭示学习导向如何通过探索式与利用式创业学习行为从而提升新企业竞争优势，并研究探索式和利用式创业学习对新企业竞争优势的互补作用。本部分研究主要理论贡献为推动了创业理论与组织学习理论的有效融合，拓展和丰富了创业学习的研究，同时对于新企业树立创业学习导向、有效开展双元创业学习具有现实意义。

2. 理论假设

1）学习导向—探索式创业学习—新企业竞争优势的路径研究

学习导向不但能够促进企业现有知识的精炼和利用从而加强利用式创业学习，其价值更体现于对探索式创业学习的推进作用。探索式创业学习指新企业在组织边界外积极地探索和获取新知识和新技术，而学习导向反映了新企业积极寻求新知识和挑战现状的倾向。学习承诺、共同愿景和开放思维是学习导向的基本构成。学习承诺指新企业对学习的重视程度，是形成组织学习氛围的基础；共同愿景是整个新企业对学习方向的聚焦；开放思维是新企业批判性地评估已有心智模式，并接受新思想的意愿。学习导向使新企业重视探索式创业学习，鼓励组织成员"跳出黑箱思考"（think outside a box）。与利用式创业学习相比，探索式创业学习要求新企业具有更高程度的学习承诺、开放思维和共同愿景。探索式创业学习的前提是新企业必须乐于质疑其有关使命、顾客、能力或战略等方面的认知，挑战已有的心智模式，达到新的信息学习边界和利用新的信息编译方式，而这一前提只有通过高学习导向才能得以加强。学习导向反映了新企业质疑已有创业知识的价值观，重视探索新的创业知识，从而使新企业致力于开展探索式创业学习行为。

探索式创业学习能够提升新企业竞争优势，主要体现为两个途径。首先，探索式创业学习有利于新企业从外部获取新的创业知识，这些新知识成为企业创造力的来源。初创的新企业将经历一个艰难的摸索过程，这一过程中存在大量的外部知识需求，外部新知识的有效获取无疑能够有效指导新企业整合创业资源，开发创业机会，提高新企业的市场进入速度，因此探索式创业学习所获取的新知识对于新企业早期成长十分关键。其次，探索式创业学习能够加强外部新知识在企业机会开发和资源开发过程中的有效应用，机会开发和资源开发是一个创造性过程，需要新企业高管团队和雇员共同发挥创造力，否则很难形成新企业竞争优势，而探索式创业学习推崇创业知识的创造性应用，能够从根本上推动外部新知识转化为新企业竞争优势。因此，学习导向能够通过促进新企业探索式创业学习增强新企业竞争优势，由此提出假设如下。

$H_{5\text{-}3}$：探索式创业学习在学习导向与新企业竞争优势之间发挥中介作用。

2）学习导向—利用式创业学习—新企业竞争优势的路径研究

学习导向能够促进新企业的利用式创业学习。利用式创业学习指新企业对已有创业知识的扩散、共享和利用。学习导向会影响新企业搜集什么样的知识，知识如何被编译、评估和共享。具体看，学习导向的三个维度都能够促进利用式创业学习。学习承诺提供了新企业高管团队和雇员进行利用式创业学习的动力；共同愿景明晰了新企业的学习方向，没有学习愿景，组织成员的学习将没有任何意义；开放思维能够促进新企业成员彼此之间知识的批判性交流和共享，使企业持续地、前瞻性地质疑已有知识，促进组织遗忘，从不同视角审视和创造性地利用已有知识。由于在很多行业中知识淘汰的速度很快，开放思维使已有知识的利用更具建设性，并通过组织遗忘更新知识基础。

利用式创业学习强调对新企业现有知识的精炼和深化。利用式创业学习作为一种适应机制几乎能够自动对刺激做出反应，进而在过程和结果中做出相应变化。具体看，利用式创业学习能够使新企业采取相应的变化行为对组织情境和刺激，如组织氛围、文化、目标、规范、政策、流程、决策方式等方面的变化做出反应。利用式创业学习由于注重于对新企业已有知识的创造性组合和利用，因此通常更能够产生预期和确定的企业绩效。同时，在不断进行的利用式创业学习过程中，新企业内部通常能够逐渐形成一种良性的互动机制，使其能够在面对不可预知需求、变化、挑战或非常规情境时做出适当反应。因此，学习导向能够通过促进新企业利用式创业学习进而增强新企业竞争优势，由此提出假设如下。

$H_{5\text{-}4}$：利用式创业学习在学习导向与新企业竞争优势之间发挥中介作用。

3）探索式与利用式创业学习对新企业竞争优势的互补影响

探索式和利用式创业学习代表了不同的知识处理方式，在创业机会开发和资源整合过程中发挥着不同的功能和作用，前者强调对外部创业新知识的获取，后者强调对已有创业知识的创造性组合和利用。探索式创业学习能够为新企业补充新的创业知识，增加已有知识基础，已有创业知识则有利于对新知识的识别和获取，两者能够互相促进，共同加强新企业竞争优势。两者的互补作用能够在已有研究中找到证据，有些学者强调两种学习方式是共存和互相促进的关系，如

Fang 等（2010）认为可以利用半独立的组织结构实现探索式与利用式学习的平衡。Su 等（2011）认为在有机的组织结构下，探索式和利用式学习具有互补关系。Swart 和 Kinnie（2007）认为可以将探索式与利用式学习放在短期和长期的时间框架内以同时实现两种学习。从对竞争优势的促进作用看，利用式创业学习能够产生更确定的短期回报，提高新企业的财务绩效，而探索式创业学习则成为新企业可持续成长的源泉，能够提高新企业的成长绩效，两者相互补充地提升新企业的竞争优势。由此提出假设如下。

H$_{5-5}$：探索式和利用式创业学习对新企业竞争优势具有互补影响。

3. 实证研究

1）样本与数据收集

本部分研究采取问卷调查法搜集数据。Miller 和 Camp（1985）、Zahra（1993）提出创建时间在 8 年以内的企业可视为新企业，本部分研究根据这一标准选择新企业样本，调查样本主要来自吉林省，共收回有效问卷 403 份。

2）变量测量

（1）学习导向的测量。采用 Farrell 和 Mavondo（2004）的量表，使用 10 个指标测量（LO1~LO10），测量题项如 "管理层基本认同组织学习能力是企业竞争优势的关键" "组织的基本价值观包括学习应该作为关键内容来完善" 等。

（2）利用式和探索式创业学习。借鉴 Su 等（2011）的量表，利用式创业学习采用 5 个指标测量（AL1~AL5），测量题项如 "企业在熟悉的产品和技术领域升级了已有的创业知识和技能" 等。探索式创业学习采用 5 个指标测量（GL1~GL5），测量题项如 "能够获得对企业而言全新的创业技术和技能" 等。新企业竞争优势借鉴了 Wu 和 Ho（2009）的量表，使用生产效率很高（FCA1）、产品质量很高（FCA2）、创新速度很快（FCA3）来测量。

（3）控制变量。选择企业年龄、企业规模和企业行业作为控制变量，其中企业规模用员工人数测量。

3）回归分析结果

在表 5.5 中，模型 1、模型 3、模型 5 分别检验控制变量与探索式创业学习、利用式创业学习和新企业竞争优势的作用关系。模型 2、模型 6 和模型 7 检验了学习导向—探索式创业学习—新企业竞争优势之间的路径关系，结果表明学习导向对探索式创业学习具有正影响（$\beta=0.136$，$P=0.037$），学习导向对新企业竞争优势具有正影响（$\beta=0.328$，$P=0.000$），探索式创业学习对新企业竞争优势具有正影响（$\beta=0.158$，$P=0.007$），说明探索式创业学习在学习导向与新企业竞争优势之间具有部分中介效应，假设 H_{5-3} 获得支持。模型 4、模型 6 和模型 7 检验了学习导向—利用式创业学习—新企业竞争优势之间的路径关系，结果表明学习导向对利用式创业学习具有正影响（ $\beta=0.394$ ， $P=0.000$ ），利用式创业学习对新企业竞争优势具有正影响（ $\beta=0.276$ ， $P=0.000$ ），说明利用式创业学习在学习导向与新企业竞争优势之间具有竞争中介效应，假设 H_{5-4} 获得支持。模型 8 检验了两种创业学习行为对新企业竞争优势的互补影响，结果表明两者的互补影响不显著（ $\beta=-0.003$ ， $P=0.939$ ），不支持假设 H_{5-5} 。

表 5.5　学习导向、双元创业学习与竞争优势关系的回归模型

变量	探索式创业学习		利用式创业学习		竞争优势			
	模型 1	模型 2	模型 3	模型 4	模型 5	模型 6	模型 7	模型 8
控制变量								
企业年龄	−0.032 （0.289）	−0.029* （0.030）	0.043* （0.294）	0.052 （0.173）	−0.007 （0.842）	0.000 （0.992）	−0.014 （0.687）	−0.014 （0.692）
企业规模	−0.012 （0.813）	−0.043* （0.050）	0.085Ψ （0.205）	−0.005 （0.940）	0.038 （0.531）	−0.037 （0.531）	0.017 （0.772）	0.017 （0.770）
创业者创业时年龄	−0.030 （0.634）	−0.029Ψ （0.062）	0.087Ψ （0.309）	0.089 （0.259）	0.100 （0.198）	0.102 （0.162）	0.081 （0.269）	0.081 （0.270）
创业者创业时学历	0.176*** （0.001）	0.173* （0.050）	−0.082Ψ （0.234）	−0.091 （0.154）	0.121Ψ （0.055）	0.113Ψ （0.055）	0.116Ψ （0.056）	0.115 （0.057）
自变量								
学习导向		0.136* （0.037）		0.394*** （0.000）		0.328*** （0.000）		
探索式创业学习							0.158** （0.007）	0.171 （0.333）
利用式创业学习							0.276*** （0.000）	0.293 （0.208）
探索式创业学习× 利用式创业学习								−0.003 （0.939）
控制变量								
R^2	0.074	0.104	0.013	0.160	0.015	0.137	0.132	0.132
调整后的 R^2	0.062	0.090	0.001	0.148	0.003	0.124	0.117	0.114
F	6.354***	7.683***	1.054	12.640***	1.242	1.483***	8.608***	7.514***
df1/df2	5/398	6/397	5/398	6/397	5/398	6/397	7/396	8/395

4. 结论与讨论

1）理论贡献与实践启示

本部分研究的主要理论贡献在于能够加强创业理论和组织学习理论的融合，丰富创业学习研究。将一个理论或方法有效地应用和移置于另一理论，通常能够

同时刺激两个理论的创造性发展，并能够以新方式为旧有问题提供新的理论基础和解决方案。尽管近年来创业领域得到学术界的高度重视，但其缺乏深厚的理论基础，一些社会科学理论在创业领域的应用在某种意义上看仍是不准确、相互矛盾和不完整的，主要原因在于这些理论在创业领域很难找到其理论根源。对于具有新生劣势的新企业而言，创业学习成为其获得和整合创业知识以有效推进创业过程的关键，但目前我们在学习与创业过程的交互领域具有有限理解与认知，在创业情境下的组织学习问题仍是创业领域中一个被忽视的问题，创业学习的驱动因素、创业学习过程和结果等问题都需要进一步深入研究。在创业情境下研究学习问题，有可能助推创业理论和组织学习理论的发展。因此，本部分研究以态度—行为—结果的范式构建学习导向—双元创业学习—新企业竞争优势的理论模型，以揭示学习导向如何通过推进探索式和利用式创业学习行为，进而提升新企业竞争优势。从目前学习导向的研究看，多数学者沿用 Sinkula 等（1997）的观点，倾向于将学习导向视为一种组织文化和价值观，但在研究过程中通常将其等同于组织学习过程，将学习文化与学习行为混淆，为此，本部分研究区分学习导向与学习行为的内涵，并将创业学习划分为探索式和利用式创业学习两个维度，弥补了创业学习研究的不足。

研究表明学习导向能够有效驱动双元创业学习行为进而提升新企业竞争优势。该结论对于新企业的实践启示如下。

首先，新企业应致力于学习导向的培育和实施，形成积极的组织学习氛围，并发挥学习导向对创业学习行为的关键驱动作用。学习导向由共同愿景、学习承诺和开放思维构成。共同愿景令组织成员具有明确的学习方向和目标。学习承诺使新企业将学习活动放在重要位置。对学习的重视体现在组织政策、规范和流程当中，并能够在企业内部传递，形成一种学习氛围，为成员提供持续的学习机会。开放思维鼓励员工前瞻性地质疑组织流程和实践，促使员工从以往成功和失败中学习，不断引入新创业知识，更新创业知识基础。开放思维鼓励组织遗忘和超越自我，通过组织遗忘抛弃过时的创业知识和已有心智模式，建立新的心智模型，使组织长期具备探索和推理能力。

其次，学习导向是一种学习的态度和价值观，具有文化传承作用。组织层面学习导向的树立，可以传递到个体和团队层面。新企业不但要在组织层面建立学习导向，还应致力于培育雇员和团队学习导向，在个体、团队和组织层面均具备积极的学习文化和氛围，在整个组织范围树立学习导向，弘扬学习文化，这种学习文化会逐步渗透，影响和推动个体和团队的学习行为。

最后，学习导向的树立和培育是一个长期过程，应长期关注和投入，短期内难以产生明显效果，而一旦形成就会对创业学习产生巨大的促进作用。

2）基本结论及研究局限

影响新企业竞争优势的关键因素是什么？我们的回答：①新企业从创建伊始就着重培育学习导向，能够使其形成浓厚的创业学习文化和价值观，从而直接影响新企业竞争优势；②探索式和利用式创业学习在学习导向与新企业竞争优势之间具有中介影响，学习导向能够通过推动双元创业学习，进而提升新企业竞争优势。基于中国新企业问卷调查的实证研究结果支持探索式和利用式创业学习在学习导向与新企业竞争优势之间的中介作用，但不支持探索式和利用式创业学习对新企业竞争优势的互补影响，说明两者的平衡与互补作用需要在特定的组织情境下才能实现，而我们面临的研究问题正是什么样的组织情境才能实现两者的平衡和互补，以达到双元创业学习的最佳匹配。

本部分研究采用中国新企业数据进行实证分析，所反映的结论更适用于中国转型经济情境，但本部分研究对转型经济创业情境下创业学习行为的独特性分析还不够深入，转型经济创业情境对中国新企业创业学习过程的影响机制和路径还需要深入揭示。此外，创业学习的研究须在以下方向拓展：第一，创业学习的构念和体系尚待进一步清晰和完善，需要从创业学习主体、研究层面、创业学习过程和学习方式等多个角度明确创业学习的内涵；第二，加强创业学习在个体、团队和组织层面的转移机制研究，目前创业学习多基于创业者个体层面展开研究，忽视了新企业其他成员的学习主体作用，这显然不利于新企业形成全员的学习氛围和创业精神；第三，加强创业学习对机会开发、资源开发过程和新企业创业有效性的影响机制研究（朱秀梅，2014）。

5.4.3　变革领导力对组织学习的影响

1. 问题的提出

当今环境充满竞争压力，市场持续增加的动荡性和不确定性，技术的快速交叠与更替，以及其他持续变动的政治和社会因素不断呼唤新的和有效的组织形式。这些组织的内生和外生变化是动荡的、无所不在的、长期存在的过程。在这种情境下，学习型组织成为最有效的组织形式，组织学习变得至关重要，组织学习可界定为组织持续获取新知识，并不断调整自身来适应内外部环境变化，以保持组织可持续发展的过程（Chen et al.，2005）。通过学习创造的信息作为重要的战略输入，能够帮助组织超越竞争对手，先于竞争对手达成组织目标。对信息时代的组织而言，学习即意味着竞争优势，所以很多组织将打造学习型组织作为首要目标。组织学习是变化的先驱，是促进组织适应当前竞争环境变化的重要工具，持续地进行组织学习成为高不确定环境下组织必须完成的复杂任务，而快速变革情境下的有效组织学习对领导力质量提出了更高的要求。变革领导力是适应高不确定环境的新型领导力，组织学习文献表明变革领导力能够影响组织学习能力，对于打造学习型组织至关重要，没有变革领导力学习型组织就不可能存在。在学习型组织中，变革领导发挥了导师、设计者和组织者等多重功能，变革领导能够清晰界定组织使命、愿景和价值观，制定战略、结构和方针政策，帮助下属不断发展心智模式和系统思维能力，创造有效的学习过程（Franco and Almeida, 2011）。

变革领导力对组织学习的驱动作用需要通过一定的路径才能实现，其中最重要的路径是发挥雇员的学习主体作用。人力资源是组织有效运行的最有价值和最必不可少的要素，合格的和能动的人力资源对取得组织目标至关重要，组织的成功有赖于努力工作、忠诚并积极参与企业运营的雇员，在全球化竞争背景下，企业间竞争的实质就是人力资本的竞争。但由于雇员彼此之间具有物理、心理、文化、道德和种族的差异性，雇员管理质量在很大程度上依赖于组织领导力的质量。变革领导是一种现代化管理方式，是一个改变和变革他人的体系，变革领导力是加强雇员组织承诺、雇员工作满意和雇员创造力的关键因素，三者对促进雇员学习具有决定意义，是变革领导力与组织学习之间的关键路径。尽管有些学者强调变革领导力能够创造公开和心理安全的组织学习氛围，设计相应组织结构和造就适宜组织文化，并通过各种行为和服务来影响组织学习，改善组织学习活动的过程和结果，但关于变革领导力对组织学习的影响路径和机理还需要进一步研究。因此，本部分研究以雇员组织承诺、雇员工作满意和雇员创造力为中介变量，研究变革领导力对组织二元学习的影响机制。本部分研究的意义主要在于：第一，基于高不确定环境下探索式和开发式组织学习的折中和平衡需求，揭示变革领导力对探索式和开发式双元组织学习的影响机制，对于充分利用变革领导力改善组织学习效果，实现双元学习平衡具有重要理论和实践价值；第二，研究雇员组织承诺、雇员工作满意和雇员创造力在变革领导力与双元组织学习之间关系中的中介效应，能够深入揭示变革领导力对组织双元学习的影响路径，对于发挥雇员在组织中的学习主体作用具有理论和实践意义。

2. 理论假设

变革领导力能够推动组织变革，是组织学习的重要驱动力量。组织学习主要包括探索式和开发式学习两种形式，即所谓的双元学习。探索式与开发式学习之间的折中问题近年来引起学者的关注（Fang et al., 2010），因为在动荡的内部与外部环境下，同时利用已有知识资源和探索新知识的能力对企业具有关键意义。March（1991）在其探索式与开发式学习的开创性研究中强调，企业需要在开发新知识、新技术和新能力的探索式活动与利用企业已有知识或能力基础的开发式活动之间取得平衡。竞争环境的持续变化带来了调整和利用新技能的持续需求，同时缩短了企业能够利用以往技能的时间，迫使企业在保持稳定性与效率的同时，采取探索式活动以应对快速变化和不可预测的环境。由于二者之间的固有差异，取得探索式与开发式活动的平衡难度很大，探索式学习强调对新知识的利用，探索活动产生的新知识与企业已有知识基础差异很大，可能涉及企业从未涉及过的技术或领域。开发式学习强调有限变化，建立在企业已有知识的基础上，通过限制变化，使企业能够在短期内提高绩效。与开发式学习相比，探索式学习的回报更加不确定，时间上更遥远，导致许多企业倾向于优先选择开发式活动，即使在非常规和不可预见情境下，许多企业仍宁愿舍弃新方案而采取"真实和确定性高"的方案。开发式学习的诸多短期优势使很多企业形成短视偏见，过多强调开发式学习而以牺牲探索式学习为代价，这种短视思想具有自毁性，使企业陷入次级优化平衡的陷阱。因此，取得探索式与开发式学习的平衡是许多企业面临的问题。尽管两种学习方式确实存在争夺资源的矛盾，但许多学者仍强调两种学习方式是可以共存和互相促进的（Fang et al.，2010）。企业既需要实现短期绩效，更需要拥有长远发展的潜力，尽管相关研究有所增加，但如何取得两种学习方式之间平衡的问题仍悬而未决，需探索能够共同促进双元学习的影响因素。因此，本部分研究将探索式和开发式学习作为组织学习的双元维度，研究变革领导力对双元组织学习的影响。

雇员是学习的主体，而学习效果取决于雇员的组织承诺、工作满意度和创造力。组织承诺可界定为员工对工作和组织的参与程度，组织承诺可归因于雇员忠于组织的程度，以及可否将自己视为组织一部分的意识。组织承诺极其重要，具有组织承诺的雇员不会有辞职倾向，缺勤少，具有追求卓越的高度动力。变革领导力是决定雇员承诺的关键因素，对领导者/管理者感到愉悦并感觉到被领导尊敬、欣赏和重用的雇员，会有更高的组织承诺和归属感。工作满意指由工作和工作体验所导致的愉快和积极情感状态，即雇员对其工作、工作经历和体验的情感反应。工作满意最终能够带来高组织承诺和高工作绩效以确保组织成功，因而成为研究者广泛关注的话题。变革领导力会积极影响雇员工作满意度，Hamidifar研究发现在不同领导风格中，变革领导力比其他领导风格能够更积极地影响雇员工作满意度。雇员创造力指雇员形成和发展关于产品、服务、流程和实践的新颖和有用的想法。动荡的雇佣环境和多变的劳动力市场迫使组织持续不断地提高雇员创造与创新能力以取得和保持竞争优势。因此，雇员创造力的前因、机制与结果引起越来越多的研究关注。变革领导力是培育员工创造力的最重要因素之一，然而变革领导力对创造力影响的实证研究仍不多见，两者的影响机制还需要进一步揭示。根据上述的理论推导，如图 5.8 所示，本部分研究建立以雇员组织承诺、雇员工作满意、雇员创造力为路径的变革领导力对双元组织学习影响的理论模型。

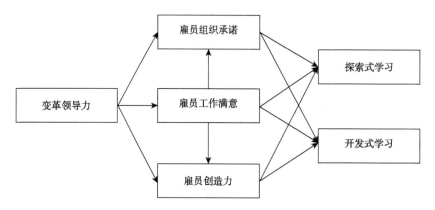

图 5.8　变革领导力对双元组织学习影响路径理论模型

1) 变革领导力、雇员组织承诺和双元组织学习关系研究

组织承诺是雇员对组织的忠诚程度，组织承诺是一个持续过程，这一过程体现了组织参与者对组织良好运营和持续成功的关注。组织承诺是雇员对组织的积极感受，这种感受促使雇员将自己视为组织的一部分，积极识别和认知组织的目标、价值观、标准和道德准则。Meyer 和 Allen 提出了组织承诺的三个维度：情感型（affective）、规范型（normative）和持续型（continuance）。情感型承诺指雇员在达成组织目标过程中的身份和参与程度，规范型承诺指雇员因感觉其对组织负有义务而持续为组织工作，持续型承诺指雇员因不能承担离开组织的成本而继续为组织工作。雇员组织承诺对组织发展至关重要，是影响员工追求卓越绩效、提高工作效率和改善工作技能的最重要驱动力。变革领导力是一种更优的领导风格，能够促进员工组织承诺和提高其生产效率。有些研究证实了变革领导力对组织承诺的积极影响，变革领导力是决定员工组织承诺的最有效的领导力。变革领导力能够通过改善员工价值观，强调雇员努力和目标达成之间的关联影响，为达成组织最终的共同愿景、使命和目标而创造更高程度的雇员承诺，变革领导行为能够同时促进雇员的持续型承诺、规范型承诺和情感型承诺。

雇员组织承诺对组织双元学习具有积极影响。一方面，组织承诺能够促进雇员个体学习。组织承诺意味着雇员认同、采纳、忠于并具有强烈的意愿持有组织的使命、目标和价值观，组织承诺成为有效利用人力资本的最重要组织问题。没有组织承诺，学习就不可能完成，也不可能将组织学习转化为学习型组织。信息经济时代的组织竞争特点呈现出更高程度的全球化、更加灵活、更强的顾客导向和学习导向并且更依赖团队工作，这些竞争要求使组织学习更需要雇员具有高水平的组织承诺，能够整合他们的情感、智力和物理精力以取得组织成功。有些研究指出具有高组织承诺的雇员会努力奋斗以达成超越组织对其期望的目标，而组织学习是实现其奋斗目标的重要路径，高组织承诺会驱动雇员积极主动地学习，获取完成工作任务所需的知识，以高效完成组织任务，从而促进开发式学习。同时，具有高组织承诺的雇员也会努力获取和利用新知识和新技术，为组织增加新的知识储备和贡献新的增长点，从而促进探索式学习。另一方面，组织承诺能够促进集体学习，因为组织承诺能够促进个体学习和个体知识扩散到组织层面，信息共享和信息共享文化是组织学习的必备条件。组织承诺能够积极促进信息共享和交流，具有高承诺的组织能够成功获取和创造知识与信息，承诺水平越高，雇员越会与其他雇员共享和交流信息（Thompson and Heron，2005）。组织承诺使雇员之间更乐于彼此交流自己的技能和知识以共同完成工作任务和创造性地解决问题，从而加强对组织已有知识的利用和对新知识的涉猎、组织扩散和存储，进而促进组织探索式和开发式学习。由此提出假设如下：

H_{5-6a}：雇员组织承诺对变革领导力与探索式学习之间关系具有中介影响。

H_{5-6b}：雇员组织承诺对变革领导力与开发式学习之间关系具有中介影响。

2）变革领导力、雇员创造力与双元组织学习关系研究

相关研究表明，创造力作为新奇和有益思想的产生来源（Amabile，1996），是组织生存和竞争力的基础（George and Zhou，2002；Oldham and Cummings，1996）。创造力对于组织发展具有重要的价值，因此研究雇员创造力的前因和结果变量变得极为重要（Zhou and Shalley，2008）。

一些研究指出当领导者采取变革领导风格时，雇员创造力会得到促进（Jaussi and Dionne，2003）。变革领导力能够通过扩大和升级跟随者的目标和以显性或隐性交换形式为员工提供超越期望绩效的信息来影响下属（Dvir et al.，2002）。变革领导力由四方面构成：魅力角色模型，指领导者因其独特人格魅力和能力被下属钦佩、尊敬、信任和爱戴；精神激励，指变革领导者能够设定愿景，描述达成愿景的路径，通过创造个体和团队精神鼓励员工达成愿景（Bass et al.，2003）；智力激励，指领导者通过鼓励员工以全新方式解决问题来提升员工的创新和创造能力，且员工不会因为错误而受到苛责（Bass et al.，2003）；个体关怀，强调领导者对于开发潜能、关注员工业绩和成长需要，开发学习机会的指导作用（Bass et al.，2003；Bass and Riggio，2006）。变革领导者的魅力角色模型为雇员树立了创造角色模型，员工学习和复制领导者的创造精神和创造思维；智力激励鼓励员工创造性地解决问题，为员工设定了创造的期望；精神激励和个体关怀使员工克服挑战现状的恐惧（Gong et al.，2009），为雇员提供了创造的积极性和动力。总体看，变革领导力的四个构成要素能够积极

促进雇员创造力（Shin and Zhou，2003），变革领导者能够促进跟随者的自主性和最大限度地利用他们的知识和经验（Bass，1985；Dviret al.，2002），提高雇员开发新思想和以新方式解决问题的能力，提升雇员创造力。

雇员创造力对组织双元学习的推动作用表现在以下方面：第一，雇员创造力是雇员有效学习的先决条件。探索式学习是根据环境和组织内部情境变化，调整和利用组织已有知识；开发式学习是对新知识和新技术的获取和利用，不论是探索式学习还是开发式学习都是一种创新行为，只有雇员具有相应的创造力，才能有效进行探索式学习和开发式学习，其中探索式学习对雇员创造力提出了更高的要求。第二，创造力能够推进和缔造学习行为。创造力可理解为一个过程，在这一过程中雇员针对追求和达成目标时所面临的挑战和问题提出新奇和有用的方案，在聚焦于创造性问题识别和解决过程中，引发和产生了实际的学习行为，即涉及加强现有知识调整和利用的探索式学习，也涉及对新知识和新技术的发掘和利用。由此提出假设如下：

H_{5-7a}：雇员创造力对变革领导力与探索式学习之间关系具有中介影响。

H_{5-7b}：雇员创造力对变革领导力与开发式学习之间关系具有中介影响。

3）变革领导力、雇员工作满意与双元组织学习关系研究

组织的成功高度依赖于其雇员的满意度，具有更高满意度和更加幸福的雇员能够为组织创造更高的生产率和利润（Saari and Judge，2004）。工作满意帮助雇员发展积极的态度，培养他们的道德素养，提升工作绩效，并创造愉悦的工作关系。对工作满意的雇员具有更强的创造力和创新性，根据市场情况做出积极的变化，以帮助企业成长和繁荣发展（Bushra et al.，2011）。

变革领导力具有支持性、高效性和创新性的本质，能够提升雇员满意度和避免员工流失。有些研究认为变革领导力能够促进雇员满意，如 AL-Hussami（2007）认为变革领导力会积极影响雇员工作满意度。工作满意度由多个方面构成，包括对工作本身、管理者、合作者、薪酬水平、升职机会、公司政策、工作安全等的满意程度（Churchill et al.，1979）。在变革领导力的四个维度当中，变革领导者的魅力角色模型，使雇员能够折服于领导者的能力，感受到组织和自身的发展前景，乐于在其领导下努力工作，容易产生更好的工作绩效，提高工作满意度；变革领导者的精神激励使雇员能够识别和理解富有吸引力的前景和目标，使其拥有工作动力，并产生作为企业一分子的主人翁意识，这是其努力工作和提高工作满意度的先决条件；变革领导者的智力激励鼓励雇员创造性地解决问题，使雇员能够享受到创造性带来的物质补偿和精神愉悦；变革领导者的个体关怀能够创造雇员特征和能力与工作任务特征之间的最适宜匹配，从而最大限度地激发出雇员的工作潜能。所以变革领导力能够通过促进雇员的工作积极性、主动性和努力程度，提高雇员对薪酬和升职等的工作满意程度。同时，工作满意能够通过

领导者绩效和领导者与雇员之间的有效监督互动而得到促进，变革领导者还会致力于识别和解决员工冲突（Miles and Mangold，2002），发展雇员之间信任，建立雇员之间的和谐工作关系，提高雇员对合作者的工作满意。

工作满意能够在几方面促进组织学习：第一，工作满意能够促进雇员个体学习，对薪酬和升职等的满意和期望使雇员具有学习的积极性和主动性。对工作满意的雇员对工作有更大兴趣，更倾向于通过有效学习提升工作绩效。第二，工作满意能够促进集体学习，工作满意不仅体现于雇员对自身工作报酬和个体发展的满意，也包括对领导者和其他组织成员之间关系的满意，满意的工作关系使雇员更乐于交流和分享知识，提高组织的知识积累和知识利用效率。第三，工作满意能够促进雇员的持续性学习。因与雇员的去留直接相关，工作满意成为越来越重要的话题。雇员的去留也是当今企业所面临的一大挑战，因为企业在选择、培训和激励员工时付出了一定的投资，员工的去留直接影响了学习的持续性。由于开发式学习要求一定的知识持续性，因此，工作满意会影响开发式学习。工作满意能够促雇员对现有知识和新知识的获取，并能够通过知识交换和共享提高知识的积累和利用，因此，能够同时促进探索式和开发式学习。

工作满意有利于提高雇员组织承诺和雇员创造力。工作满意消除了员工的离职意向，更愿意致力于提高目前的工作业绩，并能够提高对组织的忠诚和承诺。对工作满意的雇员具有更强的创造力和创新性，更倾向于根据市场情况做出积极变化，以帮助企业成长和繁荣发展（Bushra et al.，2011）。由此提出假设如下：

H_{5-8a}：雇员工作满意对变革领导力与探索式学习之间关系具有中介影响。

H_{5-8b}：雇员工作满意对变革领导力与开发式学习之间关系具有中介影响。

H_{5-9a}：雇员工作满意对雇员组织承诺具有正影响。

H_{5-9b}：雇员工作满意对雇员创造力具有正影响。

3. 实证研究

1）样本与数据收集

Miller 和 Camp（1985）、Zahra（1993）提出创建时间在 8 年以内的企业可视为新企业，本书根据这一标准选择新企业样本，调查样本主要来自于吉林省，共收回有效问卷 438 份。调查分三个步骤，首先在已有研究的基础上，经过课题组多次讨论，形成初步问卷。其次，邀请 5 个企业家组成访谈小组，对问卷进行讨论和试填，修正有歧义和意思模糊的指标，形成最终问卷。最后，主要采用访谈和邮件结合的方法展开大规模问卷调查，调查前首先取得企业名录，访谈之前通过电话取得联系，由企业员工填写问卷。样本企业特征如表 5.6 所示。

表 5.6　样本企业基本特征

1. 被访者职务	比例	2. 被访者年龄	比例
董事长	4.1%	≤30 岁	48.7%
总经理	23.5%	30~35 岁	23.5%
高层管理人员	14.4%	35~40 岁	12.5%
中层管理人员	21.2%	40~50 岁	5.5%
其他人员	29.8%	>50 岁	3.0%
未知	7.0%	未知	6.8%
3. 主要行业		4. 员工人数	
光机电一体化	41.9%	≤100	48.7%
汽车、专用设备等制造业	24.4%	100~200	23.5%
信息传输、计算机服务和软件业	5.0%	200~500	12.5%
交通运输、仓储和邮政业	4.6%	500~800	4.1%
其他行业	22.0%	800~1000	1.4%
未知	2.1%	>1000	3.0%
		未知	6.8%

2）变量测量

（1）变革领导力（transformational leadership）。采取 Gill 的量表，利用七个指标测量，具体问题是您觉得直属经理或领导能够：鼓励你进行团队合作（TL1），令小组成员为达到同一目标而共同工作（TL2），尊重你的个体情感（TL3），用自己的未来发展计划鼓舞别人（TL4），向你传递使命感（TL5），使你能够用新方式思考旧问题（TL6），让你利用你的智慧克服障碍（TL7）。

（2）探索式学习（generative learning）和开发式学习（acquisition learning）。采用 Su 等（2011）的量表，利用五个指标测量。探索式学习包括：在过去三年内企业获得对企业而言全新的技术和技能（GL1），学习到对产业而言全新的产品开发技术和开发过程（GL2），获得对创新非常重要的全新管理和组织技能（GL3），获得投资开发新技术、研发职能配置、研发和工程人员培训及开发等领域的新技能（GL4），在先前没有经验的领域加强了创新技能（GL5）。开发式学习包括：在过去三年内，企业在熟悉的产品和技术领域升级了已有的知识和技能（AL1），在利用成熟技术时加强技能提升的投资以提高目前运营生产率（AL2），加强了寻找有关顾客问题解决方法的能力，这些方法不是全新的，而是与已有方法相似（AL3），在已经拥有一定经验的新产品开发过程中进一步提升技能（AL4），加强项目知识和经验以提高已有创新活动的效率（AL5）。

（3）雇员组织承诺（organizational commitment）。采用 D'Amato 和 Herzfeldt（2008）的量表，利用三个指标来测量，包括：我相信和接受组织目标和价值观

（OC1）；我愿意为组织发展付出相当大的努力（OC2）；我有与组织保持成员关系的强烈愿望（OC3）。

（4）雇员工作满意（job satisfaction）。采用 Egan 等（2004）的量表，利用三个指标测量，包括：总体而言，我对自己的工作满意（JS1）；总体而言，我喜欢自己的工作（JS2）；总体而言，我喜欢在这里工作（JS3）。

（5）雇员创造力（employee creativity）。采用 Farmer 等（2003）的量表，利用三个指标测量，包括：雇员寻求新思想和新方式解决问题（EC1）；雇员能够产生相关领域的突破性思想（EC2）；雇员中具有较好的创造力角色模型（EC3）。

选择企业年龄、企业规模和企业行业作为控制变量，其中企业规模用员工人数测量。

3）回归分析结果

如表 5.7 所示，从模型 10 可以看出变革领导力对探索式学习具有正影响（$\beta=0.141$，$P=0.010$），模型 2 可以看出，变革领导力对雇员工作满意具有正影响（$\beta=0.592$，$P=0.000$），模型 11 可以看出，雇员工作满意对探索式学习的正影响得到部分支持（$\beta=0.078$，$P=0.065$），综合模型 2、模型 10 和模型 11 的验证结果可见，假设 $H_{5\text{-}8a}$"雇员工作满意对变革领导力与探索式学习之间关系具有中介影响"得到部分支持。从模型 4 可以看出变革领导力对雇员组织承诺具有正影响（$\beta=0.445$，$P=0.000$），模型 11 可以看出雇员组织承诺对探索式学习的正影响未得到支持（$\beta=0.065$，$P=0.145$），综合模型 4、模型 10 和模型 11 的验证结果，说明假设 $H_{5\text{-}6a}$"雇员组织承诺对变革领导力与探索式学习之间关系具有中介影响"不成立。模型 7 说明变革领导力对雇员创造力具有正影响（$\beta=0.331$，$P=0.000$），模型 11 说明雇员创造力对探索式学习具有正影响（$\beta=0.310$，$P=0.000$），综合模型 7、模型 10 和模型 11 的验证结果，说明假设 $H_{5\text{-}7a}$"雇员创造力对变革领导力与探索式学习之间关系具有中介影响"获得支持。从模型 13 可以看出，变革领导力对开发式学习具有正影响（$\beta=0.219$，$P=0.000$），模型 14 说明雇员工作满意对开发式学习具有正影响（$\beta=0.115$，$P=0.004$），雇员组织承诺对开发式学习具有正影响（$\beta=0.196$，$P=0.000$），雇员创造力对开发式学习具有正影响（$\beta=0.195$，$P=0.000$），综合模型 2、模型 13 和模型 14 的验证结果，说明假设 $H_{5\text{-}8b}$"雇员工作满意对变革领导力与开发式学习之间关系具有中介影响"获得支持，假设 $H_{5\text{-}6b}$"雇员组织承诺对变革领导力与开发式学习之间关系具有中介影响"获得支持，假设 $H_{5\text{-}7b}$"雇员创造力对变革领导力与开发式学习之间关系具有中介影响"获得支持。模型 5 说明雇员工作满意对雇员组织承诺具有正影响（$\beta=0.107$，$P=0.036$），假设 $H_{5\text{-}9a}$"雇员工作满意对雇员组织承诺具有正影响"获得支持。模型 8 说明雇员工作满意对雇员创造力具有正影响，假设 $H_{5\text{-}9b}$"雇员工作满意对雇员创造力具有正影响"获得支持。

表 5.7 变革领导力、雇员创造力与双元创业学习关系的回归分析结果

变量	工作满意		组织承诺			创造力			探索式			开发式		
	模型 1	模型 2	模型 3	模型 4	模型 5	模型 6	模型 7	模型 8	模型 9	模型 10	模型 11	模型 12	模型 13	模型 14
Constant	5.084	1.973	4.742	2.404	2.192	4.434	2.694	2.417	4.882	4.142	2.805	4.993	3.844	2.613
控制变量														
企业年龄	-0.018 (0.473)	-0.018 (0.403)	0.010 (0.691)	0.009 (0.684)	0.011 (0.623)	0.065 (0.005)	0.065** (0.004)	0.067** (0.002)	-0.006 (0.795)	-0.006 (0.789)	-0.025 (0.231)	-0.018 (0.394)	-0.018 (0.380)	-0.031 (0.116)
企业规模	-0.013 (0.816)	-0.020 (0.690)	0.031 (0.582)	0.026 (0.622)	0.028 (0.593)	0.037 (0.479)	0.033 (0.508)	0.036 (0.470)	0.121* (0.018)	0.119* (0.019)	0.108* (0.022)	0.012 (0.806)	0.009 (0.843)	0.104E-5 (1.000)
行业	0.016 (0.354)	-0.006 (0.713)	0.017 (0.320)	0.001 (0.950)	0.002 (0.920)	0.025 (0.118)	0.013 (0.401)	0.014 (0.369)	-0.029† (0.066)	-0.034* (0.031)	-0.039** (0.008)	0.002 (0.913)	-0.006 (0.665)	-0.008 (0.529)
自变量														
变革领导力		0.592*** (0.000)		0.445*** (0.000)	0.381*** (0.000)		0.331*** (0.000)	0.248*** (0.000)		0.141** (0.010)			0.219*** (0.000)	
中介变量														
工作满意					0.107* (0.036)			0.140** (0.004)			0.078† (0.065)			0.115** (0.004)
组织承诺											0.065 (0.145)			0.196*** (0.000)
创造力											0.310*** (0.000)			0.195*** (0.000)
R^2	0.004	0.226	0.003	0.127	0.135	0.023	0.101	0.118	0.029	0.043	0.173	0.002	0.043	0.184
调整后的 R^2	-0.003	0.219	-0.004	-0.119	0.125	0.017	0.093	0.108	0.022	0.035	0.161	-0.005	0.034	0.173
F 值	0.591	31.724***	0.405	15.731***	13.565***	3.469*	12.227***	11.621***	4.264**	4.919***	15.032***	0.256	4.824***	16.250***
df1/df2	4/435	4/434	3/435	4/434	5/433	3/435	4/434	5/433	3/435	4/434	6/432	3/435	4/434	6/432

4. 结论与讨论

1）理论贡献与实践启示

　　研究结果充分证明了工作满意对于组织学习、雇员承诺和雇员创造力的积极促进作用。从理论看，雇员工作满意近年来引起组织研究的最广泛关注，但在组织实践上，仍是最难解释的组织现象（Rowden and Conine，2005）。工作满意度归因于两类因素：外在因素和内在因素（Spector，1997）。工作满意度反映了雇员对工作的期望结果与实际结果差距的情感反应，即满足雇员工作期望的总体程度。雇员期望他们的工作能够得到综合的回报，如薪酬、升职或自主性等，而不同雇员可能具有不同的期望偏好和价值观，但如果现实与期望差距过大时，雇员工作满意度就会降低，进而导致消极的工作态度和行为。工作满意度受外在和内在因素的共同影响，外在因素主要指组织工作环境，如组织发展前景、组织文化、交流、信任等，内在因素如薪酬和职位升迁等。Kim 认为相比于外在因素，内在因素对提升雇员工作满意度更加重要。雇员工作满意的提升具有一定复杂性，变革领导者应充分理解雇员工作满意的构成因素和决定因素，综合发挥其角色模型、精神激励、智力激励和个体关注的影响，提高雇员工作满意度，并充分发挥雇员工作满意对雇员组织承诺和雇员创造力的促进作用。

　　此外，研究结果表明雇员创造力对探索式和开发式学习均具有积极作用，对于促进双元组织学习的平衡至关重要。雇员创造性管理已经引起理论和实践界的极大关注，但创造性管理不仅需要识别具有创造潜力的雇员，更要理解能够影响雇员创造力的情境、因素和机制，因此，有效提升和管理雇员创造性仍是理论研究和管理实践面临的巨大挑战。创造力有两种类型：思维创造和行为创造。思维创造指个体在思考过程中能够创造新数据、新信息或新知识，行为创造指个体创造数据、信息、知识的新应用。变革领导者应充分利用其智力激励、个体关怀、精神鼓励和角色模型，通过提供清晰的愿景，为雇员提供创造的动力，通过理解和关注雇员个体需求，促进信息公开共享，有效管理雇员冲突，形成创造力的支持环境，鼓励和激发雇员的创造主动性和承诺，促进创造思维和创造行为。加强雇员创造的自我效能感也是提升雇员创造力的重要途径（Gong et al.，2009），为了促进个体创造力，领导者或管理者应将更多的努力和兴趣放在开发雇员的创造性和自我效能感上，即加强雇员对自我创造力的信仰和自信，让雇员认为自己具有创造性属性，是一个富于创造力的人。因为当个体认为自身富有创造性时，他们就会体现出更高水平的创造性思维、认知和行为。

　　在由信息通信技术催生的充满竞争和挑战的变革时代，比竞争对手更好更快地学习是组织保持优势和可持续性的唯一来源，所以学习已经成为大多数寻求变革组织的重要战略（Foroz et al.，2011）。组织学习具有双元性，探索式学习强调对新知识和新技术的获取和利用，决定了企业的长远发展潜力，开发式学习则强调对现有知识的开发和利用，是决定企业效率和实现短期绩效的关键，双元组织学习需要有效的平衡。变革领导力是鼓励创新与创造的新型领导风格，能够通过促进组织双元学习，推动组织变革以对高不确定环境变化做出反应。雇员是组织学习的主体，为了提升组织学习效果，变革领导者的主要任务是促进雇员组织承诺、雇员工作满意和雇员创造力，进而促进雇员的探索式和开发式学习。

2）基本结论及研究局限

本部分研究的基本结论包括：第一，雇员组织承诺在变革领导力与开发式学习之间具有中介作用，而在变革领导力与探索式学习之间的中介作用得到部分支持。第二，雇员工作满意在变革领导力与开发式学习之间具有中介作用，而在变革领导力与探索式学习之间的中介作用得到部分支持，且雇员工作满意能够促进雇员的承诺和创造力。第三，雇员创造力在变革领导力与探索式和开发式学习之间均具有中介效应〔上述研究详见朱秀梅等（2014）〕。

5.5 创业学习对创业能力的影响研究

5.5.1 创业学习方式对创业能力的影响研究

1. 问题的提出

创业能力是驱动创业活动并获得成功的重要因素。分析创业能力的构建及其在创业过程中的作用，对于指导创业实践具有重要的意义。Bird（1995）较早提出了创业能力的概念，他从特质角度将创业能力界定为创业者与生俱来的能力，如动机、性格、风险承担倾向等。后续较多学者从创业者所扮演的角色及其任务角度分析创业能力的概念，他们认为创业能力是创业者成功执行创业任务所需要的知识和技能。在创业过程中，创业者必须满足两种角色作用，首先，感知环境的变化，并通过多种途径识别具备潜在价值的机会；其次，创业者必须有效地管理和配置企业的内外部资源以成功利用机会。因此，本部分研究将创业能力划分为机会识别能力和机会利用能力。机会识别能力是指观察环境和发现机会，并将这些机会定位为可行商业概念的能力，而机会利用能力是指创业者通过开发新产品、新服务或进入新市场以使识别到的机会商业化的能力，体现为创业者控制、组织和构建内外部资源的能力。

　　虽然许多学者都强调创业学习对于创业的重要性，但是现有研究仍停留在概念阶段，对于创业学习作用机理的研究明显不足。本部分研究在对长春和杭州实地调研的基础上，试图探索不同创业学习方式（经验学习和认知学习）如何通过影响创业能力（机会识别能力和机会利用能力）的构建而对新企业绩效产生作用，从而揭示创业学习与新企业绩效的内在关系。研究表明经验学习和认知学习均对新企业绩效存在积极影响，机会识别和机会利用能力均对新企业绩效存在积极影响，并且创业能力在创业学习与新企业绩效之间的关系起着中介作用。

2. 理论假设

　　如何学习、通过什么途径或方式获取和创造知识，是创业者必须面对的现实问题。在创业过程中，创业者的学习途径主要有两条：一条是学习自身积累的直接经验；另一条是利用"他山之石"，观察其他创业者或企业的行为和结果以获取新知识，即经验学习和认知学习（Cope，2005）。经验学习是指创业者通过转化先前积累的直接经验来创造和积累知识的过程（Politis，2005）。经验学习强调个体从先前行为的结果中进行学习，并将新知识运用到后期的决策和行为中。认知学习，较多学者也将其称为观察学习，通过观察他人或企业的行为以获取、吸收新知识，包括模仿他人较成功的行为，规避他人失败的行为，等等（Holcomb et al.，2009）。对于多数创业者来说，创业能力并不是先天具备的，而是需要创业者在创业过程中通过学习持续获取和构建的。尤其是在中国这样动态变化的环境中，更加需要创业者持续构建和更新自身的创业能力以应对外部环境的变化。创业学习促使创业者持续地获取并创造独特的创业知识，创业者通过利用所学到的知识构建创业能力有助于新企业的生存和发展。这些独特的创业知识往往与创业过程密切相关。Cope（2005）指出，创业知识具体包括外部创业环境、网络关系及管理新企业等方面的知识。Politis（2005）研究指出，通过对先前经验的反思和学习，创业者能够获取与商业技能、社会网络和产品可得性等相关的隐性知识，这些隐性知识的获取和转化能够帮助创业者更好地识别商业机会，进而提升新企业竞争优势。同时 Rae 和 Carswell（2001）发现创业者通过观察和反思其他创业者的成功和失败行为，能够帮助创业者提升自身的机会利用能力，以解决其在新企业运营和管理过程中遇到的问题，并且通过向网络成员学习，提升创业者自身机会利用能力，进而提升企业绩效。综上，提出本部分研究的概念模型（图 5.9），并提出研究假设如下：

　　H_{5-10}：创业能力在创业学习与新企业绩效间起着积极的中介作用。

　　H_{5-10a}：机会识别能力在经验学习和新企业绩效之间起着积极的中介作用。

　　H_{5-10b}：机会识别能力在认知学习和新企业绩效之间起着积极的中介作用。

H_{5-10c}：机会利用能力在经验学习与新企业绩效之间起着积极的中介作用。

H_{5-10d}：机会利用能力在认知学习与新企业绩效之间起着积极的中介作用。

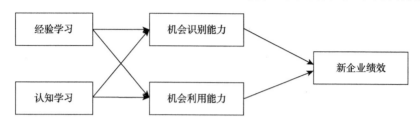

图 5.9　创业学习方式、创业能力与新企业绩效关系的概念模型

3. 实证研究

1）样本与数据收集

为了验证假设，本部分研究在长春和杭州两地进行实地调研，被访人员为企业的创业者或高层管理人员。研究对象是新企业，根据 Zahra 等（2002）的研究，新企业指成立时间小于或等于 8 年的企业。本次调查共回收 236 份问卷，将数据严重缺失和成立时间超过 8 年的问卷作为无效问卷进行处理，最终我们得到有效问卷 160 份。表 5.8 描述了样本特征的分布情况，综合而言，样本的分布情况比较广泛，具有一定的代表性。

表 5.8　样本的描述性统计

项目	类别	百分比	项目	类别	百分比
创业者学历	初中及以下	2.2%	员工人数	1~20 人	43.5%
	高中	4.3%		21~50 人	25%
	专科	16.7%		51~200 人	23%
	大学本科	61.6%		201~500 人	4.6%
	硕士	11.6%		501~1 000 人	1.3%
	博士	3.6%		1 000 人以上	2.6%
企业年龄	1~2 年	34.8%	创业者是否有创业经历	是	43.9%
	3~5 年	36.8%		否	56.1%
	6~8 年	28.4%	样本总量	样本总量	160

2）变量测量

（1）创业学习。本部分研究将创业学习分为经验学习和认知学习两个维度，根据以往文献对创业学习内涵的诠释和测量方法（Chandler and Lyon，

2009；Politis，2005），形成了创业学习的最终问卷。

（2）创业能力。本部分研究中将创业能力划分为机会识别能力和机会利用能力两个维度，根据 Chandler 和 Hanks（1994）等对创业能力内涵的诠释和测量方法，形成创业能力的最终问卷。

（3）新企业绩效。借鉴 Covin 和 Slevin（1990）对新企业绩效内涵的诠释和测量方法，从营利性和成长性两个角度度量新企业绩效。

（4）控制变量。本部分研究考虑到创业者的教育程度、创业经历及企业规模对新企业绩效会产生一定影响，因此，选择创业者教育程度、创业经验和企业规模作为控制变量。对于创业经验的度量，我们按照虚拟变量的设置准则，将曾经创办过企业的样本设置为"1"，未创办过企业的样本设置为"0"，企业规模按照员工人数分为六个等级，分别用数字 1~6 表示，1：1~20，2：21~50，3：51~200，4：201~500，5：501~1 000，6：1 000 以上

3）回归分析结果

如表5.9所示，为检验创业能力的中介作用，在模型 2 的基础上分别加入机会识别能力和机会利用能力这两个变量，构建模型 4 和模型 5。模型 4 显示，在引入机会识别能力变量后，经验学习对新企业绩效的作用不再显著，认知学习对新企业绩效的促进作用有所下降，回归系数由 0.348 下降到 0.336，且显著性水平由 $P < 0.01$ 下降到 $P < 0.05$，同时经验学习与认知学习积极影响机会识别能力，因此证明机会识别能力在经验学习与新企业绩效间起着完全中介作用，在认知学习与新企业绩效间起着部分中介作用，机会识别能力在经验学习与新企业绩效间的中介作用更强。所以假设 $H_{5\text{-}10a}$、$H_{5\text{-}10b}$ 均得到支持。类似地，由模型 5 可以证明机会利用能力在经验学习与新企业绩效间起着完全中介作用，而在认知学习与新企业绩效间的中介作用不显著。所以假设 $H_{5\text{-}10c}$ 得到支持，$H_{5\text{-}10d}$ 未得到支持。

表 5.9　创业学习、创业能力与新企业绩效关系的回归模型

变量	新企业绩效					机会识别能力	机会利用能力
	模型 1	模型 2	模型 3	模型 4	模型 5	模型 6	模型 7
教育程度	0.112	0.190*	0.116	0.192*	0.187*	−0.005	0.057
创业经验	−0.155	−0.217	−0.196	−0.225	−0.227	0.037	−0.009
企业规模	0.075	−0.016	0.012	−0.013	−0.045	−0.011	0.081
经验学习		0.248**		0.176	0.132	0.305**	0.481***
认知学习		0.348**		0.271*	0.336**	0.334**	0.188*
机会识别能力			0.276*	0.235*			
机会利用能力			0.220*		0.237*		

续表

变量	新企业绩效					机会识别能力	机会利用能力
	模型 1	模型 2	模型 3	模型 4	模型 5	模型 6	模型 7
R^2	0.042	0.283	0.227	0.322	0.332	0.306	0.362
调整后的 R^2	0.016	0.251	0.193	0.284	0.295	0.275	0.334
F 值	1.626[*]	8.694[***]	6.691[***]	8.613[***]	8.597[***]	10.037[***]	12.830[***]

***表示 $P < 0.001$，**表示 $P < 0.01$，*表示 $P < 0.05$

4. 结论与讨论

1）理论贡献与实践启示

虽然经验学习和认知学习均能够积极促进新企业绩效的提升，但是这两种学习方式对新企业绩效的作用路径存在差异。经验学习通过促进创业能力的构建和提升而对新企业绩效产生积极作用，是新企业实现持续成长的重要决定因素，尤其是对机会识别能力的作用更加强烈，这也部分解释了当代大学生创业失败率更高的原因。特定领域的先前经验将创业者的注意力引导到该领域，有利于提升创业者对外部环境中机会的警觉能力，促使创业者能够更有效地获取和评估行业中的机会（Arikan and McGahan，2010）。此外，创业者通过转化先前的管理、行业等方面的经验能够为其自身提供"行外人"难以获取的隐性知识和应对新生劣势所需的技能。本部分研究对于面临"新手劣势"和"后进劣势"的新企业来说具有一定的借鉴意义，创业者应该注意，虽然基于他人成功经验的学习或失败经验的反思能够帮助创业者获取更多的知识，促使企业绩效在短期内得到提升，但是，他人的经验并非是万试万灵的，创业者不应该盲目地选择学习对象和学习表面上能给新企业带来收益的他人经验，而应该在学习他人经验的过程中注重自身能力的构建和积累，从而促进新企业绩效的持续增长和竞争优势的提升。

2）基本结论及研究局限

研究表明经验学习和认知学习均对新企业绩效存在积极影响，机会识别和利用能力均对新企业绩效存在积极影响，并且创业能力对创业学习与新企业绩效之间关系起着中介作用，但是不同创业能力在两者间的中介作用存在差异。

研究局限体现在如下几方面：首先，由于资源的限制，本部分研究仅对杭州和长春两地的企业进行调研，样本分布不够广泛，今后研究应该充分考虑行业和地区因素进行更为广泛的研究。其次，权变理论指出，变量之间发生作用关系是需要特定背景和条件的，而本部分研究并没有考虑特定的环境特征对变量间关系的影响，因此今后应该探索环境特征对创业学习、创业能力与新企业绩效间关系的影响（蔡莉等，2014）。

5.5.2　双元知识整合对创业能力的影响研究

1. 问题的提出

在"大众创业，万众创新"的时代浪潮下，中国高技术创业活动尤其活跃，跨界合作日益普遍。转型经济情境下高技术新企业很难依靠单一、不变的知识和技能取胜，而是需要有效整合来自多领域的知识以配置资源开发机会从而获取持续竞争优势（蔡莉和郭润萍，2015）。可见，有效的知识整合对于高技术新企业的成功具有重要意义。知识基础理论认为企业是知识整合的机构，其包含知识的识别、共享和转化的过程。知识整合的效率和柔性与企业创造和获取价值密切相关（Grant，1996a；Kogut and Zander，1992）。组织双元观认为柔性和效率反映了组织目标的双元特征，两者的互补效应有助于同时实现组织的长短期绩效。然而，鲜有研究关注高技术新企业如何快速、灵活地整合知识以提升绩效的内在机理。

根据知识基础观，知识整合是形成组织能力的重要途径，经验知识的积累、编码、表达有助于构建企业的动态能力，组织层面的创业能力反映企业有效管理资源以感知、塑造、选择和实现机会的动态能力。双元知识整合反映了企业如何同时实现快速、灵活地整合知识的内在机理，其与创业能力的构建密不可分，而创业能力是高技术新企业在动态环境中持续开发机会以提升绩效的关键。综上，创业能力的视角有助于解释双元知识整合对高技术新企业绩效的作用机理，然而学者们对此缺乏关注。

本部分研究运用"知识整合—能力—绩效"的理论逻辑，旨在分析双元知识整合对于高技术新企业绩效的影响，并揭示创业能力在双元知识整合向高技术新企业绩效转化中的中介作用。本部分研究理论贡献主要体现为：其一，结合组织双元观探索并检验双元知识整合对高技术新企业绩效的影响，这有助于拓展和深化知识基础理论；其二，从创业能力视角入手揭示双元知识整合对高技术新企业绩效的深层作用机理，从而弥补组织创业能力理论研究的空白，并促进知识基础理论和创业能力理论的发展与融合。

2. 理论假设

双元知识整合是指新企业综合运用不同的战略逻辑、文化导向和制度安排以同时实现知识整合的柔性和效率，其包括灵活型知识整合和效率型知识整合（蔡莉和郭润萍，2015）。知识整合的柔性是指企业能够利用额外的知识和重构已有知识的程度（Grant，1996b）。在战略层面上，应急式知识整合是指新企业广泛地运用从外部环境变化及创业行动反馈中获取的知识从而制定新的战略目标（Teece，2011）；在文化层面上，外向式知识整合是新企业在外向型文化的影响下积极主动地识别、共享和转化外部有价值的知识或创新性地整合已有知识的过程（Su et al.，2015）；在制度层面上，协调式知识整合是指为组织成员间的社会化互动提供相应的制度安排，促进隐性知识的共享和灵感的产生进而激发已有知识的创造性整合（Young et al.，2014）。综上，灵活型知识整合是指新企业在战略、文化和制度层面分别采用应急式、外向式和协调式知识整合从而在最大程度上提升知识整合柔性的过程。而知识整合的效率是指企业能够以较低的成本和时间综合利用专业化知识以提供新产品或服务的程度（Grant，1996a）。在战略层面上，计划式知识整合是指新企业以较低的成本迅速根据战略目标补充所欠缺的新知识。在文化层面上，内向式知识整合是指新企业在价值观上重视内部学习，由此形成的组织层面的共同知识（common knowledge）有助于专业化知识的快速共享和综合利用以推动新产品或服务的产出。在制度层面上，系统式知识整合为知识的快速共享和转化提供了知识编码机制，从而避免员工间沟通协调所产生的成本和时间损失。因此，效率型知识整合是指新企业在战略、文化和制度层面上分别采取计划式、内向式和系统式知识整合从而最大程度上提升知识整合效率的过程。

借鉴 Zahra 等（2011）提出的组织创业能力的概念，本部分研究认为创业能力是指新企业有效管理内外部资源从而感知、选择、塑造和实现机会的能力。作为一种动态能力，创业能力涉及对环境变化的预测、认知和适应。但不同于一般动态能力，创业能力将变化引入企业的外部环境以创造新的机会，区别于一般双元能力，创业能力是以机会的探索和利用为核心的能力，其需要集体的智慧而不是个人见解或预见（Abdelgawad et al.，2013）。基于知识基础理论和组织双元观，本部分研究构建理论模型如图5.10所示，结合转型经济情境分析双元知识整合对高技术新企业绩效和创业能力的影响。此外，本部分研究还将深入剖析创业能力在双元知识整合向高技术新企业绩效转化中的中介作用。

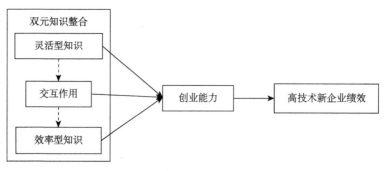

图 5.10　双元知识整合、创业能力与高技术新企业绩效关系模型

灵活型知识整合是高技术新企业在高不确定环境下搜索多样化的信息、理解外部环境的变化（如市场、技术、政策变化等）和挖掘潜在市场需求从而提升机会探索能力的关键（郭润萍和蔡莉，2014）。具体而言，在战略层面上，应急式知识整合促使高技术新企业能够运用新的创业知识如新技术或商业模式以发现新的机会和重构已有的机会。在文化层面上，外向式知识整合有助于这些新企业在与外部利益相关者互动过程中吸收新知识以创新性地整合资源进而提升其感知和塑造新机会的能力（Sarasvathy，2001）。而在制度层面上，协调式知识整合促使高技术新企业充分发挥员工的集体创造力以提升其尝试、构思和塑造新机会的能力。因此，灵活型知识整合是高技术新企业构建机会探索能力的重要途径。

效率型知识整合有助于高技术新企业对创业知识进行深度提炼和分析从而构建其系统评估和实现机会的能力即机会利用能力（Zahra et al.，2011）。具体而言，在战略层面，计划式知识整合促使高技术新企业能够按照战略目标迅速搜集和分析相关信息以系统性地评价和细化机会的实现顺序和方案（Mintzberg and Waters，1985）。在文化层面，内向式知识整合有助于与机会评估和实现相关的经验知识在组织范围内得到深度分析和共享，从而提升高技术新企业的机会利用能力。在制度层面，系统式知识整合促进隐性的创业经验知识的快速编码和惯例化从而形成评价机会和细化机会实施方案的能力。可见，效率型知识整合促进高技术新企业机会利用能力的构建。

综上，灵活型知识整合有助于多样化知识的吸收和转化以构建探索机会的能力，而效率型知识整合则促进专业化知识的深度分析和编码以构建利用机会的能力。由于创业能力体现了机会探索和利用的双元逻辑（O'Reilly and Tushman，2013），转型经济情境下高技术新企业需要同时发挥灵活型知识整合和效率型知识整合的互补效应以全面构建创业能力。一方面，灵活型知识整合为高技术新企业构建机会探索能力提供了多样化的知识来源和创新性知识组合；另一方面，效率型知识整合为构建机会利用能力提供了经过深度提炼的、可被快速用于机会利用的专业化知识基础。由此提出假设如下：

H_{5-11}：灵活型知识整合和效率型知识整合的交互作用对创业能力构建具有积极影响。

根据组织双元观，灵活型知识整合和效率型知识整合的交互作用反映了两者的互补效应，其有助于高技术新企业在高度不确定性和强资源约束下探索和利用机会，有效平衡长期发展和短期利润（O'Reilly and Tushman，2013）。Zahra 等（2011）指出创造新财富的能力就在于企业感知和把握创业机会的能力，创业能力是高技术新企业获取盈利和实现成长的重要源泉。在动态环境下，机会的感知、选择、塑造和实现能力促使高技术新企业有效整合、重构内外部资源以探索和利用机会从而持续创造和获取价值。如前所述，双元知识整合对高技术新企业绩效和创业能力均具有积极影响。因此，转型经济情境下的高技术新企业可以通过双元知识整合构建创业能力以适应甚至创造环境的变化。由此提出假设如下：

H_{5-12}：创业能力在双元知识整合与高技术新企业绩效关系间具有中介作用。

3. 实证研究

1）样本与数据收集

本部分研究的研究对象是高技术新企业，在新企业（new venture）的年龄划分上，根据学者们的观点，将成立时间在 10 年内的企业作为新企业（Patel and Jayaram，2014；Milanov and Fernhaber，2009）。在行业选择方面，遵循国家统计局编制的高技术制造业和服务业的划分标准。本部分研究选取长春和北京两个城市作为调研地点，面向两地的高技术新企业共发放 500 份问卷。经认真筛选后，共得到有效问卷 279 份。

2）变量测量

（1）双元知识整合。借鉴灵活型知识整合和效率型知识整合的内涵和相关量表（Zahra et al.，2000；Zheng et al.，2010），灵活型知识整合和效率型知识整合的量表各包含10个题项。被访者判断题项描述与企业实际情况的符合程度，并从 1（完全不符合）至 5（完全符合）进行打分。

（2）新企业绩效。借鉴 Zahra 等（2000）、Li 和 Zhang（2007）所采用的度量指标，新企业绩效的测量题项包括净收益率、销售额增长速度等 5 个题项。受访者根据与同行业主要竞争对手比较，从 1（非常低）至 5（非常高）进行打分。

（3）创业能力。借鉴国外组织创业能力研究的代表学者 Zahra 等（2011）所提出的创业能力的内涵及相关量表，共包含 13 个题项，被访者判断题项描述与企业实际情况的符合程度，并从 1（完全不符合）至 5（完全符合）进行打分。

控制变量：企业年龄是依据企业的创办时间按照年数计算，企业规模的度量则采用公司全职员工总数进行度量。此外，本部分研究将所有制设定为一个虚拟变量（0，1），若企业属于私营企业，则设为 1，否则设为 0。通过控制上述变量，本部分研究有效地避免了这些因素对研究结果的干扰。

3）回归分析结果

如表 5.10 所示，模型 1 表明灵活型知识整合（$\beta=0.263$，$P \leqslant 0.01$）和效率型知识整合（$\beta=0.216$，$P \leqslant 0.01$）均对高技术新企业绩效具有积极影响。模型 2 表明灵活型知识整合和效率型知识整合的交互作用对高技术新企业绩效（$\beta=0.136$，$P \leqslant 0.05$）具有积极影响。模型 3 表明灵活型知识整合（$\beta=0.426$，$P \leqslant 0.001$）和效率型知识整合（β=0.352，P≤0.001）均对创业能力具有积极影响。模型4表明灵活型知识整合和效率型知识整合的交互作用对创业能力（β=0.156，P≤0.01）具有积极影响，假设 H_{5-11} 得到支持。模型5表明创业能力对高技术新企业绩效具有积极影响（β=0.499，P≤0.001）。模型 6 表明加入创业能力这一变量后（β=0.367，P≤0.001），灵活型知识整合（β=0.140，P>0.05）、效率型知识整合（β=0.067，P>0.05）分别与高技术新企业绩效间 β 系数的显著性变为完全不显著。综上，创业能力在双元知识整合与高技术新企业绩效间关系中具有完全中介作用，假设 H_{5-12} 得到支持。

表 5.10　双元知识整合、创业能力与高技术新企业绩效关系的回归模型

变量	高技术新企业绩效			创业能力		高技术新企业绩效	
	模型 0	模型 1	模型 2	模型 3	模型 4	模型 5	模型 6
年龄	−0.106	−0.081	−0.079	−0.040	−0.036	−0.092	−0.063
规模	0.279***	0.239**	0.239**	0.052	0.051	0.235***	0.228**
所有制	−0.052	−0.022	−0.022	−0.056	−0.055	−0.011	0.007
灵活型知识整合		0.263**	0.258**	0.426***	0.417***		0.140
效率型知识整合 灵活型知识整合 ×效率型知识整合		0.216**	0.211** 0.136*	0.352***	0.344*** 0.156**		0.067
创业能力						0.499***	0.367***
R^2	0.074	0.253	0.271	0.479	0.503	0.317	0.336
调整后的 R^2	0.061	0.231	0.245	0.464	0.486	0.303	0.312
F 值	5.389**	11.373***	10.370***	31.629***	28.866***	22.269***	13.761***

*表示P<0.05（双尾检验），**表示P<0.01（双尾检验）；***表示P<0.001（双尾检验）
注：N=279

4. 结论与讨论

1）理论贡献与实践启示

本部分研究的理论意义主要体现为：其一，运用组织双元观探讨了知识整合的效率和柔性平衡问题，这有助于深化和拓展知识基础理论。知识基础理论虽然指出知识整合的柔性和效率有助于企业竞争优势的获取，两者之间存在此消彼长的关系，然而却对企业如何平衡知识整合的柔性和效率以提升绩效缺乏探讨。本部分研究将组织双元观与知识基础理论相结合，弥补了上述理论研究的不足。其二，本部分研究引入创业能力，验证了创业能力在双元知识整合与高技术新企业绩效关系间的中介作用。尽管 Zahra 等（2011）提出了组织创业能力这一理论构念，然而鲜有学者深入分析组织创业能力构建的因素，本部分研究从知识整合的视角弥补了现有组织创业能力前因研究的空白，并将知识基础理论与创业能力理

论相联系以推动理论的发展。本部分研究对于转型经济情境下的创业实践具有较强的启示意义：一方面，新兴市场的涌现为高技术新企业与外部利益相关者的互动以发现和创造机会提供了有利的条件（Su et al.，2015），这些企业尤其需要采取灵活型知识整合以利用多样化知识进而提升机会探索能力。另一方面，随着机会窗口期的缩短及资源获取成本的加大，效率型知识整合促使高技术新企业以较少的资源快速利用专业化知识从而构建机会利用能力。本部分研究有助于指导高技术新企业运用双元知识整合全面提升创业能力以应对外部挑战从而持续创造和获取价值。

2）结论及研究局限

实证分析结果表明，双元知识整合对高技术新企业绩效和创业能力具有积极影响，并且创业能力在双元知识整合与高技术新企业绩效间关系中具有完全中介作用。本部分研究存在一定的局限性，同时也为未来研究提供了方向，主要包括如下几点：其一，本部分研究仅收集截面数据进行实证分析，未来研究可以采用纵向案例研究分析高技术新企业知识整合类型的演化对创业能力的动态影响。其二，本部分研究所采用的样本数据来自高技术新企业的单个受访者填写的问卷，未来研究可以考虑一个企业发 2~3 份问卷，取各变量的平均值以尽可能地降低主观态度造成的测量偏差，从而提升样本数据的准确性和客观性［上述研究详见郭润萍和蔡莉（2014）］。

第6章 基于能力视角的机会-资源一体化理论体系研究

6.1 机会-资源一体化能力研究

6.1.1 机会-资源一体化能力的概念界定

1. 机会-资源一体化能力的内涵

机会-资源一体化表明了机会与资源二者是一体的，两者相互作用且不可分割。以整体性思维将机会与资源之间的作用关系视为一个完整的动态系统，整体性思维有助于把握创业研究的主体脉络，揭示企业新价值创造的机理过程。

机会-资源一体化能力就是创业者（团队）充分整合机会与资源以创造新价值的能力，主要从机会开发和资源开发一体化视角开展创业活动，探讨机会与资源的有效匹配问题。

2. 机会-资源一体化能力体系的构建

1）机会与资源二者之间的层次体系

借鉴已有研究成果，为使研究脉络更加清晰，本章研究将机会-资源一体化开发行为进一步简化，将机会开发过程分为机会识评（机会识别和评价）和机会利用两个子行为，将资源开发过程分为资源识别、资源获取以及资源配用（资源整合和利用）三个子行为。机会开发与资源开发的内在作用关系如图6.1所示。

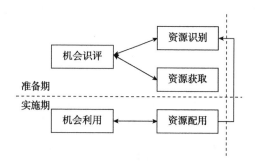

图 6.1　机会开发与资源开发的内在作用关系

2）机会-资源一体化能力子维度的内涵

遵循系统层次性原理，研究可赋予子系统内涵，其中子维度上的理论含义是由机会与资源子行为之间的相互作用关系所生成的，即内在条目设计需按照机会、资源双元性理论确定。

（1）机会主导观——机会主导观的主要研究思路为机会对资源的影响，包括机会识评对资源识别的影响、机会识评对资源获取的影响、机会利用对资源配用的影响三个关系。

（2）资源主导观——资源对机会的影响，资源对机会的影响暗示着机会从资源中来，资源开发的子行为影响着机会开发的子行为，这些资源可以包括特殊的市场渠道、关系网络以及资金来源等。因此，企业时刻配置、拼凑与获取手头与外部稀缺、有价值的资源是企业创业过程中所需要的重要的机会-资源一体化能力。

于是，机会-资源一体化能力被分为三个子维度，每一个子维度都包含了各自的子特征。例如，在机会识评与资源识别一体化能力过程中，企业注重识别稀缺、有价值、不可替代和难以模仿的资源，以达到机会利用的目的。而在机会利用与资源配用一体化过程中，企业主要关注在资源快速有效配置过程中创造出新机会，即资源整合的运用。机会-资源一体化能力的层次体系如图 6.2 所示。

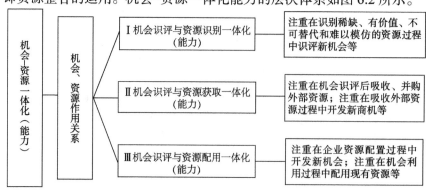

图 6.2　机会-资源一体化能力的层次体系

6.1.2　机会-资源一体化能力的演化研究

1. 机会-资源一体化能力的研究逻辑

动态能力的阶层进化思想有助于揭示能力的衍生路径，调和能力研究的内在矛盾，并提供新的研究脉络。在此基础上，Teece（2007）的研究结论使机会-资源一体化能力与动态能力之间有了新的逻辑关联。

为了使动态能力更加适应外部的动态变化，Teece（2007）进一步从机会视角对动态能力体系展开研究，他将动态能力分为机会识别能力、机会把握能力和机会创造能力三个维度。其中机会识别能力包括识别组织内部新技术资源、发掘市场的碎片需求及掌握新知识和信息等，这代表了"机会识别与资源识别之间的匹配与作用关联"；机会把握能力主要包括对能够获取必要资源的途径和方式的准确把握，这对应了"机会识别后的资源获取行为"；机会创造能力则针对克服组织惯例、新知识管理以及新商业模式构建，这对应了"机会利用过程中的资源整合行为"。

由此可见，机会-资源一体化能力在阶层性和内涵上符合动态能力的基本特点。机会-资源一体化能力的研究逻辑如图 6.3 所示。

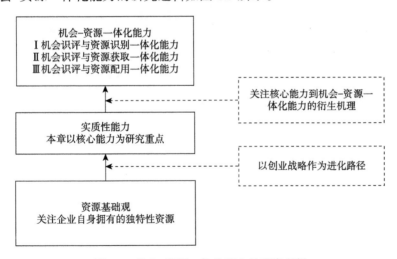

图 6.3　机会-资源一体化能力的研究逻辑

2. 研究设计

1）研究方法
纵向单案例研究有助于从特定情境与现象中揭示潜在的机理性规律，并适用于新的理论基础与研究问题。由于本章研究的立足点来源于一个新的构念"机会-资源一体化能力",所探讨的问题属于新的领域范畴,因此在研究方法的选择上要求不仅能够深层次检验研究变量之间的动态关系,还要从特定情境分离出的现象中揭示新的潜在性规律,从而完善与发展新的理论体系。由此可见,本章研究在试图回答机会-资源一体化能力衍生机理的问题上,考虑到中国特有的转型经济情境,选择纵向单案例研究方法比较合适。

2)数据收集与分析

对亚泰集团的资料获取共历时1年零6个月,其间我们走访了包括亚泰集团总部在内的吉林亚泰水泥有限公司(简称吉林亚泰水泥)、吉林亚泰房地产开发有限公司(简称吉林亚泰房产)、亚泰集团制药股份有限公司(简称吉林亚泰制药)、东北证券股份有限公司(简称东北证券)、吉林亚泰集团商业投资有限公司(简称吉林亚泰商业)共5家亚泰集团子公司。公司分别涉及水泥、地产、医药、金融、商贸等领域。通过这种分行业类别的多家子公司的追踪式调研,能够更全面地获取亚泰集团在规模扩张时的阶段性特征,有助于从特定的访谈对象中获取关键事件的准确数据,也能防止案例资料来源的片面性,使数据来源具备完整性与可信度。

除了上述的深度访谈外,我们还选择以下 3 个渠道作为案例材料的补充来源:①私下与员工进行交流和沟通,获得潜在数据;②公司网站和相关媒体数据,获取包括亚太集团财务报表、上市公司报告在内的相关媒体报告资料;③各个子公司的纸质资料,其中包括子公司的宣传资料、纸质文件等,间接了解子公司的经营现状与发展战略。信息来源与观测变量见表6.1。

表 6.1 信息来源与观测变量

信息来源	形式	时间	地点	关键变量	关键事件示例
一手资料	半结构化访谈	2012.10	亚泰集团总部	关系资产	旧城区改造、高比例配股
		2012.12	吉林亚泰水泥	快速发展战略	兼并双阳水泥厂
		2013.04	吉林亚泰房产	机会、纵向一体化	水泥产业链整合
		2013.05	吉林亚泰制药	机会识别与资源识别一体化	人参皂苷 Rg3 技术专利引进
		2013.12	东北证券	核心能力	借壳上市
		2014.05	亚泰集团总部	资本运营能力	锦州六陆事件
		2014.12	吉林亚泰商业	关系资产(过程)	莲花山政府项目的掣肘
	私下访谈	日常		机会利用与资源整合一体化能力、创业战略	水泥业毛利率下降、高负债和大量应收欠款
二手资料	年度财务报表、网站、广告、文件等	日常		资产负债率、年利润率、应收欠款等财务指标	图6.7,图6.8数据主要来源于亚泰集团近6年财务报表

3. 案例背景

亚泰集团前身创立于 1986 年，集团组建于 1993 年，1995 年在上海证券交易所挂牌上市。在 2013 年中国 500 强企业中排名 267 位，是集建材、地产、金融、医药、商贸等为一体的综合类大型企业集团。

回顾亚泰集团 30 多年的发展历程，可以发现许多值得思考的问题。例如，亚泰集团是如何从长春的一家小型建筑公司逐渐发展为在全国都具备影响力的大型集团的？应如何明确亚泰集团在发展历程中表现出的阶段性特征？亚泰集团真正的核心竞争力（核心能力）是什么？亚泰集团的机会-资源一体化能力是如何衍生的？亚泰集团的价值创造逻辑是什么？亚泰集团的案例能够对中国企业的新价值创造行为给予哪些经验和启示？实际上，以上问题在逻辑上存在递进式关联，本章研究也将按照"划分生命周期阶段→界定阶段特征→发掘核心要素→探索机理问题→总结规律"的逻辑进行，以期对上述问题一一予以解答。

4. 案例分析与讨论

在时间跨度上，对亚泰集团的纵向案例研究起始于 1986 年（始建），截至 2014 年，共 28 年。其间从生命周期视角可将其划分为 4 阶段，分别是初创期、成长前期、成长后期、成熟期（瓶颈期）。基于前文所述的研究逻辑，需明确每一阶段的特征，并发掘核心要素，从而探索机会-资源一体化能力的衍生机理，揭示潜在新价值创造规律。

1）初创期：1986~1995 年

（1）关键事件 A——旧城区改造。

第一，背景资料。1979 年，亚泰集团创始人宋尚龙到长春市二道河子区城建局房屋维修队工作后，率领一班人抓住改革开放的历史机遇，通过房地产开发，于 1986 年 4 月创建了长春市二道河子区龙达建筑实业公司，并在长春市第一个棚户区改造项目"二三小区的开发建设"中完成了原始资本积累，把一个濒临解散的小企业发展为一个颇具活力的区属房地产开发公司。

第二，创业要素分析及规律总结。旧城区改造项目属于政府项目，在城建与土地市场发展的背景下，决定亚泰集团能够承接旧城区改造项目的关键要素应归结于其自身所具备的关系资产。关系资产是基于关系过程的价值体现，是一种不确切的资产或无形资产。当时，集团公司创始人宋尚龙受长春二道河子区政府委托，出任长春市二道河子区建筑工程公司总经理，公司隶属于长春二道河子区城建局。此种与政府部门之间的外部关系资产应属于亚泰集团独有的、稀缺的和有价值的资源。虽然关系资产在一定程度上被定义为企业的非正式机制，但却对亚泰集团获取外部资源、完成创业目标起到了关键性作用。

可见，在旧城区改造的关键事件中，中国尚处于计划经济时代，亚泰集团依靠自身的关系资产承接了政府负责的改造项目，完成了资本原始积累的目标。

结论1：关系资产是亚泰集团早期创建成功的关键因素。

（2）关键事件B——吸收合并辽源茶业，组建亚泰集团。

第一，背景资料。随着资本原始积累的完成，亚泰集团开始筹划上市。1992年，中国刚刚转向市场经济，在国家经济体制改革的初级阶段，整个经济体制和市场环境促使多数具有一定背景的企业选择上市的道路，以达到吸纳外部资金的目的。当时，亚泰集团尚不具备上市资格，依靠自身运作上市比较困难。公司董事长宋尚龙通过多方咨询，发现吉林省的第一家股份制企业辽源茶叶股份公司（简称辽源茶业）本身具有上市资格，但其总资产少，自身实力不够，正在寻找合作伙伴。于是，龙达建筑实业公司（亚泰集团的前身）利用资本运营的方式吸收合并了具有上市资格的辽源茶业，实现了借壳上市。

第二，创业要素分析及规律总结。在借壳上市的过程中，存在两种关键性要素。其一是亚泰集团的快速发展战略，其二是亚泰集团的资本运营手段。快速发展战略体现在亚泰集团快速上市、吸纳外部资金并达到企业快速发展的目的。资本运营手段体现于亚泰集团注重在组织内部同时开展资本运作的知识学习，聘请大学教授对员工进行财务方面的培训，从而实现借壳上市。可见，亚泰集团在快速发展战略的主导下，逐步激发自身的资本运营能力，从而实现了上市的目标。

结论2：亚泰集团通过快速发展战略激发自身的资本运营能力。

亚泰集团初创期的创业过程见表6.2。

表 6.2　亚泰集团初创期的创业过程

生命周期	转型背景	目标	关键事件	主要结论
初创期 （资本积累）	城建与土地市场的发展	资本原始积累	旧城区改造	①关系资产是亚太集团早期创建成功的关键因素
	国家经济体制改革，发展市场经济	借壳上市	吸收合并辽源茶叶，组建亚泰集团	②亚泰集团通过快速发展战略激发自身的资本运营能力

（3）初创期亚泰集团的运作特征。

在整个初创期，中国经历了从计划经济到市场经济的转型，并展现了独特的背景特征。在此期间，亚泰集团经历了两个关键事件，实现了资本原始积累和借壳上市，关系资产、快速发展战略及资本运营能力成为其早期创业成功的关键因素。亚泰集团初创期的运作特征如图6.4所示。

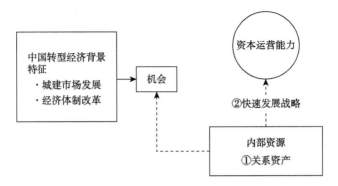

图 6.4　亚泰集团初创期的运作特征

2）成长前期：1996~1999 年

（1）关键事件 C——并购双阳水泥厂。

第一，背景资料。凭借借壳上市的成功，亚泰集团实施了大规模的并购计划。1997 年 12 月，亚泰集团在宋尚龙的领导下，承债兼并负债 11.4 亿元的大型国有企业——双阳水泥厂，使整个集团向水泥行业的进军迈出关键一步。兼并后，亚泰集团拥有国际先进水平的两条新水泥熟料生产线，在东北地区的水泥行业竞争中处于绝对领先地位，在拓展产业链的同时，实现了国有资产的再利用，成为经典的"大鱼吃小鱼"并购事件。

第二，创业要素分析及规律总结。在兼并双阳水泥厂事件中，机会来源起到了决定性作用。按照王朝云（2010）对于机会的界定，机会可以分为内涵和外延两方面。内涵主要回答机会的本质，解释机会是什么；而外延则代表了机会的全体，指出机会有哪些种类。其通过对机会内涵的系统梳理，明确将机会定义为"从事某项活动的有利通道和恰当时机"，种类包括了市场导向（市场需求、进入市场）、资源导向和创业者导向三个维度。可见，在亚泰集团并购双阳水泥厂的过程中，其有利通道和恰当时机应归结于两方面：一是市场政策环境，二是内部关系资源。

在市场政策环境方面，当时处于国家投资体制改革初期，双阳水泥厂主要依靠贷款与债券融资，资产负债率超过 100%。在有偿使用后，企业面临负债经营和亏损连年增加的压力，这为亚泰集团对其并购提供了有利时机。在内部关系资源方面，与长春市政府长期建立的良好关系使亚泰集团获得了非常优厚的并购条件，包括并购成本缩减（购买双阳水泥厂的成本为 54 025 万元，而建造同样的生产线，20 世纪 90 年代初即达到 61 584 万元）、银行贷款分 6 年免息偿还、政府予以 6 年内的免税政策支持等。

结论 3：亚泰集团的机会识别来源于市场政策环境和内部关系资源两方面。

（2）关键事件 D——整合长春热力公司。

第一，背景资料。1988 年，亚泰集团向长春市二道河子区政府提出申请，希望其能以长春热力公司的实物作为资产认购亚泰集团配股，并给予其 10 : 8 的高比例条件。经过协商后，长春市国有资产管理局最终成为亚泰集团的大股东，占有了 23% 的股权，并赋予了亚泰集团优质资产——长春热力公司。

第二，创业要素分析及规律总结。政府扶持和资本运营能力是整合长春热力公司、组建亚泰热力公司事件中的关键要素。

在中国转型经济背景下，政府高比例控股国有企业是当时的普遍行为。同时，在控股国企的程序中，以实物资产出资的方式更能使企业获得相当优良的外部资产，对调整产业结构、促进产业升级起到了积极作用。另外，在增资扩股、兼并重组过程中，良好的资本运营能力是获取外部稀有资源的基本保障，包括整合长春热力公司以及并购双阳水泥厂。资本运营手段使得亚泰集团调整了产业结构不合理的问题，聚焦于附加值较高的产业。因此，资本运营能力是亚泰集团的核心能力。

结论 4：亚泰集团依靠资本运营能力获取（并购、重组、吸纳）外部资源。

结论 5：资本运营能力是亚泰集团的核心能力。

亚泰集团成长前期的创业过程见表 6.3。

表 6.3　亚泰集团成长前期的创业过程

生命周期	转型背景	目标	关键事件	主要结论
成长前期（兼并吸纳）	国家投资体制改革，政府免税、免息	拓宽水泥产业链、纵向一体化	"大鱼吃小鱼"；承债兼并双阳水泥厂	③亚泰集团的机会识别来源于市场政策环境和内部关系资源两方面
	政府以实物资产认购亚泰集团配股	解决配股瓶颈，吸纳优质资产	以国家高比例配股方式组建亚泰热力公司	④亚泰集团依靠资本运营能力获取（并购、重组、吸纳）外部资源 ⑤资本运营能力是亚泰集团的核心能力

（3）成长前期亚泰集团的运作特征。

在整个成长前期，中国的转型经济背景为亚泰集团带来了巨大的机遇。并购双阳水泥厂使亚泰集团从此成为东北地区水泥行业的领军者，是亚泰集团资本运营的标志性事件之一。另外，政府的出资扶持使亚泰集团具有较深的政府背景，代表了中国典型的国企特征。在此期间，亚泰集团机会来源于市场政策环境和内部关系资源两方面，资本运营能力使亚泰集团有效地获取了外部资源，成为其核心能力。亚泰集团成长前期的运作特征如图 6.5 所示。

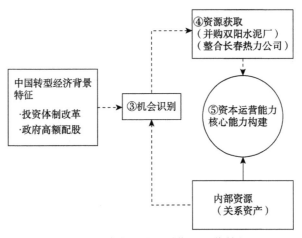

图 6.5　亚泰集团成长前期的运作特征

3）成长后期：2000~2009 年

（1）关键事件 E——组建吉林亚泰制药。

第一，背景资料。在主营业务确定以后，亚泰集团将视角拓展到医药行业。1999 年，亚泰集团利用资本运营手段投资 3 000 万元，与大连经济技术开发区天富科技有限公司共同组建了由亚泰集团控股的高科技中药制药企业吉林亚泰制药。新公司的主导产品为人参皂苷 Rg3 以及制剂"参一胶囊"。该药由我国药学博士富力和鲁岐独立发明。吉林亚泰制药通过购买专利的手段实现了稀有技术的引进，从而开拓了以"参一胶囊"为主导产品的新医药产业渠道。

第二，创业要素分析及规律总结。在进军医药行业的过程中，存在两种关键的创业要素。一是亚泰集团的多元化发展战略，体现于从水泥业到医药行业的横向多元发展；二是机会识别能力，这包括识别稀缺、有价值、难以模仿和不可替代的外部资源（专利技术等）。此时，亚泰集团的机会识别与资源识别发生相互作用，机会来源已由市场政策环境、内部关系资源两方面扩展到了外部资源识别这一新维度。

结论 6：亚泰集团由快速发展战略转向多元化发展战略。

结论 7：机会识别渠道增加了外部资源识别这一新维度，机会识别与资源识别发生一体化作用。

（2）关键事件 F——东北证券的借壳上市。

第一，背景资料。2000 年以后，亚泰集团为了拓宽融资渠道和筹集更多资金，持续加大力度培育资本运营能力。2000~2007 年的 7 年时间内，亚泰集团先后注资控股了东北证券和吉林银行股份有限公司。控股东北证券时，亚泰集团先后通过控制长春房地产公司在东北证券 11%的股权、长春房地集团 20%的股权和自身 20%的股权，直接成为东北证券最大的股东。同时，东北证券借助锦州六陆

（中国石油锦州石油化工公司）实现了借壳上市。2007 年底，此项"借壳"创造新的收益 3.4 亿元。

第二，创业要素分析及规律总结。金融资本是东北证券借壳上市中的最大收获。此时的亚泰集团不仅在实体经济中有了完善的产业结构体系，同时在虚拟经济中有了金融服务及其衍生产品的另一市场需求点。通过对金融市场的吸收整合，亚泰集团具有了更为宽广的融资渠道，其金融衍生产品实现多样化，资本运作平台趋于完善。通过在金融领域的完美布局，集团战略定位于"产业"与"金融"双重驱动。

结论 8：亚泰集团资本运营能力由"产业"与"金融"双重驱动。

亚泰集团成长后期的创业过程见表 6.4。

表 6.4 亚泰集团成长后期的创业过程

生命周期	转型背景	目标	关键事件	主要结论
成长后期（兼并吸纳）	国家鼓励自主创新，保护企业自主知识产权	进军医药行业	以合资控股形式组建吉林亚泰制药	⑥亚泰集团由快速发展战略转向多元化发展战略 ⑦机会识别渠道增加了外部资源识别这一新维度，机会识别与资源识别发生一体化作用
	证券市场的快速发展	进军金融行业	东北证券的借壳上市	⑧亚泰集团资本运营能力由"产业"与"金融"双重驱动

第三，成长后期亚泰集团的运作特征。在整个成长后期，中国进入市场经济的初级阶段，大量新兴产业快速崛起，为亚泰集团在内的所有企业带来了机遇和挑战。医药产业、金融业和服务业成为亚泰集团多元化发展战略的重点。在多元化布局上，机会识别从原有的市场政策环境、内部关系资源扩展到了外部资源识别这一新维度上。同时亚泰集团依旧注重培育自身的核心能力——资本运营能力，逐渐获得了"产业"与"金融"的双重驱动。亚泰集团成长后期的运作特征如图 6.6 所示。

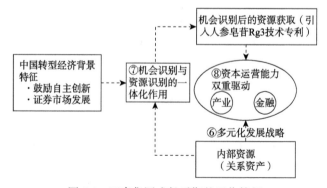

图 6.6　亚泰集团成长后期的运作特征

4）成熟期/瓶颈期：2010 年至今

随着市场经济的快速发展，传统企业的经营方式越来越失去竞争力。自从进入成熟期后，亚泰集团在发展过程中开始遇到许多困难，集团发展面临着转型升级和再次创业的压力。由于篇幅所限，本部分研究选择了两个代表性的瓶颈现象。

（1）瓶颈 A——高负债、低收益和大量的应收账款。

第一，背景资料。从 2009 年起，亚泰集团的资产负债率连续上升，至 2014 年第一季度已高达 75.3%。过高的资产负债率使亚泰集团面临举债经营的风险，财务成本侵蚀了企业盈利。2012~2014 年，亚泰集团的净利润不断下滑，导致债务偿还和净现金流方面存在严重压力。更为困难的是，集团由于过度并购水泥企业，导致内部存在大量不良资产，这部分资产从表面看降低了企业内部资产负债率，但在很大程度上影响了企业的经营利润。另外，亚泰集团存在大量的应收账款，据2013 年度审计报告数据统计，2013 年度亚泰集团仅坏账金额就达到 1.64 亿元，这部分账款对集团的现金流产生了非常大的影响。依据对亚泰集团的年度财务报告、审计报告及公司内部会议报告的数据整理，本书特抽取营业利润、应收账款、资产负债率和水泥业利润率四个财务指标进行分析，如图 6.7 和图 6.8 所示。

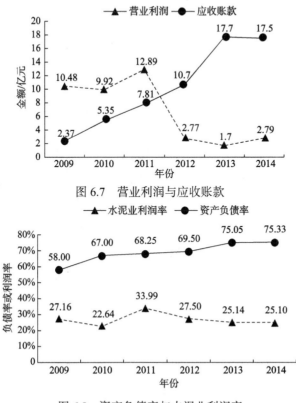

图 6.7　营业利润与应收账款

图 6.8　资产负债率与水泥业利润率

第二，创业要素分析及规律总结。从营业利润大幅度下降的趋势来看，亚泰集团面临着转型升级和公司内部再创业的巨大压力。过多的应收账款受到关系客户的影响无法及时转变为现金流，导致企业资金周转困难，关系资产在成熟期起到了负面作用。另外，过高的资产负债率主要源于亚泰集团多年来一直以兼并东北水泥业为主要战略目的。然而据内部员工私下透露，水泥行业的毛利率非常低，亚泰集团在兼并过程中存在大量不良资产，导致水泥业的利润率有所降低。可见，亚泰集团需要重新调整自身的战略定位，发展与外部环境相适应的创业战略。

结论9：过度的关系资产限制了亚泰集团后期的发展。

结论10：亚泰集团需要建立新的创业战略来激发新的核心能力。

（2）瓶颈B——组织内部固有的排异反应。

第一，背景资料。通过对员工的访谈，了解到亚泰集团内部存在着固有的排异反应。管理高层存在的旧有观念限制了新员工能力的发挥。2013年初，亚泰集团通过人才招聘雇用了具有海归背景的××员工，并予以重用，为其安排了集团子公司的经理职位。不过，集团总部经常周期性地要求××汇报当月的业绩和新成果，这导致该新员工很快便递交了辞呈。这种对新人的固有排异状况使亚泰集团在人才引进上遇到了极大的困难。

第二，创业要素分析及规律总结。新资源进入组织应如何利用是资源整合的关注点。研究以亚泰集团人力资源管理为切入点，主要说明在固有的惯例中新人才的进入并不能改变原有的知识体系。传统的国有企业在组织结构和组织文化等方面都具有根深蒂固的官僚思想。然而亚泰集团的核心能力仅以资本运营能力为主，在组织柔性能力、人力资源管理能力及自主创新能力等方面并没有充分加以重视。亚泰集团的单一核心能力影响了新资源进入组织内的整合效应。

结论11：亚泰集团单一的资本运营能力限制了资源整合行为。

结论12：核心能力对机会-资源一体化能力起到直接影响作用。

亚泰集团成熟期/瓶颈期的创业过程见表6.5。

表6.5　亚泰集团成熟期/瓶颈期的创业过程

生命周期	转型背景	主要原因	主要结论
成熟期/瓶颈期（产业升级再整合）	高负债、低收益和大量应收账款	（1）过度兼并水泥企业，毛利率低，存在大量不良资产 （2）存在大量的关系客户 （3）国企的政府背景在给亚泰集团带来优势（融资）的同时，也在一定程度上限制了其新机会的识别（过多的政府项目，利润偏低）	⑨过度的关系资产限制了亚泰集团后期的发展 ⑩亚泰集团需要建立新的创业战略来激发新的核心能力
	组织内部固有的排异反应	（1）国企背景浓厚，有严重的官僚主义思想 （2）仅有单一的资本运营核心能力，缺乏对资源整合有利的其他能力	⑪亚泰集团单一的资本运营能力限制了资源整合行为 ⑫核心能力对机会-资源一体化能力起到直接影响作用

（3）成熟期/瓶颈期亚泰集团的运作特征。

纵览成熟期，亚泰集团面临着来自企业内部和外部多方面因素的挑战。本章研究以核心能力为主要切入点，探究其与新"机会-资源一体化能力"之间的关系。从案例研究可以发现，首先，亚泰集团的单一核心能力不足以支撑集团成熟期的发展需求，亟须培育新的核心能力；其次，亚泰集团的核心能力培育过程受到其本身国企特征的限制，包括过度的关系资本、固化的官僚思想以及旧惯例的阻碍。最后，通过系统描述亚泰集团的发展困境，间接揭示了核心能力对机会-资源一体化能力产生的直接影响。亚泰集团成熟期／瓶颈期的运作特征如图 6.9 所示，其中"－"代表负面影响。

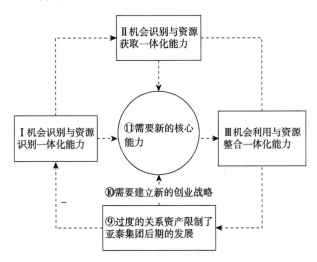

图 6.9　亚泰集团成熟期／瓶颈期的运作特征

5. 结论

1）研究总结

创业是依靠整合资源的特殊组合以发掘新机会的一种价值创造过程，其主要从机会开发和资源开发两个视角对企业价值创造进行相关研究，探究机会最大化下的资源匹配问题。本章研究在此基础上开发了机会-资源一体化能力的新构念体系，以此揭示企业新价值创造的核心过程。通过对新构念的案例探索，首先可以发现亚泰集团初创期的机会识别来源于内部资源，成长前期的机会识别来源于内外资源的结合，但到了成熟期，过度依赖内部资源限制了亚泰集团对新机会的识别；其次，亚泰集团的核心能力有助于企业获取外部资源，包括兼并、重组东北水泥企业及引进技术专利等；再次，亚泰集团的单一核心能力在生命周期的成熟期对新资源的整合起到了限制作用；最后，通过对案例的纵向分析可知，核心能力对机会-资源一体化能力起到了直接作用。机会-资源一体化能力衍生机理如图 6.10 所示。

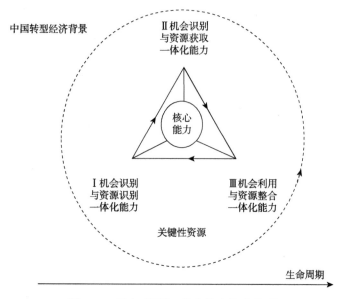

图 6.10 机会-资源一体化能力衍生机理

从上述研究可知，机会-资源一体化能力衍生路径可以分为以下三个阶段。

阶段 1：核心能力生成过程。

按照生命周期的动态视角，企业首先需要在成长前期形成自身的特有核心能力，正如亚泰集团的资本运营能力，这种核心能力的生成过程由企业关键性资源（关系资产）所决定。另外，亚泰集团先后通过快速发展战略、多元化发展战略不断激发核心能力的内在属性，使资本运营能力达到了"产业"与"金融"的双重驱动。可见，企业具有的关键性资源决定了核心能力特质，而在二者之间"战略"起到中介作用，核心能力生成过程如图 6.11 所示。

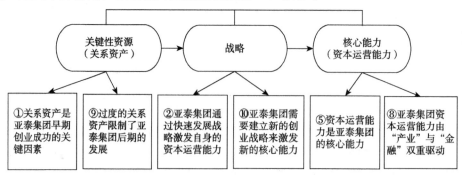

图 6.11 核心能力生成过程

阶段 2：机会-资源一体化能力衍生过程——核心能力的"驱动"作用。

机会-资源一体化能力衍生于"机会"，通过核心能力的"驱动"作用来实现，这种作用体现在核心能力对机会与资源之间一体化效应的影响。在成长前期，为了实现机会利用，亚泰集团利用"资本运营能力"进行了大规模并购，包括并购双阳水泥厂和整合长春热力公司，这是资源获取的过程。而在成长后期，亚泰集团的机会来自于对稀缺资源"人参皂苷 Rg3 技术"的识别，机会识别与资源识别实现一体化，并在"产业"与"金融"的双重驱动下，通过强大的资本运营能力使企业在机会识别后具备了资源获取能力，机会识别与资源获取实现一体化。但在成熟期，亚泰集团的机会利用受到资本运营能力的负面影响，体现在过度的资本运营能力限制了企业对新机会的识别和对资源的整合，如固有的惯例难以被重构成为新的资源结构，此时企业并不具备机会利用与资源整合一体化能力。

由此可见，机会-资源一体化能力的三个子维度分别围绕核心能力进行运作，核心能力的提升与进化直接影响机会与资源之间的一体化效应，核心能力对三个子维度具有明显的"驱动"作用。

阶段 3：生命周期下的机会-资源一体化能力衍生过程。

在不同的生命周期阶段，机会-资源一体化能力有不同的特征。机会-资源一体化能力随着企业迈入新的生命周期阶段，其本身也会不断进化与完善。初创期的企业并不具备完善的机会-资源一体化能力；成长期的企业依旧面临资源约束问题，因此更加注重机会识别与资源获取一体化能力，即吸引人才与开拓融资渠道等；成熟期的企业则要面临固有惯例的束缚和官僚体制的影响，其更加重视机会利用与资源整合一体化能力，即克服与重构旧有惯例，建立新的资源结构。

当企业建立新的资源结构以后，会生成新的核心能力，从而识别出新的机会、获取新的资源，企业会进入生命周期的下一个循环，机会-资源一体化能力也会进入下一个进化周期。

2）研究局限与展望

本节研究突破以往机会、资源双元性理论的研究局限，从系统性角度整合机会与资源，并提出了机会-资源一体化能力这一新的构念。运用单案例分析手段从核心能力生成、核心能力驱动、新的生命周期三阶段归纳了其衍生路径，揭示了企业新价值创造的机理过程。

从研究的局限性来看，首先，单案例研究本身存在固有的局限性，特别是本节研究选择的样本仅来自于国有企业，所采用的关键事件研究方法也会受到历史碎片追溯的不完整性限制；其次，机会-资源一体化能力的体系构建尚处于初级阶段，并不能全面涵盖案例中遇到的所有特殊事件，如亚泰集团的旧有惯例对新机会识别的负面影响，这一现象仅能在机会利用与资源整合一体化能力下的旧有资源结构的重构中体现。

基于此，在未来的研究中，首先需要以分类研究为基本出发点，对行业进行细分，并分别进行研究和比较，如孵化器行业（机会多源于现有技术）、制造行业（技术领先成本）、服务行业（机会源于客户多元化需求）、零售业等不同行业内，机会-资源一体化能力衍生机理的差异性，这对本节研究结论可以进行补充和完善；另外，需要在实证层面上进一步完善机会-资源一体化能力的量表体系，构建更加合理的题项，并开展数据收集工作，从而开发更加合理的量表［上述内容详见高洋等（2015）］。

6.2 机会-资源一体化创业能力研究

6.2.1 创业能力概念界定

现有研究分别从创业者特质视角、创业活动视角和资源基础观视角对创业能力概念进行了界定，然而学者们基于不同视角对创业能力的理解仍未统一。例如，基于特质视角的研究将创业能力定义为更高一级的创业者特质（Bird，1995；Ismail et al.，2015），并且是创业者与生俱来的能力（Thompson，2004；Rosti and Chelli，2005），如包括创业者性格、技能和知识等（Sánchez，2011）。基于创业活动视角的研究认为创业能力是执行创业活动所需的能力（Mitchelmore and Rowley，2010；Rasmussen et al.，2010），包括识别机会、配置资源以利用机会的能力（Davis and Sun，2005；Arthurs and Busenitz，2006；Karra et al.，2008；Federici and Vistocco，2008；Zhang et al.，2009；Clarysse et al.，2011；Zahra et al.，2011；Withers et al.，2011）。基于资源基础观视角的研究认为创业能力是资源、能力集合中的一种独特能力（张映红，2005；梅德强和龙勇，2010），是创业活动中的专门技能（张玉利和王晓文，2011），甚至可以将创业能力看作是一种典型的动态能力（郭海，2013）。

综上，可以看出上述三个视角均从某一侧面反映了创业能力内涵，然而对于揭示其本质内涵仍存在一定的局限性。究竟何为创业能力一直困扰着相关领域的学者，从发挥作用的视角来看，创业能力是维持创业行为得以持续开展的原动力，因而从创业行为视角对其内涵进行剖析可以更好地揭示其本质（Schelfhout et al.，2016）。

创业行为是围绕机会开发与资源开发所开展的，然而二者并非独立存在，而是相互作用、相互影响、不可分割的一体化行为，因而有学者依据复杂理论和系统理论提出了"机会–资源一体化的创业行为"概念（葛宝山等，2015）。鉴于此，本节研究将基于机会–资源一体化视角重新界定创业能力概念，即创业能力是指识别新机会、构建资源基础以利用该机会的能力（Karra et al.，2008）。

6.2.2　机会–资源一体化创业能力维度构建

从上述概念定义来看，创业能力是用来保障和支撑创业行为顺利开展的原动力，因而需要包含三部分关键能力，即机会相关能力、资源相关能力和整合能力，基于此本节构建了机会–资源一体化创业能力维度结构，如图 6.12 所示。

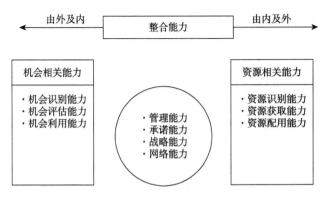

图 6.12　机会–资源一体化创业能力维度

机会相关能力是指机会开发过程中所涉及的能力，反映了企业关注外界环境变化、获得相关市场信息、捕捉创业机会等创业行为，具体包括机会识别能力、机会评估能力和机会利用能力（Man and Lau，2000；Man et al.，2002；Muzychenko，2008；Federici and Vistocco，2008）。

资源相关能力是指资源开发过程中涉及的能力，具体包括资源识别能力、资源获取能力和资源配用能力（Chandler and Hanks，1994；Rasmussen et al.，2011；Mitchelmore and Rowley，2010）。

整合能力是指整合并组织互补资源以利用所识别机会的能力（Moorman and Slotegraaf，1999；Withers et al.，2011），是将机会与资源进行有机结合的能力，包括管理能力、承诺能力、战略能力和网络能力（Man et al.，2002；Rasmussen et al.，2011）。其中管理能力包括两大类能力，一类指的是职能能力，包括市场营销和财务；另一类是组织能力，包括组织能力和领导能力（Mitchelmore and Rowley，2010）。

6.2.3 机会-资源一体化创业能力量表开发及检验

1. 机会-资源一体化创业能力量表开发

回顾相关文献我们发现当前有关创业能力的测量工具仍然较少，且学者们多是基于自身研究目的从不同视角测量创业能力，如有学者从创业生命周期视角按照机会开发及企业运营两个阶段测量创业能力（唐靖和姜彦福，2008；张玉利和王晓文，2011），也有学者以国际创业视角从国际化经验、国际营销、学习、创新和网络构建等方面测量创业能力，还有学者以创业者特质视角从机会能力、关系能力、概念能力、组织能力、战略能力、承诺能力和支持能力等方面测量创业能力。尽管现有研究试图对创业能力进行测量，然而当前测量工具尚未揭示创业活动本质。因而，本节研究将结合半结构访谈的内容与文献梳理内容以机会-资源一体化视角重新开发创业能力测量量表。

为了增强量表的可靠性，本节研究首先通过回顾经典量表的测量题项，构建量表的基础部分。随后以上述内容为主要访谈提纲对 11 位创业者进行了半结构化访谈，这 11 位创业者主要从事 IT 行业、安防行业、通信行业、建筑设计、酒店管理、自动化等行业。在访谈过程中主要围绕"企业最显著的创业能力有哪些"、"您认为创业能力应该包含哪几方面"、"企业在机会开发和资源开发等方面表现如何"及"企业通过何种手段整合资源以充分利用机会"等内容进行了半结构化访谈。最后基于访谈内容验证本节提出的创业能力概念内涵及创业能力维度体系，多数创业者认为创业能力是保障创业企业有效整合资源以充分开发机会的能力，与本节研究基于理论部分提出的概念一致。同时被访谈者也认为机会开发相关能力、资源开发相关能力以及将机会-资源有效整合在一起的能力均很重要，因而验证了上文基于理论分析对创业能力维度体系的构建。同时本节根据访谈内容提炼创业能力的测量指标以修改和完善量表的基础部分。具体来讲，一方面我们根据访谈过程中的反馈对文献中的测量题项进行了语言修订，以使测量题项更容易让人理解；另一方面我们根据访谈内容补充了现有测量指标体系，如在机会识别能力方面增加了"对市场发展趋势的预测能力"，在机会评估能力方面增加了"自身的专业知识、经验和洞察力"，在机会利用能力方面增加了"资源的匹配和支撑"，在管理能力方面增加了"能够调动公司内外部资源"，在承诺能力方面增加了"对企业上下游合作伙伴承诺"，在战略能力方面增加了"根据相关政策调整企业行为的能力"，在网络能力方面增加了"能与政府机构保持和谐发展的关系"，在资源识别能力方面增加了"企业可以寻求到所需资源的供应商"，在资源获取能力方面增加了"企业从亲戚朋友处获取所需资源"，在资源配用能力方面增加了"企业在捕捉到机会后可以合理配置相关的人、财、物等各项资源"。最后形成了初始的测量问卷，如表 6.6 所示，共形成了三级因子结构，创业能力是一阶因子，它包括机会相关能力、整合能力和资源相关能力 3 个二阶因子。其中机会相关能力又包括机会识别能力、机会评估能力和机会利用能力 3 个三阶因子，整合能力包括管理能力、承诺能力、战略能力和网络能力 4 个三阶因子，资源相关能力包括资源识别能力、资源获取能力和资源配用能力 3 个三阶因子。

表 6.6　创业能力初始测量量表

二阶因子	三阶因子	测量指标	来源
机会相关能力	机会识别能力	JS1.准确感知和识别到消费者没有被满足的需求	唐靖和姜彦福（2008）；Man 等（2002）
		JS2.对市场发展趋势的预测能力	访谈内容
		JS3.发现新的市场细分领域	唐靖和姜彦福（2008）；Man 等（2002）；马鸿佳等（2010）
	机会评估能力	JP1.自身的专业知识、经验和洞察力	访谈内容
		JP2.花费大量的时间和精力去寻找可以给消费者带来真正有价值的产品或服务	唐靖和姜彦福（2008）；Man 等（2002）；马鸿佳等（2010）
		JP3.从市场情形、竞争和商业趋势评价机会的价值	Man 和 Lau（2000）
	机会利用能力	JL1. 资源的匹配和支撑	访谈内容
		JL2. 擅长于开发新产品和服务	唐靖和姜彦福（2008）；Man 等（2002）；马鸿佳等（2010）
		JL3. 擅长于开发新的生产、营销和管理方法	唐靖和姜彦福（2008）；Man 等（2002）；马鸿佳等（2010）
整合能力	管理能力	GL1.能够领导和帮助员工渡过困难和变化	Man 和 Lau（2000）
		GL2.能够设立规则和规制，采取奖励和惩罚措施或者设立标准控制	Man 和 Lau（2000）
		GL3.能够调动公司内外部资源	访谈内容
	承诺能力	CN1. 对企业上下游合作伙伴承诺	访谈内容
		CN2. 承诺对员工负责	Man 和 Lau（2000）
		CN3. 对于业务长期目标的承诺	Man 和 Lau（2000）
	战略能力	ZL1.能够设立公司长期目标、社会责任和企业角色的愿景	Man 等（2002）；马鸿佳等（2010）
		ZL2.企业拥有较强的柔性，能够适应市场的变化	Man 等（2002）；马鸿佳等（2010）
		ZL3.根据相关政策调整企业行为的能力	访谈内容
	网络能力	WL1.能够与已有的和潜在的顾客、商业协会、合作伙伴、员工建立和保持网络关系	Man 和 Lau（2000）
		WL2.能够利用网络关系获取和强化机会以及从外部获取所需要的资源和技能	Man 和 Lau（2000）
		WL3.能与政府机构保持和谐发展的关系	访谈内容

续表

二阶因子	三阶因子	测量指标	来源
资源相关能力	资源识别能力	ZS1.企业很清楚自身所拥有的关键创业资源	易朝辉（2010）
		ZS2. 企业认识到识别的资源与需求的资源间的差距	易朝辉（2010）
		ZS3.企业可以寻求到所需资源的供应商	访谈内容
	资源获取能力	ZH1.企业从供应商处获取创业所需的各种资源	易朝辉（2010）
		ZH2.企业从客户那里获取需求信息等无形资源	易朝辉（2010）
		ZH3.企业从对手那里获取信息资源	易朝辉（2010）
		ZH4. 在企业内部积累资源	易朝辉（2010）
		ZH5.企业从亲戚朋友处获取所需资源	访谈内容
	资源配用能力	ZP1.企业能够剥离无用或者冗余的资源	易朝辉（2010）
		ZP2.企业能实现资源的转移和结合	易朝辉（2010）
		ZP3.企业在捕捉到机会后可以合理配置相关的人、财、物等各项资源	访谈内容

资料来源：根据文献整理

2. 创业能力量表检验

本节研究于 2015 年 6 月至 9 月在吉林省、辽宁省、黑龙江省、河北省、山东省、北京市等地对新企业进行大规模调研，其中北京市代表创业活跃程度较高地区，东北三省代表创业活跃程度较低地区，河北和山东则代表创业活跃程度一般地区。在这些地域调研人员共发放问卷 600 份，回收有效问卷 420 份，被调研对象均为企业的创业者或高层管理人员。从样本的特征来看（表 6.7），样本具有较好的代表性。

表 6.7　有效样本特征

样本特征	测量指标	有效样本	百分比
企业的年龄	0~2 年	221	52.62%
	3~5 年	124	29.52%
	6~8 年	75	17.86%
员工人数	1~20 人	118	28.1%
	21~50 人	120	28.57%
	51~200 人	96	22.86%
	201~500 人	45	10.71%
	501~1 000 人	36	8.57%
	1 000 人以上	5	1.19%

续表

样本特征	测量指标	有效样本	百分比
	IT 高科技行业	189	45%
	传统制造业	34	8.1%
行业	批发零售业	55	13.1%
	现代服务业	127	30.23%
	其他	15	3.57%

为了检验上述量表的可靠性，本节研究首先对量表进行了探索性因子分析，并对量表进行调整后再次进行信度检验和效度检验。

1）创业能力探索性因子分析

本节研究对上述数据进行正交旋转探索性因子分析，共析出 10 个因子，如表 6.8 所示。根据单标安等（2015a）的研究，在此次因子分析中，我们将因子载荷值低于 0.5 的题项进行剔除（如 JS3、CN3、ZL3），将同一题项负荷在 2 个因子以上的题项进行剔除（如 JP3 同时负荷在因子 7 和因子 8 上）。尽管变量 ZL2 负荷在因子 1 上的载荷值也较高，但是依然低于 0.5 的标准，同样 ZS2 负荷在因子 4 上的载荷值也较高，但是依然低于 0.5 的标准，因而在后续数据处理过程中我们保留了对这两个变量的数据分析。

表 6.8　创业能力探索性因子分析结果

题项	因子 1（管理能力）	因子 2（机会识别能力）	因子 3（战略能力）	因子 4（资源获取能力）	因子 5（资源配用能力）	因子 6（资源识别能力）	因子 7（机会利用能力）	因子 8（机会评估能力）	因子 9（承诺能力）	因子 10（网络能力）
JS1	0.079	0.859	−0.018	0.069	0.031	0.112	−0.083	0.063	0.130	0.148
JS2	0.125	0.731	−0.023	0.099	0.133	0.089	0.209	0.125	0.074	0.317
JS3	0.155	0.421	−0.061	0.102	0.112	0.213	0.222	0.168	0.055	0.134
JP1	0.089	−0.051	0.098	0.100	0.019	0.132	0.083	0.852	0.098	−0.142
JP2	0.103	0.109	0.102	0.008	0.070	0.009	0.445	0.643	0.030	−0.143
JP3	0.075	−0.051	0.013	0.007	0.024	0.022	0.575	0.553	0.052	0.021
JL1	0.094	0.294	−0.045	0.136	0.018	0.193	0.840	−0.025	0.139	0.073
JL2	0.074	0.356	0.191	0.028	0.103	0.130	0.687	−0.095	0.021	−0.312

续表

题项	因子1（管理能力）	因子2（机会识别能力）	因子3（战略能力）	因子4（资源获取能力）	因子5（资源配用能力）	因子6（资源识别能力）	因子7（机会利用能力）	因子8（机会评估能力）	因子9（承诺能力）	因子10（网络能力）
JL3	0.094	0.299	0.079	0.062	0.050	0.138	0.889	0.046	0.140	0.003
GL1	0.754	0.104	0.233	0.136	−0.001	0.198	0.025	−0.082	0.101	0.199
GL2	0.819	0.102	0.241	0.120	0.068	0.095	0.117	−0.033	−0.002	0.150
GL3	0.791	0.100	0.308	0.107	0.076	0.114	0.061	0.166	0.058	−0.055
CN1	0.057	0.064	0.336	0.027	0.187	0.054	0.044	0.177	0.734	−0.034
CN2	−0.020	0.088	0.270	0.094	0.154	0.081	−0.023	0.057	0.748	−0.272
CN3	0.031	0.075	0.214	0.064	0.102	0.041	0.031	0.045	0.345	0.210
ZL1	0.395	0.071	0.727	0.119	0.114	0.078	−0.013	0.020	−0.070	−0.067
ZL2	0.496	0.076	0.580	0.097	0.165	0.020	0.021	−0.016	−0.055	−0.096
ZL3	0.314	0.211	0.245	0.012	0.034	0.015	0.031	0.332	−0.354	0.028
WL1	0.351	0.123	0.158	0.011	0.148	0.125	−0.033	0.002	0.020	0.757
WL2	0.443	−0.015	−0.060	0.139	0.058	−0.059	−0.012	0.153	0.283	0.624
WL3	0.321	0.021	−0.019	0.094	0.129	0.036	0.070	0.176	0.076	0.765
ZS1	0.202	0.237	0.084	0.131	0.098	0.754	0.069	0.105	0.003	0.143
ZS2	0.034	0.216	0.043	0.485	0.199	0.608	0.052	−0.002	0.089	0.068
ZS3	0.141	0.036	0.033	0.141	0.096	0.793	0.115	0.182	0.096	−0.175
ZH1	0.147	0.098	0.157	0.732	0.145	0.316	−0.019	0.289	0.063	0.040
ZH2	0.097	0.037	0.185	0.619	0.136	0.158	0.041	0.410	0.054	−0.237
ZH3	0.036	0.023	0.320	0.601	0.259	0.107	0.178	0.365	−0.068	0.294
ZH4	0.255	0.083	−0.040	0.787	0.281	0.136	0.016	0.116	0.030	−0.034
ZH5	0.139	0.172	0.202	0.603	0.296	0.320	0.085	−0.085	0.074	0.105
ZP1	0.177	0.130	0.050	0.363	0.742	0.165	0.011	−0.067	−0.004	−0.099

续表

题项	因子 1（管理能力）	因子 2（机会识别能力）	因子 3（战略能力）	因子 4（资源获取能力）	因子 5（资源配用能力）	因子 6（资源识别能力）	因子 7（机会利用能力）	因子 8（机会评估能力）	因子 9（承诺能力）	因子 10（网络能力）
ZP2	0.084	0.138	0.233	0.209	0.808	0.128	0.056	0.014	0.049	0.088
ZP3	0.166	−0.036	0.186	0.156	0.751	0.053	-8.583×10^{-5}	0.377	0.025	−0.013

2）创业能力量表信度和效度检验

初始测量量表的检验采用克隆巴赫 α 系数检验，具体情况如表 6.9 所示。由于我们检测的是初始测量量表，因而我们对可删除题项后的克隆巴赫系数 α 也进行了检验。数据分析显示除了机会利用 JL3 题项，其他校正的单向与总项之间相关系数（corrected item—total correlation，CITC）均高于 0.4，且剔除任何一项题项之后量表的克隆巴赫 α 系数均会降低，因此我们保留了所有的测量题项。表 6.9 的数据分析结果还显示机会识别能力、机会评估能力、机会利用能力、管理能力、承诺能力、战略能力、网络能力、资源识别能力、资源获取能力与资源配用能力的克隆巴赫 α 系数均高于 0.6 这一最低水平，因而整体来看问卷的信度水平可以接受。

表 6.9　量表的信度、效度检验

变量	题项	校正的单向与总项之间相关性	项已删除的克隆巴赫 α 值	标准因子载荷值	AVE	CR	克隆巴赫 α 系数
机会识别能力	JS1	0.611		0.777	0.604	0.753	0.759
	JS2	0.611		0.776			
机会评估能力	JP1	0.628		0.801	0.613	0.760	0.769
	JP2	0.628		0.764			
机会利用能力	JL1	0.462	0.423	0.605	0.352	0.655	0.601
	JL2	0.446	0.468	0.783			
	JL3	0.343	0.618	0.465			
管理能力	GL1	0.747	0.804	0.757	0.675	0.861	0.863
	GL2	0.797	0.756	0.825			
	GL3	0.683	0.857	0.877			

续表

变量	题项	校正的单向与总项之间相关性	项已删除的克隆巴赫α值	标准因子载荷值	AVE	CR	克隆巴赫α系数
承诺能力	CN1	0.592		0.825	0.649	0.787	0.743
	CN2	0.592		0.786			
战略能力	ZL1	0.607		0.797	0.609	0.757	0.756
	ZL2	0.607		0.764			
网络能力	WL1	0.683	0.811	0.790	0.523	0.837	0.845
	WL2	0.697	0.798	0.767			
	WL3	0.756	0.740	0.824			
资源识别能力	ZS1	0.634	0.676	0.716	0.445	0.762	0.773
	ZS2	0.629	0.677	0.803			
	ZS3	0.580	0.726	0.630			
资源获取能力	ZH1	0.595	0.801	0.645	0.345	0.721	0.825
	ZH2	0.624	0.790	0.659			
	ZH3	0.642	0.784	0.736			
	ZH4	0.645	0.784	0.744			
	ZH5	0.606	0.795	0.715			
资源配用能力	ZP1	0.655	0.759	0.769	0.527	0.825	0.816
	ZP2	0.693	0.721	0.865			
	ZP3	0.656	0.761	0.749			

从表6.9可以看出除了机会利用JL3题项，其余因子载荷值均高于0.5的最低要求。关于AVE，机会利用能力和资源获取能力的AVE值低于0.4的最低要求，其余变量的AVE值均高于0.4。另外，从CR水平来看，所有变量均高于0.6的最低水平，且除了机会利用能力之外，其余变量的CR水平均高于0.7，由此可以看出该量表的整体水平可以接受。

3. 研究结论

本节研究首先梳理创业能力相关文献，结合案例访谈内容在现有研究基础上重新界定创业能力内涵。随后构建创业能力维度体系，开发创业能力测量量表，并通过实证检验创业能力初始测量量表的效度和信度水平，剔除了导致量表效度较低的测量指标，最终量表的数据检验效果较好，因而后续研究可以使用该测量量表开展更为深入的问题研究。本节研究弥补了以往研究不足，并对未来开展更为深入的机理性研究奠定了基础。

首先，本节研究基于机会-资源一体化创业行为视角界定创业能力概念，明晰创业能力内涵。以往研究或基于个体层面从创业者特质视角界定创业能力内涵（Thompson，2004），或基于企业层面从资源视角界定创业能力内涵（张玉利和王晓文，2011），然而这些定义忽略了创业行为的本质。研究发现创业行为实质是识别机会、整合资源并配置资源以充分利用机会的过程（葛宝山等，2015），而创业能力是保障和维持创业行为顺利开展的动力源泉，因而本节研究从创业行为视角重新界定创业能力概念，揭示创业能力本质内涵，并统一学者们对创业能力的认识。

其次，本节研究基于机会-资源一体化创业行为视角构建创业能力维度体系，不仅弥补了以往研究的不足，同时对后续深入开展创业能力相关研究奠定了基础。以往研究通常划分创业能力类型（Man et al.，2002；2008），或者研究创业能力体系（唐靖和姜彦福，2008），而缺乏对创业能力维度体系的构建，因而导致对创业能力内涵本质的揭示不足，同时限制了创业能力的量表开发。因而本节研究基于机会-资源一体化创业行为视角构建创业能力维度体系，更进一步揭示创业能力内涵，同时为开发创业能力测量量表奠定基础。

最后，本节研究基于机会-资源一体化创业行为视角开发创业能力测量量表，丰富了创业能力的定量研究。以往研究多是定性地研究创业能力内涵及其重要性，而关于创业能力的影响因素及其产生的结果等内在机理研究依然缺乏，究其原因在于缺乏准确度量创业能力的测量量表。因而本节研究在创业能力内涵及其维度体系基础上开发相应量表，以便后续研究对创业能力与其前置影响因素及后续结果变量之间的内在机理性问题开展定量研究，丰富创业能力理论。

6.3 机会-资源一体化动态能力研究

6.3.1 资源主导视角的动态能力的理论综述

1. 动态能力的两大流派

传统动态能力理论源于战略管理，其产生主要是用来解释企业竞争优势的来源。目前，按照学术界对动态能力的主流分类方法，可以分为两大流派。第一个流派以 Teece、Dyer、Amit 等学者为代表，以资源基础观为理论根基，通过借鉴波特的产业定位理论和动态战略冲突理论，系统阐述了动态能力的生成逻辑与内涵，并通过资产、路径、组织过程三个方面来剖析动态能力的本质属性，从而提出"动态能力生成于整个组织过程中，受企业的资产和路径所决定"这一标志性结论，并最终将动态能力的维度分为协调/整合能力、学习能力和重构能力三方面（Teece et al., 1997）。此流派关于动态能力的研究主要体现在企业资产结构不断构建与重组的动态性"路径"中，企业此时需要不断克服旧有惯例并创造新价值（Dyer and Nobeoka, 2000；Amit and Zott, 2001；Makadok, 2001）。此流派的成果在学术界受到的认可度最高（Peteraf et al., 2013）。第二个流派以Eisenhardt、Martin 等学者为代表，以间接否定 Teece 的动态能力思想为出发点，利用实证分析的方式指出 Teece 的动态能力并不是企业竞争优势的直接来源，而是通过产品研发能力、结盟能力、战略决策能力等多种"实质性能力"对竞争优势产生间接影响（Eisenhardt and Martin, 2000）。也就是说，企业如果想获得持久的竞争优势，需要通过客观实践的方式发展一系列实质性能力。Zahra 等（2006）在对以上观点赞同的基础上，通过组织学习视角对"实质性能力"的构建方式（最佳实践）做出了进一步深化。Zahra 指出，不同的企业也许会存在相同的资源结构，但这并不代表这些企业具有相同的"实质性能力"，这是由于组织内部各种资产和地位的不同（Teece et al., 1997），企业选择的知识学习方式也不尽相同。因此，学习是实现从资源结构到实质性能力的中介变量。不过，以上这部分成果是以完成企业组织内部具体战略或过程视角来研究动态能力，被国内外一些学者称为"具有同义重复之嫌"（冯军政和魏江，2011）。

两大流派之间的理论特点如表 6.10 所示。

表 6.10　两大流派之间的理论特点

流派	理论出发点	研究逻辑	关注对象	基本维度	其他代表学者
以 Teece 为代表的第一流派	资源基础观	动态能力生成与组织过程中，由"资产"和"路径"所决定	关注"路径"的研究，"路径"体现在组织管惯例的构建与重构过程中	学习能力、构建能力与重构能力（惯例）	Dyer、Amit、Zott、Makadok、Danneels、Jacobides、Madhok
以 Eisenhardt 为代表的第二流派	资源基础观	动态能力在不同环境条件下应具有不同的特性	关注企业"最佳实践方式"，体现在不同"实质性能力"的形成过程中	产品研发能力、战略决策能力、结盟能力等一系列"实质性能力"	Zahra、Benner、Tushman、Sambamurthy、Knight

资料来源：根据相关文献整理

由此可见，动态能力研究一直存在相对冲突性局面，这主要是由于 Teece 等学者和Eisenhardt等学者所运用理论的对立性。Teece等学者提倡对动态能力的研究需结合组织过程视角首先确定"路径选择",并从惯例的构建、重构和机会开发等方面进行展开。而 Eisenhardt 等学者却一直提倡研究动态能力只需确定不同"实质性能力"的特性,这主要是指企业需在不同时间点上开发能够完成具体任务的能力,如产品研发能力、生产与采购能力、战略结盟能力、市场营销能力等。这些能力在后续的研究中被一部分学者所推崇,主要源于其关注于组织的"最佳实践方式"。也就是说,以实践为导向的动态能力研究主张组织建立最佳的实践方式,在不同环境特征中寻求不同特性的具体能力,从而获得竞争优势。

纵观两大流派的理论纷争,Barreto(2011)指出,目前学术界对动态能力的研究已经走向了分离的两大方向,这对丰富动态能力理论起到负面作用。Peteraf等也进一步指出,学术界必须正视 Teece 与 Eisenhardt 两位学者之间的理论冲突,并找出合理的调和方式。于是,本节研究在此基础上进一步对动态能力理论进行了追溯,并提炼出了被忽视的第三个流派。

2. 新研究脉络拓展

实际上,第三个流派在时间上是最早提出动态能力理论的。该流派主要以Collins、Winter 等学者为代表,强调动态能力由其他组织低阶能力进化而来。Collins 在总结能力进化规律的过程中指出,组织中的能力可以按照阶层存在等级划分为三类:第一类是组织开展基本活动的能力,包括生产、采购与物流等能力;第二类为提升组织运营的能力,包括产品研发、模式创新及组织柔性能力等;第三类为企业认知自身并先于竞争对手制定优势战略的能力,如学习能力、变革能力等,后两种能力涉及了动态能力的范畴。之所以此流派遭到学术界的诟病,主要源于其存在的"无限回归"问题,但实际上此问题并不影响能力阶层进化理论的应用性。

所以,本节研究在此基础上以第三流派中阶层进化理论作为突破点,尝试对动态能力理论进行整合,并在整合过程中对其体系构建与衍生机理等问题做进一步的澄清。而在流派侧重点方面,本节研究也倾向于 Teece 等学者的观点,将动态能力视为衍生于组织过程中的高级能力。但不可否认的是,动态能力本身的抽象性和模糊性加大了研究开展的难度,使学者无法抓住动态能力衍生的本源。于是,在借鉴 Eisenhardt 等学者理论的基础上,我们将实质性能力的概念引入动态能力形成的前置因素之中,也就是将其界定为"路径"内的中介变量。这样,动态能力就由实质性能力进化而来,而实质性能力取决于本节研究中的路径选择。最终,研究结合 Collins(1994)和 Winter(2003)的阶层思想,发现动态能力确实由其他低阶能力进化而来，这包括企业核心能力在内的一系列实质性能力（Zollo and Winter，2002；Helfat and Peteraf，2003）。动态能力的理论脉络与研究逻辑如图6.13所示，其中数字代表以该学者为第一作者的论文在动态能力领域被引用的次数（1990~2014年）。

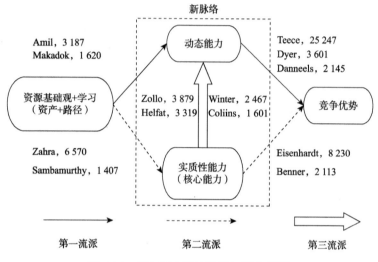

图6.13 动态能力理论脉络与研究逻辑

新脉络的提出不仅能够整合动态能力的相关理论，同时也为揭示动态能力的衍生机理提供了新的方向。Ambrosini和Bowman指出，动态能力是如何被创造出来的问题一直是学术界研究的难点，而动态能力的维度和体系也存在很大的争议。在此基础上，研究者们甚至无法回答企业在不同的环境条件下应选择或构建何种动态能力。Barreto（2011）也进一步指出，以资源结构为主导的动态能力研究脉络不能仅存在于理论过程中，其更应该关注形成动态能力的客观实践。此结论虽然再次将研究方向转向Eisenhardt的"实质性能力"路线，并提倡"最佳实践方式"的重要性，但不能否认的是，"最佳实践方式"确实是动态能力产生的前提条件。因此，Helfat和Winter在承认动态能力与实质性能力之间存在边界模糊的基础上，指出企业需要首先对能力进行分类，利用不同能力的特性来应对外部环境的动态性和复杂性，并且时刻警惕管理者的个人经验与偏好，从而将动态能力体现于"管理者利用不同实质性能力应对外部环境"的过程中。

可见，对于动态能力的研究确实不能脱离Eisenhardt等学者提出的"实质性能力"的思想，而且需要围绕"最佳实践方式"来对能力进行分类，从而在不同环境中运用不同能力的特性。但是，我们必须坚持Teece关于动态能力的研究核心，也就是理解动态能力的动态性，明确动态能力是嵌入在组织运作过程之中，并持续不断地创造价值。因此，基于前面的理论梳理与探讨，本节研究认为关于动态能力研究需要把握以下两个主要原则。

1）体现动态能力的动态性特征

为了能够体现动态能力的动态性，Teece 等（1997）曾以惯例理论为基础明确指出只有克服原有惯例的行为才能产生动态能力，并以构建、学习、重构三个动态性行为作为动态能力的内在特征。之后，为了使动态能力的研究适用于快速多变的外部环境，Teece（2007）进一步以机会识别、机会把握和机会创造三个动态行为作为动态能力的内在动态属性。从此之后，基于机会创造的视角成为动态能力研究的主流方向。

2）聚焦于"路径"的研究

这里的路径指的是从"资源基础结构"到"实质性能力"再到"动态能力"之间的进化过程。实际上，资源基础理论是动态能力产生的理论源泉，这在 Teece 与 Eisenhardt 两位学者之间都得到了体现。只不过 Teece 的理论主张以"不断构建新惯例和重构原有惯例的行为"来体现动态能力的特征，而 Eisenhardt 的理论提倡"完成组织具体目标的最佳实践方式才是动态能力的本质属性"。所以阶层理论更加适用于整合动态能力的两大流派，其提供的实质性能力到动态能力的进化思想对于探索动态能力的衍生路径有其独到之处。

6.3.2　机会主导视角的动态能力相关研究

为了使动态能力理论更加适应快速变化的外部环境，Teece（2007）对动态能力的本质属性和结构做了进一步的研究。Teece 指出，动态能力能够从根本上加强企业对机会的识别与感知，理解并利用机会及重构资源结构。具有超强创业导向的企业往往具有较强的动态能力，它们不仅能够适应企业的商业环境，而且能够通过创新、合作等方式实现企业快速成长。也就是说，感知和搜索机会、在组织内部进行创造性破坏，以及不间断地获取资源对机会进行利用是动态能力的本质属性。在此基础上，Teece 最终将动态能力分为机会感知能力、机会把握能力以及机会利用能力三个维度。其中，机会感知能力包括内部研发与选择新技术、供应链流程创新、外源性技术开发服务及识别细分市场的碎片需求四个层次；机会把握能力包括设计客户解决方案与商业模式、控制企业边界管理平台、选择决策协议及构建忠诚与承诺四个层次；机会利用能力包括权利的下放与分解、管理战略协调性与资产组合价值、知识管理和管理支配四个层次。

至此，以机会为主导的动态能力研究得到快速发展，成果也开始与其他学科领域发生交融（创业学）。例如，O'Reilly 和 Tushman（2013）从创业者困境的破解角度出发，在继承 Teece（2007）三个维度的基础上进一步指出，企业在构建和培育机会感知能力的同时必须跨越行业和技术的壁垒进行知识的广度搜索；而机会把握能力是指战略洞察、制定与执行能力；机会利用能力则要针对资源的现状进行重新整合与匹配。Liao 等（2009）在认同 O'Reilly 和 Tushman 的观点的基础上，进一步将动态能力分为机会识别型整合能力与机会利用型整合能力。可见，动态能力的维度构成不仅需要包括资源的整合与重构能力，还需包含机会的识别与感知能力等认知层面的维度，这一结论得到了大多数学者的认同（Teece，2011）。

6.3.3 资源与机会整合视角下的动态能力分析

从上述分析可知，以机会资源整合视角研究动态能力成为学术界的主流方向。实际上，由于创业研究一直主张通过不断识别和开发新机会来创造企业新价值，所以其理论重心也持续聚焦在机会与所需资源的相互匹配与作用上。

创业是"依靠资源的特殊组合以发掘新机会的一种价值创造过程"，其主要从机会开发和资源开发两个视角对企业价值创造进行了相关研究，探讨了机会最大化下的资源有效匹配问题（Eckhardt and Shane，2003；Teece，2007；Barreto，2011）。在研究匹配性问题的过程中，机会开发被分解为机会识别、评价和利用三个子行为（Shane and Venkataraman，2000）。资源开发被分解为资源识别、获取、整合和利用四个子行为（蔡莉和柳青，2007）。不同子行为之间的作用关系决定了企业价值创造的效率。例如，在机会识别与资源识别的互动研究中，Samuelsson 和 Davidsson（2009）指出一些机会来自于识别后未被充分利用的资源，如土地、闲置的设备和技术发明等，同时企业高效的资源整合行为也能促进机会的有效识别。从机会评价与资源开发关系来看，机会的评价就是创业主体识别现有资源并分析其可用性和可获得性的过程（Haynie et al.，2009）。从机会利用与资源开发的关系来看，机会利用需要获取相应的资源，并配置资源（Ardichvili et al.，2003）。这样，机会开发与资源开发之间会随着创业活动的持续开展不断发生作用，从而需要创业者时刻把握二者之间的匹配性和平衡性。机会开发行为与资源开发行为之间的交互融合成为创业学不断发展的重要支撑。

由前文阐述可知，机会与资源二者之间的相互匹配与整合使动态能力衍生于组织过程之中，并持续为企业创造价值（Teece，2007）。基于此，本节研究以系统论思想将机会与资源二者之间的作用关系视为一个完整的动态系统，以整体性角度对机会与资源之间的匹配方式进行研究，从而在要素作用层面体现动态能力的衍生机理。

（1）机会-资源一体化能力。"机会-资源一体化"表示机会与资源二者是一体的、相连的。基于"一体化"视角研究机会与资源二者之间的匹配与相互作用关系更加符合动态能力对机会与资源的双元性要求（葛宝山等，2013；蔡莉等，2014）。"机会-资源一体化"主要由机会与资源二者的相互作用关系所构成，其中二者之间的关系网络具备高度的复杂性和动态性（Ardichvili et al.，2003）。"机会-资源一体化"新视角的提出主要是为了解决机会与资源"各自为政"的局面，使二者在动态能力衍生过程中形成"整合效应"。

结合创业学的相关理论，"机会-资源一体化能力"是从整合视角研究机会与资源之间的作用关系，代表创业过程中所需要具备的高阶能力。通过借鉴Teece（2007）的理论成果，将动态能力分为机会识别能力、机会把握能力和机会利用能力三个维度。其中每一个维度都对应着与资源之间的作用关联。例如，机会识别能力需识别组织内部新技术资源、发掘市场的碎片需求以及掌握新知识等信息资源，这代表了机会识别与资源识别之间的匹配与作用关联；机会把握能力主要包括对能够获取必要资源途径和方式的准确把握，这对应了机会识别后的资源获取行为；机会创造能力则针对克服组织惯例、管理资产组合及知识重组与再造等，这对应了机会利用过程中的资源整合行为。由此可见，"机会-资源一体化能力"无论在阶层等级还是在内涵机理上都具备新动态能力的特性，对其研究应从机会识别和机会利用两个阶段分别切入，探究其与资源开发之间的匹配关系。

（2）新视角下的动态能力体系构建。新视角下的动态能力内涵对应于机会与资源二者之间的关系内涵，所以需要首先明确机会开发与资源开发子维度之间的作用关系。借鉴已有研究成果，本节研究将机会开发过程分为机会识别和机会利用两个子行为（Shane and Venkataraman，2000；Shane，2003）；资源开发过程分为资源识别、资源获取及资源整合三个子行为（蔡莉和柳青，2007；董保宝等，2011），其中资源识别和资源获取统称为资源识取。

在对内涵界定的过程中，机会与资源之间的作用关系可以分为两类，一类是基于机会主导型的作用关系，其对应着机会对资源的影响；另一类是基于资源主导型的作用关系，其对应着资源对机会的影响。

其一，机会对资源的影响。机会对资源的影响包括"机会识别对资源识取的影响"、"机会识别对资源整合的影响"、"机会利用对资源识取的影响"及"机会利用对资源整合的影响"四个关系，关系内涵如图 6.14 所示。

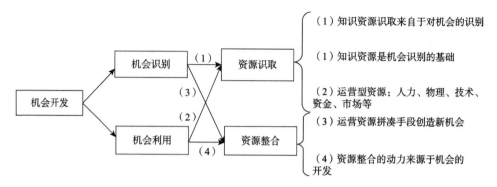

图 6.14　机会对资源影响关系内涵

其二，资源对机会的影响。资源对机会的影响暗示着机会从资源中来，资源开发过程对机会开发过程产生影响。资源基础观的理论体系一直主张机会往往来自于企业手头现有的独特、稀缺、难以模仿和不可替代的资源，如特殊的市场渠道、关系网络以及资金来源等（Casson and Wadeson，2007；Kuratko et al.，2011）。资源对机会影响关系内涵如图 6.15 所示，其中虚线代表作用关系强度不明显。

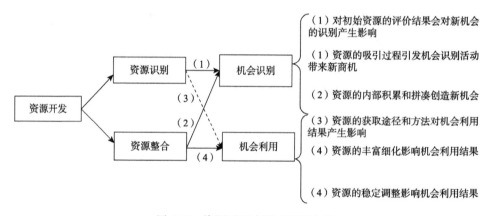

图 6.15　资源对机会影响关系内涵

基于此，新视角下的动态能力（机会-资源一体化能力）被赋予了内涵，其中子维度上的理论含义是由机会与资源子行为之间的相互作用关系所生成的。这样，机会-资源一体化能力被分为了三个子维度，每一个子维度都包含了各自的子特征。例如，在机会识别与资源识别一体化能力中，企业注重利用识别稀缺、有价值和难以模仿的资源来达到机会识别的目的（Casson and Wadeson，2007）。而在机会利用与资源整合一体化过程中，企业主要关注在资源快速有效的配置过程中创造出新机会，即资源拼凑的效应（Baker and Nelson，2005；

Sarasvathy et al., 2010）。新视角下的动态能力的体系层次如图 6.16 所示［上述研究详见杜小民等（2015）］。

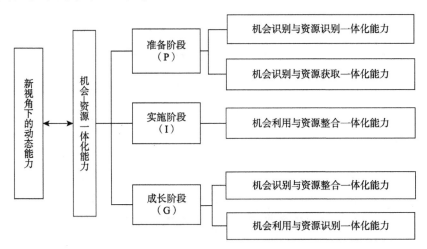

图 6.16 新视角下动态能力体系构建

第 7 章　LCOR 的动态研究

　　创业活动是在不确定性环境下企业与员工之间持续相互作用的复杂过程，该过程受企业识别机会的能力（Barreto，2011）、已有资源条件及学习能力等多种要素的影响，而如何揭示复杂的创业活动过程需要借助严谨、科学的研究方法。已有文献采用定量的实证研究和定性的案例研究等方法对不同要素组合下的创业活动进行了检验，然而这些研究方法在揭示复杂创业活动时仍缺乏系统性与简洁性。

　　多主体建模与仿真研究方法作为系统研究的重要手段，通过将要素参数化实现了创业活动研究的系统科学化，并逐渐得到了组织管理领域学者的认可（Wang et al.，2014）。现阶段多主体建模与仿真研究方法在创业研究中仍处于探索阶段，在模型构建逻辑、模型应用范围、模型可靠性及模型结论的有效性等方面均存在一定的局限性。但不可忽视的是，此方法在创业领域的适用性已经得到证实，并为后续仿真方法在创业研究中的应用奠定了基础，指引了方向。本书应用多主体建模与仿真方法对 LCOR 进行动态研究。在对创业研究中基于 LCOR 多主体建模与仿真方法的应用综述基础上，以点带面，着重研究创业学习研究中的多主体建模与仿真，创业机会研究中的多主体建模与仿真，通过创业学习与机会识别关系的仿真研究探索多主体建模与仿真研究方法在 LCOR 中的应用。

7.1　创业研究中基于 LCOR 多主体建模与仿真方法的应用综述

7.1.1　多主体建模与仿真在创业研究中的适用性

　　创业活动是在不确定性环境中利用资源开发机会的过程，这一复杂过程可以通过仿真建模加以检验。已有学者对实证研究、数理统计与多主体建模等研究方法进行了比较，认为多主体建模与仿真研究方法可以很好地揭示复杂的创业过程，同时对不同变量之间关系的有效性和因果关系的冲突性具有很强的解释力（Yang and Chandra，2013）。然而现有研究多采用实证和案例等方法，采用仿真建模的研究仍然较少，相关模型和结论还不成熟。但学者也逐步认识到实证和案例研究具有的局限性，认为建模仿真有潜力成为未来研究复杂创业活动的重要途径。例如，实证方法通常只能分析静态数据之间的关系；案例研究虽然可以通过对关键历史事件的回溯及追踪来研究创业过程，但耗时较长，搜集信息成本较高，适用于探索性研究，且案例研究结论的普适性经常受到质疑。因此，基于已有文献，我们综合分析建模与仿真方法在创业研究领域的适用性，结合复杂自适应系统理论探讨多主体仿真工具（如 Netlogo）、适应度景观模型（Fitness Landscape）和 NK 模型的应用等问题。

根据 Holland（1995）的复杂自适应系统理论，主体是系统中具有适应性的个体成员，适应性是指主体通过与其他主体或系统环境相互作用，不断积累经验或向其他主体学习，并根据学习到的经验改变自己的行为规则，改变自身结构，以保持系统的持续存在性和协调性。系统的演进都是在这个基础上进行的，包括新主体的产生、新层次的出现及分化、涌现等。因此，系统中的成员是具有适应性的主体，在与其他主体互动过程中不断地"学习"和"积累经验"，同时调整自身的结构和行为方式以适应外界环境。多主体建模是当前解决复杂问题最具活力和影响力的方法，该方法是建立在对企业实际数据和行为分析基础上的。以企业实际行为特征为参数，构建符合企业运营环境的模型，并通过规则设定来体现主体的属性、主体的行为、主体之间以及主体与环境之间的相互作用，以自底向上的方法模拟现实世界，最终考察"系统涌现"现象。

从系统论视角看，创业主体具有多个层次，包括创业者、创业团队和组织等。虽然不同层次主体属性的表现形式有所差别，但这些主体一般都具有能动性及自主性等特征，这与系统论对适应性主体的要求相一致。自主性和能动性是主体行动力与能力的体现，主体可以自主地行动和自由地做出决策，并有能力实施决策。不同层次的主体自主性和能动性的表现不同，并受不同要素的影响。

在企业联盟及社会网络形成、企业间竞争与合作、组织管理决策及团队的动态性等领域得到广泛应用的适应度景观模型（Fitness Landscape）和 NK 模型的核心概念是适应度景观。适应度景观的概念是由 Wright 提出的，初期用来研究生物有机体进化问题，该模型认为在生物体的基因型空间中，各基因型的适应值有差异，形成了类似山峰的景观。随后，Kauffman 在 Wright 的基础上构建了 NK 模型，NK 模型能够简练地生成适应度景观，他认为适应度景观是由有机体的各种属性（基因）及其相互依赖程度决定的，其中 N 表示物种所具有的基因数，K 表示每一个基因依赖于其他 K 个基因的强健度。上述模型在现阶段的组织研究领域得到了应用，如 Maguire（1999）将适应度景观模型引入组织发展及战略管理领域，将组织视为与生物类似的有机体，分析不同战略规划对企业发展的影响；Ganco 和 Agarwal（2009）采用 NKC 模型研究了创业经验、学习潜能对创业绩效的影响，并探究环境动态性和市场进入时机对创业绩效的影响，相较于 NK 模型，NKC 模型引入了参数 C 来表示不同物种间的相互影响程度。通过建模与分析，研究发现在环境动态性较高时，有创业经验的企业绩效高于无经验的企业绩效；在产业周期后期进入的初创企业，由于其具有较高的学习潜能，其创业绩效会高于在产业周期早期进入的且拥有创业经验的企业。也有学者从组织层面出发，基于适应度景观理论的 NKC 模型研究了创业经验、组织形式与公司绩效之间的关系（Ganco and Agarwal，2009），研究发现有创业经验的企业的创业绩效高于无经验的企业的创业绩效。

现有的建模与仿真的研究中，多主体仿真是常用的方法，常用的多主体仿真软件有 Anylogic、Swarm、Netlogo 等。有的学者从个体层面出发，研究了创业者的警觉性和灵活性对企业套利行为的影响，利用 Netlogo 软件构建了仿真模型，模型证实了创业者的警觉性和灵活性能影响企业达到市场均衡的速度和产品多样性，研究发现创业者的高灵活性比高警觉性能使企业更快地达到市场均衡，创业者的高灵活性会导致企业较低的产品多样化水平，而高警觉性则导致较高的产品多样化水平（Holian and Newell，2011）。有的学者从团队层面出发，同样采用 Netlogo 构建仿真模型，分析了创业团队成员进入和退出市场的行为，指出团队成员的创新自由度和获得的激励有利于发挥团队优势（刘辉，2013）。还有学者通过自建模型对管理问题进行了研究，如徐迪和李煊（2010）通过遗传算法模拟了商务模式的演化过程，从方法论的视角探讨了基于智能算法的计算实验在商务模式创新复杂性研究中的适用性。从上述研究看多主体建模与仿真方法在创业研究中是具有适用性的。

7.1.2 创业学习研究中的多主体建模与仿真

Zahra 等（2012）认为知识的获取、整合与利用是通过学习实现的，企业知识存量变化是学习的结果（Harrison and Leitch，2005；Cope，2005）。March（1991）将创业过程中的学习方式划分为探索式学习与利用式学习两种，并构建了不同学习方式对企业绩效影响的仿真模型。模型的主体是系统环境中拥有不同知识的组织成员，仿真规则是主体之间通过不同的学习方式进行知识的交流与沟通。根据 March（1991）对两种学习方式的界定，不同的学习方式关注不同类型的知识，同时在获取相应知识时具有不同的效率，从而将两种学习方式及其成效转化为可观察和度量的变量。另外，March 的仿真模型也加入了对组织内部人员流动这一情境要素的考虑，指出人员流动影响了企业知识达到平衡状态的时间以及平衡后的知识水平。

March 在 1991 年发表的文章可以视为"创业+仿真"的奠基性文章，其结论和模型构建过程对后续开展创业仿真研究具有相当大的借鉴意义。例如，Kane 和 Alavi（2007）借助多主体建模与仿真方法研究了组织结构对探索式学习和利用式学习过程的影响，认为组织结构影响了学习过程中知识转移路径及转移效率。组织作为一个复杂系统，是由若干子组织构成的，而子组织又是由不同的个体构成的，子组织内个体之间的网络关系成为学习过程中知识转移的重要通道。因而，Kane 和 Alavi（2007）在仿真模型中规定，在学习过程中个体首先会选择同一子组织内比自己知识水平高的个体进行学习，实现子组织内部的学习均衡，在此基础上不同子组织之间进行知识的沟通，增加组织整体的知识储备。层次性的知识转移路径为组织学习提供了特定的通道，实现了知识优势的递进式集聚和提升。Bocanet 和 Ponsiglione（2012）指出组织内存在多层次、多类型的学习方式，除了个体与组织、组织与组织间的学习，个体与个体"面对面"交流才是最有效的学习方式，因此这两位学者在 March 仿真模型的基础上引入了个体与个体之间的学习，证实了"面对面"交流对组织绩效具有显著正向影响。还有学者也进行了探索性研究，如 West 和 Wilson（1995）从信息管理的视角出发，采用仿真方法分析了创业决策制定中的学习过程，认为学习能够帮助决策者获取有效的信息，从而制定科学的决策准则，提前避免实际决策中可能遇到的问题。Miller 等（2006）采用仿真建模方法研究了组织学习对企业绩效的影响，并认为组织内个体之间的学习是通过组织这一中介进行的。

从上述分析可以看出，学习作为描述创业过程的一个重要行为变量，是设定仿真模型中主体交互规则的重要依据，而如何划分学习类型也影响了模型中主体学习路径的选择和学习效果。对于多主体建模与仿真在创业学习中的研究，在 March 的奠基性研究之上，后续研究从两方面应用和拓展。一方面后续研究扩展了参与学习的主体类型，在组织与个体、组织与组织之间学习外，加入了个体与个体之间的学习；另一方面后续研究逐步在模型中加入了其他要素的影响，如从网络视角分析组织结构对组织学习路径及效率的影响。然而现有研究仍存在一定的局限性，如现有研究对创业学习方式的划分过于单一。事实上，在创业研究中针对不同的问题、情境可以以不同标准划分学习方式，如针对个体层面的创业主体来说，认知学习和经验学习起到重要作用。现有研究主要关注组织层面的学习，并以探索式学习和利用式学习的划分方式为主，而对其他划分标准下的学习类型关注不足，如个体层面的经验学习和认知学习。因此未来还需要以不同标准来划分学习方式，构建不同学习方式下的仿真模型，分析不同学习方式及其他相关要素对机会开发、新企业创建的影响。本节研究将上述研究整理成表 7.1。

表 7.1　创业学习研究中的仿真模型总结

	March（1991）	学习、知识	个体与组织之间交互学习对企业绩效的影响	NK/NKC
学习视角	Kane 和 Alavi（2007）	学习、组织结构、知识	个体与组织之间交互学习影响企业绩效，组织结构在其中起到一定作用	NK/NKC
	Bocanet 和 Ponsiglione（2012）	学习、知识	个体与组织之间交互学习、个体与个体之间的相互学习对企业绩效的影响	NK/NKC
	Miller 等（2006）	学习、显性/隐性知识	个体与组织之间交互学习对企业绩效的影响，扩充了主题相互作用过程中所涉及的知识类型	NK/NKC
	Lomi 等（1997）	学习、组织决策	经验学习和实验学习对组织决策制定的影响	系统动力学
	West 和 Wilson（1995）	学习、组织决策	分析了创业决策制定中的学习过程，通过学习能够提早避免实际决策中可能遇到的问题	仿真

资料来源：根据相关文献整理

　　基于学习视角的创业仿真研究中，分析了学习对知识获取的影响，学习对机会识别与创造的影响，学习对于新企业创建的影响等。学习作为描述创业过程的一个行为变量，是在仿真模型中表示主体交互和设定规则的重要依据。创业学习存在于主体的不同层面，并具有多种表现形式，而不同学习方式在发挥作用的途径、获取知识的效率和类型上存在区别，企业内部个体与组织之间、个体与个体之间通过不同的创业学习方式实现知识的交互。因此，在未来研究中仍要关注以下几个方面：首先，对不同创业学习方式、不同层面主体之间的创业学习过程如何衔接转化进行系统分析，为创业仿真模型建立提供基础。其次，在现有研究结果基础上，构建多种创业学习方式下的仿真模型，分析不同创业学习方式对机会开发、新企业创建的影响。最后，充分发挥仿真的系统化优势，构建不同层次创业学习过程模型，从整体化视角分析创业学习的转化过程和作用机理。

7.1.3　创业机会研究中的多主体建模与仿真

　　创业过程是创业者识别、评价和开发机会的过程（Shane and Venkataraman，2000）。现阶段创业研究领域针对机会的来源存在发现观和创造观两种不同观点，机会发现观认为机会是客观存在的（Shane，2000），而机会创造观则认为机会是由创业主体自主创造的（Sarasvathy，2001；Baker and Nelson，2005）。在现有创业理论研究基础上，机会视角出发的创业仿真研究也具有发现和创造两种不同的分析范式。

基于机会发现范式的研究中，Ihrig（2010）通过构建多主体仿真模型来研究创业者如何识别创业机会并进行开发，模型以知识为核心要素对其机会识别过程进行了分析，将机会开发的主体和机会本身都视为知识的集合，同时设定主体可通过互动交流从外部环境及其他主体中获得知识，而当模型中主体与机会所具有的知识储量和知识维度达到一定的匹配度时，则表示主体发现了系统中现存的机会。

基于机会创造范式的研究中，Wu 和 Ho（2009）运用 NK 模型研究了机会的创造过程。机会创造观指出异质性的主体之间通过持续的相互学习能够产生机会，如创业者和顾客之间的沟通交流可以使创业者充分挖掘顾客的潜在需求，找到供求缺口，主动创造出满足需求的产品，而只有当创业者与顾客所拥有的共同知识达到一定的匹配度时，这种供求均衡的状态才可以实现，即产生一个新的机会。还有学者从机会创造观出发，提出如何利用仿真方法开展创业研究的路径和实施步骤，并构建了创业领域仿真研究的逻辑体系，为后续研究提供了新颖的思考视角和规范化的逻辑过程（秦剑，2013）。

目前，已有多位学者构建了研究机会开发问题的仿真模型，并验证了模型建立的逻辑及仿真结果的有效性，提出了识别和开发机会的"知识匹配度"衡量标准。然而现有研究还存在以下问题：首先，机会来源仍存在争议，机会到底是被发现的还是被创造出来的尚未达成一致结论，还有学者认为机会创造与机会发现实际上并不是非此即彼的关系，而是存在各自的适用范围，要根据具体环境来分析（Sarasvathy，2001；Korsgaard et al.，2016）。例如，在高不确定性环境中，市场中的已有产品很难满足未来顾客的潜在需求，而具有较高市场敏感度的主体依据自己的知识创造出新市场，可以实现供求的均衡；在低不确定性环境中，市场与顾客之间的供求处于相对稳定的状态，客户在产品和服务选择方面具有路径依赖，变化程度较小，对于创业者来说其创造新市场的难度较大，因此主体更倾向于选择在未被充分满足的细分市场中寻求机会（唐鹏程和朱方明，2009）。其次，现有以机会为切入点的创业仿真研究引入了"知识匹配度"这一概念，但并未深入揭示"知识匹配度"在机会发现观与机会创造观两种不同范式下的本质区别，两种范式研究中的建模过程及规则依据却相似，缺乏不同视角的本质特征及其特殊性的描述。未来还需结合理论研究探寻对应范式下的研究模型及衡量标准，在创业研究领域对机会发现观与机会创造观之间的关系进行系统分析，并在现有研究的基础上，设计更好的仿真模型来揭示机会发现观与机会创造观之间的区别与联系，以提升仿真方法在机会视角下的适用性。

7.1.4 创业研究中的多主体建模与仿真总结

我们对上述模型适用性的分析从其关注的问题和涉及的创业要素出发，考虑现有模型的可靠性和准确度。在上述研究中，学者们主要关注新企业创建与企业绩效（Provance and Carayannis，2011；Ganco and Agarwal，2009）、机会开发（Wu and Ho，2009；Ihrig，2010）以及创业学习内在过程的分析（Lomi et al.，1997；Miller et al.，2006；Kane and Alavi，2007；Bocanet and Ponsiglione，2012）三个方面的问题。针对这些问题学者们关注的要素存在一定的集中性，如大多数模型都涉及知识、网络和学习三要素，其中知识是创业行为发生的基础，网络是实现组织内部知识互通互联的关键渠道，学习则是渠道内知识有效流动的重要方式。

通过文献梳理发现，现阶段创业仿真研究中的模型主要有两类，一是结合研究问题改变成熟模型中的行为参数和规则，此类模型的可靠性和结论的有效性都得到了验证，在后续研究中具有较好的推广性；二是根据实践现象自建模型，此类模型受研究者关注问题、理论基础和思考视角的影响，很难总结其规律。对于成熟模型来说，又以 NK/NKC 模型为典型，通过对 N、K、C 三个参数的设置表征组织中不同主体之间的相互作用。NK/NKC 模型在学习、机会及主体视角都得到了广泛应用和深入研究，如较多学者采用 NK 模型模拟个体或组织如何通过网络关系实现不同主体之间的学习沟通、知识交流，进而识别机会或创造机会的过程（March，1991；Wu and Ho，2009；Bocanet and Ponsiglione，2012）。虽然 NK/NKC 模型在现有研究中得到了广泛应用，但在未来应用中仍需进一步深化和拓展。首先，要结合实践和已有理论研究提升模型准确度；其次，扩充 NK 模型在创业研究领域的应用范围，尤其是如何基于现有的 NK 模型建立更加符合组织管理过程以及创业过程的模型；最后，NK 模型只是一种建模的思路，到底何种系统建模思想能够更好地描述和分析创业行为，还需从创业过程所涉及的不同要素及创业行为特征出发，以复杂系统理论为依据，通过改变现有模型或创建新模型找到适应性更强的模型。

创业仿真模型比一般研究方法更具有系统性，能够同时考察多个要素对结果变量的影响，但同时仿真方法的运用也存在一定难度，最大的难度在于保障模型假设条件与现实环境的吻合度（Lazer and Friedman，2007）。在建模过程中，需要从现实情境中抽象出创业者的特征和行为，并通过参数和规则设计在模型中体现，抽象过程在很大程度上影响了模型的真实性和结论的有效性（West and

Wilson，1995）。因此，后续还需要基于现有研究成果，从创业研究的一般理论出发，进一步提升模型的准确性和可靠性。

7.2　多主体建模与仿真在 LCOR 中的应用

7.2.1　创业学习与机会识别关系的仿真研究

本节研究主要采用理论研究与系统建模相结合的研究方法。我们在创业学习理论、知识管理理论、机会发现观及复杂系统理论的基础上，分析了新企业机会识别过程中不同要素之间的作用机理，即新企业为了生存和发展，通过不同的学习方式来获取和更新知识以形成新的能力，进而帮助其识别环境中新的机会。通过梳理相关理论及文献，对不同学习方式进行归类并界定其内涵，同时基于知识管理理论，从不同学习方式获取知识类型和效率两个角度对学习方式进行度量。研究选取新企业为研究主体，对新企业机会识别的过程进行探究，基于上述研究目的，研究综述了机会识别过程相关研究，其中包括机会识别的内涵、过程以及度量等方面。基于新企业学习和机会识别的动态特性，将复杂系统理论引入创业研究中，并阐述复杂系统理论和多主体建模与仿真的相关研究。在理论研究基础上，分析新企业中创业者个体学习方式与机会识别之间的关系，同时，基于复杂系统理论，构建新企业机会识别的概念模型及仿真模型并提出研究假设，通过程序设计利用计算机分析创业学习与机会识别的关系，本节研究按照如图 7.1 所示的路线进行研究。

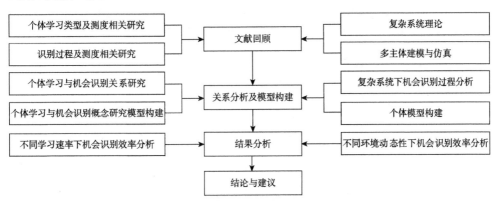

图 7.1　创业学习与机会识别关系的仿真研究技术路线图

1. 仿真模型的构建

根据相关文献的梳理及对新企业不同学习方式与机会识别关系的研究，构建如图 7.2 所示的新企业个体学习与机会识别关系的概念模型。

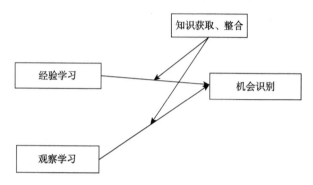

图 7.2　基于仿真实验的新企业个体学习与机会识别关系模型

研究所建立的仿真模型以 March（1991）文章中建模思想的扩充和改变为基础并进行一定的改变和拓展。因为 March（1991）的仿真模型具有广泛的影响力并被大量研究所证实，在此基础上所建立的新企业机会识别模型，其结果的有效性容易被认可。与实证研究相类似，运用仿真模型是为了探索不同变量之间的理论关系，需要控制影响仿真结果的其他因素，减少其他因素引起的仿真结果的随机性进而增强结果的有效性，提高研究结论的可理解性和可解释性。研究以新企业为研究对象，并基于其特性，定义机会发现的主体是创业者或高层管理人员。在仿真过程中，个体学习能力保持稳定，不随其学习过程的演进而发生变化。机会客观存在于外部环境中，但受政策、经济发展等其他要素的影响，机会不是长期存在的，其存在时间具有不确定性，因此为了简化模型，假设机会存在一定的周期，且其存在周期是固定的。机会的变化程度受环境动态性水平的影响，环境动态性越高，组成机会的知识维度发生变化的概率越大。模型的相关变量的设定如下。

1）机会

根据机会发现观所持有的观点，机会是在市场中客观存在的，是市场供求关系中存在的客观缺口，但机会一般隐含于环境中。Ihrig（2010）指出机会可以用知识来表示，但与一般性的知识相比，具有较高的抽象化和编码化程度，只有那些拥有相应知识的创业者才能发现市场中存在的机会。在仿真过程中独立于组织和个人的知识水平是个体感知到机会对创业者知识的要求。因此将机会定义为一个 m 维的知识向量，每一维（e_j）代表一种类型的知识，向量维度的取值可以用 -1 和 1 表示，即 $e=e_1e_2\cdots e_m$；$e_j \in \{-1, 1\}$，$j=1, \cdots, m$，各元素的值以相同的概率取 1 或者-1，m 值越大表示组织所处的环境越复杂，而组织外部的机会类型也越复杂。

在实际环境中，受政府政策变化、市场需求变革以及行业变革的影响，一个机会不可能一直存在。当国家制定政策支持文化产业时，相对于制造业来说，文化产业方面的机会则会增多；而当国家决定振兴东北老工业基地时，对于制造业来说又是一个机会。因此，随着政策等环境要素的变化，客观存在的供求缺口也会发生变化，则相应的机会也会发生变化。由于政策的制定很难预测，因此将研究情境限定为同类行业，主体只关注环境中出现的相关机会。初始机会是随机产生的并且会发生变化，不同行业的外部环境也不同，有些传统行业的创业活动状态相对稳定，而一些新兴技术行业变化速度则较快，存在于环境中的知识也相应地快速变化。因此，在组织发展过程中，代表机会的 m 维知识中各维的值会随着时间的变化而变化，当企业处于稳定的环境中时，机会所包含的知识维度发生变化较小，企业能够在原有知识的基础上有效识别环境中存在的机会；当企业处于剧烈动荡的环境中时，环境中存在的机会类型会迅速变化，机会所包含的知识类型也会发生变化。

2）创业者知识

新企业机会识别的过程中创业者起到决定性的作用，创业者的知识表示主体掌握的现实的知识，针对外界环境中存在的 m 维知识，创业者可能持有的正确的知识，即在对应维度上与外界环境中表示机会的知识向量值相同，持有不正确的知识则与表示机会的知识向量不同。此外，当创业者不具备此知识时，则用 0 表示。b 表示创业者的知识向量，$b=b_1b_2\cdots b_m$；$b_j\in\{-1, 0, 1\}$，b_j 代表创业者的第 j 维知识向量的取值。创业者的知识向量与机会向量的一致性越高，则表示其掌握的知识水平（knowledge level）越高。例如，文化产业的创业者在了解文化产业相关政策和市场需求等方面的知识时相对于制造业产业中的创业者来说具有优势，当环境中存在文化产业机会时，具有相应知识的文化产业的创业者更容易识别机会，进而抓住机会，而制造业中的创业者则可能忽略这一机会。但是制造业中的创业者在与制造业相关的产业政策和行业需求方面所拥有的知识占据一定的优势地位。在仿真初始化阶段，随机赋值创业者的知识水平，即 $\mathrm{KL} = \sum_{i=1}^{m} b_j e_j$，当 $b_j e_j$ 等于 1 时，表明在所需知识维度上是一致的，-1 则表示不一致，不一致的知识不能促进企业识别机会。

3）知识类型

大量知识管理研究表明，个体知识包括显性知识和隐性知识两种类型，显性知识表示已编码化的知识，隐性知识则未编码化。个体可以从专业书籍、组织制定的规章制度等文件中获取显性知识，但不能从这些文件中获取隐性知识。隐性知识主要通过人与人之间直接或间接的学习、沟通和交流获得，其中"面对面"的沟通方式效果最好。学者们普遍认为组织中显性知识只占10%，而另外90%是隐性知识。显性知识的编码化使其便于流动、获取和使用，最重要的是可以进行长距离传播。通过知识的编码化，将个人知识转化成容易接受和传播的知识存储方式，如明确的规章制度、工作流程或进一步表达成数据库的形式，其本质是将解决问题所需的知识标准化。

知识分为显性知识与隐性知识。显性知识可以通过编码化的知识维度表示，同理，隐性知识也可用不同的维度表示，但二者在获取效率上存在不同。隐性知识是一种特殊的知识，隐性知识对组织具有较大的价值（Holcomb et al.，2009），很难模仿，且获取隐性知识的渠道比较有限，通常通过观察他人的行为和活动以及环境对行为的反馈获得（Bandura，1977）。

2. 仿真规则设定

1）创业者学习过程

在现实的企业经营过程中，创业者可以从其他创业者及外界环境中学习来提高自身的知识。假设在一个仿真周期中存在多个创业者，但是由于创业者的学习能力和信息处理的能力有限，难以获取外界环境中存在的所有相关信息，在现实中也仅与部分创业者存在相互学习的行为。因此，本节研究假设创业者只能从外界环境中学习，并且针对环境中的显性和隐性知识，创业者具有不同的学习效率。假设创业者学习显性知识的效率为 p_1，学习隐性知识的效率为 p_2，借鉴现有研究结论，创业者在学习过程中采用经验学习和观察学习的比重是不同的，通过观察学习获得的是显性知识，显性知识由于其可编码的特性，获取知识的效率较高，因此 p_1 集中在 0.7 以上，而经验学习获取的知识多属于隐性知识，由于隐性知识的黏滞性、载体依附性等，获取知识的效率较低，因此 p_2 集中在 0.3 以下。在知识向量中，显性知识部分用 $XXZSb_j$，$j \in (1, n)$ 表示，隐性知识部分用 $YXZSb_j$，$j \in (n+1, m)$ 表示。通过不同的学习方式，组织可以获取新的知识，更新组织中的知识，更新后的知识存储量为

$$b_t = XXZSb_j p_1 + YXZSb_j p_2 + b_{t-1}$$

其中，b_{t-1} 为 t-1 周期创业者的知识向量；b_t 为经过一个运行周期后，创业者第 t 周期的知识向量。

2）机会识别过程

在初始化阶段，设定仿真的相关参数值，如表 7.2 所示。将-1，0，1 随机赋值给 m 维知识向量来表示机会，并且随着时间的变化，表示机会的知识向量组合也会发生变化。同时，创业者被赋予不同的知识向量（Shane，2000），并在获

取知识的过程中采用不同的学习方式，只有那些拥有相关知识的个体才能发现外界环境中存在的机会。个体以 p_1 的速度学习显性知识，以 p_2 的速度学习隐性知识，创业者按照上述学习规则进行学习，不同学习方式对知识存量的提升是不同的。经过一定时间的学习，创业者的知识水平得到更新，计算创业的知识水平与外界环境知识向量之间的匹配度（ $\mathrm{KL} = \sum_{i=1}^{m} b_j e_j$ ），当表示机会的知识向量与外界环境中存在的机会的知识向量之间的匹配程度达到一定的程度时，则表示创业者成功识别了机会，定义其为 0.5，最后企业机会识别的效果以能够识别的机会数目来度量。在模型假设阶段就已经指出，机会是随着时间变化的，机会变化后，若知识向量之间的匹配程度没有达到 0.5，就判定此时企业没能抓住此机会。当初始的匹配度未达到 0.5 时，存在多种可能性，一种是创业者缺乏相应的知识，还可能由于机会与创业者所处的领域不同，无法对创业者产生吸引力。同时，环境动态性对机会变化存在一定的影响，促使机会以 p_3 的概率发生变化，在机会变动程度不同的情况下，每个周期内机会识别的数量是不同的。

表 7.2　相关参数设定

参数	含义	参数值
M	机会、创业者知识维度数量	500
p_1	观察学习学习速率	0.6/0.9
p_2	经验学习学习速率	0.1/0.4
KL	个体与机会知识匹配度	0.5
p_3	机会变动的概率	0.2.0.9
D	机会识别数量	—

3. 仿真结论

本节研究采用 Mathlab 软件，分别模拟不同参数条件下，新企业机会识别的效率。为了更好地模拟现实环境，与现实达到更高的契合度，我们分别模拟了稳定环境下和高度动态环境下企业知识获取和机会识别的效率。为了保证仿真结果的可靠性，通过多次模拟，即模拟外界环境中机会多次（500 次）变化的条件下企业机会识别的情况，来总结特定动态程度下和不同学习效率下企业机会识别的效率，机会识别的效率用对 500 次变化后产生的不同机会的最终识别的数量（ D ）来表示。通过仿真结果的对比，分析不同环境动态性下，企业采用不同的学习效率对其机会识别的影响，得出结果如下：①当企业处于稳定环境中，创业者的认知学习效率不发生变化时，提高创业者的经验学习效率能够促进企业机会识别；②当企业处于稳定环境中，创业者的经验学习效率不发生变化时，提高创业者的认知学习效率能够促进企业机会识别；③当企业处于稳定环境中，同时提升经验学习和认知学习效率对创业机会识别的促进作用优于同等幅度地提升单个学习方式效率；④当企业处于高度动态环境中时，同时提升经验学习和认知学习效率对创业机会识别的促进作用优于同等幅度地提升单个学习方式效率；⑤相较于高度动态的环境，当企业处于稳定环境中时，同等程度地提升创业者的经验学习效率对企业机会识别的促进作用更加显著；⑥相较于高度动态的环境，当企业处于稳定环境中时，同等程度地提升创业者的认知学习效率对企业机会识别的促进作用更加显著。

基于上述仿真结果，得出如下结论。

（1）新企业组织结构不完善，创业者在企业中处于绝对的权威地位，能够决定生存和发展方向，对机会的选择也具有绝对的主导性。因此，对于新企业来说，其学习主体就是创业者，创业者自身所拥有的技术、技能和经验等对新企业发现环境中存在的机会起到重要的作用。但是创业者的知识存储量是有限的，运用有限的知识不能有效地促进机会的识别。只有当创业者积极地通过采取不同的学习方式获取新知识时，才能将企业向更好的方向引导，促进其对机会的识别。具体地，如通过参加相关的技术课程，提升技术能力及对市场中技术前沿趋势变化的敏感性；通过观察其他标杆企业生产和市场开发方面的行为，来调整和改善自身的经营措施；根据企业前期积累的经验，包括成功或失败的经验来调整企业的战略方向。通过仿真研究发现，当企业具有较高的学习效率时，即积极采取不同的学习方式从不同途径获取不同类型的知识，能够快速提升知识的存量，进而提升个体识别潜在机会的能力，促进机会识别的效率。

（2）新企业所处的环境受政策、法律、市场需求和宏观经济环境等不同要素的影响，当要素发生变化时，新企业所处的环境也会发生变化，其识别环境中存在机会的行为也会受到一定程度的影响。构成环境的不同要素在不同的时间段内发生变化的可能性是不同的，当环境要素发生大的变化时，会给新企业的生存与发展提出更高的要求，此时新企业需要具有更高的灵活性和知识储备，以及采取正确的手段来应对环境的变化。通过仿真结果得出，不论是在稳定环境下，还是在高度动态环境下，新企业为了应对环境和提升自身能力都需要学习。提升新企业的学习效率能显著提高个体知识与外界环境中机会识别所需知识的匹配度，并促进匹配度向较高的水平集中，进而提高新企业的机会识别效率。对于学习主体来说，提升某一特定类型学习方式的效率能帮助主体获取特定类型的知识，当能同时提高多种知识获取方式的效率时，主体能充分发挥出企业的学习潜力，最大限度地促进企业的知识获取和机会识别。

（3）相对于稳定环境，动态环境对新企业识别潜在机会提出了更大的挑战。当市场需求发生较大变化时，新企业先前积累的相关的技能和经验不再适应经营发展的需要，但是由于行为的路径依赖性使得新企业在适应环境变化上相对迟钝，不能及时改变自己的知识获取能力。当新企业不具有识别机会所需要的知识存量时，会使企业忽视现实环境中的机会。同等幅度地提升学习效率能对机会识别产生积极的影响，但在高度动态环境中，同等程度的学习效率产生的机会识别效果弱于在稳定环境下的效果。因此为了抓住机会，新企业需要积极学习，获取新的知识以适应环境的变化，且不仅要关注普遍通用的知识，还要从他人经验和自身经验中获取隐性的、不易传播的关键性知识。

在本节研究中我们将相关的创业理论与系统建模的思想相结合，采用理论分析与仿真建模的方法探究了新企业不同学习方式与机会识别之间的关系，并分析了环境动态性对其关系的影响。研究发现，提高不同学习方式的效率能有效促进企业的机会识别，且环境动态性能够影响机会识别的提升幅度。该研究对新企业的实际经营活动具有指导意义，创业者在决策企业的经营活动时，要充分利用自身在该领域具有的相关技能和市场经验，保持对技术创新与市场需求变动的敏感性，以引导企业向正确的方向发展。同时创业者不能仅仅局限于现有的知识，还要采取积极的措施来更新知识库，如通过专业技能的培训或者从相关的市场调研数据中了解市场趋势；向标杆企业学习先进的生产运营方式；或从自身先前成功或失败的经验中得到启示，做到扬长避短。综上，创业者在创业过程中需要不断基于自身经验和从外部环境中获取互补性知识，来提升机会识别的能力。同时，创业者学习能力和知识获取能力的提升受认知局限性的影响，创业者应着重加强隐性知识的积累，通过获取他人难以模仿的知识来促进机会的识别。

本节研究也存在一定的局限性，首先为了简化模型，我们只是选取创业者作为研究对象，即个体层面的学习，而新企业虽然没有成熟的组织结构，但是在整个企业的运营过程中，还是存在一定程度的组织学习。其次，本节仅从机会发现观视角研究。研究界定机会是外生的，且随着外界环境动态性程度的不同，环境中可供创业者搜寻的机会也发生不同程度的改变。

7.2.2　多主体建模与仿真在 LCOR 未来研究展望

现阶段仿真方法在创业研究领域应用研究尚存在一定的局限性。一是创业研究本身就具有数据难以获得、机理过程尚未打开的缺陷。尽管许多学者都认识到创业能力是影响创业成功的一个重要因素，但由于创业能力是积累性的隐性变量，难以直接测量，因此将其参数化存在很大的难度，导致其在仿真研究中还未得到重视。二是现有研究主要从机会开发和资源开发两个视角分析创业过程。实际上，机会开发离不开资源，而资源开发也离不开机会，二者之间是持续的互动关系，但现阶段仍缺乏对二者关系的系统研究。尽管现有研究缺乏系统性研究结论增加了模型构建的难度，但是仿真模型却恰好能够为理论探索提供有效途径，通过仿真分析多要素的互动过程，为揭示复杂的创业过程提供了合理的分析方法。多主体建模与仿真在 LCOR 中的应用未来应该关注以下几个方面。

首先，建立多要素、多层次的研究。可以借鉴已有成熟的创业仿真模型，在现有研究要素基础上引进新要素以完善已有仿真模型。例如，在分析学习对新企业绩效的影响时，可以引入创业导向这一影响知识获取的关键要素；可以依托成熟组织内部的制度体系建立模型行为规则，并在构建成熟组织内部创业仿真模型的基础上，掌握建模的逻辑思路；提高对创业者及创业团队这两个层次的关注，通过借鉴已有模型或自建模型，将创业者和创业团队所具有的特殊属性纳入模型中，如创业者的人力资本、社会网络等都是创业者的重要资源，对其创业行为也起到关键作用；可以分析关键属性对其创业决策制定、创业机会和创业资源开发行为影响的仿真模型；现有研究仍以单一层次主体研究为主，Tan 等（2009）指出行为发生层可视为由具有相互依存关系的要素组成的独立体系，而所形成的体系又是更高分析层次的构成因素，未来还需要从组织单一层次转向个体、团队和组织多层次研究。

其次，深化 NK/NKC 模型在创业学习、创业机会及创业主体视角研究的应用，并拓展 NK/NKC 模型在创业能力领域的应用范围。未来还需结合创业实践和已有理论提升模型准确度，以创业研究中的关键行为和要素为切入点，在现有创业学习、创业机会及创业主体视角下的 NK/NKC 模型的基础上加深研究，以拓展 NK/NKC 模型在创业研究领域的应用范围，如以创业资源和创业能力为关注点进行模型的构建。同时，由于此研究方法仍处于初级探索阶段，其实用性和可靠性还未经过大量研究的证实，学者也缺少对其他模型的探索，到底何种系统建模思想能够更好地描述和分析创业行为还需继续探索（Shim et al., 2014）。

最后，加大多主体建模仿真中创业能力的研究力度，同时运用仿真建模方法构建创业机会-资源一体化模型。

第 8 章　基于 LCOR 的创业战略理论与方法研究

本书前面的各章节已经从多个角度对 LCOR 进行系统的分析和阐述。但创业企业成功与否，最终要体现在该企业采取了何种行动。对于创业企业的行动可以从多个角度、多个层次进行界定，但所有行动中最重大、最具有标志性的是该企业采用何种战略。因此本章将从创业战略的概念类型，创业战略形成、创业学习与新企业绩效，以及机会-资源一体化动态能力对创业战略的影响等方面，探讨创业战略形成及演进规律。

8.1　创业战略的概念及其类型界定

8.1.1　创业战略的概念界定

创业战略（entrepreneurial strategy）是一个涉及范围较广的概念，如 Hitt、Eisenhardrt 等学者所讲，创业战略这一词语对于人们来讲意味着很多不同的事物，尝试将战略标记为创业将会十分困难，故而难于提出精确的定义。该概念的早期来源是对创业企业的研究。企业的创业问题本质上是管理者对于公司的产品-市场领域的界定和接受问题，对于战略的适应过程至关重要。

从概念构成上看，创业战略主要涵盖两个概念，即创业与战略。创业是创造增值财富的动态过程，其核心在于对机会的追求，主要关注如下三个问题：机会的产生、利用及权变应对。故而，创业可以被定义为识别和利用先前未被利用的机会，组合并利用各种资源以部署新的组织或行业配置，创造新的产品、流程、市场或组织形式。战略是用来发展核心竞争力，获得竞争优势的一系列综合的、协调性的约定和行动，它是一项计划、一种计策、一种模式、一个定位、一种观念，其目的是构建相对于竞争对手的优势。在创业过程中，面临同样的环境与机会，有些企业能够抓住机会获得成功，而有些企业则不然。究其原因，除了自身资源与能力外，主要在于对优势的把握。创业战略是创业与战略的有机结合，是企业在创业过程中为抓住并利用机会以获取竞争优势所采取的战略。

从内容构成上看，创业战略是公司战略的组成部分，它包括一套持续的、组织认可的与创新有关的活动和资源分配模式。与系统维持战略和增加适应战略不同，它聚焦于根本变革战略，是企业建立和重建与环境本质之间关系的一套方法论。在公司层面，创业战略可被定义为以创新、风险承担和前瞻性为主要特征，定位于创业行为与公司/管理战略的交互，聚焦在初创、成熟和衰退背景下创业对于企业发展的贡献和影响，它关注应用创造力和创业思维来发展一种核心竞争力。具体到执行和操作层面，创业战略有很多种类，如特许经营战略、国际化战略、基于关系的战略和基于技术的战略等。

8.1.2　创业战略形成与创业学习

创业战略形成是指新企业制定和实施战略的行为（Gavetti and Rivkin，2007；林淑，2007；叶强生等，2013）。创业管理理论研究的一个重要争议即在于如何回答新企业到底有没有战略这个基本问题。这主要是由于已有研究大多聚焦于探讨战略的静态价值对企业的重要性，忽视了战略形成过程。创业过程的动态性和不确定性要求新企业重视如何制定和实施战略，即根据环境需求形成有效战略。借鉴 Mintzberg 等（1998）、Gavetti 和 Rivkin（2007）的观点，从模式视角分析战略形成可以包括计划模式和应急模式。其中，计划模式体现了整体和系统性的分析，是集权的理性分析，表现为自上而下的战略形成，聚焦于对企业整体的规划。应急模式体现了组织决策权的分散，组织中非高层管理者参与决策过程，表现为自下而上的战略形成，聚焦于对环境变化的及时应对。面临转型经济环境带来的不确定性挑战（蔡莉和单标安，2013；买忆媛等，2015），新企业战略形成过程需要在两种模式之间"摆动"，并推动战略的制定与实施不断向前发展，而这种"摆动"及"推动"是创业学习的作用。陈文婷和李新春（2010）、单标安等（2015a）、Harrison 和 Leitch（2005）等学者认为，创业学习是新企业获取创业知识，应对环境中机会与威胁的过程。创业学习促进新企业整合内部知识和获取外部知识，改进企业内部认知模式，提升战略行为的有效性，并积极影响新企业的绩效。

8.1.3　动态能力的战略视角——机会-资源一体化能力

动态能力这一概念最早由 Teece 和 Pisano（1994）提出，他们认为动态能力是使企业能够对变化的市场环境进行积极响应的，且能创造新产品和新过程的一系列能力。葛宝山等（2015）学者根据 Collis（1995）和 Winter（2003）提出的"动态能力是由其他组织低阶能力进化而来"的思想，开展了机会与资源的整合研究，并在传统动态能力理论的基础上开创了战略与创业融合视角下的动态能力新体系，提出机会-资源一体化能力这一新构念。"机会-资源一体化"主要由机会与资源二者的相互作用关系构成，其中二者间的关系网络具有高度复杂性和动态性特征，其代表的一体化视角更加符合动态能力理论对机会和资源的双元性要求。机会-资源一体化能力是企业创业过程中所需要的高阶能力，代表了整合视角下机会与资源的相互作用关系，属于动态能力的范畴，并包括机会识别与资源识别一体化能力、机会识别与资源获取一体化能力以及机会利用与资源整合一体化能力。这一构念代表了动态能力理论中"资源导向"与"机会导向"的整合，强调企业运用动态能力的关键在于机会与资源间的相互作用，为从要素层面上观察动态能力的衍生和作用过程提供了可能。此外，机会资源整合视角也符合战略演进过程中内外部要素相互作用的核心逻辑。应用上述机会-资源一体化的动态能力视角，可以分析创业企业的战略研究过程。

8.2　战略形成、创业学习与新企业绩效

本节研究以转型经济环境下的新企业为研究对象，分析创业学习对战略形成与绩效关系的调节作用。主要关注如下两方面的问题：第一，在转型经济背景下，战略形成如何影响新企业绩效？第二，创业学习如何调节战略形成与新企业绩效的关系？本节研究借鉴环境管理和环境决定理论、组织学习理论，为从战略视角分析创业问题提供了理论依据。并且利用从长春、北京、广州和重庆四个地区 198 家企业获得的 396 份有效问卷（每家企业 2 份问卷），对研究假设进行实证分析。研究结果表明：计划模式和应急模式对新企业绩效具有积极影响；创业学习增强了应急模式和新企业绩效之间关系，然而对计划模式和新企业绩效之间关系产生消极影响。本节研究揭示了战略形成在新企业中的重要作用，解释了创业学习对战略形成作用效果的影响，不仅完善了战略管理理论，同时也丰富了创业学习对新企业绩效的影响路径的认识。

8.2.1　理论假设

战略形成是通过一系列活动创造和获取价值的行为（Gavetti and Rivkin，2007；林淑，2007），决定了企业能否及时提出合适的战略（李玉刚和胡君莲，2007）。基于已有研究来看，从模式视角研究战略形成是重要的方向，以此为基础剖析它对企业的影响。考虑研究对象是新企业，本节研究分析发现，从计划模式和应急模式视角分析新企业的战略形成是可行的。原因如下：第一，新企业缺乏完善的组织管理体系（Ensley et al.，2006），战略形成过程中创业者的影响作用显著；并且规模小和组织结构简单（Ruef et al.，2003），其他人员与创业者沟通阻碍小，战略形成中其他成员的参与容易获得创业者的认可。第二，新企业缺乏资源（Shepherd et al.，2000），对外部环境敏感，风险承担能力弱，战略形成过程中对企业发展方向的把握和对环境的及时应对都很重要，创业者是确定企业宏观发展方向的重要核心，不同利益主体掌握的专业知识是及时应对环境变化的基础。计划模式和应急模式的具体分析如表 8.1 所示。

表 8.1　计划模式和应急模式相关理论基础的整理

战略形成模式	划分标准	内涵	解释视角	新企业决策权的分布
计划模式	战略形成的模式存在不同的分类观点，但以 Mintzberg（1973）、Hart（1992）、Verreynne 等（2016）为代表的学者是从企业高管和员工在战略形成中扮演的角色为基础进行分类的。本节研究新企业战略形成，借鉴上述观点，从创业者与其他成员在战略形成中的权力分布来划分不同模式	体现了整体和系统性的分析（Mintzberg，1973）、是集权的理性分析，从整个组织视角看待战略问题（Andersen，2004），表现为一种自上而下的战略形成模式	理性视角；认知视角；高阶视角	创业者/团队是战略的核心，自上而下的战略形成模式
应急模式		体现了组织决策权分散，依赖不同专家完成特定任务，针对具体部门的战略问题（Mintzberg and McHugh，1985），组织中非高层管理者参与到战略过程中（Andersen，2004），表现为一种自下而上的战略形成模式	中层管理者视角；有机视角；微观视角	创业者/团队与其他成员间互动是战略的核心，自下而上的战略形成模式

资料来源：根据相关文献和结合新企业特点进行整理形成

1. 计划模式与新企业绩效的关系

计划模式的典型特点是具有集权性（Hofer and Schendel，1980），从整个组织视角看待战略问题，表现为自上而下的战略形成模式（Neugebauer et al.，2015），聚焦于对企业未来的规划（Andersen and Nielsen，2009）。新企业发展时间短和规模有限，计划模式主要是以创业者作为决策主体。因为相对创业者而言，其他成员对行业未来前景和企业发展方向的认知存在不足，创业者是企业的创建者，他们对于行业判断和企业发展方向的把握更准确。

一方面，计划过程由持续的逻辑步骤构成，包括长期发展目标、环境分析、战略制定、业务计划和战略控制系统（Evered et al.，1980）。创业者作为企业的创建者，他们对发展方向的把握相对其他人员更加深刻。因此，以创业者为核心的计划模式能够借助创业者的经验、预期和信念为新企业构建宏观的发展方向。另一方面，计划模式的集权性简化了决策流程，对企业协调机制的要求较低（Verreynne et al.，2016），新企业运营机制不完善，缺乏良好的协调机制，计划模式在决策过程中受到的阻碍较低，容易实现。Andersen 和 Nielsen（2009）研究指出，计划模式能够强化整合能力和协调职能，提升经济效率和支持业务的扩展。基于上述分析，本节研究提出如下假设。

H_{8-1}：计划模式对新企业绩效具有积极影响。

2. 应急模式与新企业绩效的关系

应急模式表现为组织分散决策权，依赖不同专家完成特定任务，制定和实施具体战略的模式（Mintzberg and McHugh，1985）。这种模式的典型特点是给予其他成员自主权，鼓励、允许中层管理者和底层员工参与决策（Mintzberg and Waters，1985），从具体业务视角看待战略问题，表现为自下而上的战略形成模式，有利于竞争战略的制定和实施（Andersen and Nielsen，2009）。该模式中企业员工拥有自主权，能够快速适应环境和促进战略试验，帮助组织调整行为适应环境的变化（Andersen，2000）。新企业中，应急模式表现为创业者与其他成员共同制定和实施企业竞争战略。一般管理人员和底层员工靠近市场和了解市场与技术信息，参与战略形成能够增强战略形成中的信息量，帮助企业做出高质量的决策以应对市场的变化。同时，集体决策能够提升员工的创造性和主动性（Ciavarella，2003），增强他们的组织承诺感和组织认同感（Ahearne et al.，2014）。李玉刚（2001）研究发现，有效的战略源于不同参与者的共同努力。不同人员参与战略形成能够集思广益（Verreynne and Meyer，2010），有利于新企业及时形成有效的战略。

中国情境下，制度处于不断完善阶段，市场环境不确定，对新企业而言既是风险，也是机遇（蔡莉和单标安，2013）。新企业灵活性强，可以根据环境变化及时调整行为；同时风险承担能力较弱，变化环境下需要形成有效战略，避免战略失误导致死亡。应急模式的核心就是依赖不同的专家，集合专业知识形成企业战略（Mintzberg and McHugh，1985），允许专业人士参与引入新产品、进入新市场、提升能力和调整实践的战略决策（Andersen，2004； Andersen and Nielsen，2009），它能够帮助企业充分利用环境变化创造新的机会，并减少威胁，短期内及时应对市场的变化（Maritz et al.，2011；Leitner，2014）。此外，新企业资源缺乏，资源被使用后具有不可逆性，应急模式能够帮助新企业形成最有效的战略，降低风险。基于上述分析，本节研究提出如下假设。

H$_{8-2}$：应急模式对新企业绩效具有积极影响。

3. 创业学习对计划模式与新企业绩效关系的调节作用

计划模式强调了战略决策中创业者的主导地位，他们根据对环境的分析和理解形成企业的战略，其效果会受到环境变化的影响。此外，由于创业者认知的局限性，环境变化对计划模式的消极影响难以避免。组织理论指出，个体管理者存在认知局限性（Shrivastava and Grant，1985），战略决策过程中其效果会受到组织目标、期望、选择和学习的调节影响（Shrivastava and Grant，1985）。学习能够了解外部环境（如行业、市场和竞争者），以及内部运营和程序（Zahra，1991），减弱创业者认知的局限性对计划模式的消极影响。特别地，新企业应对环境的能力有限，组织层面的学习有助于它们了解市场需求（蔡莉等，2010），增强创业者对创业过程的掌控和预防个人原因造成的盲目自信（朱秀梅等，2011），改善创业者的认知局限性，提升企业的决策质量。因此，创业学习对计划模式的效果具有重要的影响。

第一，计划模式是通过综合分析和理性规划形成新企业战略，创业者认知局限性可能会制约其作用效果，一旦环境变化，形成的战略可能会脱离现实的需求。Pearson 等（1995）指出，计划模式强调了核心成员（创业者）利用自身经验、管理知识和认知偏好形成战略，核心成员（创业者）知识有限，对环境的理解容易出现思维定式。Verreynne 等（2016）进一步指出，计划模式虽然有利于整体的协调，但受限于核心成员（创业者）的认知局限可能会出现狭隘的愿景甚至出现战略失误。因此，计划模式的作用效果会受到限制，尤其是在变化环境下，这种消极影响更加明显。创业学习是整个企业创业过程中进行信息共享、创新思考和经验反思的过程（陈文婷和李新春，2010），有利于增加信息、知识和减少资源差距，提高能力（Dutta and Crossan，2005）。这种学习有助于新企业实现信息共享，从而获取更加全面的知识（陈文婷和李新春，2010；刘井建，2011），增强创业者对内外部环境的认知，减弱认知局限的消极影响，提升计划模式的效果。

第二，计划模式是一种集权性质的决策模式，可能导致组织官僚化，对企业的行动产生制约（Andersen，2004）。究其原因，计划模式中核心成员（创业者）在战略形成中发布命令，其他成员主要是机械地参与战略的执行，缺乏参与权和决策权（Andersen and Nielsen，2009）。虽然计划模式有利于企业的整体协调，但会导致企业成员思维的僵化，员工缺乏主动性和创造性，企业运营僵化，不利于企业在变化环境中形成有效的应对战略。创业学习是整个企业参与学习的过程，内部员工间以及与外部合作者间交流形成创新思考（陈文婷和李新春，2010），这个过程调动了组织内部成员的积极性。贾虎和崔毅（2015）研究认为创业学习是新企业在创业过程中获取、转移、共享和利用知识资源的过程，这种行为有利于企业成员间形成集体思维，加强他们的合作。进一步而言，为了实现信息的共享，需要组织内成员间的沟通、交流（Harrison and Leitch，2005），这种行为可以增强企业内员工间以及员工和创业者间的了解和信任，提升员工的组织承诺感。注重合作的组织中员工更愿意提出新想法和分享知识，在计划模式执行过程中愿意主动提出建议，为有效决策贡献力量，避免决策执行僵化。新企业的组织学习能够促进成员间的互动和实现组织的改进（尹苗苗和蔡莉，2010），减弱了计划模式中创造性和灵活性不足的消极影响，从而提升计划模式的效果。

总之，创业学习能够减弱创业者的知识局限性和集权造成的组织僵化带来的不利影响，增加了创业者对外部环境的了解程度和企业员工的主动性及创造性，提升了计划模式的效果。基于上述分析，本节研究提出如下假设。

H_{8-3}：创业学习会强化计划模式与新企业绩效的关系，创业学习越强，计划模式对新企业绩效的影响越强。

4. 创业学习对应急模式与新企业绩效关系的调节作用

与计划模式不同，应急模式强调了组织中不同层级的成员都参与决策，利用集体的力量形成企业的战略（Andersen，2004；Andersen and Nielsen，2009）。梳理现有学者观点发现，应急模式有利于企业在不确定环境下应对环境中的机会与威胁，形成竞争优势（Andersen，2004；Maritz et al.，2011）。然而，本节研究对这些观点的整合和分析发现，上述结果是基于成熟企业背景提出来的。相对成熟企业而言，新企业成立时间短，缺乏标准的运营程序和组织结构来指导运营（Hmieleski and Ensley，2007）。并且企业文化和共同愿景处于形成阶段，员工对企业的归属感和企业使命的认同程度较低。这意味着应急模式发挥作用的过程中可能会受到个人利益的影响（Andersen，2004），其他成员的意见并不一定是以企业整体目标为基础的，这会减弱应急模式的效果。此外，整个企业成员的意见缺乏协调可能会影响决策的速度，导致不能对变化环境做出快速回应。新企业风险承担能力弱和资源有限（Li，2001），为了避免被市场淘汰，针对环境变化需要进行快速有效的决策。创业学习能够增强员工间以及员工和创业者间的交流和认同，形成统一的认知。集体认知能够帮助企业创造性地解决问题（Shalley and Perry-Smith，2008）。此外，创业学习提升了不同员工间以及员工和创业者间交流的效率和质量，对组织整体目标形成清晰的认识，减弱了个人利益对应急模式的消极影响。因此，创业学习能够增强应急模式在新企业中的作用效果。

第一，应急模式能够调动企业成员的主动性和创造性。然而，分权决策可能会导致难以管理，这种模式会存在治理风险（Maritz et al.，2011）。并且应急模式发挥作用的过程中可能因为组织成员间的差异（如个人利益和偏好），对决策的效率和质量造成不利影响（Andersen，2004）。组织层面创业学习的关键是知识的共享和流动。这种学习使企业成员间不断互动，逐渐加强对企业活动的理解，促进集体认知的形成（Weick and Roberts，1993），提升组织成员的集体荣誉感和组织归属感，降低成员间因为个人利益和偏好产生分歧的可能性，增强决策过程的协调性和整体性，使应急模式的作用效果得到保障。Tsai（2001）指出，知识共享过程为组织成员间的合作交流提供了机会。这种行为使组织成员能够相互了解和相互信任，增强组织成员间的相互理解和认同感，减弱个人利益在应急模式中的不利影响，提升了应急模式的效果。

第二，应急模式是一种自下而上的决策模式（Andersen and Nielsen，2009；Neugebauer et al.，2015），多方主体参与过程中，由于不同专业人员主要从微观视角分析企业战略问题，可能会导致企业战略偏离整体方向。换句话说，应急模式可能过度关注短期环境的变化，导致整体战略无法聚焦（Ahearne et al.，2014）。创业学习有助于不同专业背景的人员间以及与创业者间知识的流动，完善新企业的知识体系，使他们能够全面看待企业战略问题，降低了决策过程中局限于或者陷入自身专业知识"陷阱"的可能性。此外，新企业学习帮助组织成员明确他们在组织中的定位和调整自身在组织中的角色（Karataş-Özkan，2011），这种集体活动使他们认识到个人需要形成对企业活动的一致理解（Easterby-Smith et al.，2000）。当个人致力于与组织拥有共同目标时，创业活动更加可能获得成功（Wang，2008）。因此，创业学习有利于新企业塑造整体的发展方向，增强应急模式的有效性。

总之，创业学习有利于组织成员形成集体认知和提升组织认同感，时刻关注企业的整体发展方向并保持一致，降低了因为个人利益出现治理问题的可能性以及企业发展方向偏离和无法聚焦的可能性，增强应急模式的协调性和整体性，提升应急模式的效果。基于上述分析，本节研究提出如下假设。

H8-4：创业学习会强化应急模式与新企业绩效的关系，创业学习越强，应急模式对新企业绩效的影响越强。

8.2.2　研究设计

1. 数据收集与样本

对于新企业的界定，本节借鉴相关学者的观点，将成立时间在 8 年内的企业作为研究对象（Zahra et al., 1999）。数据收集过程中，将长春、北京、广州和重庆四个地区作为调研区域。为了降低问卷收集过程中出现个体认知偏差的可能性，每家企业需要两人参与问卷填写，并且至少有一人是中层以上管理人员，因为他们在企业运营中起着承上启下的作用，对企业层面相关问题的了解比较深刻。这种问卷收集方式能够帮助我们提升收集到问卷的可信度，因为问卷录入过程中可以将同一企业两份差别明显的问卷或者基本信息明显不同的问卷挑选出来，联系企业重新填写或者予以剔除，降低因为填写人员答卷不认真对研究结果产生不利影响的可能性。

因为每家企业需要两人填写问卷，调研过程中为了获取足够的问卷，我们采取多种方式收集问卷：第一，借助团队创业研究中心成员的力量，采取上门发放问卷的方式收集数据，在这种现场收集的方式下，问卷的有效率较高，并且调研对象对问卷内容的填写质量较高；第二，借助本团队创业研究中心与相关创业园、创业孵化基地以及科技园的合作关系，通过园区的管理人员对符合条件的企业发放问卷，这种方法相对第一种方法效率较高；第三，借助研究人员的个人网络关系（亲属、朋友和同学）收集问卷。调研过程中，我们一共联系了 400 家企业，共计发放问卷 800 份。其中，252 家企业愿意配合调研。问卷回收之后，我们剔除成立时间 8 年以上和只填写一份问卷的样本企业，并且，对信息缺失率高于 30% 的样本进行了剔除。最终，共计获得有效样本为 198 家企业的 396 份问卷，有效回收率为 49.5%。样本特征如表 8.2 所示。

表 8.2　样本特征描述性统计（ N=396 ）

基本特征		百分比	基本特征		百分比
被访者职位	中层及以上	59.2%	员工人数	1~20 人	34.4%
	其他	40.8%		21~50 人	22.1%
创业者学历	专科及以下	17.7%		51~200 人	30.6%
	大学本科	48.8%		201 人以上	12.9%
	硕士	21.7%	行业	高科技行业	39.1%

续表

基本特征		百分比	基本特征		百分比
创业者学历	博士及以上	11.8%	行业	非高科技行业	60.9%
创业者年龄	29 岁以下	6.4%	企业年龄	1~3 年	52.3%
	30~40 岁	51.0%		3 年以上	47.7%
	41 岁以上	42.6%			
创业者性别	男	87.9%			
	女	12.1%			

2. 变量测量

研究中战略形成（计划模式和应急模式）、创业学习和新企业绩效均采用 Likert 五级打分法进行测量。各变量的测量情况如下。

（1）自变量为计划模式和应急模式。本节借鉴 Andersen 和 Nielsen（2009）研究企业计划模式和应急模式对于绩效影响以及 Verreynne 等（2016）探讨中小企业战略模式对于创业绩效影响中使用的量表，利用六个题项测量计划模式，九个题项测量应急模式。

（2）调节变量为创业学习。本节主要关注组织层面的创业学习，借鉴 Harrison 和 Leitch（2005）的观点，创业学习是新企业创建背景下的组织学习，即可以在组织学习的框架下理解创业学习。国内学者研究新企业组织层面创业学习的过程中，主要也是借鉴了组织学习的量表，说明了借鉴组织学习的量表探讨新企业背景下的创业学习是可行的。因此，本节研究借鉴 Garcia-Morales 等（2008）、陈文婷和李新春（2010）的量表，利用六个题项测量创业学习。

（3）结果变量为新企业绩效。新企业绩效被定义为两个维度：生存和成长（Chrisman et al., 1998）。它们代表了短期生存状态和成长潜力，本节研究通过财务绩效和成长绩效度量这两种状态。新企业绩效的测量主要是借鉴 Li 和 Atuahene-Gima（2001）在研究中采用的量表，利用十个题项测量新企业绩效。各变量的具体测量指标见表 8.3。

表 8.3　各变量的度量指标以及信度、效度检验

变量	题项（采用 Likert 五级打分法）	描述性统计		因子载荷	Alpha
		均值	标准差		
计划模式	老板会关注每一项重要活动	3.99	0.927	0.655	0.790
	企业决策主要是由老板等内部核心人员制定	4.06	0.972	0.656	

续表

变量	题项（采用 Likert 五级打分法）	描述性统计		因子载荷	Alpha
		均值	标准差		
计划模式	企业的战略主要是由老板/创业团队来制定	4.11	0.863	0.722	
	企业拥有非常明确的发展蓝图	3.89	0.940	0.768	
	企业十分注重愿景和使命的调整	3.88	1.007	0.666	
	企业十分重视长期目标的设定	3.88	0.960	0.729	
应急模式	无须老板批准，可开发新市场	3.84	0.943	0.673	
	进行新产品的开发	3.83	0.851	0.725	
	采用新的做法	3.90	0.864	0.751	
	开发新的能力，如运营流程	3.87	0.959	0.737	
	通常老板会同其他人员一起决策：企业市场定位相关问题	3.75	0.961	0.822	0.906
	进入新的细分市场	3.72	0.949	0.741	
	主要产品的引进	3.76	0.921	0.765	
	重要能力的开发，如运营能力	3.82	0.939	0.796	
	新的政策和实践调整	3.82	0.941	0.794	
创业学习	贵企业有多种渠道获取相关的新知识	3.95	0.944	0.718	
	贵企业员工利用了大量相关的新知识	3.64	0.960	0.775	
	贵企业员工通过内、外部交流获取大量关键能力和技能	3.79	0.894	0.795	
	获取的新知识、关键能力和技能使企业发生根本性改变	3.58	1.011	0.750	0.837
	贵企业所有员工都能互相学习，并不断改变自己	3.62	0.973	0.737	
	贵企业鼓励员工间的交流和分享知识	3.97	0.901	0.680	
新企业绩效	年销售收入	3.61	0.828	0.757	
	净收益率（净收益/总销售额）	3.44	0.889	0.733	
	投资回报率（投资收益/投资成本）	3.39	0.909	0.752	
	资产回报率（净利润/总资产）	3.43	0.897	0.804	
	销售额增长速度	3.51	0.823	0.698	
	市场份额增长速度	3.48	1.018	0.623	0.870
	客户对产品/服务价值的评价	3.43	0.882	0.707	
	新员工数量增长速度	3.74	0.880	0.620	
	对市场的反应速度	3.92	0.863	0.596	
	公司的整体声誉	3.90	0.835	0.508	

（4）考虑到企业年龄、企业规模和行业类型会对研究结果产生影响，本节研究将它们作为控制因素，分别设置为相应的控制变量，避免这些因素对研究结果造成干扰。其中，企业年龄是根据企业成立的实际年限计算的；企业规模是根据企业所拥有的员工人数设置为控制变量，分别用数字 1~6 表示，1：1~20 人，2：21~50 人，3：51~200 人，4：201~500 人，5：501~1 000 人，6：1 000 人以上；行业类型被设计为虚拟变量，按照虚拟变量的设置原则，将高科技行业设置为"1"，非高科技行业设置为"0"。

3. 数据同源偏差检验

由于调研过程中每份问卷都是由一个人独立完成的，数据可能会出现同源性偏差问题，从而对研究结果造成干扰。数据分析中利用 Harman 单因子检测的方法，对所有变量进行未旋转的探索性因子分析，得到第一主成分（代表同源性偏差量）是 31.8%，即说明了第一个主成分因子只解释了 31.8%的变异。因此，可以推断出本次调研数据不受同源性偏差问题的影响。

4. 信度与效度检验

数据分析过程中，利用 SPSS 16.0 工具检验问卷的信度和效度，具体结果如表 8.3 所示。从表 8.3 可以看出，各变量的 Cronbach's Alpha 系数均在 0.7 以上，说明各测量指标具有良好的内部一致性，符合进一步处理的要求；并且因子分析发现绝大多数的因子载荷系数大于 0.6，仅新企业绩效中存在两个因子的载荷数略低于 0.6，但高于 0.5，说明了量表具有较高的效度。

8.2.3 实证结果与分析

1. 相关分析

为了验证所提出的假设，本书研究利用 SPSS 16.0 工具进行回归分析。在回归分析之前，对各变量进行了简单的描述性统计，并分析了变量间的相关性，具体结果如表 8.4 所示。

表 8.4 各变量相关系数统计

变量	1	2	3	4	5	6	7
1 计划模式	1						
2 应急模式	0.585**	1					
3 创业学习	0.615**	0.518**	1				

续表

变量	1	2	3	4	5	6	7
4 新企业绩效	0.326**	0.431**	0.434**	1			
5 企业年龄	−0.148**	−0.113**	−0.083	−0.040	1		
6 企业规模	−0.036	−0.080	−0.012	0.071	0.243**	1	
7 行业类型	0.058	0.026	0.103*	0.066	−0.094	−0.058	1
均值	3.955	3.811	3.779	3.677	3.703	2.342	0.391
标准差	0.658	0.697	0.687	0.551	2.592	1.335	0.489

**表示$p<0.01$（双尾检测），*表示$p<0.05$（双尾检测）

2. 回归分析

在对数据进行回归分析过程中，为了排除多重共线性（common method bias，CMB）的影响，数据分析中计算了模型的 VIF，各变量的 VIF 均在 3 以内。借鉴 Kleinbaum 等（1998）的观点，如果变量的 VIF 值小于 5，则不存在明显的多重共线性。因此，本节研究中变量不存在明显的多重共线性。

1）战略形成（计划模式和应急模式）对新企业绩效的影响检验

以计划模式和应急模式作为自变量，新企业绩效作为因变量，进行回归分析，结果如表 8.5 所示。

表 8.5　战略形成（计划模式和应急模式）对新企业绩效的影响检验

解释变量	被解释变量：新企业绩效	
	模型 1	模型 2
计划模式		0.116+
应急模式		0.359***
企业年龄	−0.055	0.011
企业规模	0.088	0.047
行业类型	0.066	0.053
R^2	0.013	0.199
调整后的 R^2	0.004	0.187
F 值	1.515	17.336***
D-W 值	1.590	

***表示$p<0.001$（双尾检测），+表示$p<0.1$（双尾检测）

表 8.5 中 D-W 值为 1.590，一般认为 D-W 处于 1.5 到 2 之间说明无自相关现象，因此该模型不存在自相关。模型 1 检验了各控制变量对新企业绩效的影响，在模型 1 基础上构建了模型 2，用于检验计划模式和应急模式对新企业绩效的影响。结果显示，计划模式对新企业绩效影响的回归系数为 0.116（模型 2：$p<0.1$），假设 H_{8-1} 得到数据验证；应急模式对新企业绩效影响的回归系数为 0.359（模型 2：$p<0.001$），假设 H_{8-2} 得到数据验证。

2）战略形成（计划模式和应急模式）与新企业绩效关系的调节效应检验

调节作用的检验步骤借鉴了陈晓萍、徐淑英和樊景立编著的《组织与管理研究的实证方法》，他们在书中详细介绍了如何检验调节作用：首先，将连续变量进行中心化处理，即将自变量和调节变量分别减去它们的均值；其次，构造乘积项，即将中心化后的自变量和调节变量相乘；最后，将自变量、调节变量及它们的乘积放入回归方程。

本节研究检验创业学习的调节作用借鉴了这一方法。模型 3 是在模型 2 的基础上，分别加入创业学习与自变量即计划模式和应急模式的乘积，数据结果如表 8.6 所示。表 8.6 中 D-W 值为 1.626，一般认为 D-W 处于 1.5 到 2 之间说明无自相关现象，因此该模型不存在自相关。

表 8.6　战略形成（计划模式和应急模式）与新企业绩效的调节效应检验

解释变量	被解释变量：新企业绩效		
	模型 1	模型 2	模型 3
计划模式		−0.025	−0.053
应急模式		0.286***	0.301***
创业学习		0.299***	0.295***
计划模式×创业学习			−0.133*
应急模式×创业学习			0.115*
企业年龄	−0.055	0.004	0.005
企业规模	0.088	0.052	0.054
行业类型	0.066	0.032	0.036
R^2	0.013	0.251	0.263
调整后的 R^2	0.004	0.238	0.246
F 值	1.498	19.175***	15.241***
D-W 值		1.626	

***表示$p<0.001$（双尾检测），*表示$p<0.05$（双尾检测）

回归结果显示，创业学习对计划模式与新企业绩效关系调节作用的回归系数为 -0.133（模型 9：$p<0.05$），即在 p 小于 0.05 的显著性水平下是显著的，并且回归系数小于零，即表明创业学习对计划模式和新企业绩效关系具有负向调节作用。因此，假设 H_{8-3}：创业学习会强化计划模式与新企业绩效的关系，创业学习越强，计划模式对新企业绩效的影响越强没有得到数据支持；创业学习对应急模式与新企业绩效关系调节作用的回归系数为 0.115（模型 9：$p<0.05$），即在 p 小于 0.05 的显著性水平下是显著的。因此，假设 H_{8-4}：创业学习会强化应急模式与新企业绩效的关系，创业学习越强，应急模式对新企业绩效的影响越强得到数据支持。

综上数据分析可以看出，创业学习对战略形成与新企业绩效关系具有显著的调节作用。其中，对应急模式与新企业绩效关系具有积极调节作用；对计划模式与新企业绩效关系具有消极的调节作用。因此，假设 H_{8-4} 得到数据支持，假设 H_{8-3} 没有得到数据支持。

8.2.4　结果讨论

本节研究以中国情境下的新企业为研究对象，借鉴环境管理和环境决定理论、组织学习理论等理论，探讨了"战略形成、创业学习与新企业绩效"的关系，为从战略视角分析创业问题提供了理论依据。利用从长春、北京、广州和重庆等四个地区 198 家企业获得的 396 份有效问卷（每家企业两份问卷），对研究假设进行实证分析。实证分析结果表明：第一，计划模式和应急模式对新企业绩效均具有积极影响；第二，创业学习减弱了计划模式和新企业绩效之间的关系；第三，创业学习强化了应急模式和新企业绩效之间的关系。

以下将进一步讨论创业学习对战略形成效果的影响作用。首先，数据分析结果表明，创业学习减弱了计划模式与新企业绩效关系，与假设相反。其中原因之一可能是实践中虽然创业者与企业员工会进行交流和分享观点，这个过程可能会出现"圈内人士"和"圈外人士"，一般而言，大部分的创业者可能会"偏爱"意见一致的员工而不是质疑他或者挑战他的权威的员工。这可能导致的结果就是员工出于自身利益的考虑，服从创业者的安排，降低了创业学习中他们提出与创业者观点不同建议的可能性。因此，创业学习过程中提供的知识可能是进一步验证创业者的观点，而不是增加知识的多样化；并且这种趋同可能不仅没有改进计划模式带来的组织僵化问题，反而增强了计划模式中结构僵化的消极影响。

其次，数据分析结果表明，创业学习强化了应急模式与新企业绩效间关系，支持了研究假设。应急模式需要不同专业人员参与企业的战略决策,相对于创业者来说,专业人员更加了解市场和技术,参与决策可以增加信息源。创业学习有利于企业内成员间知识的共享,通过共享和整合对企业内的知识进行优化,将个体知识转化为集体认知,减弱了多样信息源对决策速度的不利影响。并且集体认知的形成提升了员工的组织归属感,减弱了因为个人利益和偏好导致分歧出现的可能性。例如,在创业学习过程中市场人员和技术人员的有效沟通在确保新企业满足市场需求的同时,在技术方面具有可行性,从而降低了出现决策失误的可能性。此外,创业学习增加了企业员工知识的广度,降低了个体局限于自身认知导致战略偏离企业整体发展方向的可能性。

最后,新企业员工组织承诺感缺乏,创业学习为员工间以及员工和创业者间的交流提供了机会,为提升员工间的相互了解和相互信任程度提供了机会,增强成员的组织认同感,使他们更愿意参与企业的战略决策,提升了应急模式的有效性。

上述数据分析说明了创业学习并不一定会强化战略形成的效果。已有研究中强调了学习对于企业决策行为的积极影响,然而,考虑到实际企业运营中人与人交往的复杂性,学习对企业行为的强化作用需要结合行为特征和文化特点综合分析,这样才有利于充分利用创业学习发挥决策的最大功效 [上述研究详见陈彪(2017)]。

8.3 基于动态能力的战略视角——机会-资源一体化能力

自 20 世纪 90 年代以来,伴随着全球经济一体化进程不断加快,各类新技术发展迅速,新的经营模式不断涌现,信息传递过程发生了翻天覆地的转变,整个市场环境充满了不确定性、动态性和复杂性。企业如何通过战略演进保证自身在动态环境中的长期生存和发展已成为战略管理领域亟待解决的一个问题。Eisenhardt 等(2000)提出动态环境下企业获取持续竞争优势的模式已经从获取持续的竞争优势转向持续地获取一系列暂时的竞争优势,并强调企业应该着重培养一种"对内部和外部竞争力进行整合、构建或重置以适应快速变化环境的能力",从而形成了动态能力理论,为研究企业战略演进过程提供了新的视角。

电子商务作为新兴行业,其所处的市场环境面对巨大的不确定性、模糊性和复杂性,大批企业在短短几年的时间内就销声匿迹,但与此同时也出现了包括阿里巴巴、京东等企业在内的成功典范,并开创了与传统行业迥异的商业模式。高度动态的环境对企业来说既是挑战也是机遇。在此情境下研究企业的战略演化过程并总结其内在机理将有助于企业更好地应对环境变化,从而实现自身的持续发展。将电商企业作为研究对象,则更容易得出符合时代现实的典型结论,有助于提高结论的理论价值。

20 世纪末开始的网络化和电子商务化浪潮显著地改变了企业所处的外部环境和内部资源结构,主要体现在如下几方面:①行业壁垒被弱化,企业进入"无边界竞争"时代;②竞争模式走向多样化,速度效益与规模效益开始并重;③替代产品与服务威胁出现新变化;④借助信息技术的虚拟采购开始改变供应链管理方式;⑤虚拟制造的可行性增加;⑥顾客的议价能力显著增强;⑦流通环节被压缩。基于以上变化,电子商务行业也逐渐形成了迥异于传统行业的战略类型,主要包括免费战略、平台战略、平台包围战略和商业生态系统战略。

(1)免费战略:指企业将产品或服务以零价格或近乎零价格的形式提供给顾客使用。在传统环境中,免费一般只是一种短期营销策略。但在网络经济下,由于网络效应的存在以及互联网虚拟服务的边际成本极低的特点,免费战略成为一种经得起考验且明智的战略选择。

(2)平台战略:指企业通过创造让不同用户群互动的环境,使他们分别满足彼此的需求来创造价值的战略,是企业发展战略的一种类型。平台战略的特点是通过使每个用户群在与其他用户群互动的过程中得到价值来吸引更多的人,最终实现企业自身的成长。平台战略的核心盈利方式是对某些群体进行补贴,而对另外一些群体进行收费,因此免费战略是其达成战略目标的重要手段。

(3)平台包围战略:指企业通过平台创新进入新的平台市场,通过多平台绑定的方式分享和开发用户资源,使原有平台的网络效应可以为新平台所用,进而达到扩大自身市场边界的目的(Eisenmann et al., 2011)。平台包围战略可以被看作是平台战略的一种延伸,是平台战略发展的高级层次。

(4)商业生态系统战略:指企业通过平台开放和资源整合机制构建其商业生态系统,并通过商业生态系统层级、社会责任机制实施治理,以及不断解构、重构价值网络进行创新(尹波等,2015)。根据研究对象不同,可以分为核心企业的商业生态系统战略和利基企业的商业生态系统战略。

本节研究尝试从动态能力理论视角入手,以机会-资源一体化动态能力为核心,选取所处环境具备典型动态特征并且战略演进现象频繁的著名电子商务企业——阿里巴巴集团和京东集团作为研究对象,通过关键事件法进行回溯式研究,秉承复制逻辑和扩展逻辑(Eisenhardt, 1989)对电子商务情境下的企业战略演进过程进行规律总结,并试图回答以下问题:

第一，电商企业战略演进的典型过程是什么？

第二，电商企业通过战略演进实现持续成长的内在机理是什么？

在此基础上，通过对电商企业战略演进过程中机会、资源/能力演变及相互间作用关系的归纳和总结，明确两家企业战略演进过程的主要推动因素和典型特征，进而完成对理论假设的验证。

8.3.1　研究方法

1. 案例研究法

本节研究采用双案例对比研究的方法。Yin（2010）认为，案例研究适合于以下三种情形：①需要回答"怎么样""为什么"的问题时；②研究者无法控制研究对象时；③关注的重心是当前问题。本节研究问题符合 Yin 所提到的三种情况：①旨在研究电商企业的战略如何演进的问题；②由于本研究主要进行的是回溯式研究，聚焦于两个目标企业的历史发展问题，无法控制研究对象；③所关注的电子商务领域的战略管理问题属于紧跟时代前沿的理论问题，现有理论无法完全解答。此外，相较于单案例研究，采用多案例的方式研究设计成功的概率会更大，并且能够提供更具说服力的结论（Yin，1994）。

2. 事件研究法

本节研究采用事件研究法（event study）对选取的案例进行分析和总结。事件研究法最早应用于金融经济领域，主要分为单一事件研究法和多样性事件研究法。本节研究选取后者，既根据数据资料的梳理分别列出两家企业在发展过程中所产生的关键事件，按照企业生命周期划分出的事件窗口进行整理和归类，并对各事件逐一进行分析和总结，形成企业战略演进的全貌。

8.3.2　阿里巴巴案例综述

本节研究通过对数据库的归纳整理，共提炼出阿里巴巴发展过程中的 8 个关键事件，并按企业生命周期的不同阶段进行了归类。在此，我们首先尝试将阿里巴巴在不同发展阶段内的关键事件进行梳理分析，进而得出阿里巴巴战略演进过程的全貌及相关影响因素与战略间的作用机理（图 8.1），然后在此基础上进一步对战略演进过程中的关键特征进行分析。

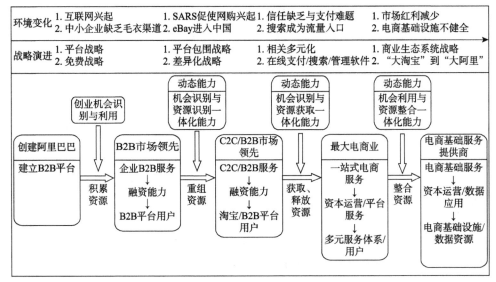

图 8.1 阿里巴巴战略演进过程梳理

1. 阿里巴巴的战略演进过程

（1）初创期：本阶段主要包括创建阿里巴巴和建立淘宝网两个关键事件，在战略层面上表现为从基于免费的平台战略到基于差异化的平台包围战略的演进。阿里巴巴的成功创建来自于创业团队基于先前经验的机会识别，而企业的存活则主要依赖于当时独特的免费模式，这为阿里巴巴带来了初始的用户资源及风险投资，但此时的阿里巴巴本身并不具备完善的机会-资源一体化能力。eBay 的威胁及网购的兴起带来了新的发展机遇，马云及其创业团队将机会识别与内部资源识别行为相匹配进而决定创建淘宝网，利用平台包围战略和差异化战略与eBay 进行竞争，并最终获胜，从而完成了自身资源/能力结构的更新，获得了在B2B（business to business，企业对企业）和 C2C（customer to customer，个人对个人）市场上的竞争优势。

（2）成长期：本阶段主要包括创立支付宝、收购中国雅虎和组织架构调整等三个关键事件，公司战略上的主要变化为平台范围战略向相关多元化战略的演进。阿里巴巴相关多元化战略的产生受到外部环境和企业内部业务发展的共同影响，缺乏信任的网购环境和线上支付对淘宝网发展的约束共同促成了支付宝的产生，而收购中国雅虎则源自雅虎的战略调整以及阿里巴巴对资金和搜索业务的迫切需求。在这种情况下，阿里巴巴运用基于原有资源/能力结构基础上形成的机会识别与资源获取一体化能力，从银行、雅虎等合作方处获取资源（银行渠道、搜索引擎、资金），成功进入在线支付和搜索领域，初步完成了多元化战略的布局。但阿里巴巴在收购中国雅虎后却没有实现合理的整合，中国雅虎最终被关闭，这体现了阿里巴巴在此阶段缺乏机会利用过程中的资源整合能力。2007年，为了彻底实现相关多元化的战略布局，阿里巴巴开始对组织架构进行调整，运用资源整合能力对组织流程、惯例以及资源进行改造和重配，形成了覆盖电商、支付、搜索、软件、营销等在内的多元业务体系以及相应的平台服务能力。

（3）成熟期：本阶段主要包括成立阿里云计算、构建电商基础设施及布局阿里生态圈等三个关键事件。公司战略层面的变化主要表现为从相关多元化向商业生态系统战略的演进。这一时期的中国电子商务市场正逐步走向成熟，阿里巴巴虽然已经在中国电商市场占有明显的领先优势，但市场红利的减少以及用户需求的多样化都促使公司做出新的战略转变，以维护其优势地位。阿里巴巴构建以自身为中心的商业生态系统的过程主要分为三个阶段：首先，领导层意识到新技术的重要性并积极整合内外部资源，将先进的云计算及大数据技术作为企业信息系统的核心，并在此基础上形成了独特的数据应用能力；其次，抓住中国电商基础设施尚不健全的窗口期，在企业现有业务体系的基础上进行重新部署和协调，利用自身资源搭建基础设施作为商业生态系统的基础；最后，认识到竞争环境的转变，通过投资、并购及合作的方式，引入各类企业种群，积极整合生态系统需要的各类外部资源，促成生态成员间的深度合作和战略协同。阿里巴巴构建商业生态系统的动态过程实质上是其运用机会利用与资源整合一体化能力不断更新、重构和再造自身资源/能力结构的过程，在这一过程当中涌现出了诸如数据及数据应用能力等新资源、新能力，帮助企业维持其核心的生态位置。阿里巴巴在追求新竞争优势的过程中也开始意识到与外部关联企业进行战略协同的重要性，以构建生态系统的方式实现企业间的集体行动，从而通过赢得生态优势（廖建文，2016）来改善自身的竞争地位。

2. 阿里巴巴战略演进过程分析

（1）网络效应与免费模式：阿里巴巴在初创期创新性地将 B2B 电子商务平台作为主要商业模式。这种平台实质上是通过一定的价格策略向买卖双方提供服务，促成交易（高华，2013），是一种典型的双边市场，具有较强的网络效应，即平台的价值会因为任意一方用户的增长而增加，因而企业采用此种模式的关键在于如何获取初始的用户基础。阿里巴巴通过免费策略，对双边用户进行补贴，同时吸引国内广大中小企业和国外买家参与到平台中来，这在短期内为平台带来了大量的初始用户，对阿里巴巴初期快速占领市场起到了重要的作用。

（2）资本驱动与平台扩张：阿里巴巴在创业初期面临较强的资源约束（创业初期团队 18 人共凑出人民币 50 万元），在机会识别后选择采用免费战略来积累用户则进一步导致其无法通过内部积累足够的资源，因而从外部获取资源成为企业发展的必然选择。但彼时的阿里巴巴作为新企业由于缺乏必要的信用记录而无法通过公开的资本市场进行融资，因此风险投资成为唯一选择。创新性的商业模式及用户的高增长率使阿里巴巴获得了包括高盛集团、软银集团在内的风险投资方的认可，顺利开展了多轮融资并建立了良好的合作关系。凭借稳定的融资能力，阿里巴巴成功在 B2B、C2C、支付等多个细分领域建立起竞争优势。

（3）以用户为中心的多元化：阿里巴巴所采取的多元化战略并非传统意义上的相关多元化，而是围绕双边用户需求进行新业务的拓展。在线支付、搜索、企业管理软件、广告营销等业务板块看似分属于不同的行业领域，实则对应着企业及消费者在店铺运营和网络购物等方面的实际需求，并没有离开电子商务这一主业。以用户为中心的多元化业务布局为阿里巴巴创造出广泛的增值服务渠道，使其可以通过不对称定价策略从企业用户处获得高额收入，为企业在成长期带来了持久的竞争优势以及优异的绩效。

（4）网络组织到生态系统：阿里巴巴旗下的 B2B 平台、淘宝网、天猫、支付宝、阿里妈妈等业务虽聚焦于不同领域，但都属于电子商务平台的一种，本质上可以被看作是一个个网络组织，它们作为网络的中心将广大企业和消费者联系在一起，创造并传递价值。伴随着阿里巴巴不断进行内部资源的整合，这些业务被无缝连接在一起，为网络中的其他企业提供生存发展的基础，并最终形成了以阿里巴巴为中心的商业生态系统。在这个生态系统中，阿里巴巴作为价值创造的中枢，掌握着整个生态系统存在的物质基础，具有明显的竞争优势，领导系统内的生态成员共同发展。这种商业生态系统被称为单网络组织生态系统（赵道致和李广，2005）。

（5）数据资源的应用：随着云计算和大数据的兴起，阿里巴巴通过对新技术的吸收整合形成了异质性的数据应用能力，使自身的海量数据资源得以发挥价值。目前，阿里巴巴对数据的应用主要集中在战略调整、营销部署、互联网金融等方面，此外还与生态系统内的众多企业在数据资源及数据应用能力等方面展开相应合作，数据资源在阿里巴巴的生态系统运行过程中扮演了重要角色，是一种新型的战略资源。

（6）动态能力的作用：阿里巴巴的战略演进过程与动态能力的作用高度相关。首先，在初创阶段的早期，阿里巴巴并未表现出成熟的动态能力特征，其融资后盲目扩张的行为表明其尚缺乏相应的动态能力。而在完成一定的资源/能力积累后，阿里巴巴在创建淘宝的过程中开始体现出较为明显的机会识别与资源识别一体化能力。其次，在成长阶段，阿里巴巴随着业务的快速发展开始围绕用户需求进入支付、搜索、软件等相关领域，并在这一过程中多次运用机会识别与资源获取一体化能力实现了诸多业务层战略。最后，在奠定中国电商行业的领导者地位后，阿里巴巴开始寻求建立以自身业务为核心的商业生态系统，并产生了一系列机会利用过程中的内外部资源整合行为。

（7）路径依赖特征：阿里巴巴战略演进过程中的路径依赖性主要表现为三个方面。第一，在战略层面上始终坚持搭建平台的发展思路，围绕消费者和中小企业的实际需求，寻求打造一个无所不有、无所不及、无所不能的商业资源在线交易平台，"让天下没有难做的生意"。第二，在动态能力层面上，阿里巴巴每一阶段的动态能力应用都与其企业的业务发展情况、资源/能力位势及外部环境要求高度相关，并最终体现为从无到有，从低阶到高阶的动态演化过程。例如，阿里巴巴创立淘宝网时的机会识别与资源识别一体化行为就依赖于其积累的用户、资金资源和电商平台运营经验，而网络购物的兴起及竞争企业的进入也是其能够发生的重要前置条件之一。第三，在资源/能力结构上，阿里巴巴的战略资源和核心能力积累过程体现出明显的继承性和自我强化效应。主要表现为：①用户资源和平台资源的持续扩展；②融资能力到资本运营能力的进化；③单平台服务能力到多平台综合服务能力的提升。

8.3.3　京东案例综述

本节研究通过对数据库的归纳整理，共提炼出京东发展过程中的 7 个关键事件，并按企业生命周期的不同阶段进行了归类。首先将京东在不同发展阶段内的关键事件进行梳理分析，进而得出京东战略演进过程的全貌及相关影响因素与战略间的作用机理（图 8.2），然后在此基础上进一步对其战略演进过程中的关键特征进行分析。

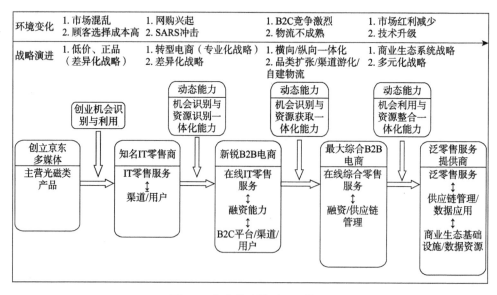

图 8.2　京东战略演进过程梳理

1. 京东战略演进过程

（1）初创期：本阶段主要包括创立京东多媒体和转型电商两个关键事件。战略层面上表现为专业化战略和低价、正品战略。刘强东在创立京东多媒体的过程中认识到当时市场的不规范性，于是主动提出"低价、正品"的口号，通过及时满足客户需求建立起良好的口碑并初步积累了资源。"非典"疫情的爆发对京东的线下零售业务造成极大的负面影响，创业团队被迫采取网上销售的新模式，进而通过机会识别后的资源识别行为促成了企业的全面转型。在发展电商的过程当中，京东依靠原有的渠道资源获取高性价比商品来补贴客户，使 B2C（business to consumer，企业对个人）平台快速成长起来。

（2）成长期：本阶段主要包括转型综合电商和自建物流体系两个关键事件。公司战略上的主要变化为从专业化战略向一体化战略的演进。此时的电商市场进入高速发展期，大量 B2C 电商涌现，京东面临激烈的市场竞争。为了维持并扩大自身的竞争优势，京东开始引入风险投资并将获得的资金资源投入品类扩张、渠道上游化和自建物流体系上，机会识别与资源获取发挥一体化的作用。经过几年的持续投入，京东构建起覆盖营销、交易、仓储、配送的供应链体系，形成了独特的供应链管理能力，并成为国内领先的 B2C 综合电商。

（3）成熟期：本阶段主要包括建立京东云平台、成立京东金融和构建京东生态圈三个关键事件。公司战略层面的变化主要表现为从一体化到多元化再到商业生态系统构建的演化过程。具体实施过程主要分为三个阶段：首先，围绕自身的供应链体系应用云计算及大数据等新技术，整合形成独特的数据应用能力；其次，整合内部的数据、用户等资源，借助数据应用能力开发互联网金融等业务，进一步形成以电商、技术和金融为核心的业务体系；最后，以核心业务为资源杠杆，运用机会利用与资源整合能力聚拢各类合作者，共建泛零售商业生态系统。

2. 京东战略演进过程分析

（1）模式改进与用户获取：京东在创业初期并没有选择创造新的商业模式，而是在原有的零售模式基础上进行改进，以"低价、正品"的方式进行规范经营，这为京东带来了良好的口碑，培养了一批核心用户。在公司转型电商的过程中，依然坚持了这一战略方针，京东本身作为 B2C 平台，实际上是用户与供应商间的中介，其发展过程受到间接的网络效应的影响，即用户数量的增长和京东对供应商的议价能力之间存在着双向的正反馈过程。通过提供给客户高性价比商品来对其进行补贴，是京东在早期获得竞争优势的重要原因。

（2）资本驱动与一体化扩张：京东在初创期一直坚持使用自有资金进行发展。随着市场竞争程度的恶化及风险资本逐渐重视 B2C 领域，管理层开始认识到融资的必要性。从今日资本的第一笔融资开始，京东的发展在资本的推动下进入快车道，全品类、渠道上游化、自建物流等一体化举措纷纷实施，在几年内具备了异质的供应链管理能力，成为国内最大的 B2C 自营电商。

（3）竞争式生态系统：在京东的商业生态当中，同时存在多个能够为生态系统带来关键价值的企业，包括京东、腾讯及沃尔玛，它们各自都拥有明显的竞争优势，京东并不能够完全主导整个生态系统的发展方向，这种生态系统被称为竞争式生态系统（赵道致和李广，2005）。后两者在进入生态系统之前都与京东存在一定程度的竞争关系，但随着两家企业分别与京东建立战略合作关系，它们在全球供应链、线下门店及线上流量入口等方面的优势则可以被有效地整合，形成可以同时服务广大中小企业和消费者的泛零售服务基础设施，带来整个生态系统的繁荣，而京东也借此构建了新的竞争优势。

（4）数据资源的应用：京东在云计算和大数据方面的探索起步较晚，目前已经通过京东云及集团内部的数据分析平台形成了具有自身特色的数据应用能力。京东的数据资源维度更为丰富，包括了从采销、仓储、销售到配送的全供应链环节，目前主要被应用于供应链管理、营销、金融等方面。此外，京东还对外提供数据解决方案，将自身的资源/能力数据化，帮助生态企业开展业务。可见，数据资源在京东的业务体系内应用广泛，在京东的商业生态系统战略实施过程中起到了重要作用。

（5）动态能力的作用：在企业生命周期的不同阶段，主导京东战略演进的动态能力维度也有所不同。首先，在初创阶段，动态能力主要出现在转型电子商务的过程中，京东通过对自身的资源及能力进行甄别，最终保留了与电子商务相关的进货渠道，而考虑到自身资源的有限性放弃了 12 家线下连锁店及其背后所代表的传统零售运营体系，这是机会识别与资源识别一体化能力的体现。其次，在获得第一笔外部融资后，京东开始显现出较强的融资能力，不断引入资金来支持其一体化战略，这是机会识别与资源获取一体化能力作用的结果。最后，京东在自营 B2C 市场取得绝对领先地位后，开始开放以供应链体系为代表的核心业务，并不断通过战略联盟的方式整合外部资源，借此构建具备自身特色的商业生态系统，机会利用与资源整合一体化能力在这一过程中发挥了关键作用。

（6）路径依赖特征：京东战略演进过程的路径依赖性主要体现在以下三个方面。第一，战略层面，京东始终坚持以网络销售打破传统零售业渠道管理的层级壁垒，围绕利基市场不断优化供应链的各个环节，持续"降低成本、提高效率"，在产品、价格和服务方面提供最佳的用户体验。第二，动态能力层面，京东的动态能力演化也经历了从无到有，从低阶到高阶的发展过程，并且与各阶段的企业业务发展情况、资源/能力位势及外部环境要求息息相关。例如，京东在成长阶段对机会识别与资源获取一体化能力的连续应用就源自于当时高速增长的用户数量和在此基础上形成的稳定融资能力，同时也离不开当时电子商务行业的蓬勃发展。第三，资源与能力层面，京东在资源和能力的积累方面与阿里巴巴一样，表现出了较为明显的继承性和自我强化效应，主要包括：①用户资源的持续积累和多角度应用；②从渠道资源向全供应链体系的拓展；③由封闭到开放的供应链服务能力的提升。

8.3.4　电商企业战略演进的典型过程及内在机理

通过总结两家企业成长过程的共同点，我们可以得到一个明晰的电商企业战略演进过程，主要包括三个阶段：首先是初创期，企业需要根据外部环境分析准确定位新兴的市场需求，选择一个利基市场进行创业，并依靠网络效应尽可能多地吸引用户，积累扩张所需的资源/能力；当企业初步奠定在细分市场中的领先位置时，自身所面临的内外部条件都会发生比较大的变化，企业需要积极从外部获取资源，借此将已经被验证可行的商业模式进行扩张与复制，从而进入成长期；最后，随着整个行业逐步走向成熟，市场红利的消失与用户需求的复杂化将促使企业建立新的互利、共生关系，商业生态系统构建成为企业这一阶段的主要发展目标。

下面具体分析电商企业在各阶段内实现持续成长的内在机理。

（1）初创期：在这一阶段，外部环境中往往存在某种诱因，如技术变革创新、行业制度不规范、出现新的空白市场等。新创电商企业需要根据自身的知识和经验从中识别出可为己所用的机会，并找到可行的商业模式来开发机会，及时推出产品或服务。但此时的企业往往面临较强的资源约束（缺乏资金、人才、技术等），企业一般会采取专业化战略聚焦于某种具体的产品或服务，即专注于某一利基市场。尽管初期一般存在产品或服务不成熟的问题，但由于满足了用户需求，因此能够获得一定规模的初始用户群。基于电商企业主要通过互联网开展业务的特性，为了进一步扩大用户规模，企业需要有效利用互联网中的网络效应，通过补贴一方或多方用户的措施（如免费使用、提供高性价比的商品等）吸引更多的商家和消费者加入以自身为中心的业务网络中来，当网络规模达到一定的临界容量时，这种网络效应会急剧地扩大，使产品或服务的价值获得大幅度提升，并为企业在细分市场上带来可观的市场份额及明显的竞争优势，从而实现细分市场内的规模经济。企业在保持自身高速发展的同时，也需要积极应对外部环境变化带来的机会或威胁。此时的企业虽然占据了利基市场上的有利位置，但仍然面临着较为严重的资源约束问题，因此当外部环境变化对自身业务产生影响时，企业需要将这种变化与内部已有的资源和能力进行匹配和分析，从而发现可行的发展方向，并借此实现企业战略的演进。这种动态匹配过程的实现需要企业具备相应的机会识别与资源识别一体化能力。一方面，企业需要在机会的识别过程中搜索利用机会所需的稀缺资源，并依照机会的不同特征和核心来配置相关稀缺资源，从而促使机会的实现（Casson and Wadeson，2007），如京东在转型电商过程中对自身渠道资源的重新配置。另一方面，已有的资源/能力集合是企业做出战略决策的基础，具有稀缺资源和先前经验的创业者会根据个人的认知偏好来决定机会的选择（高洋等，2015），如马云基于阿里巴巴的实际情况和个人经验决定建立淘宝网。作为动态能力下机会-资源一体化行为的作用结果，企业最终将实现对自身资源/能力基础的重配和更新，从而形成适应新环境的产品或服务，并有机会进入战略扩张阶段。综上可知，电商企业在初创期应以用户需求为根本出发点，借助单方或多方的补贴策略最大限度地利用网络效应，实现用户资源（包括商家和消费者）的快速增长，达成利基市场内的规模经济，最终借助机会识别与资源识别一体化作用进入新市场，此过程详见图8.3。

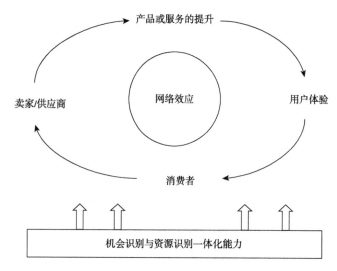

图 8.3　初创期的业务增长模型

（2）成长期：当企业完全把握一个或多个市场机会后，其商业模式逐步得到验证，具备了一定的客户规模、配套的业务基础设施和相应的资本积累，这赋予了企业扩大自己利基市场的能力。由于电商企业将主要业务建立在互联网平台上，因此可以通过复制其原有的商业模式以极低的成本进入相邻的新兴市场，进一步扩大网络效应。面对市场中存在的诸多机会，电商企业一般会选择利用现有的用户规模和业务配套设施来主动开展战略扩张，即围绕用户需求不断推出新产品和新服务，满足用户的多样需求并提高用户的边际购买力、降低产品或服务的平均成本，同时实现规模经济和范围经济。但此时的电商企业只是占据了可观的市场份额，由于补贴用户等战略的实施，大量资源被投入业务扩张当中，主营业务的营利能力无法支撑其发展速度，因此有效获取外部资源成为企业进行战略扩张所需要的核心能力。基于用户基础和独特商业模式形成的融资能力是企业从外部获取资源的重要手段。在此基础上，机会识别与资源获取一体化能力成为企业在本阶段实现战略演进的主导动态能力。一方面，外部知识资源的获取会帮助企业不断识别新的机会（Williams and Lee，2009），如投资人徐新建议刘强东扩张品类。另一方面，机会的准确识别则可以指导企业获取机会开发所需的稀缺资源，如阿里巴巴在意识到搜索业务的重要性后与雅虎合作。经过多次复杂的机会识别与资源获取一体化作用，电商企业有机会逐步建立起以用户为核心的综合业务体系，从而在行业中占据新的竞争优势地位。根据案例研究的结果，这一阶段电商企业主要有以下两种典型的演进模式。

一是平台扩张模式。这种模式以阿里巴巴为代表，主要目标是通过建立各类电子商务平台来满足用户的多样化需求，最终实现基于多平台的一站式服务能力。在公司战略层面上，这种模式表现为企业的多元化过程。

二是价值链整合模式。这种模式以京东为代表，主要目标是在产品流管理方面建立起完善和卓越的供应链服务竞争优势，通过降低成本和提升效率的方式更好地服务消费者。在公司战略层面上，这种模式表现为企业的纵向及横向一体化过程。

综上可知，在成长期，电商企业应立足于以融资能力为代表的资源获取能力，通过机会识别与资源获取一体化行为引入外部有价值的资源，围绕用户需求不断拓展新业务和新服务，从而进一步增强网络效应，同时实现规模经济和范围经济，最终构建起具有自身特色的核心业务体系，此过程详见图 8.4。

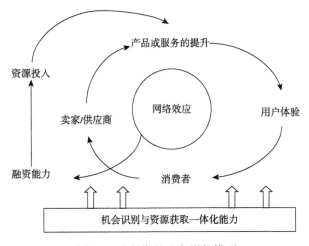

图 8.4　成长期的业务增长模型

（3）成熟期：经过成长期的战略扩张，成功的电商企业一般已经占据较高的市场份额，并基本奠定了行业领先地位。而此时的外部市场环境也已趋于饱和，市场红利开始下降，同时用户群体的消费习惯经过市场的长期培养而日趋多样化和复杂化，而企业由于受到交易成本的制约不可能通过无限扩张企业边界来实现对用户需求的全面满足。因此，具有行业优势的电商企业需要设法将相关企业聚集在一起形成涵盖多个领域的商业生态系统，其中每个企业分别专注于各自的细分市场，彼此间通过共享资源和能力共同服务消费者和商家，从而实现大量用户细分需求的满足，并逐步实现生态系统内部的长尾经济。在构建商业生态系统的过程当中，企业首先需要通过内部资源拼凑（Baker and Nelson，2005）和外部资源引入来合理开发云计算及大数据技术带来的新机会，从而形成具备自身特色的数据应用能力；其次，企业需要快速整合内部的战略资源和核心能力并将其外部化，从而实现核心业务的开放，形成商业生态系统的基础设施；最后，企业需要在机会开发过程中积极进行外部资源的整合，包括以投资、并购、合作等方式引入战略合作伙伴和缝隙型企业（Iansiti and Levien，2004）以及相关技术、数据等方面的资源共享。根据案例观察结果，电商企业搭建的商业生态系统主要有以下两种。

一是单网络生态系统。目标企业在商业生态系统中占据绝对的主导地位，其核心业务构成了生态系统存在的主要基础，是整个系统的价值中枢，负责领导生态成员实现共同发展。

二是竞争式生态系统。在该系统中，同时存在多个为生态系统提供关键价值的企业，并且各自都拥有明显的竞争优势。目标企业不能完全主导生态系统的发展方向，必须通过与其他骨干型企业的合作来实现生态系统的价值创造。

此外，数据资源在电商企业构建商业生态系统的过程中起到关键作用，并开始成为企业竞争优势的来源之一（吕本富和刘颖，2015）。首先，数据资源可以被企业应用于产品营销部署、供应链管理、互联网金融以及商业生态系统构建等多个领域；其次，数据资源还是商业生态系统中的重要共享资源，具有明显的"融合效应"，即不同来源的数据叠加起来可能产生高价值的数据点，从而可以用来更好地满足用户需求。

综上所述，在成熟期，电商企业应以自身核心业务为支点，通过运用机会利用与资源整合一体化能力积极引入生态成员，借助数据资源的应用和共享，共同为用户（包括商家和消费者）提供更为全面的服务体验，从而提高用户的转换费用，实现用户资源的锁定，并为整个商业生态系统带来持续的价值提升，此过程详见图8.5。

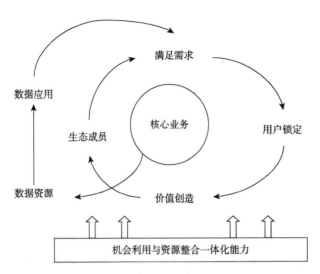

图 8.5　成熟期的业务增长模型

8.3.5　企业战略演进的主要推动因素

根据以上两家企业的案例分析，本节研究分别对其战略演进过程及其内在机理进行了归纳和总结，并绘制了两家企业的战略演进过程图（图 8.1 和图 8.2），并总结了电商企业的战略演进一般过程及其内在成长机理。阿里巴巴和京东作为中国电商行业的典型企业，其战略演进过程受到多种内外部因素的综合作用。从外部环境来讲，持续涌现的机会和威胁时刻考验着企业现有战略的可行性并为企业提供大量的随机备选路径方案。从企业内部来看，资源和能力是企业在战略演进过程中需要考虑的核心问题。一方面，在相对静态的视角下，企业需要在战略实施过程中以战略资源与核心能力为杠杆，撬动存在于组织内外部的其他资源和能力，进而获得某一时点上的竞争优势；另一方面，在绝对运动的维度上，企业战略演进的实施要求企业具备相应的资源和能力积累，并以此为基础持续改变现有的资源/能力结构及组合方式，不断形成新的战略资源和核心能力以获得基于新机会的新竞争优势。而动态能力则作为企业联系内外部因素的纽带，贯穿于企业战略演进的整个过程之中，是企业实现战略演进的主要推动因素。

通过对两则案例的持续观察，动态能力对企业战略演进的推动作用主要体现在以下三个方面：首先，帮助企业感知并把握外部经营环境的动态变化，从而识别机会与威胁，并确定战略演进的方向与时机，这代表了将机会识别与资源识别行为进行匹配和关联的能力。例如，阿里巴巴在初创期，及时感知到中国网购市场的巨大潜力及 eBay 进入中国可能带来的威胁，并在充分评估自身资源/能力的情况下，做出进入 C2C 市场的战略选择。其次，帮助企业在制定具体战略方案的过程中准确把握获取资源的途径和方式，从而为战略方案落地奠定基础，这代表了在机会识别后进行相关资源获取的能力。例如，京东在确定品类扩张和自建物流战略的同时，开始积极运用其融资能力引入风险投资以支持其新业务开展。最后，在新机会的利用过程中，帮助企业调整组织管理与商业流程，改进或重塑原有的商业模式，并通过对已有资源及能力的有效整合，最终构建出与新战略相匹配的资源与能力基础，这代表了机会开发过程中的资源整合能力。例如，阿里巴巴和京东在步入成熟期后，通过对核心业务的有效调整和变革，构建起具备自身特色的商业生态系统。

进一步地，在阿里巴巴和京东两案例的分析过程中，研究还发现两家企业在不同的发展阶段具有相似的主导动态能力，分别是机会识别与资源识别一体化能力、机会识别与资源获取一体化能力和机会利用与资源整合一体化能力。这表明动态能力对企业战略演进的推动作用在企业战略演进的不同阶段会表现出不同的维度。通过具体的案例观察结果来看，企业在诞生之初并不具备动态能力，需要经过一定时间的资源和能力积累才有可能形成。而市场进入阶段由于面临着较强的资源约束和缺乏社会信用，企业更加注重对外部机会与自身资源的匹配，因此这一时期的动态能力主要表现为机会识别与资源识别一体化能力；战略扩张阶段的电商企业开始积极利用外部资源来谋求业务的快速扩张，因此更加注重如何引入外部资源来把握市场机会，机会识别与资源获取一体化能力开始发挥作用；当企业逐步走向成熟，资源/能力基础开始固化，为了克服由此产生的核心刚性问题，这时的电商企业开始寻求进入生态战略阶段，更加注重运用机会利用与资源整合一体化能力来构建商业生态系统，以更新其资源/能力结构，进一步维持和发展竞争优势。

根据以上分析，研究得出研究结论 1：动态能力是电商企业战略演进过程中的主要推动因素，并且会随企业发展阶段的不同表现出不同的维度特征。

（1）企业创立之初并不具备动态能力。

（2）在初创期主要体现为机会识别与资源识别一体化能力。

（3）在成长期主要体现为机会识别与资源获取一体化能力。

（4）在成熟期主要体现为机会利用与资源整合一体化能力。

8.3.6 企业战略演进的路径依赖特征

企业过去的发展路径会影响其后续的发展方向。这种路径依赖在新兴市场的电商企业中同样存在。尽管从表面来看，阿里巴巴和京东在战略演进过程中不断地进行业务变化，甚至在不同领域中开展业务，但是由于发展历史、资源条件、外部环境选择等因素的作用，路径依赖的特性依然存在，同时也体现出新的特点，详见表 8.7。

表 8.7　战略演进各层次的路径依赖特征

战略演进层次	阿里巴巴	京东
战略	"Meet at Alibaba" ↓ "Work at Alibaba" ↓ "Live at Alibaba"	"低价、正品" ↓ "自建物流" ↓ "泛零售服务"
动态能力	机会识别与资源识别一体化能力 机会识别与资源获取一体化能力 机会利用与资源整合一体化能力	机会识别与资源识别一体化能力 机会识别与资源获取一体化能力 机会利用与资源整合一体化能力
资源/能力	用户资源　　融资能力 ↓　　　↓ 数据资源　　资本运营能力	用户资源　　渠道资源 ↓　　　↓ 数据资源　　供应链管理能力

　　根据上述两个案例的分析结果，阿里巴巴和京东在战略演进过程中表现出的路径依赖性主要可分为三个层面：第一，两家企业在战略层面的变化始终围绕着最初的战略愿景展开，即"让天下没有难做的生意"和"降低成本，提高效率"。第二，两家企业动态能力的演化过程都具有"从无到有，从低阶到高阶"的递进特征。这主要是由于企业的动态能力本身就具有路径依赖性，这决定了动态能力不可能超越企业的现时边界和历史发展路径而无限任意发展，其衍生和作用过程都会受到企业当前的资源位势、组织流程、公司发展历史及外部环境的约束。第三，两家企业战略演进过程中的资源和能力积累都具有明显的路径依赖特征，具体表现为战略资源、核心能力演化过程中的继承性和自我强化效应。

　　由以上分析可知，电商企业战略演进过程的路径依赖包含了企业战略、动态能力和资源/能力积累三个层面。企业过去的发展路径对其资源/能力积累、动态能力衍生及应用、未来战略的选择具有非常重要的影响作用，并最终体现为整个战略演进过程的路径依赖特征。需要进一步指出的是，各层面的路径依赖性并非独立作用于企业的战略演进过程，三者间具有显著的动态一致性。首先，企业通过综合运用在独特历史条件下形成的资源和能力组合（Barney，1991），可以在此既定路径上形成报酬递增机制，实现自我强化效应和路径闭锁，如京东在初创期借助丰富的渠道资源和高性价比的产品，在 3 年内发展到 12 家连锁店。但随着时间的推移，这种作用机制会逐渐转向无效率状态（穆文奇等，2014），此时企业就需要运用与资源位势、外部环境要求相适应的动态能力来打破路径依赖，对资源和能力进行重构，从而改变原有的路径机制。而动态能力本身也具有路径依赖性，从结论 1 可以看出，在一定的发展阶段内只有部分适应企业自身情况及外部环境要求的动态能力会表现出有效性。例如，在阿里巴巴成长阶段，机会识别与资源获取一体化能力在企业战略演进过程中占据主导作用，企业在机会利用过程中的资源整合行为（整合中国雅虎）却归于失败。在特定阶段内，企业可以通过对动态能力的合理运用来实现从旧战略向新战略的演进，但由于这种新战略的选择受到动态能力和资源/能力禀赋的制约，企业领导层只能在相对有限的范围内进行决策。例如，京东转型电商初期，选择的产品范围就仅限于其线下经营的 IT 类产品。最终，当企业的新战略被完全实施，又会为企业的资源/能力积累和动态能力衍生带来更好的条件。

由此可以得到研究结论 2：电商企业的战略演进过程具有路径依赖特征，主要表现在企业战略、动态能力和资源/能力积累三个层面，且三者间具有显著的动态一致性（图 8.6）。

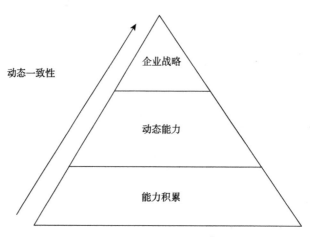

图 8.6　战略演进中路径依赖的动态一致性

参 考 文 献

白景坤. 2014. 机会逻辑下企业持续竞争优势的形成机理——动态能力多重观点的整合与拓展[J]. 经济管理，（3）：180-189.

贝赞可 D，德雷诺夫 D，尚利 M. 1999. 公司战略经济学[M]. 武亚军译. 北京：北京大学出版社.

蔡莉，葛宝山，朱秀梅，等. 2007b. 基于资源视角的创业研究框架构建[J]. 中国工业经济，（11）：96-103.

蔡莉，郭润萍. 2015. 转型经济情境下新企业知识整合模型构建[J]. 吉林大学社会科学学报，15（3）：59-67.

蔡莉，柳青. 2007. 新创企业资源整合过程模型[J]. 科学学与科学技术管理，28（2）：95-102.

蔡莉，彭秀青，Nambisan S，等. 2016. 创业生态系统研究回顾与展望[J]. 吉林大学社会科学学报，（1）：5-16.

蔡莉，崔启国，史琳. 2007a. 创业环境研究框架[J]. 吉林大学社会科学学报，（1）：50-56.

蔡莉，单标安. 2013. 中国情境下的创业研究：回顾与展望[J]. 管理世界，（12）：160-169.

蔡莉，单标安，刘钊，等. 2010. 创业网络对新企业绩效的影响研究——组织学习的中介作用[J]. 科学学研究，28（10）：1592-1600.

蔡莉，单标安，汤淑琴，等. 2012. 创业学习研究回顾与整合框架构建[J]. 外国经济与管理，（5）：1-8.

蔡莉，单标安，朱秀梅，等. 2011a. 创业研究回顾与资源视角下的研究框架构建——基于扎根思想的编码与提炼. 管理世界，（12）：160-169.

蔡莉，汤淑琴，马艳丽，等. 2014. 创业学习、创业能力与新企业绩效的关系研究[J]. 科学学研究，32（8）：1189-1197.

蔡莉，尹苗苗. 2008. 新创企业资源构建与动态能力相互影响研究[J]. 吉林大学社会科学学报，（6）：139-144.

蔡莉，尹苗苗. 2009. 新企业学习能力，资源整合方式对企业绩效的影响研究[J]. 管理世界，25（10）：1-10.

蔡莉，朱秀梅，刘预. 2011b. 创业导向对新企业资源获取的影响研究[J]. 科学学研究，29（4）：

601-609.

陈彪. 2007. 战略形成、创业学习与新创企业绩效[J]. 外国经济与管理, 39（9）: 3-15.

陈彪, 蔡莉, 陈琛, 等. 2014. 新企业创业学习方式研究——基于中国高技术企业的多案例分析[J]. 科学学研究, 32（3）: 392-399.

陈文婷, 李新春. 2010. 中国企业创业学习: 维度与检验[J]. 经济管理, 32（8）: 63-72.

陈晓萍, 徐淑英, 樊景立. 2008. 组织与管理研究的实证方法[M]. 北京: 北京大学出版社.

程龙. 2015. 吉林省生产性服务业中小企业规制环境研究[D]. 吉林大学硕士学位论文.

池仁勇. 2002. 美日创业环境比较研究[J]. 外国经济与管理, 24（9）: 13-19.

蒂蒙斯 J, 斯皮内利 S. 2005. 创业学[M]. 第6版. 周伟民, 吕长春译. 北京: 人民邮电出版社.

董保宝. 2012. 网络结构与竞争优势关系研究——基于动态能力中介效应的视角[J]. 管理学报, 9（1）: 50-56.

董保宝. 2014. 风险需要平衡吗: 新企业风险承担与绩效倒U型关系及创业能力的中介作用[J]. 管理世界,（1）: 120-131.

董保宝, 葛宝山, 王侃. 2011. 资源整合过程、动态能力与竞争优势: 机理与路径[J].管理世界,（3）: 92-101.

董保宝, 李白杨. 2014. 新创企业学习导向、动态能力与竞争优势关系研究[J]. 管理学报, 11（3）: 376-382.

董保宝, 李全喜. 2013. 竞争优势研究脉络梳理与整合研究框架构建——基于资源与能力视角[J]. 外国经济与管理, 35（3）: 2-11.

董保宝, 周晓月. 2015. 网络导向、创业能力与新企业竞争优势——一个交互效应模型及其启示[J]. 南方经济,（1）: 37-53.

杜慕群. 2003. 资源、能力、外部环境、战略与竞争优势的整合研究[J]. 管理世界,（10）: 145-146.

杜小民, 高洋, 刘国亮, 等. 2015. 战略与创业融合新视角下的动态能力研究[J]. 外国经济与管理, 37（2）: 18-28.

杜运周, 张玉利. 2010. 竞争导向, 组织合法性与新企业成长关系研究——一个中介模型及其启示[C]//第五届中国管理学年会——创业与中小企业管理分会场论文集: 194-211.

范巍, 王重鸣. 2004. 创业倾向影响因素研究[J]. 心理科学, 27（5）: 1087-1090.

房殿军. 2012. 中国电子商务物流发展综述[J]. 射频世界,（6）: 39-43.

冯家平. 2010. 商业生态系统核心企业研究[J]. 经营管理者,（5）: 59.

冯军政, 魏江. 2011. 国外动态能力维度划分及测量研究综述与展望[J]. 外国经济与管理,（7）: 26-33.

冯雪飞, 董大海. 2011. 案例研究法与中国情境下管理案例研究[J]. 管理案例研究与评论, 4（3）: 236-241.

高华. 2013. 长尾、网络外部性、双边市场与商业生态系统——基于阿里巴巴的案例研究[C]//

第三届中国企业管理创新案例研究前沿论坛论文集：57-67.

高洋. 2014. 创业机会资源一体化开发行为研究[D]. 吉林大学博士学位论文.

高洋, 葛宝山, 杜小民. 2015. 机会-资源一体化能力的衍生机理——基于亚泰集团的案例研究[J]. 管理案例研究与评论, 8（4）：352-366.

葛宝山, 高洋, 蒋大可, 等. 2015. 机会-资源一体化开发行为研究[J]. 科研管理, 36（5）：99-108.

郭海. 2013. 管理者的社会关系影响民营企业绩效的机制研究[J]. 管理科学, （4）：13-24.

郭润萍. 2016. 手段导向, 知识获取与新企业创业能力的实证研究[J]. 管理科学, 29（3）：13-23.

郭润萍, 蔡莉. 2014. 转型经济背景下战略试验, 创业能力与新企业竞争优势关系的实证研究[J]. 外国经济与管理, 36（12）：3-12.

郭润萍, 蔡莉. 2017. 双元知识整合, 创业能力与高技术新企业绩效[J]. 科学学研究, 35（2）：264-271.

何玉华, 俞立平. 2013. 中国金融发展与经济增长关系及同步性研究：兼对二者关系实证结果矛盾的解释[J]. 数学的实践与认识, 43（11）：73-82.

侯玉莲. 2004. 不确定环境中的战略柔性[J]. 河北大学学报（哲学社会科学版）, （1）：71-73.

胡承波, 毕育恺. 2007. 国有大型企业组织结构变革研究[J]. 消费导刊, （12）：17-19.

胡春, 吴洪. 2010. 网络经济学[M]. 北京：北京交通大学出版社.

胡岗岚, 卢向华, 黄丽华. 2009. 电子商务生态系统及其协调机制研究——以阿里巴巴集团为例[J]. 软科学, 23（9）：5-10.

胡望斌, 张玉利. 2011. 新企业创业导向转化为绩效的新企业能力：理论模型与中国实证研究[J]. 南开管理评论, 20（1）：83-95.

胡望斌, 张玉利, 杨俊. 2010. 基于能力视角的新企业创业导向与绩效转化问题探讨[J]. 外国经济与管理, 32（2）：1-8.

黄速建, 王钦. 2007. 战略演进、能力提升和文化协同——尖峰集团可持续成长分析[C]//2007年中国企业持续成长问题学术研讨会暨中国企业管理研究会 2007 年会论文集：335-352.

黄旭, 李一鸣, 张梦. 2004. 不确定环境下企业战略变革主导逻辑新范式[J]. 中国工业经济, （11）：60-67.

贾虎, 崔毅. 2015. 创业学习对创业绩效的影响路径和机理[J]. 技术经济与管理研究, （9）：38-42.

江术元, 马春光. 2009. 资源基础观的战略管理理论的发展与前景[J]. 经济问题探索, （8）：102-106.

姜翰, 金占明, 焦捷, 等. 2009. 不稳定环境下的创业企业社会资本与企业"原罪"——基于管理者社会资本视角的创业企业机会主义行为实证分析. 管理世界, （6）：102-114.

姜彦福. 2004. 全球创业观察 2003 中国及全球报告[M]. 北京：清华大学出版社.

蒋海棠. 2010. 风险投资项目评估指标体系研究[J]. 重庆科技学院学报（社会科学版），
　　（10）：73-75.

蒋天颖，雷剑. 2012. 学习导向、知识管理能力对竞争优势的作用机制[J]. 科研管理，33（3）：
　　56-64.

蒋天颖，张一青，王俊江. 2009. 战略领导行为、学习导向、知识整合和组织创新绩效[J]. 科研
　　管理，30（6）：48-55.

金占明. 1999. 战略管理——超竞争环境下的选择[M]. 北京：清华大学出版社.

凯利. 2014. 新经济新规则[M]. 北京：电子工业出版社.

李朝明，周香梅，曾晓凤. 2012. 企业核心能力的动态衍变过程研究[J]. 科技管理研究，
　　32（10）：136-139.

李大元. 2009. 动态能力到底是什么？[C]//第四届（2009）中国管理学年会——组织与战略分
　　会场论文集：467-472.

李非，祝振铎. 2014. 基于动态能力中介作用的创业拼凑及其功效实证[J]. 管理学报，11（4）：
　　562-568.

李维安，邱艾超，牛建波，等. 2010. 公司治理研究的新进展：国际趋势与中国模式[J]. 南开
　　管理评论，13（6）：13-24.

李新春，刘莉. 2008. 家族创业研究：一个理论研究的新范式[J]. 吉林大学社会科学学报，
　　48（6）：145-154.

李雪灵，黄翔，申佳，等. 2015. 制度创业文献回顾与展望：基于"六何"分析框架[J]. 外国
　　经济与管理，37（4）：3-14.

李雪灵，马文杰，刘钊，等. 2011a. 合法性视角下的创业导向与企业成长：基于中国新企业的
　　实证检验[J]. 中国工业经济，（8）：99-108.

李雪灵，马文杰，任月峰，等. 2011b. 转型经济下我国创业制度环境变迁的实证研究[J]. 管理
　　工程学报，25（4）：186-190.

李雪灵，马文杰，姚一玮. 2010a. 转型经济创业研究现状剖析与体系构建[J]. 外国经济与管
　　理，32（4）：1-8.

李雪灵，姚一玮，王利军. 2010b. 新企业创业导向与创新绩效关系研究：积极型市场导向的中
　　介作用[J]. 中国工业经济，（6）：116-125.

李艳艳，许佳君. 2018. 哲学思维在公共管理学科研究中的价值及应用. 长江大学学报（社会
　　科学版），（1）：93-95.

李永前. 2007. 如何将市场机会转变为企业机会[J]. 全国商情·经济理论研究，（5）：30-31.

李玉刚. 2001. 企业战略的形成方式与战略规划部门的职能定位[J]. 南开管理评论，4（4）：
　　11-14.

李玉刚，胡君莲. 2007. 企业战略形成过程的类型及受组织因素影响的实证研究[J]. 南开管理

评论，10（1）：32-37.

廖建文. 2016. 撬动企业的商业生态圈[J]. 商业文化，（9）：36-39.

林淑. 2007. 战略过程研究述评与展望[J]. 外国经济与管理，29（7）：17-22.

林嵩. 2011. 创业生态系统：概念发展与运行机制[J]. 中央财经大学学报，（4）：58-62.

林嵩，张帏，姜彦福. 2006. 创业战略的选择：维度，影响因素和研究框架[J]. 科学学研究，24（1）：79-84.

林嵩，张帏，林强. 2005. 高科技创业企业资源整合模式研究[J]. 科学学与科学技术管理，26（3）：143-147.

林嵩，张帏，邱琼. 2004. 创业过程的研究评述及发展动向[J]. 南开管理评论，7（3）：47-50.

刘辉. 2013. 创业团队合作成员进入和退出行为的 NetLogo 仿真研究[J]. 五邑大学学报（自然科学版），（2）：42-47.

刘井建. 2011. 创业学习，动态能力与新创企业绩效的关系研究[J]. 科学学研究，29（5）：728-734.

刘石兰. 2007. 市场导向、学习导向对组织绩效作用的影响：以产品创新为中介变量[J]. 科学学研究，25（2）：301-305.

柳青，蔡莉. 2010. 新企业资源开发过程研究回顾与框架构建[J]. 外国经济与管理，372（2）：9-15.

龙海泉，吕本富，彭赓，等. 2010. 基于价值创造视角的互联网企业核心资源及能力研究[J]. 中国管理科学，18（1）：161-167.

陆亚东，孙金云. 2013. 中国企业成长战略新视角：复合基础观的概念，内涵与方法[J]. 管理世界，29（10）：106-117.

吕本富，刘颖. 2015. 飞轮效应：数据驱动的企业[M]. 北京：电子工业出版社.

马鸿佳，董保宝，常冠群. 2010. 网络能力与创业能力——基于东北地区新创企业的实证研究[J].科学学研究，28（7）：1008-1014.

马鸿佳，董保宝，葛宝山. 2014. 创业能力、动态能力与企业竞争优势的关系研究[J]. 科学学研究，32（3）：431-440.

马鸿佳，侯美玲，宋春华. 2015. 社会网络、知识分享意愿与个人创新行为：组织二元学习的调节效应研究[J]. 南方经济，（6）：100-113.

马建光，姜巍. 2013. 大数据的概念、特征及其应用[J]. 国防科技，34（2）：10-17.

买忆媛，叶竹馨，陈淑华. 2015. 从"兵来将挡，水来土掩"到组织惯例形成——转型经济中新企业的即兴战略研究[J]. 管理世界，（8）：147-165.

梅德强，龙勇. 2010. 不确定性环境下创业能力与创新类型关系研究[J]. 科学学研究，28（9）：1414-1421.

孟小峰，慈祥. 2013. 大数据管理：概念、技术与挑战[J]. 计算机研究与发展，50（1）：146-169.

穆文奇，郝生跃，任旭. 2014. 动态能力与路径依赖：矛盾及其消解[J]. 科技进步与对策，
　　（18）：10-16.

穆文奇，郝生跃，任旭，等. 2016. 基于企业战略路径系统演化的动态能力体系[J]. 科技管理
　　研究，36（20）：240-248.

欧阳桃花. 2004. 试论工商管理学科的案例研究方法[J]. 南开管理评论，7（2）：100-105.

彭秀青，蔡莉，陈娟艺，等. 2016. 从机会发现到机会创造：创业企业的战略选择[J]. 管理学
　　报，13（9）：1312-1320.

戚振江，王重鸣. 2010. 公司创业战略、人力资源结构与人力资源策略研究[J]. 科研管理，
　　31（4）：146-155.

钱德勒 A D. 2006. 规模与范围：工业资本主义的原动力[M]. 张逸人，陆钦炎，徐振东，等
　　译. 北京：华夏出版社.

钱学森. 1982. 论系统工程[M]. 长沙：湖南科学技术出版社.

秦剑. 2013. 计算仿真方法在创业管理研究中的应用分析[J]. 南大商学评论，（2）：62-80.

任萍. 2011. 新企业网络导向、资源整合与企业绩效关系研究[D]. 吉林大学博士学位论文.

单标安，蔡莉，陈彪，等. 2015a. 中国情境下创业网络对创业学习的影响研究[J]. 科学学研
　　究，（6）：899-906.

单标安，蔡莉，鲁喜凤，等. 2014. 创业学习的内涵、维度及其测量[J]. 科学学研究，32（12）：
　　1867-1875.

单标安，陈海涛，鲁喜凤，等. 2015b. 创业知识的理论来源、内涵界定及其获取模型构建[J].
　　外国经济与管理，37（9）：17-28.

申佳，李雪灵，马文杰. 2013. 不同成长阶段下新企业关系强度与绩效研究[J]. 科研管
　　理，34（8）：115-122.

斯晓夫，王颂，傅颖. 2016. 创业机会从何而来：发现，构建还是发现+构建？——创业机会
　　的理论前沿研究[J]. 管理世界，270（3）：115-127.

苏益南. 2009. 大学生创业环境的结构维度、问题分析及对策研究[J]. 江苏师范大学学报（哲学
　　社会科学版），35（6）：117-121.

孙海法，伍晓奕. 2003. 企业高层管理团队研究的进展[J]. 管理科学学报，6（4）：82-89.

孙红霞，马鸿佳. 2016. 机会开发、资源拼凑与团队融合——基于 Timmons 模型[J]. 科研管理，
　　37（7）：97-106.

谭力文，丁靖坤. 2014. 21 世纪以来战略管理理论的前沿与演进——基于 SMJ（2001-2012）文
　　献的科学计量分析[J]. 南开管理评论，17（2）：84-94.

汤淑琴. 2015. 创业者经验，双元机会识别与新企业绩效的关系研究[D]. 吉林大学博士学位
　　论文.

唐靖，姜彦福. 2008. 创业能力概念的理论构建及实证检验[J]. 科学学与科学技术管理，
　　29（8）：52-57.

唐鹏程，朱方明. 2009. 创业机会的发现与创造——两种创业行为理论比较分析[J]. 外国经济
　　与管理，（5）：15-22.

汪浩瀚. 2001. 从确定性到复杂性——经济理论和分析方法的变革[J].福建论坛（经济社会
　　版），（5）：9-11.

王朝云. 2010. 创业机会的内涵和外延辨析[J]. 外国经济与管理，32（6）：23-30.

王瀚轮，蔡莉，尹苗苗.2010. 创业领域动态能力研究述评[J]. 经济纵横，296（7）：127-129.

王浩宇. 2017. 资源整合、创业学习与新创企业创新的关系研究[D]. 吉林大学博士学位论文.

王铁男，陈涛，贾榕霞，等. 2010. 组织学习、战略柔性对企业绩效影响的实证研究[J]. 管
　　理科学学报，13（7）：42-59.

王益谊，席酉民，毕鹏程. 2003. 管理中的不确定性及其系统分析框架[J]. 管理评论，
　　（12）：45-51, 64.

文亮，李海珍. 2010. 中小企业创业环境与创业绩效关系的实证研究[J]. 系统工程，28（10）：
　　67-74.

吴晓波，刘自升，杜荣军. 2014. 关系对中国制造企业国际化程度的影响——基于动态能力的
　　中介作用[J]. 西安电子科技大学学报（社会科学版），24（2）：31-39.

吴晓波，徐松屹，苗文斌. 2006. 西方动态能力理论述评[J]. 国外社会科学，（2）：18-25.

希尔 C W L，琼斯 G R. 2012. 战略管理：概念与案例（原书第8版）[M]. 薛有志，等译. 北
　　京：机械工业出版社，

席酉民，韩巍. 2001. 基于中国文化的领导[J]. 西安交通大学学报（社会科学版），21（4）：
　　10-14.

谢雅萍，黄美娇. 2014. 社会网络，创业学习与创业能力——基于小微企业创业者的实证研究[J].
　　科学学研究，32（3）：400-409.

徐迪，李煊. 2010. 商务模式创新复杂性研究的计算实验方法[J]. 管理科学学报，（11）：
　　12-19.

徐绪松，曾凡涛，殷圣平，等. 2004. 风险投资项目评估评价决策三维系统模型[J]. 中国风险
　　投资：英文版，（3）：55-68.

许可，徐二明. 2002. 企业资源学派与能力学派的回顾与比较[J]. 经济管理，（2）：10-17.

薛红志. 2011. 创业团队、正式结构与新企业绩效[J]. 管理科学，24（1）：1-10.

薛万欣，牟静. 2010. 电子商务概论[M]. 北京：化学工业出版社.

杨善林，周开乐. 2015. 大数据中的管理问题：基于大数据的资源观[J]. 管理科学学报，
　　18（5）：1-8.

杨治，路江涌，陶志刚. 2009. 企业中政府控制的作用：来自集体企业改制的实证研究[J]. 管
　　理世界，（9）：116-123.

叶强生，武亚军，郑婉秀. 2013. 转型经济中的企业战略形成及绩效影响：基于中国的实证研
　　究[J]. 南京大学学报，（6）：52-63.

弋亚群，李垣，刘益. 2006. 企业动态能力的构建及其对战略变化影响的理论框架[J]. 管理评论，18（10）：30-34.

易朝辉. 2010. 资源整合能力、创业导向与创业绩效的关系研究[J]. 科学学研究，28（5）：757-762.

尹波，赵军，敖治平，等. 2015. 商业生态系统构建、治理与创新研究——以泸州老窖商业生态系统战略为例[J]. 软科学，（6）：46-50.

尹苗苗，蔡莉. 2010. 创业网络强度，组织学习对动态能力的影响研究[J]. 经济管理，32（4）：180-186.

尹苗苗，蔡莉. 2012. 创业能力研究现状探析与未来展望[J]. 外国经济与管理，（12）：1-11.

尹苗苗，费宇鹏. 2013. 创业能力实证研究现状评析与未来展望[J]. 外国经济与管理，35（10）：22-30.

尹苗苗，刘玉国. 2016. 新企业战略倾向对创业学习的影响研究[J]. 科学学研究，34（8）：1223-1231.

尹苗苗，彭秀青，彭学兵. 2014. 中国情境下新企业投机导向对资源整合的影响研究[J]. 南开管理评论，17（6）：149-157.

于晓宇，陶向明. 2015. 创业失败经验与新产品开发绩效的倒 U 形关系：创业导向的多重中介作用[J]. 管理科学，28（5）：1-14.

于晓宇，汪欣悦. 2011. 知难而退还是破釜沉舟——转型经济制度环境背景下的创业失败成本研究[J].现代管理科学，（2）：47-50.

喻晓马，程宇宁，喻卫东. 2016. 互联网生态：重构商业规则[M]. 北京：中国人民大学出版社.

张剑，宋亚辉，叶岚，等. 2014. 工作激情研究：理论及实证[J]. 心理科学进展，22（8）：1269-1281.

张剑，唐中正，岳红. 2008. 企业员工的情绪智力对其工作绩效的影响[J]. 数理统计与管理，27（4）：579-586.

张兰廷. 2014. 大数据的社会价值与战略选择[D]. 中共中央党校博士学位论文.

张黎明，徐静. 2008. 环境不确定性、战略能力与企业战略导向选择[J]. 经济问题，（3）：63-65.

张勉，张德. 2004. 组织文化测量研究述评[J]. 外国经济与管理，26（8）：2-7.

张明玉，张文松. 2005. 企业战略理论与实践[M]. 北京：科学出版社.

张霞，王林雪，曾兴雯. 2011. 基于创业企业成长的创业能力转化机制研究[J]. 科技进步与对策，28（11）：77-80.

张一进，张金松. 2016. 互联网行业平台企业发展战略研究——以淘宝网平台为例[J]. 华东经济管理，30（6）：54-61.

张颖异. 2008. 对战略管理中资源学派的回顾与思考[J]. 江苏商论，（18）：88-90.

张映红. 2005. 公司创业能力与持续竞争优势[J]. 经济与管理研究，（3）：24-28.

张玉利，陈立新. 2004. 中小企业创业的核心要素与创业环境分析[J]. 经济界，（3）：29-34.

张玉利，李静薇. 2012. 基于实践的学术问题提炼与中国管理模式总结[J]. 管理学报，9（2）：179-183.

张玉利，李乾文. 2009. 公司创业导向，双元能力与组织绩效[J]. 管理科学学报，12（1）：137-152.

张玉利，田新，王瑞. 2009. 不确定条件下的创业决策：手段导向文献评述[C]//第四届（2009）中国管理学年会——创业与中小企业管理分会场论文集：72-82.

张玉利，王晓文. 2011. 先前经验、学习风格与创业能力的实证研究[J]. 管理科学，24（3）：1-12.

张玉利，赵都敏. 2009. 手段导向理性的创业行为与绩效关系[J]. 系统管理学报，18（6）：631-637.

赵道致，李广. 2005. 网络组织向商业生态系统的进化[J]. 工业工程，8（1）：24-28.

郑联盛. 2014. 中国互联网金融：模式、影响、本质与风险[J]. 国际经济评论，（5）：103-118，6.

周丽. 2006. 中小企业创业环境评价模型及实证研究[J]. 中国流通经济，20（10）：42-45.

朱建安，陈凌，窦军生，等. 2015. 制度环境、家族涉入与企业行为——转型经济视角下的家族企业研究述评[J]. 山东社会科学，（2）：146-152.

朱秀梅，方琦，鲍明旭. 2016. 基于领导-成员交换调节作用的目标导向对员工创业学习的影响研究[J]. 管理学报，13（12）：1792-1800.

朱秀梅，孔祥茜，鲍明旭. 2014. 学习导向与新企业竞争优势：双元创业学习的中介作用研究，研究与发展管理，26（2）：9-16.

朱秀梅，吕庆文，刘月. 2017. 创业学习转移：模型构建及机制分析[J]. 外国经济与管理，39（8）：3-15.

朱秀梅，肖雪. 2014. 变革领导力与双元创业学习：雇员创造力的中介作用研究，社会科学战线，（8）：254-256.

朱秀梅，张婧涵，肖雪. 2013. 国外创业学习研究演进探析及未来展望，外国经济与管理，35（12）：35-42.

朱秀梅，张妍，陈雪莹. 2011. 组织学习与新企业竞争优势关系——以知识管理为路径的实证研究[J]. 科学学研究，29（5）：745-755.

邹统钎. 2000. 企业多元化经营的条件与行业选择[J]. 管理现代化，（3）：33-35.

曾楚宏，朱仁宏，王斌. 2008. 基于企业知识基础与产品范围匹配的可持续竞争优势来源问题探讨[J]. 外国经济与管理，（7）：26-32.

曾俊尧，Tseng C Y，Wu L Y，等. 2009. Founding team and start-up competitive advantage[J]. Management Decision，47（2）：345-358.

Abdelgawad S G, Zahra S A, Svejenova S, et al. 2013. Strategic leadership and entrepreneurial capability for game change[J]. Journal of Leadership & Organizational Studies, 20（4）: 394-407.

Abou-Zaid A S, Elmuti D, Jia H. 2012. Role of strategic fit and resource complementarity in strategic alliance effectiveness[J]. Journal of Global Business & Technology, 8（2）: 16-28.

Aerts G, Dooms M, Haezendonck E. 2017. Knowledge transfers and project-based learning in large scale infrastructure development projects: an exploratory and comparative ex-post analysis[J]. International Journal of Project Management, 35（3）: 224-240.

Ahearne M, Lam S K, Kraus F. 2014. Performance impact of middle managers' adaptive strategy implementation: the role of social capital[J]. Strategic Management Journal, 35（1）: 68-87.

Ahlstrom D, Bruton G D. 2006. Venture capital in emerging economies: networks and institutional change[J]. Entrepreneurship Theory and Practice, 30（2）: 299-320.

Ahlstrom D, Bruton G D, Kuang S Y. 2008. Private firms in China: Building legitimacy in an emerging economy[J]. Journal of World Business, 43（4）: 385-399.

Ahlstrom D, Bruton G D, Liu S S Y. 2000. Navigating China's changing economy: strategies for private firms[J]. Business Horizons, 43（1）: 5-15.

Ahmadi F, Ahmadi A A, Tavreh N. 2011. Relationship between organization learning and organizational commitment in public organization in Kurdistan province[J]. Interdisciplinary Journal of Contemporary Research in Business, 3（3）: 1101-1108.

Ahuja G, Katila R. 2004. Where do resources come from? The role of idiosyncratic situations[J]. Strategic Management Journal, 25（8~9）: 887-907.

Aidis R, Estrin S, Mickiewicz T. 2008. Institutions and entrepreneurship development in Russia: a comparative perspective[J]. Journal of Business Venturing, 23（6）: 656-672.

Alavi M, Kayworth T R, Leidner D E. 2005. An empirical examination of the influence of organizational culture on knowledge management practices[J]. Journal of management information systems, 22（3）: 191-224.

Aldrich H E, Baker T. 2000. Blinded by the cites? Has there been progress in entrepreneurship research[C]// Sexton D L, Smilor R W. Entrepreneurship. Chicago: Upstart: 377-401.

Aldrich H E, Fiol C M. 1994. Fools rush in? The institutional context of industry creation[J]. Academy of management review, 19（4）: 645-670.

Aldrich H E, Martinez M A. 2007. Many are Called, but Few are Chosen: An Evolutionary Perspective for the Study of Entrepreneurship[M]. Berlin Heidelberg: Springer.

Aldrich H E, Pfeffer J. 1976. Environments of Organizations[J]. Annual Review of Sociology, 2（1）: 79-105.

AL-Hussami M. 2008. A study of nurses' job satisfaction: the relationship to organizational commitment, perceived organizational support, transactional leadership, transformational leadership, and level of education[J]. European Journal of Scientific Research, 22 (2): 286-295.

Allen F, Qian J, Qian M. 2005. Law, finance, and economic growth in China[J]. Journal of Financial Economics, 77 (1): 57-116.

Alvarez S A, Barney J B. 2004. Organizing rent generation and appropriation: toward a theory of the entrepreneurial firm[J]. Journal of Business Venturing, 19 (5): 621-635.

Alvarez S A, Barney J B. 2007. Discovery and creation: alternative theories of entrepreneurial action[J]. Strategic Entrepreneurship Journal, 1 (1~2): 11-26.

Alvarez S A, Barney J B, Anderson P. 2013. Forming and exploiting opportunities: the implications of discovery and creation processes for entrepreneurial and organizational research[J]. Organization Science, 24 (1): 301-317.

Alvarez S, Barney J B. 2014. Entrepreneurial opportunities and poverty alleviation[J]. Entrepreneurship Theory and Practice, 38 (1): 159-184.

Alvarez S A, Busenitz L W. 2001. The entrepreneurship of resource-based theory[J]. Journal of Management, 27 (6): 755-775.

Alvarez S A, Young S L, Woolley J L. 2015. Opportunities and institutions: a co-creation story of the king crab industry[J]. Journal of Business Venturing, 30 (1): 95-112.

Amabile T M. 1996. Creativity in Context: Update to the Social Psychology of Creativity. New York: Westview Press.

Amit R, Zott C. 2001. Value creation in e-business[J]. Strategic Management Journal, 22: 493-520.

Amitay M, Popper M, Lipshitz R. 2005. Leadership styles and organizational learning in community clinics[J]. The Learning Organization, 12 (1): 57-70.

Andersen T J. 2000. Strategic planning, autonomous actions and corporate performance[J]. Long Range Planning, 33 (2): 184-200.

Andersen T J. 2004. Integrating decentralized strategy making and strategic planning processes in dynamic environments[J]. Journal of Management Studies, 41 (8): 1271-1299.

Andersen T J, Nielsen B B. 2009. Adaptive strategy making: the effects of emergent and intended strategy modes[J]. European Management Review, 6 (2): 94-106.

Andries P, Debackere K, Looy B. 2013. Simultaneous experimentation as a learning strategy: business model development under uncertainty[J]. Strategic Entrepreneurship Journal, 7 (4): 288-310.

Anokhin S, Troutt M D, Wincen J, et al. 2010. Measuring arbitrage opportunities: a minimum performance inefficiency estimation technique[J]. Organizational Research Methods, 13 (1):

55-66.

Anokhin S, Wincent J, Autio E. 2011. Operationalizing opportunities in entrepreneurship research: use of data envelopment analysis[J]. Small Business Economics, 37（1）: 39-57.

Ardichvili A, Cardozo R, Ray S. 2003. A theory of entrepreneurial opportunity identification and development[J]. Journal of Business Venturing, 18（1）: 105-123.

Arikan A M, McGahan A M. 2010. The development of capabilities in new firms[J]. Strategic Management Journal, 31（1）: 1-18.

Arregle J L, Hitt M A, Sirmon D G, et al. 2007. The development of organizational social capital: Attributes of family firms[J]. Journal of management studies, 44（1）: 73-95.

Arthurs J D, Busenitz L W. 2006. Dynamic capabilities and venture performance: the effects of venture capitalists[J]. Journal of Business Venturing, 21（2）: 195-215.

Aspelund A, Berg-Utby T, Skjevdal R. 2005. Initial resources' influence on new venture survival: a longitudinal study of new technology-based firms[J]. Technovation, 25（11）: 1337-1347.

Atsan N. 2016. Failure experiences of entrepreneurs: causes and learning outcomes[J]. Procedia-Social and Behavioral Sciences, 235: 435-442.

Audretsch D B, Kayalar-Erdem D. 2005. Determinants of scientist entrepreneurship: an integrative research agenda[C]//Alvorez S A, Agarwa L R, Sorenson O. Handbook of Entrepreneurship Research. New York: Springer: 97-118.

Auken H V, Kaufmann J, Herrmann P. 2009. An empirical analysis of the relationship between capital acquisition and bankruptcy laws[J]. Journal of Small Business Management, 47（1）: 23-37.

Avolio B J, Zhu W, Koh W, et al. 2004. Transformational leadership and organizational commitment: mediating role of psychological empowerment and moderating role of structural distance[J]. Journal of Organizational Behaviour, 25: 951-968.

Azoulay P, Shane S. 2001. Entrepreneurs, contracts, and the failure of young firms[J]. Management Science, 47（3）: 337-358.

Baker T, Aldrich H E. 2000. Bricolage and Resource-seeking: improvisational responses to dependence in entrepreneurial firms[R]. Working Paper.

Baker T, Nelson R E. 2003. Making do with what's at hand: bricolage in two contexts[J]. Academy of Management Proceedings. Academy of Management.（1）: 1-6.

Baker T, Nelson R E. 2005. Creating something from nothing: resource construction through entrepreneurial bricolage[J]. Administrative Science Quaterly, 50（3）: 329-366.

Baker T, Nelson R F, Morris M H, et al. 2012. Corporate Innovation and Entrepreneurship[M]. 3rd ed. Stanford: Cengage Learning.

Baker W E, Sinkula J M. 1999. The synergistic effect of market orientation and learning orientation on organizational performance[J]. Journal of the Academy of Marketing Science, 27（4）: 411-427.

Bandura A. 1977. Social Learning Theory[M]. Englewood Cliffs: Prentice-Hall.

Barnard C I. 1982. Organization and Management[M]. New Delhi: Tata McGraw-Hill.

Barney J B. 1991. Firm resource and sustained competitive advantage[J]. Journal of Management, 17（1）: 99-120.

Barney J B. 1995. Looking inside for competitive advantage[J]. The Academy of Management Executive（1993-2005）, 9（4）: 49-61.

Barney J B. 2001. Resource-based theories, of competitive advantage: a ten-year retrospective on the resource-based view[J]. Journal of Management, 27（6）: 643-650.

Barney J B. 2002. Gaining and Sustaining Competitive Advantage[M]. 2nd ed. Upper Saddle River: Prentice-Hall.

Barney J B, Wright M, Ketchen Jr D J. 2001. The resource-based view of the firm: ten years after 1991[J]. Journal of management, 27（6）: 625-641.

Barnir A, Smith K A. 2002. Interfirm alliances in the small business: the role of social networks[J]. Journal of Small Business Management, 40（3）: 219-232.

Baron R A. 1998. Cognitive mechanisms in entrepreneurship: why and when entrepreneurs think differently than other people[J]. Journal of Business Venturing, 13（4）: 275-294.

Baron R A, Shane S A. 2007. Entrepreneurship: A Process Perspective[M]. Beaverton: Ringgold, Inc.

Baron R M, Kenny D A. 1986. The moderator–mediator variable distinction in social psychological research: conceptual, strategic, and statistical considerations[J]. Journal of Personality and Social Psychology, 51（6）: 1173.

Barreto I. 2011. A behavioral theory of market expansion based on the opportunity prospects rule[J]. Organization Science, 23（1）: 1-16.

Bass B M. 1985. Leadership and Performance Beyond Expectations[M]. New York: Free Press.

Bass B M, Avolio B J, Jung D I, et al. 2003. Predicting unit performance by assessing transformational and transactional leadership[J]. Journal of Applied Psychology, 88（2）: 207-218.

Bass B M, Riggio R E. 2006. Transformational Leadership[M]. Mahwah: Lawrence Erlbaum Associates Publishers.

Batt R, Valcour P M. 2003. Human resources practices as predictors of work–family outcomes and employee turnover[J]. Industrial Relations, 42（2）: 189-220.

Baum J R, Frese M, Baron R A. 2007. The Psychology of Entrepreneurship[M]. Mahwah:

Lawrence Erlbaum Associates Publishers.

Baumeister R F, Campbell J D, Krueger J I, et al. 2003. Does high self-esteem cause better performance, interpersonal success, happiness, or healthier lifestyles?[J]. Psychological Science in the Public Interest, 4（1）: 1-44.

Beckert J. 1999. Agency, entrepreneurs and institutional change: the role of strategic choice and institutionalized practices in organizations[J]. Organization Studies, 20（5）: 777-799.

Behling O, Eckel H. 1991. Making sense our of intuition[J]. Academy of Management Executive, 5（1）: 46-54.

Bertalanffy L V. 1968. General System Theory[M]. New York: George Braziller.

Bhave M P. 1994. A process model of entrepreneurial venture creation[J]. Journal of Business Venturing, 9（3）: 223-242.

Bingham C B, Eisenhardt K M, Furr N R. 2007. What makes a process a capability? Heuristics, strategy, and effective capture of opportunities[J]. Strategic Entrepreneurship Journal, 1（1~2）: 27-47.

Bingham C B, Eisenhardt K M. 2011. Rational heuristics: the "simple rules" that strategists learn from process experience[J]. Strategic Management Journal, 32（13）: 1437-1464.

Bird B. 1995. Towards a theory of entrepreneurial competency[J]. Advances in Entrepreneurship, Firm Emergence and Growth, （2）: 51-72.

Birley S. 1985. The role of networks in the entrepreneurial process[J]. Journal of Business Venturing, 1（1）: 107-117.

Bocanet A, Ponsiglione C. 2012. Balancing exploration and exploitation in complex environments[J]. Vine, 42（1）: 15-35.

Bock A J, Opsahl T, George G, et al. 2012. The effects of culture and structure on strategic flexibility during business model innovation[J]. Journal of Management Studies, 49（2）: 279-305.

Bontis N, Crossan M M, Hulland J. 2002. Managing an organizational learning system by aligning stocks and flows[J]. Journal of Management Studies, 39（4）: 437-469.

Boulding K E. 1956. General systems theory—the skeleton of science[J]. Management science, 2（3）: 197-208.

Boyd P W, Jickells T, Law C S, et al. 2007. Mesoscale iron enrichment experiments 1993-2005: synthesis and future directions[J]. Science, 315（5812）: 612-617.

Breslin D, Jones C. 2012. The evolution of entrepreneurial learning[J]. International Journal of Organizational Analysis, 20（3）: 294-308.

Brettel M, Mauer R, Engelen A, et al. 2012. Corporate effectuation: entrepreneurial action and its impact on R&D project performance[J]. Journal of Business Venturing, 27（2）: 167-184.

Briel V, Davidsson P, Recker J. 2018. Digital technologies as external enablers of new venture creation in the IT hardware sector[J]. Entrepreneurship Theory and Practice, 42 (1): 47-69.

Brislin R W. 1980. Translation and content analysis of oral and written material[J]. Handbook of Cross-Cultural Psychology, 2 (2): 349-444.

Brockhaus R H. 1980. Risk taking propensity of entrepreneurs[J]. Academy of Management Journal, 23 (3): 509-520.

Brown S L, Eisenhardt K M. 1997. The art of continuous change: linking complexity theory and time-paced evolution in relentlessly shifting organizations[J]. Administrative science quarterly, 42 (1): 1-34.

Brush C G. 2001. How do "resource bundles" develop and change in new ventures? A dynamic model and longitudinal exploration[J]. Entrepreneurship Theory & Practice. 25 (3): 37-58.

Brush C G, Edelman L F, Manolova T S. 2008. The effects of initial location, aspirations, and resources on likelihood of first sale in nascent firm[J]. Journal of Small Business Management, 46 (2): 159-182.

Brush C G, Greene P G, Hart M M. 2011. From initial idea to unique advantage: the entrepreneurial challenge of constructing a resource base[J]. Academy of Management Perspectives, 15 (1): 64-78.

Bruton G D, Ahlstrom D. 2003. An institutional view of China's venture capital industry: explaining the differences between China and the West[J]. Journal of Business Venturing, 18 (2): 233-259.

Bruton G D, Ahlstrom D, Obloj K. 2008. Entrepreneurship in emerging economies: where are we today and where should the research go in the Future[J]. Entrepreneurship Theory & Practice, 32 (1): 1-14.

Bruyat C, Julien P A. 2001. Defining the field of research in entrepreneurship[J]. Journal of Business Venturing, 16 (2): 165-180.

Bunz T, Casulli L, Jones M V, et al. 2016. The dynamics of experiential learning: microprocesses and adaptation in a professional service INV[J]. International Business Review, 26 (2): 225-238.

Burt R S. 1992. Structural Holes: The Social Structure of Competition[M]. Cambridge: Harvard University Press.

Busenitz L W, Barney J B. 1997. Differences between entrepreneurs and managers in large organizations: biases and heuristics in strategic decision-making[J]. Journal of Business Venturing, 12 (1): 9-30.

Bushra F, Usman A, Naveed A. 2011. Effect of transformational leadership on employees' job satisfaction and organizational commitment in banking sector of lahore (pakistan) [J].

International Journal of Business and Social Science, 2（18）: 261-267.

Bygrave W D, Hofer C. 1991. Theorizing about entrepreneurship[J]. Entrepreneurship Theory & Practice, 16（2）: 13-22.

Cai L, Hughes M, Yin M. 2014. The relationship between resource acquisition methods and firm performance in Chinese new ventures: the intermediate effect of learning capability[J]. Journal of Small Business Management, 52（3）: 365-389.

Cai Li, Shan Biaoan. 2013. Entrepreneurship in the Chinese context: literature review and future directions[J]. Management World, （12）: 160-169.

Cantù C. 2016. Entrepreneurial knowledge spillovers : discovering opportunities through understanding mediated spatial relationships[J]. Industrial Marketing Management, 61: 30-42.

Cao Q, Simsek Z, Zhang H. 2010. Modelling the joint impact of the CEO and the TMT on organizational ambidexterity[J]. Journal of Management Studies, 47（7）: 1272-1296.

Capello R. 1999. Spatial transfer of knowledge in high technology milieux: learning versus collective learning processes[J]. Regional Studies, 33（4）: 353-365.

Carland J W, Carland J W, Jr, Carland J A C, et al. 1995. Risk taking propensity among entrepreneurs , small business owners and managers[J]. Journal of Business & Entrepreneurship, 7: 15-23.

Carlsson B, Braunerhjelm P, McKelvey M, et al. 2013. The evolving domain of entrepreneurship research[J]. Small Business Economics, 41（4）: 913-930.

Carswell M, Rae D. 2001. Towards a conceptual understanding of entrepreneurial learning[J]. Journal of Small Business & Enterprise Development, 8（2）: 150-158.

Carter N M, Gartner W B, Reynolds P D. 1996. Exploring start-up event sequences[J]. Journal of Business Venturing, 11（3）: 151-166.

Casson M, Wadeson N. 2007. The discovery of opportunities: extending the economic theory of the entrepreneur[J]. Small Business Economics, 28（4）: 285-300.

Causse M, Sénard J M, Démonet J F, et al. 2010. Monitoring cognitive and emotional processes through pupil and cardiac response during dynamic versus logical task[J]. Applied psychophysiology and biofeedback, 35（2）: 115-123.

Chandler G N, Detienne D R, Mckelvie A, et al. 2011. Causation and effectuation processes: a validation study[J]. Journal of Business Venturing, 26（3）: 375-390.

Chandler G N, Hanks S H. 1994. Market attractiveness, resource-based capabilities, venture strategies, and venture performance[J]. Journal of Business Venturing, 9（4）: 331-349.

Chandler G N , Jansen E. 1992. The founder's self-assessed competence and venture performance[J]. Journal of Business Venturing, 7（3）: 223-236.

Chandler G N, Lyon D W. 2009. Involvement in knowledge-acquisition activities by venture team members and venture performance[J]. Entrepreneurship Theory and Practice，33（3）：571-592.

Chen G. 2005. Management practices and tools for enhancing organizational learning capability[J]. S.A.M. Advanced Management Journal，70（1）：4-35.

Chen S J, Lawler J, Bae J. 2005. Convergence in human resource systems：a comparison of locally owned and MNC subsidiaries in Taiwan[J]. Human Resource Management，44（3）：237-256.

Child J. 1972. Organizational structure，environment and performance：the role of strategic choice[J]. Sociology，6（1）：1-22.

Child J. 1991. Strategic choice in the analysis of action，structure，organizations and environment：retrospect and prospect[J]. Organization Studies，18（1）：43-76.

Choi Y R, Lévesque M, Shepherd D A. 2008. When should entrepreneurs expedite or delay opportunity exploitation？[J]. Journal of Business Venturing，23（3）：333-355.

Choi Y R, Shepherd D A. 2004. Entrepreneurs' decisions to exploit opportunities[J]. Journal of Management，30（3）：377-395.

Chrisman J J, Bauerschmidt A, Hofer C W. 1998. The determinants of new venture performance：an extended model[J]. Entrepreneurship Theory and Practice，23：5-30.

Chrisman J J, Chua J H, Zahra S A. 2003. Creating wealth in family firms through managing resources：comments and extensions[J]. Entrepreneurship Theory & Practice，27（4）：359-365.

Christiansen H L, Lounsbury M. 2013. Strange brew：bridging logics via institutional bricolage and the reconstitution of organizational identity[C]//Institutional Logics in Action, Part B. Bingley：Emerald Group Publishing Limited：199-232.

Churchill G A, Ford N M. 1979. Personal characteristics of salespeople and the attractiveness of alternative rewards[J]. Journal of Business Research，7（1）：25-50.

Ciavarella M A. 2003. The adoption of high-involvement practices and processes in emergent and developing firms：a descriptive and prescriptive approach[J]. Human Resource Management，42（4）：337-356.

Ciavarella M A, Buchholtz A K, Riordan C M, et al. 2004. The Big Five and venture survival：is there a linkage？[J]. Journal of Business Venturing，19（4）：465-483.

Clarysse B, Tartari V, Salter A. 2011. The impact of entrepreneurial capacity, experience and organizational support on academic entrepreneurship [J]. Research Policy，40：1084-1093.

Cohen B. 2006. Sustainable valley entrepreneurial ecosystems[J]. Business Strategy & the Environment，15（1）：1-14.

Collis D J. 1995. Research note：how valuable are organizational Capabilities？[J]. Strategic

Management Journal, 15 (S1): 143-152.

Collis D J, Montgomery C A. 1995. Competing on resources[J]. Harvard Business Review, 34 (4): 118-128.

Cope J. 2005. Toward a dynamic learning perspective of entrepreneurship[J]. Entrepreneurship Theory & Practice, 29 (4): 373-397.

Corbett A C. 2007. Learning asymmetries and the discovery of entrepreneurial opportunities[J]. Journal of Business Venturing, 22 (1): 97-118.

Covin J G, Slevin D P. 1990. New venture strategic posture, structure, and performance: an industry life cycle analysis[J]. Journal of business venturing, 5 (2): 123-135.

Craig L, Browne K, Stringer I, et al. 2004. Limitations in actuarial risk assessment of sexual offenders: a methodological note[J]. British Journal of Forensic Practice, 6 (6): 16-32.

Crawford G C, Kreiser P M. 2015. Corporate entrepreneurship strategy: extending the integrative framework through the lens of complexity science[J]. Small Business Economics, 45 (2): 403-423.

Crossan M, Lane H, White R. 1999. An organizational learning framework: from intuition to institution[J]. Academy of Management Review, 24 (3): 522-537.

Cruz-González J, López-Sáez P, Navas-López J E. 2015. Absorbing knowledge from supply-chain, industry and science: the distinct moderating role of formal liaison devices on new product development and novelty[J]. Industrial Marketing Management, 47: 75-85.

D'Amato A, Herzfeldt R. 2008. Learning orientation, organizational commitment and talent retention across generations—a study of European managers[J]. Journal of Managerial Psychology, 23 (8): 929-953.

Daft R L, Sormunen J, Parks D. 1998. Chief executive scanning, environmental characteristics, and company performance: an empirical study[J]. Strategic Management Journal, 9 (2): 17.

Daniel E M, Wilson H N. 2003. The role of dynamic capabilities in e-business transformation[J]. European Journal of Information Systems, 12 (4): 282-296.

Dansereau F J, Graen G, Haga W J. 1975. A vertical dyad linkage approach to leadership within formal organizations: a longitudinal investigation of the role-making process[J]. Organizational Behavior and Human Performance, 13 (1): 46-78.

Dau L A. 2016. Contextualizing international learning: the moderating effects of mode of entry & subsidiary networks on the relationship between reforms & profitability[J]. Journal of World Business, 53 (3): 403-414.

Davis C H, Sun E. 2005. Business development capabilities in information technology SMEs in a regional economy: an exploratory study [J]. Journal of Technology Transfer, 31: 145-161.

de Boer M, van den Bosch F A J, Volberda H W. 1999. Managing organizational knowledge integration in the emerging multimedia complex[J]. Journal of Management Studies, 36（3）: 379-398.

de Massis A, Kotlar J, Wright M, et al. 2018. Sector-based entrepreneurial capabilities and the promise of sector studies in entrepreneurship[J]. Entrepreneurship Theory and Practice, 42: 3-23.

Deligianni I, Voudouris I, Lioukas S. 2017. Do effectuation processes shape the relationship between product diversification and performance in new ventures? [J]. Entrepreneurship Theory and Practice, 41（3）: 349-377.

Delios A, Henisz W J. 2003. Political hazards, experience, and sequential entry strategies: the international expansion of Japanese firms, 1980-1998[J]. Strategic Management Journal, 24（11）: 1153-1164.

Denrell J, March J G. 2001. Adaptation as information restriction: the hot stove effect[J]. Organization Science. 12（5）: 523-538.

Desa G. 2012. Resource mobilization in international social entrepreneurship: bricolage as a mechanism of institutional transformation[J]. Entrepreneurship Theory & Practice, 36（4）: 727-751.

Desai M A, Gompers P A, Lerner J. 2004. Institutions, capital constraints and entrepreneurial firm dynamics: evidence from Europe[J]. Ssrn Electronic Journal, （6）: 3-59.

Dess G G, Beard D W. 1984. Dimensions of organizational task environments[J]. Administrative Science Quarterly, 29（1）: 52-73.

Dess G G, Lumpkin G T, Covin J G. 1997. Entrepreneurial strategy making and firm performance: tests of contingency and configurational models[J]. Strategic Management Journal, 18（9）: 677-695.

Dew N, Sarasathy S, Read S, et al. 2009. Affordable loss: behavioral economic aspects of the plunge decision[J]. Strategic Entrepreneurship Journal, 3（2）: 105-126.

Dierickx I, Cool K. 1989. Asset stock accumulation and sustainability of competitive advantage[J]. Management Science, 35（12）: 1514-1514.

DiMaggio P, Powell W W. 1983. The iron cage revisited: collective rationality and institutional isomorphism in organizational fields[J]. American sociological review, 48（2）: 147-160.

Dixit A K, Dixit R K, Pindyck R S, et al. 1994. Investment Under Uncertainty[M]. New York: Princeton University Press.

Dixon S E A, Meyer K E, Day M. 2010. Stages of organizational transformation in transition economies: a dynamic capabilities approach[J]. Journal of Management Studies, 47（3）: 416-436.

Dorado S. 2005. Institutional entrepreneurship, partaking, and convening[J]. Organization

Studies, 26 (3): 385-414.

Drucker P F. 1985. Innovation and Entrepreneurship: Practice and Principles[M]. London: Heinekenmann.

Drucker P F, Wells M. 2015. Innovation and entrepreneurship[J]. Compendium of Continuing Education in Dentistry, 26 (6): 416-420.

Dubini P, Aldrich H. 1991. Personal and extended networks are central to the entrepreneurial process[J]. Journal of Business Venturing, 6 (5): 305-313.

Duncan R B. 1972. Characteristics of organizational environments and perceived environmental uncertainty[J]. Administrative Science Quarterly, 17 (3): 313-327.

Dutta D K, Crossan M M. 2005. The nature of entrepreneurial opportunities: understanding the process using the 4I organizational learning framework[J]. Entrepreneurship Theory and Practice, 29 (4): 425-449.

Dvir T, Eden D, Avolio B J, et al. 2002. Impact of transformational leadership on follower development and performance: a field experiment[J]. Academy of Management Journal, 45: 735-744.

Dyer J, Nobeoka K. 2000. Creating and managing a high-performance knowledge-sharing network: the Toyota case[J]. Strategic Management Journal, 21 (3): 345-367.

Easterby-Smith M, Crossan M, Nicolini D. 2000. Organizational learning: debates past, present and future[J]. Journal of Management Studies, 37 (6): 783-796.

Eckhardt J T, Shane S A. 2003. Opportunities and Entrepreneurship[J]. Journal of Management, 29 (3): 333-349.

Edquist C. 2005. Systems of Innovation[M]. New York: Oxford University.

Egan T M, Yang B, Bartlett K R. 2004. The effects of organizational learning culture and job satisfaction on motivationto transfer learning and turnover intention[J]. Human Resource Development Quarterly, 15 (3): 279-301.

Eisenhardt K M. 1989. Building theory from case study research[J]. Academy of Management Review, 14: 532-550.

Eisenhardt K M, Furr N R, Bingham C B. 2010. Crossroads-microfoundations of performance: balancing efficiency and flexibility in dynamic environments[J]. Organization Science, 21 (6): 1263-1273.

Eisenhardt K M, Martin J A. 2000. Dynamic capabilities: what are they? [J]. Strategic Management Journal, 21 (10~11): 1105-1121.

Eisenmann T, Parker G, Alstyne M V. 2011. Platform envelopment[J]. Strategic Management Journal, 32 (12): 1270-1285.

Elsbach K D, Sutton R I. 1992. Acquiring organizational legitimacy through illegitimate actions: a marriage of institutional and impression management theories[J]. Academy of management Journal, 35（4）: 699-738.

Emerson R M. 1976. Social exchange theory[J]. Annual review of sociology, 2（1）: 335-362.

Ensley M D, Pearce C L, Hmieleski K M. 2006. The moderating effect of environmental dynamism on the relationship between entrepreneur leadership behavior and new venture performance [J]. Journal of Business Venturing, 21（2）: 243-263.

Envick B R, Langford M. 2003. The big-five personality model: comparing male and female entrepreneurs[J]. Academy of Entrepreneurship Journal, 9（1~2）: 1-10.

Evered R, Schendel D E, Hofer C W. 1980. Strategic management: a new view of business policy and planning[J]. Administrative Science Quarterly, 25（3）: 536.

Faccio M. 2006. Politically connected firms[J]. American Economic Review, 96（1）: 369-386.

Fan D, Cui L, Li Y, et al. 2016. Localized learning by emerging multinational enterprises in developed host countries: a fuzzy-set analysis of Chinese foreign direct investment in Australia[J]. International Business Review, 25（1）: 187-203.

Fang C, Lee J, Schilling M A. 2010. Balancing exploration and exploitation through structural design: the isolation of subgroups and organizational learning[J]. Organization Science, 21（3）: 625-642.

Farmer S M, Tierney P, Kung-McIntyre K. 2003. Employee creativity In Taiwan: an application of role identity theory[J]. Academy of Management Journal, 46（5）: 618-630.

Farrell M, Mavondo F T. 2004. The effect of downsizing strategy and reorientation strategy on learning orientation[J]. Personnel Review, 33（4）: 383-402.

Federici D F, Vistocco D. 2008. On the sources of entrepreneurial talent: tacit vs. codified knowledge[J]. Journal of Knowledge Management, 2008, 6（6）: 7-28.

Felin T, Foss N J. 2006. Individuals and organizations: thoughts on a micro-foundations project for strategic management and organizational analysis[J]. Research Methodology in Strategy and Management, 3: 253-288.

Fernhaber S A, Li D. 2010. The impact of interorganizational imitation on new venture international entry and performance[J]. Entrepreneurship Theory & Practice, 34（1）: 1-30.

Fink L, Yogev N, Eve A. 2016. Business intelligence and organizational learning: an empirical investigation of value creation processes[J]. Information & Management, 54（1）: 38-56.

Firpo S, Carvalho S, Pieri R. 2016. Using occupational structure to measure employability with an application to the Brazilian labor market[J]. Journal of Economic Inequality, 14（1）: 1-19.

Fischer E, Reuber R. 2011. Social interaction via new social media:（How）can interactions on Twitter affect effectual thinking and behavior[J]. Journal of Business Venture, 26（1）: 1-18.

Fisher G. 2012. Effectuation, causation, and bricolage: a behavioral comparison of emerging theories in entrepreneurship research[J]. Entrepreneurship Theory & Practice, 36 (5): 1019-1051.

Fligstein N. 1997. Social skill and institutional theory[J]. American Behavioral Scientist, 40 (4): 397-405.

Floyd S W, Wooldridge B. 1999. Knowledge creation and social networks in corporate entrepreneurship: the renewal of organizational capability[J]. Entrepreneurship: Theory and Practice, 23 (3): 123-143.

Forozandeh L, Soleimani M, Nazari A S, et al. 2011. Studying the relationship between components of the learning organization and organizational commitment[J]. Interdisciplinary Journal of Contemporary Research in Business, 3 (6): 497-509.

Forrester J W. 1994. System dynamics, systems thinking, and soft OR[J]. System Dynamics Review, 10 (2~3): 245-256.

Fourati H, Affes H. 2014. The Promise of entrepreneurship as a field of research[J]. Entrepreneurship Research Journal, 25 (1): 217-226.

Franco M, Almeida J. 2011. Organisational learning and leadership styles in healthcare organizations-an exploratory case study[J]. Leadership & Organization Development Journal, 32 (8): 782-806.

Fugate M, Kinicki A. 2008. A dispositional approach to employability: development of a measure and test of implications for employee reactions to organizational change[J]. Journal of Occupational & Organizational Psychology, 81 (3): 503-527.

Fugate M, Kinicki A, Ashforth B E. 2004. Employability: a psycho-social construct, its dimensions, and applications[J]. Journal of Vocational Behaviour, 65 (1): 14-38.

Gaglio C M, Katz J A. 2001. The psychological basis of opportunity identification: entrepreneurial alertness[J]. Small Business Economics, 16 (2): 95-111.

Ganco M, Agarwal R. 2009. Performance differentials between diversifying entrants and entrepreneurial start-ups: a complexity approach[J]. Academy of Management Review, 34 (2): 228-252.

García-Morales V J, Lloréns-Montes F J, Verdú-Jover A J. 2008. The effects of transformational leadership on organizational performance through knowledge and innovation[J]. British Journal of Management, 19 (4): 299-319.

Gartner W B. 1985. A conceptual framework for describing the phenomenon of new venture creation[J]. Academy of Management Review, 10 (4): 696-706.

Gartner W B. 1989. Some suggestions for research on entrepreneurial traits and characteristics[J]. Entrepreneurship Theory and Practice, 14 (1): 27-38.

Garud R, Jain S, Kumaraswamy A. 2002. Institutional entrepreneurship in the sponsorship of common technological standards: the case of sun microsystems and java[J]. Academy of Management Journal, 45（1）: 196-214.

Garud R, Karnøe P. 2003. Bricolage versus breakthrough: distributed and embedded agency in technology entrepreneurship[J]. Research policy, 32（2）: 277-300.

Gavetti G, Rivkin J W. 2007. On the origin of strategy: action and cognition over time[J]. Organization Science, 18（3）: 420-439.

Gedajlovic E, Honig B, Moore C B, et al. 2013. Social capital and entrepreneurship: a schema and research agenda[J]. Entrepreneurship Theory & Practice, 37（3）: 455-478.

George J M, Zhou J. 2002. Understanding when bad moods foster creativity and good ones don't: the role of context and clarity of feelings[J]. Journal of Applied Psychology, 87: 687-697.

Gilbert B A, McDougall P P, Audretsch D B. 2008. Clusters, knowledge spillovers and new venture performance: an empirical examination[J]. Journal of Business Venturing, 23（4）: 405-422.

Glaser B G, Strauss A L, Strutzel E. 1968. The discovery of grounded theory: strategies for qualitative research[J]. Nursing Research, 17（4）: 364-364.

Gnyawali D R, Dan F. 1994. Environment for entrepreneurship development, key dimensions and research implications[J]. Entrepreneurship Theory & Practice, 18: 43-62.

Gomes G, Wojahn R M. 2016. Organizational learning capability, innovation and performance: study in small and medium-sized enterprises（SMES）[J]. Revista de Administração, 52（2）: 163-175.

Gong Y, Huang J, Farh J. 2009. Employee learning orientation, transformational leadership, and employee creativity: the mediating role of employee creative self-efficacy[J]. Academy of Management Journal, 52（4）: 765-778.

Grandval S. 2006. Interrelationships among business units as a way to leverage resources[J]. Problems and Perspectives in Management, 1: 151-163.

Grant R M. 1991. The resource-based theory of competitive advantage: implications for strategy formulation[J]. California Management Review, 33（3）: 3-23.

Grant R M. 1996a. Prospering in dynamically-competitive environments: organizational capability as knowledge integration[J]. organization Science, 7（4）: 375-387.

Grant R M. 1996b. Toward a knowledge-based theory of the firm[J]. Strategic Management Journal, 17（S2）: 109-122.

Greene P G, Brown T E. 1997. Resource needs and the dynamic capitalism typology[J]. Journal of Business Venturing, 12（3）: 506-512.

Greenwood R, Suddaby R. 2006. Institutional entrepreneurship in mature fields: the big five accounting firms[J]. Academy of Management Journal, 49（1）: 27-48.

Grewal R, Slotegraaf R J. 2007. Embeddedness of organizational capabilities[J]. Decision Sciences, 38（3）: 451-488.

Grosset D, Antonini A, Canesi M, et al. 2009. Adherence to antiparkinson medication in a multicenter European study[J]. Movement Disorders: Official Journal of the Movement Disorder Society, 24（6）: 826-832.

Grundsten H. 2004. Entrepreneurial intentions and the entrepreneurial environment: a study of technology-based new venture creation[J]. Social Science Electronic Publishing, 1（4）: 237-262.

Guo C, Miller J K. 2010. Guanxi Dynamics and entrepreneurial firm creation and development in China[J]. Management & Organization Review, 6（2）: 267-291.

Hafeez K, Zhang Y B, Malak N. 2002. Core competence for sustainable competitive advantage: a structured methodology for identifying core competence[J]. IEEE Transactions on Engineering Management, 49（1）: 28-35.

Hamilton E. 2011. Entrepreneurial learning in family business[J]. Journal of Small Business and Enterprise Development, 18（1）: 8-26.

Hanks S H, Watson C J, Jansen E, et al. 1993. Tightening the life-cycle construct: a taxonomic study of growth stage configurations in high-technology organizations'[J]. Entrepreneurship Theory & Practice, 18（2）: 5-29.

Hansen E. 1995. Entrepreneurial networks and new organization growth[J]. Entrepreneurship Theory & Practice, 19（4）: 7-19.

Harper D. 2008. Towards a theory of entrepreneurial teams[J]. Journal of Business Venturing, 23（6）: 613-626.

Harrison D, Håkansson H. 2006. Activation in resource networks: a comparative study of ports[J]. Journal of Business & Industrial Marketing, 21（4）: 231-238.

Harrison R T, Leitch C M. 2005. Entrepreneurial learning: researching the interface between learning and the entrepreneurial context[J]. Entrepreneurship Theory and Practice, 29（4）: 351-371.

Hart S L. 1992. An integrative framework for strategy-making processes[J]. Academy of Management Review, 17（2）: 327-351.

Haynie J M, Shepherd D A, McMullen J S. 2009. An opportunity for me? The role of resources in opportunity evaluation decisions[J]. Journal of Management studies, 46（3）: 337-361.

Helfat C E, Peteraf M A. 2003. The dynamic resource-based view: capability lifecycles[J]. Strategic Management Journal, 24（10）: 997-1010.

Hillman A J, Wan W P. 2005. The determinants of MNE subsidiaries' political strategies: evidence of institutional duality[J]. Journal of International Business Studies, 36（3）: 322-340.

Hillman A, Keim G. 1995. International variation in the business-government interface: institutional and organizational considerations.[J]. Academy of Management Review, 20 (1): 193-214.

Hills G E, Lumpkin G T, Singh R. 1997. Opportunity Recognition: Perceptions and Behaviors of Entrepreneurs[M]. Babson Park: Babson College Press.

Hisrich R D, Ozturk S A. 1999. Women entrepreneurs in a developing economy[J]. The Journal of Management Development, 18 (2): 114-125.

Hitt M A, Ahlstrom D, Dacin M T, et al. 2004. The institutional effects on strategic alliance partner selection in transition economies: China vs. Russia[J]. Organization science, 15 (2): 173-185.

Hitt M A, Ireland R D, Camp S M, et al. 2001. Guest editors' introduction to the special issue strategic entrepreneurship: entrepreneurial strategies for wealth creation[J]. Strategic Management Journal, 22 (6~7): 479-491.

Hitt M A, Ireland R D, Hoskisson R E. 2003. Strategic Management: Competitiveness and Globalization[M]. 5th ed. Cincinnati: Southwestern College Publishing Company.

Hitt M A, Ireland R D, Sirmon D G, et al. 2011. Strategic entrepreneurship: creating value for individuals, organizations, and society[J]. Academy of Management Perspectives, 25 (2): 57-75.

Hmieleski K M, Carr J C, Baron R A. 2015. Integrating discovery and creation perspectives of entrepreneurial action: the relative roles of founding CEO human capital, social capital, and psychological capital in contexts of risk Versus uncertainty[J]. Strategic Entrepreneurship Journal, 9 (4): 289-312.

Hmieleski K M, Ensley M D. 2007. A contextual examination of new venture performance: entrepreneur leadership behavior, top management team heterogeneity, and environmental dynamism[J]. Journal of Organizational Behavior, 28 (7): 865-889.

Hofer C W, Schendel D. 1980. Strategy Formulation: Analytical Concepts[M]. Eagan: West Publishing.

Hofstede G. 1980. Motivation, leadership, and organization: do american theories apply abroad?[J]. Organizational Dynamics, 9 (1): 42-63.

Holcomb T R, Ireland R D, Jr R M H, et al. 2009. Architecture of entrepreneurial learning: exploring the link among heuristics, knowledge, and action[J]. Entrepreneurship Theory & Practice, 33 (1): 167-192.

Holian M J, Newell G D. 2011. An agent-based model of entrepreneurship[R]. Working Paper.

Holland J H. 1995. Hidden Order: How Adaptation Builds Complexity[M]. Redwood City: Addison Wesley Longman.

Hoopes D G, Madsen T L. 2008. A capability-based view of competitive heterogeneity[J]. Industrial & Corporate Change, 17（3）: 393-426.

Hornaday J A, Bunker C S. 1970. The nature of the entrepreneur[J]. Personnel Psychology, 23（1）: 47-54.

Hornsby J S, Kuratko D F, Zahra S A. 2002. Middle managers' perception of the internal environment for corporate entrepreneurship: assessing a measurement scale[J]. Journal of Business Venturing, 17（3）: 253-273.

Hoskisson R E, Eden L, Lau C M, et al. 2000. Strategy in emerging economies[J]. Academy of Management Journal, 43（3）: 249-267.

Hsi-An S, Yun-Hwa C, Chu-Chun H. 2010. High involvement work system, work-family conflict, and expatriate performance-examining Taiwanese expatriates in China[J]. International Journal of Human Resource Management, 21（11）: 2013-2030.

Huber G P. 1991. Organizational learning: the contributing processes and the literatures[J]. Organization Science, 2（1）: 88-115.

Hui C, Lee C, Rousseau D M. 2004. Employment relationships in China: do workers relate to the organization or to people? [J]. Organization Science, 15（2）: 232-240.

Hunger J D, Korsching P F, van Auden H. 2002. The interaction of founder motivation and environmental context in new venture formation[Z]. Iowa State University.

Iansiti M, Levien R. 2004. The keystone advantage: what the new dynamics of business ecosystems mean for strategy, innovation, and sustainability[J]. Future Survey, 20（2）: 88-90.

Ibarra H. 1993. Network centrality, power, and innovation involvement: determinants of technical and administrative roles[J]. Academy of Management Journal, 36（3）: 471-501.

Ibrahim A B, Goodwin J R. 1986. Perceived causes of success in small business[J]. American Journal of Small Business, 11（2）: 41.

Ihrig M. 2010. Investigating entrepreneurial strategies via simulation[C]//24th European Conference on Modelling and Simulation. Kuala Lumpur, Malaysia: University of Nottingham Malaysia Campus: 57-66.

Ireland R D, Covin J G, Kuratko D F. 2009. Conceptualizing corporate entrepreneurship strategy[J]. Entrepreneurship Theory and Practice, 33（1）: 19-46.

Isenberg D J. 2010. How to start an entrepreneurial revolution[J]. Harvard Business Review, 36: 128-142.

Ismail A, Yusuf M H. 2009. The relationship between transformational leadership, empowerment and organizational commitment: a mediating test model testing[J]. Journal of Economics, 2（6）: 101-110.

Ismail V Y, Zain E, Zulihar. 2015. The portrait of entrepreneurial competence on student entrepreneurs[J]. Procedia - Social and Behavioral Sciences, 169: 178-188.

Jack Jr C R, Knopman D S, Jagust W J, et al. 2010. Hypothetical model of dynamic biomarkers of the Alzheimer's pathological cascade[J]. The Lancet Neurology, 9（1）: 119-128.

Jaussi K S, Dionne S D. 2003. Leading for creativity: the role of unconventional leader behavior[J]. Leadership Quarterly, 14: 475-498.

Javidan M. 1998. Core competence: what does it mean in practice? [J]. Long Range Planning, 31（1）: 60-71.

Jawahar I M, McLaughlin G L. 2001. Toward a descriptive stakeholder theory: an organizational life cycle approach[J]. Academy of Management Review, 26（3）: 397-414.

Jaworski B J, Kohli A K. 1993. Market orientation: antecedents and consequences[J]. Journal of Marketing, 57（3）: 53-71.

Jehnson C, Dowd T J, Ridgeway C L. 2004. Legitimacy as a social process[J]. Annual Review of Sociology, 32: 53-78.

Jennings J E, Edwards T, Devereaux Jennings P, et al. 2015. Emotional arousal and entrepreneurial outcomes: Combining qualitative methods to elaborate theory[J]. Journal of Business Venturing, 30（1）: 113-130.

Jiao H, Ogilvie D, Cui Y. 2010. An empirical study of mechanisms to enhance entrepreneurs' capabilities through entrepreneurial learning in an emerging market[J]. Journal of Chinese Entrepreneurship, 2（2）: 196-217.

Jo H, Lee J. 1996. The relationship between an entrepreneur's background and performance in a new venture[J]. Technovation, 16（4）: 161-171.

Jones O, Macpherson A. 2006. Inter-organizational learning and strategic renewal in SMEs: extending the 4I framework[J]. Long Range Planning, 39（2）: 155-175.

Junga Y, Takeuchi N. 2010. Performance implications for the relationships among top management leadership, organizational culture, and appraisal practice: testing two theory-based models of organizational learning theory in Japan[J]. The International Journal of Human Resource Management, 21（11）: 1931-1950.

Kane G C, Alavi M. 2007. Information technology and organizational learning: an investigation of exploration and exploitation processes[J]. Organization Science, 18（5）: 796-812.

Karataş-Özkan M. 2011. Understanding relational qualities of entrepreneurial learning: towards a multi-layered approach[J]. Entrepreneurship & Regional Development, 23（9~10）: 877-906.

Karra N, Phillips N, Tracey P. 2008. Building the born global firm: developing entrepreneurial capabilities for international new venture success[J]. Long Range Planning, 41（4）:

440-458.

Katz M L, Shapiro C. 1985. Network externalities, competition, and compatibility[J]. American Economic Review, 75（3）: 424-440.

Kaya N, Patton J. 2011. The effects of knowledge-based resources, market orientation and learning orientation on innovation performance: an empirical study of Turkish firms[J]. Journal of International Development, 23（2）: 204-219.

Khan F R, Munir K, Willmott H C. 2007. A dark side of institutional entrepreneurship: soccer balls, child labour and postcolonial impoverishment[J]. Organization Studies, 28（7）: 1055-1077.

Khanagha S, Ramezan Zadeh M T, Mihalache O R, et al. 2018. Embracing Bewilderment: Responding to technological disruption in heterogeneous market environments[J]. Journal of Management Studies, 55（7）: 1079-1121.

Khwaja A I, Mian A. 2005. Do lenders favor politically connected firms? Rent provision in an emerging financial market[J]. Social Science Electronic Publishing, 120（4）: 1371-1411.

Kilduff M, Tsai W. 2003. Social Networks and Organizations[M]. London: Sage.

King A A, Tucci C L. 2002. Incumbent entry into new market niches: the role of experience and managerial choice in the creation of dynamic capabilities[J]. Management Science, 48（2）: 171-186.

Kirzner I M. 1973. Entrepreneurship and Competition[M]. Chicago, London: University of Chicago Press.

Kirzner I M. 1978. Competition and Entrepreneurship[M]. Chicago: University of Chicago Press.

Kirzner I M. 1979. Perception, Opportunity, and Profit: Studies in the Theory of Entrepreneurship[M]. Chicago: University of chicago press.

Kirzner I M. 1997. Entrepreneurial discovery and the competitive market process: an austrian approach[J]. Journal Of Economic Literature, 35（1）: 60-85.

Kisfalvi V. 2002. The entrepreneur's character, life issues, and strategy making: a field study[J]. Journal of Business Venturing, 17（5）: 489-518.

Kistruck G M, Sutter C J, Lount Jr R B, et al. 2013. Mitigating principal-agent problems in base-of-the- pyramid markets: an identity spillover perspective[J]. Academy of Management Journal, 56（3）: 659-682.

Kleinbaum D G, Kupper L L, Mulle K E, et al. 1998. Selecting the best regression equation[J]. Applied Regression Analysis and Other Multivariable Methods, （3）: 386-422.

Kofman F, Senge P. 1993. Communities of commitment: the heart of learning organizations[J]. Organizational Dynamics, 22（2）: 5-23.

Kogut B, Zander U. 1992. Knowledge of the firm, combinative capabilities, and the replication of technology[J]. Organization Science, 3（3）: 383-397.

Kohli A K, Jaworski B J. 1990. Market orientation: the construct, research propositions, and managerial implications[J]. Journal of Marketing, 54（2）: 1-18.

Kolb D A. 1984. Experiential Learning : Experience As the Source of Learning and Development[M]. Upper Soddle Reiver: Prentice-Hall.

Konecnik M, Gartner W C. 2007. Customer-based brand equity for a destination[J]. Annals of tourism research, 34（2）: 400-421.

Korsgaard S, Berglund H, Thrane C, et al. 2016. A tale of two Kirzners: time, uncertainty, and the "nature" of opportunities[J]. Entrepreneurship Theory and Practice, 40（4）: 867-889.

Kostova T, Roth K. 2002. Adoption of an organizational practice by subsidiaries of multinational corporations: institutional and relational effects[J]. The Academy of Management Journal, 45（1）: 215-233.

Kostova T, Zaheer S. 1999. Organizational legitimacy under conditions of complexity: the case of the multinational enterprise.[J]. Academy of Management Review, 1999, 24（1）: 64-81.

Kourilsky M L, Esfandiari M. 1997. Entrepreneurship education and lower socioeconomic black youth: an empirical investigation[J]. Urban Review, 29（3）: 205-215.

Kuratko D F. 2014. Entrepreneurship: Theory, Process, Practice[M]. Mason: South-Western Cengage Learning.

Kuratko D F, Hornsby J S, Bishop J W. 2005. Managers' corporate entrepreneurial actions and job satisfaction[J]. International Entrepreneurship and Management Journal, 1（3）: 275-291.

Kuratko D, Morris M, Covin J. 2010. Corporate Entrepreneurship & Innovation[M]. Boston: Cengage Learning.

Kuratko J G, Morris M H, Covin J G. 2011. Corporate Innovation and Entrepreneurship: Entrepreneurial Development Within Organizations[M]. Mason : South-Western Cengage Learning.

Lagarda A M, Madrigal D F, Flores M T. 2016. Factors associated with learning management in Mexican micro-entrepreneurs[J]. Estudios Gerenciales, 32（141）: 381-386.

Lam Y L. 2002. Defining the effects of transformation leadership on organization learning: a cross-cultural comparison[J]. School Leadership and Management, 22（4）: 439-452.

Lane P J, Koka B R, Pathak S. 2006. The reification of absorptive capacity: a critical review and rejuvenation of the construct[J]. Academy of management review, 31（4）: 833-863.

Lans T, Verstegen J, Mulder M. 2011. Analysing, pursuing and networking: a validated three-factor framework for entrepreneurial competence from a small business perspective[J]. International Small Business Journal, 29（6）: 695-713.

Larrañeta B, Zahra S A, González J L G. 2012. Enriching strategic variety in new ventures through external knowledge[J]. Journal of Business Venturing, 27（4）: 401-413.

Larrañeta B, Zahra S A, González J L G. 2014. Strategic repertoire variety and new venture growth: the moderating effects of origin and industry dynamism[J]. Strategic Management Journal, 35（5）: 761-772.

Larsson J, Holmberg J. 2017. Learning while creating value for sustainability transitions: the case of Challenge Lab at Chalmers University of Technology[J]. Journal of Cleaner Production, 172（2）: 4411-4420.

Lau S, Cheung P C. 2010. Developmental trends of creativity: what twists of turn do boys and girls take at different grades?[J]. Creativity Research Journal, 22（3）: 329-336.

Laurent N. 2015. Perception of corporate social responsibility by chief executive officers of Cameroonian small and medium size enterprises[J]. African Journal of Business Management, 7（18）: 671-679.

Lawrence P R, Lorsch J W. 1967. Differentiation and integration in complex organizations[J]. Administrative Science Quarterly, 12（1）: 1-47.

Lazer D, Friedman A. 2007. The network structure of exploration and exploitation[J]. Administrative Science Quarterly, 52（4）: 667-694.

Le Novère N, Finney A, Hucka M, et al. 2005. Minimum information requested in the annotation of biochemical models（MIRIAM）[J]. Nature biotechnology, 23（12）: 1509.

Leary M R, Diebels K J, Davisson E K, et al. 2017. Cognitive and interpersonal features of intellectual humility[J]. Personality and Social Psychology Bulletin, 43（6）: 793-813.

Leblebici H, Salancik G R, Copay A, et al. 1991. Institutional change and the transformation of interorganizational fields: an organizational history of the U.S. radio broadcasting industry[J]. Administrative Science Quarterly, 36（3）: 333-363.

Lee S M, Peterson S J. 2002. Culture, entrepreneurial orientation, and global competitiveness[J]. Journal of World Business, 35（4）: 401-416.

Leitner K H. 2014. Strategy formation in the innovation and market domain: emergent or deliberate? [J]. Journal of Strategy and Management, 7（4）: 354-375.

Leonard D A. 2015. Core capabilities and core rigidities: a paradox in managing new product development[J]. Strategic Management Journal, 13（S1）: 111-125.

Levinthal D A, March J G. 1993. The myopia of learning[J]. Strategic Management Journal, 14（S2）: 95-112.

Lévi-Strauss C. 1962. The Savage Mind（La pensée suavage）[M]. London: Weidenfeld & Niolson.

Levitt B, March J G. 1988. Organizational learning[J]. Annual review of sociology, 14（1）: 319-338.

Levy D, Scully M. 2007. The institutional entrepreneur as modern prince: the strategic face of power in contested fields[J]. Organization Studies, 28（7）: 971-991.

Li H. 2001. How does new venture strategy matter in the environment–performance relationship? [J]. The Journal of High Technology Management Research, 12（2）: 183-204.

Li H, Atuahene-Gima K. 2001. Product innovation strategy and the performance of new technology ventures in China[J]. Academy of Management Journal, 44（6）: 1123-1134.

Li H, Zhang Y. 2007. The role of managers'political networking and functional experience in new venture performance: evidence from china's transition economy[J]. Strategic Management Journal, 28（8）: 791-804.

Li H, Zhang Y, Chan T S. 2005. Entrepreneurial strategy making and performance in China's new technology ventures–the contingency effect of environments and firm competences[J]. Journal of High Technology Management Research, 16（1）: 37-57.

Li J J, Poppo L, Zhou K Z. 2008. Do managerial ties in China always produce value? Competition, uncertainty, and domestic vs. foreign firms[J]. Strategic Management Journal, 29（4）: 383-400.

Li Y, Chen H, Liu Y, et al. 2014. Managerial ties, organizational learning, and opportunity capture: a social capital perspective[J]. Asia Pacific Journal of Management, 31（1）: 271-291.

Li Y, Zahra S A. 2012. Formal institutions, culture, and venture capital activity: a cross-country analysis[J]. Journal of Business Venturing, 27（1）: 95-111.

Li Y, Zhao Y, Tan J, et al. 2008. Moderating effects of entrepreneurial orientation on market orientation-performance linkage: evidence from Chinese small firms[J]. Journal of Small Business Management, 46（1）: 113-133.

Liao J, Kickul J R, Ma H. 2009. Organizational dynamic capability and innovation: an empirical examination of internet firms[J]. Journal of Small Business Management, 47（3）: 263-286.

Littunen H. 2000. Networks and local environmental characteristics in the survival of new firms[J]. Small Business Economics, 15（1）: 59-71.

Lomi A, Larsen E R, Ginsberg A. 1997. Adaptive learning in organizations: a system dynamics-based exploration[J]. Journal of Management, 23（4）: 561-582.

Low M B, Macmillan I C. 1998. Entrepreneurship: past research and future challenges[J]. Journal of Management Official Journal of the Southern Management Association, 14（2）: 139-161.

Lu J W, Xu D. 2006. Growth and survival of international joint ventures: an external-internal legitimacy perspective[J]. Journal of Management, 32: 426-448.

Lumpkin G T, Dess G G. 1996. Clarifying the entrepreneurial orientation construct and linking it to performance[J]. Academy of Management Review, 21（1）: 135-172.

Lumpkin G T, Lichtenstein B B. 2005. The role of organizational learning in the opportunity-recognition process[J]. Entrepreneurship Theory and Practice, 29（4）：451-472.

Luo Y, Huang Y, Wang S L. 2012. Guanxi and organizational performance: a meta-analysis[J]. Management & Organization Review, 8（1）：139-172.

Luthans F, Stajkovic A D, Ibrayeva E. 2000. Environmental and psychological challenges facing entrepreneurial development in transitional economies[J]. Journal of World Business, 35（1）：95-110.

Lyles M A, Saxton T, Watson K. 2004. Venture survival in a transitional economy[J]. Journal of Management, 30（3）：351-375.

Macpherson A, Jones O. 2008. Object-mediated learning and strategic renewal in a mature organization[J]. Management Learning, 39（2）：177-201.

Maguire S. 1999. Strategy as design: a fitness landscape framework[C]//Lissack M, Gunz H. Managing Complexity in Organizations: A View in Many Directions. Westport, CT: Quorum Books.

Maguire S, Lawrence H T B. 2004. Institutional entrepreneurship in emerging fields: HIV/AIDS treatment advocacy in Canada[J]. The Academy of Management Journal, 47（5）：657-679.

Makadok R. 2001. Toward a synthesis of the resource-based and dynamic-capability views of rent creation[J]. Strategic Management Journal, 22（5）：387-401.

Man T W Y, Lau T. 2000. Entrepreneurial competencies of SME owner/managers in the HongKong services sector: a qualitative analysis [J]. Journal of Enterprising Culture, 8（3）：235-254.

Man T W Y, Lau T, Chan K F. 2002. The competitiveness of small and medium enterprises: a conceptualization with focus on entrepreneurial competencies[J]. Journal of Business Venturing, 17（2）：123-142.

Man T W Y, Lau T, Chan K F. 2008. Home-grown and abroad-bred entrepreneurs in China: a study of the influences of external context on entrepreneurial competencies[J]. Journal of Enterprising Culture, 16（2）：113-132.

Manolis K, Becher H, Benn T, et al. 1997. Cancer mortality in workers exposed to phenoxy herbicides, chlorophenols, and dioxins an expanded and updated international cohort study[J]. American Journal of Epidemiology, 145（12）：1061-1075.

March J G. 1991. Exploration and exploitation in organizational learning[J]. Organization Science, 2（1）：71-87.

María Martínez-León I, Martínez-García J A. 2011. The influence of organizational structure on rganizational learning[J]. International Journal of Manpower, 32（5）：537-566.

Maritz R, Pretorius M, Plant K. 2011. Exploring the interface between strategy-making and responsible leadership[J]. Journal of Business Ethics, 98（1）：101-113.

Markman G D, Baron R A. 2004. Person-entrepreneurship fit: why some people are more successful as entrepreneurs than others.[J]. Human Resource Management Review, 13（2）: 281-301.

Mason C, Brown R. 2014. Entrepreneurial ecosystems and growth oriented entrepreneurship[J]. Final Report to OECD, Paris, 30（1）: 77-102.

McAfee A, Brynjolfsson E. 2012. Big data: the management revolution[J]. Harvard Business Review, 90（10）: 60-68, 128.

McDougall P P. 1989. International versus domestic entrepreneurship: new venture strategic behavior and industry structure[J]. Journal of Business Venturing, 4（6）: 387-400.

McGrath M E. 1995. Product Strategy for High-Technology Companies: How to Achieve Growth, Competitive Advantage, and Increased Profits[M]. New York: Richard D. Irwin, Inc.

Meyer J P, Allen N J. 1997. Commitment in the Workplace: Theory, Research and Application[M]. London: Sage Publications.

Meyer J W, Rowan B. 1977. Institutionalized organizations: formal structure as myth and ceremony[J]. American journal of sociology, 83（2）: 340-363.

Meyer K E. 2001. Institutions, transaction costs, and entry mode choice in Eastern Europe[J]. Journal of International Business Studies, 32（2）: 357-367.

Mike R E, Snow C C, Meyer A D, et al. 1978. Organizational strategy, structure, and process.[J]. Academy of Management Review, 3（3）: 546-562.

Milanov H, Fernhaber S A. 2009. The impact of early imprinting on the evolution of new venture networks[J]. Journal of Business Venturing, 24（1）: 46-61.

Miles S J, Mangold G. 2002. The impact of team leader performance on team members' satisfaction: the subordinate's perspective[J]. Team Performance Management: An International Journal, 8（5~6）: 113-121.

Milgrom P, Roberts J. 1995. Complementarities and fit strategy, structure, and organizational change in manufacturing[J]. Journal of Accounting & Economics, 19（2~3）: 179-208.

Miller A, Camp B. 1985. Exploring determinants of success in corporate ventures[J]. Journal of Business Venturing, 1（2）: 87-105.

Miller K D. 2007. Risk and rationality in entrepreneurial processes[J]. Strategic Entrepreneurship Journal, 1（1~2）: 57-74.

Miller K D, Zhao E, Calantone R J. 2006. Adding interpersonal learning and tacit knowledge to march's exploration-exploitation model[J]. Academy of Management Journal, 49（4）: 709-722.

Milliken F J. 1987. Three types of perceived uncertainty about the environment: state, effect, and response uncertainty.[J]. Academy of Management Review, 12（1）: 133-143.

Miner A S, Bassoff P, Moorman C. 2001. Organizational improvisation and learning: a field study[J]. Administrative Science Quarterly, 46（2）: 304-337.

Minniti M, Bygrave W A. 2001. dynamic model of entrepreneurial learning[J]. Entrepreneurship Theory and Practice, 25（3）: 5-16.

Mintzberg H. 1973. Strategy-making in three modes[J]. California Management Review, 16（2）: 44-53.

Mintzberg H. 1978. Patterns in strategy formation[J]. Management Science, 24（9）: 934-948.

Mintzberg H. 1994. Rise and fall of strategic planning[J]. Bloomsbury Business Library-Management Library, 3（100）: 93-106.

Mintzberg H, Ahlstrand B, Lampel J. 1998. Strategy Safary[M]. New York: The Free Press.

Mintzberg H, McHugh A. 1985. Strategy formation in an adhocracy[J]. Administrative Science Quarterly, 30（2）: 160-197.

Mintzberg H, Waters J A. 1985. Of strategies, deliberate and emergent[J]. Strategic Management Journal, 6（3）: 257-272.

Mirabeau L, Maguire S. 2004. From autonomous strategic behavior to emergent strategy[J]. Strategic Management Journal, 35（8）: 1202-1229.

Misangyi V F, Elms W H. 2008. Ending corruption: the interplay among institutional logics, resources, and institutional entrepreneurs[J]. The Academy of Management Review, 33（3）: 750-770.

Mitchell R K, Busenitz L W, Bird B, et al. 2007. The central question in entrepreneurial cognition research 2007[J]. Entrepreneurship Theory & Practice, 31（1）: 1-27.

Mitchelmore S, Rowley J. 2010. Entrepreneurial competencies: a literature review and development agenda[J]. International Journal of Entrepreneurial Behaviour & Research, 16（2）: 92-111.

Montgomery C A. 1996. Resource-based and Evolutionary Theories of the Firm: Towards a Synthesis[M]. 2nd ed. Boston: Kluwer Academic Publishers.

Moore J F. 1993. Predators and prey: a new ecology of competition[J]. Harvard Business Review, 71（3）: 75.

Moorman C, Slotegraaf R J. 1999. The contingency value of complementary capabilities in product development[J]. Journal of Marketing Research, 36（2）: 239-257.

Morris M H, Vuuren J V, Cornwall J R, et al. 2009. Properties of balance: a pendulum effect in corporate entrepreneurship[J]. Business Horizons, 52（5）: 0-440.

Mosakowski E. 1998. Entrepreneurial resources, organizational choices and competitive outcomes[J]. Organization Science, 9（6）: 625-643.

Murray J A. 1984. A concept of entrepreneurial strategy[J]. Strategic Management Journal, 5（1）:

1-13.

Muthuveloo R, Rose R C. 2005. Typology of organizational commitment[J]. American Journal of Applied Science, 2（6）: 1078-1981.

Muzychenko O. 2008. Cross-cultural entrepreneurial competence in identifying international business opportunities[J]. European Management Journal, 26（6）: 366-377.

Nag R, Gioia D. 2012. From common to uncommon knowledge: foundations of firm-specific use of knowledge as a resource[J]. Academy Of Management Journal, 55（2）: 421-457.

Nambisan S. 2017. Digital Entrepreneurship: Toward a Digital Technology Perspective of Entrepreneurship[J]. Entrepreneurship Theory and Practice, 41（6）: 1029-1055.

Nelson J M, Tilly C, Walker L. 1997. Transforming Post-Communist Political Economies[M]. New York: The National Academy Press.

Neugebauer F, Figge F, Hahn T. 2015. Planned or emergent strategy making? Exploring the formation of corporate sustainability strategies[J]. Business Strategy and the Environment, published online.

Neuner F, Kurreck S, Ruf M, et al. 2010. Can asylum-seekers with posttraumatic stress disorder be successfully treated? A randomized controlled pilot study[J]. Cognitive Behaviour Therapy, 39（2）: 81-91.

Newbert S L. 2008. Value, rareness, competitive advantage, and performance: a conceptual-level empirical investigation of the resource-based view of the firm[J]. Strategic Management Journal, 29（7）: 745-768.

Nicholls-Nixon C L, Cooper A C, Woo C Y. 2000. Strategic experimentation: understanding change and performance in new ventures[J]. Journal of Business Venturing, 15（5）: 493-521.

Nonaka I. 1994. A dynamic theory of organizational knowledge creation[J]. Organization Science, 5（1）: 14-37.

North D C. 1990. Institutions, institutional change and economic performance: economic performance[J]. Economic Journal, 101（409）: 1587.

Nunnally J. 1978. Psychometric Methods[M]. New York: McGraw-Hill.

O'Reilly C A, Tushman M L. 2013. Organizational ambidexterity: past, present, and future[J]. Academy of Management Perspectives, 27（4）: 324-338.

Oberholster F R, Taylor J W. 1999. Spiritual experience and the organizational commitment[J]. Information, 2（1）: 57-78.

Oke A, Munshi N, Walumbwa F O. 2009. The influence of leadership on innovation processes and activities[J]. Organizational Dynamics, 38: 64-72.

Oldham G R, Cummings A. 1996. Employee creativity: personal and contextual factors at work[J]. Academy of Management Journal, 39: 607-634.

Pahnke E C, Katila R, Eisenhardt K M. 2015. Who takes you to the dance? How partners' institutional logics influence innovation in young firms[J]. Administrative Science Quarterly, 60（4）: 596-633.

Park S H, Luo Y. 2001. Guanxi and organizational dynamics: organizational networking in Chinese firms[J]. Strategic Management Journal, 22（5）: 455-477.

Park S, Bae Z T. 2004. New venture strategies in a developing country: Identifying a typology and examining growth patterns through case studies[J]. Journal of Business Venturing, 19（1）: 81-105.

Patel P C, Fiet J O. 2011. Knowledge combination and the potential advantages of family firms in searching for opportunities[J]. Entrepreneurship Theory and Practice, 35（6）: 1179-1197.

Patel P C, Jayaram J. 2014. The antecedents and consequences of product variety in new ventures: an empirical study[J]. Journal of Operations Management, 32（1）: 34-50.

Pearson J N, Smeltzer L R, Thomas G F. 1995. The relationship between planning and information source/media used by small firms[J]. Journal of Small Business Strategy, 6（1）: 35-52.

Pellegrino J M, McNaughton R B. 2017. Beyond learning by experience: the use of alternative learning processes by incrementally and rapidly internationalizing SMEs[J]. International Business Review, 26（4）: 614-627.

Peng M W. 2001. The resource-based view and international business[J]. Journal of Management, 27（6）: 803-829.

Peng M W, Heath P S. 1996. The growth of the firm in planned economies in transition: institutions, organizations, and strategic choice[J]. The Academy of Management Review, 21（2）: 492-528.

Peng M W, Luo Y D. 2000. Managerial ties and firm performance in a transition economy: the nature of a micro-macro link[J]. The Academy of Management Journal, 43（3）: 486-501.

Pennings J M. 1980. Environmental Influences on the Creation Process[M]. San Francisco: Jossey-Bass.

Penrose E T. 1959. The Theory of The Growth Ofthe Firm[M]. New York: Sharpe.

Perry J T, Chandler G N, Markova G. 2012. Entrepreneurial effectuation: a review and suggestions for future research[J]. Entrepreneurship Theory and Practice, 36（4）: 837-861.

Peteraf M A. 1993. The cornerstones of competitive advantage: a resource-based view[J]. Strategic Management Journal, 14（3）: 179-191.

Petkova A P. 2009. A theory of entrepreneurial learning from performance errors[J]. International Entrepreneurship and Management Journal, 5（4）: 345-367.

Pettigrew A M. 1990. Longitudinal field research on change: theory and practice[J]. Organization Science, 1（3）: 267-292.

Politis D. 2005. The process of entrepreneurial learning: a conceptual framework[J]. Entrepreneurship Theory & Practice, 29（4）: 399-424.

Popper K. 1972. Objective Knowledge. An Evolutionay Approach[M]. Oxford: Oxford U.P.

Porter M E. 1980. Competitive Strategy: Techniques for Analyzing Industries and Competitors[M]. New York: Free Press.

Porter M E. 1985. Competitive advantage: merging and the competence-based perspective[J]. Journal of Business & Industrial Marketing, 9（4）: 42-53.

Prahalad C K, Hamel G. 2005. The core competence of the corporation[J]. Harvard Business Review, 68（3）: 275-292.

Priem R L, Love L G, Shaffer M A. 2002. Executives' perceptions of uncertainty sources: a numerical taxonomy and underlying dimensions[J]. Journal of Management, 28（6）: 725-746.

Provance M, Carayannis E G. 2011. Agent-based simulation of new venture social and institutional embeddedness in regional sustainability of entrepreneurship[R]. Working Paper.

Rae D D. 2006. Entrepreneurial learning : a conceptual framework for technology-based enterprise[J]. Technology Analysis & Strategic Management, 18（1）: 39-56.

Rae D. 2017. Entrepreneurial learning: peripherality and connectedness[J]. International Journal of Entrepreneurial Behavior & Research, 23（3）: 486-503.

Rae D, Carswell M. 2000. Using a life-story approach in researching entrepreneurial learning: the development of a conceptual model and its Implications in the design of learning experiences[J]. Education and Training, 42（4/5）: 220-227.

Rae D, Carswell M. 2001. Towards a conceptual understanding of entrepreneurial learning[J]. Journal of Small Business and Enterprise Development, 8（2）: 150-158.

Ramachandran K, Ramnarayan S. 2005. Entrepreneurial orientation and networking: some Indian evidence[J]. Journal of Business Venturing, 8（6）: 513-524.

Rasmussen E, Mosey S, Wright M. 2011. The evolution of entrepreneurial competencies: a longitudinal study of university spin-off venture emergence[J]. Journal of Management Studies, 48（6）: 1314-1345.

Rasmussen L, Nielsen T. 2004. Entrepreneurial capabilities: is entrepreneurship action research in disguise? [J]. Ai & Society, 18（2）: 100-112.

Rea D. 2006. Entrepreneurial leaning: a conceptual framework for technology based enterprise[J]. Technology Analysis & Strategic Management, 18（1）: 39-56.

Read S, Dew N, Sarasvathy S D, et al. 2009. Marketing under uncertainty: the logic of an effectual approach[J]. Journal of Marketing, 73（3）: 1-18.

Read S, Song M, Smit W. 2009. A meta-analytic review of effectuation and venture performance[J]. Journal of Business Venturing, 24（6）: 573-587.

Reymen I M M J, Andries P, Berends H, et al. 2015. Understanding dynamics of strategic decision making in venture creation: a process study of effectuation and causation[J]. Strategic Entrepreneurship Journal, 9（4）: 351-379.

Riaz T, Akram M U, Ijaz H. 2011. Impact of transformational leadership style on affective employees' commitment: an empirical study of banking sector in Islamabad（Pakistan）[J]. The Journal of Commerce, 3（1）, 43-51.

Rice R E, Rogers E M. 1980. Reinvention in the innovation process[J]. Knowledge, 1（4）: 499-514.

Robinson P B, Stimpson D V, Huefner J C, et al. 1991. An Attitude Approach to the Prediction of Entrepreneurship[M]. Entrepreneurship: Theory & Practice.

Rooks G, Klyver K, Sserwanga A. 2016. The context of social capital: a comparison of rural and urban entrepreneurs in Uganda[J]. Entrepreneurship Theory & Practice, 40（1）: 111-130.

Rosti L, Chelli F. 2005. Gender discrimination, entrepreneurial talent and self-employment [J]. Small Business Economics,（24）: 131-142.

Rowden R W, Conine Jr C T. 2005. The impact of workplace learning on job satisfaction in small US commercial banks[J]. Journal of Workplace Learning, 17（4）: 215-230.

Ruef M, Aldrich H E, Carter N M. 2003. The structure of founding teams: homophily, strong ties, and isolation among US entrepreneurs [J]. American Sociological Review, 68（2）: 195-222.

Rule E G, Irwin D W. 1993. Fostering intrapreneurship: the new competitive edge[J]. Journal of Business Strategy, 9（3）: 44-47.

Rummel R J. 1988. Applied Factor Analysis[M]. Evanston: Northwestern University Press.

Runhaar H A C, Dieperink C, Driessen P P J. 2006. Policy analysis for sustainable development. The toolbox for the environmental social scientist[J]. International Journal of Sustainability in Higher Education, 7（1）: 34-56.

Runhaar P, Brinke D, Kuijpers M, et al. 2014. Exploring the links between interdependence, team learning and a shared understanding among team members: the case of teachers facing an educational innovation[J]. Human Resource Development International, 17（1）: 67-87.

Saari L M, Judge T A. 2004. Employee attitudes and job satisfaction[J]. Human Resource Management, 43（4）: 395-407.

Samuelsson M, Davidsson P. 2009. Does venture opportunity avriation matter? Systematic process differences between innoimitative new ventures[J]. Small Business Economics, 33（2）: 229-255.

Sánchez A M, Criado M, Martinez M. 2009. The decision to use alliances as corporate

entrepreneurship: the role of resources and skills[J]. Group Decision and Negotiation, 18 (5):
431-448.

Sánchez J C. 2011. University training for entrepreneurial competencies: Its impact on intention of
venture creation [J]. International Entrepreneurship and Management Journal, 7: 239-254.

Sanchez R. 2004. Creating modular platforms for strategic flexibility[J]. Design Management
Review, 15 (1): 58-67.

Sandberg W R, Hofer C W. 1987. Improving new venture performance: the role of strategy,
industry structure, and the entrepreneur[J]. Journal of Business venturing, 2 (1): 5-28.

Sarason Y, Dean T, Dillard J F. 2006. Entrepreneurship as the nexus of individual and
opportunity: a structuration view[J]. Journal of Business Venturing, 21 (3): 286-305.

Sarasvathy S D. 2001. Causation and effectuation: toward a theoretical shift from economic
inevitability to entrepreneurial contingency[J]. Academy of Management Review, 26 (2):
243-263.

Sarasvathy S D. 2008. Effectuation: Elements of Entrepreneurial Expertise[M]. Camberley:
Edward Elgar Publishing.

Sarasvathy S D, Dew N, Read S, et al. 2008. Designing organizations that design environments:
lessons from entrepreneurial expertise[J]. Organization Studies, 29 (3): 331-350.

Sarasvathy S D, Dew N, Velamuri S R, et al. 2010. Three Views of Entrepreneurial
Opportunity[M]. New York: Springer.

Sarasvathy S D, Kumar K, York J G, et al. 2014. An effectual approach to international
entrepreneurship: overlaps, challenges, and provocative possibilities[J]. Entrepreneurship
Theory and Practice, 38 (1): 71-93.

Schelfhout W, Bruggeman K, de Mayer S. 2016. Evaluation of entrepreneurial competence
through scaled behavioural indicators: validation of an instrument[J]. Studies in Educational
Evaluation, 51: 29-41.

Schiffmann R, Ries M, Timmons M, et al. 2005. Long-term therapy with agalsidase alfa for fabry
disease: safety and effects on renal function in a home infusion setting[J]. Nephrology Dialysis
Transplantation, 21 (2): 345-354.

Schuler D A. 1996. Corporate political strategy and foreign competition: the case of the steel
industry[J]. Academy of Management Journal, 39 (3): 720-737.

Schumpeter J. 1934. The Theory of Economic Development[M]. Cambridge: Harvard University
Press.

Scott W R. 2001. Institutions and Organizations[M]. Thousand Oaks: Sage Publications.

Senyard J, Baker T, Steffens P, et al. 2014. Bricolage as a path to innovativeness for resource-
constrained new firms[J]. Journal of Product Innovation Management, 31 (2): 211-230.

Sessa V I, London M. 2011. Adaptive, generative, and transformative learning in project teams[J]. Team Performance Management, 17（3~4）: 146-167.

Sexton D L, Bowman N. 1986. Validation of a personality index: comparative psychological characteristics analysis of female entrepreneurs, managers, entrepreneurship students, and business students[J]. Frontiers of Entrepreneurship Research, 3: 173-186.

Shalley C E, Perry-Smith J E. 2008. The emergence of team creative cognition: the role of diverse outside ties, sociocognitive network centrality, and team evolution[J]. Strategic Entrepreneurship Journal, 2（1）: 23-41.

Shamir B, House R J, Arthur M B. 1993 The motivational effects of charismatic leadership: a self self-concept theory[J]. Organizational Science, 4（4）: 577-594.

Shane S A. 2003. A General Theory of Entrepreneurship: The Individual-Opportunity Nexus[M]. Northampton: Edward Elgar.

Shane S. 2000. Prior knowledge and the discovery of entrepreneurial opportunities[J]. Organization Science, 11（4）: 448-469.

Shane S. 2002. Selling university technology: patterns from MIT[J]. Management Science, 48（1）: 122-137.

Shane S. 2012. Reflections on the 2010 AMR decade award: delivering on the promise of entrepreneurship as a field of research[J]. Academy of Management Review, 37（1）: 10-20.

Shane S, Venkataraman S. 2000. The promise of entrepreneurship as a field of research[J]. Academy of Management Review, 25（1）: 217-226.

Shaver K G. 2010. The Social Psychology of Entrepreneurial Behavior[M]. New York: Springer.

Shaver K G, Scott L R. 1991. Person, process, choice: the psychology of new venture Creation[J]. Entrepreneurship & Regional Development, 27（2）: 23-45.

Sheng M L, Chien I. 2016. Rethinking organizational learning orientation on radical and incremental innovation in high-tech firms[J]. Journal of Business Research, 69（6）: 2302-2308.

Sheng S, Zhou K Z, Li J J. 2013. The effects of business and political ties on firm performance: evidence from China[J]. Journal of Marketing, 75（1）: 1-15.

Shenkar O. 2000. Institutional distance and the multinational enterprise[J]. Academy of Management Review, 27（4）: 608-618.

Shepherd D A. 2011. Multilevel entrepreneurship research: opportunities for studying entrepreneurial decision making[J]. Journal of Management, 37（2）: 412-420.

Shepherd D A, Douglas E J, Shanley M. 2000. New venture survival: ignorance, external shocks, and risk reduction strategies [J]. Journal of Business Venturing, 15（5）: 393-410.

Shim J, Bliemel M J, Choi M. 2014. From words to models: a bibliometric approach to designing agent-based models in entrepreneurship[C]//74th Annual Meeting of the Academy of Management. Philadelphia: Pennsylvania Convention Center.

Shin S J, Zhou J. 2003. Transformational leadership, conservation, and creativity: evidence from Korea[J]. Academy of Management Journal, 46: 703-714.

Shrivastava P, Grant J H. 1985. Empirically derived models of strategic decision-making processes[J]. Strategic Management Journal, 6（2）: 97-113.

Simsek Z, Heavey C, Veiga J F, et al. 2009. A typology for aligning organizational ambidexterity's conceptualizations, antecedents, and outcomes[J]. Journal of Management Studies, 46（5）: 864-894.

Singh J. 2000. Performance productivity and quality of frontline employees in service organizations[J]. Professor of Marketing, 64（2）: 15-34.

Singh R P. 2001. A comment on developing the field of entrepreneurship through the study of opportunity recognition and exploitation[J]. Academy of Management Review, 26（1）: 10-12.

Sinkula J M, Baker W E, Noordewier T. 1997. A framework for market-based organizational learning: linking values, knowledge, and behavior[J]. Journal of the Academy of Marketing Science, 25（4）: 305-318.

Sirén C, Hakala H, Wincent J, et al. 2016. Breaking the routines: entrepreneurial orientation, strategic learning, firm size, and age[J]. Long Range Planning, 50（2）: 145-167.

Sirmon D G, Gove S, Hitt M A. 2008. Resource management in dyadic competitive rivalry: the effects of resource bundling and deployment[J]. Academy of Management Journal, 51（5）: 919-935.

Sirmon D G, Hitt M A. 2003. Managing resources: linking unique resources, management, and wealth creation in family firms[J]. Entrepreneurship Theory & Practice, 27（4）: 339-358.

Sirmon D G, Hitt M A, Ireland R D. 2007. Managing firm resources in dynamic environments to create value: looking inside the black box[J]. Academy of Management Review, 32（1）: 273-292.

Siu W S, Bao Q. 2008. Network strategies of small Chinese high-technology firms: a qualitative study[J]. Journal of Product Innovation Management, 25（1）: 79-102.

Slotte-Kock S, Coviello N. 2010. Entrepreneurship research on network processes: a review and ways forward[J]. Entrepreneurship Theory and Practice, 34（1）: 31-57.

Smith B R, Matthews C H, Schenkel M T. 2009. Differences in entrepreneurial opportunities: the role of tacitness and codification in opportunity identification[J]. Journal of Small Business Management, 47（1）: 38-57.

Snihur Y B. Reiche S, Quintane E. 2017. Sustaining actor engagement during the opportunity development process[J]. Strategic Entrepreneurship Journal, （11）1: 1-17.

Sobel R S. 2008. Testing baumol: institutional quality and the productivity of entrepreneurship[J]. Journal of Business Venturing, 23（6）: 641-655.

Sonenshein S. 2014. How organizations foster the creative use of resources[J]. Academy of Management Journal, 57（3）: 814-848.

Song X M, Parry M E. 1994. The dimensions of industrial new product success and failure in state enterprises in the People's Republic of China[J]. Journal of Product Innovation Management, 11（2）: 105-118.

Sorenson R L, Folker C A, Brigham K H. 2008. The collaborative network orientation: achieving business success through collaborative relationships[J]. Entrepreneurship Theory & Practice, 32（4）: 615-634.

Spector R. 1997. Job Satisfaction: Application, Assessment, Causes and Consequences[M]. Thousand Oaks, CA: Sage.

Stabell C B, Fjeldstad Ø D. 1998. Configuring value for competitive advantage: on chains, shops, and networks[J]. Strategic Management Journal, 19（5）: 413-437.

Stacy R. 1995. The science of complexity: an alternative perspective for strategic change processes[J]. Strategic Management Journal, 16（6）: 477-495.

Starr J A, MacMillan I C. 1990. Resource cooptation via social contracting: resource acquisition strategies for new ventures[J]. Strategic Management Journal, 11: 79-92.

Stevenson H H, Jarillo J C. 1990. A paradigm of entrepreneurship: entrepreneurial management[J]. Strategic Management Journal, 11: 17-27.

Stewart W H, Watson W E, Carland J C, et al. 1999. A proclivity for entrepreneurship: a comparison of entrepreneurs, small business owners, and corporate managers[J]. Journal of Business Venturing, 14（2）: 189-214.

Stinchcombe A L. 2002. Social structure and organizations[J]. Advances in Strategic Management, 17（17）: 229-259.

Su Z F, Li J Y, Yang Z P, et al. 2011. Exploratory learning and exploitative learning in different organizational structures[J]. Asia Pacific Journal of Management, 28（4）: 697-714.

Su Z, Xie E, Wang D. 2015. Entrepreneurial orientation, managerial networking, and new venture performance in China[J]. Journal of Small Business Management, 53（1）: 228-248.

Suchman M C. 1995. Managing legitimacy: strategic and institutional approaches[J]. Academy of management review, 20（3）: 571-610.

Suddaby R, Bruton G D, Si S X. 2015. Entrepreneurship through a qualitative lens: Insights on the construction and/or discovery of entrepreneurial opportunity[J]. Journal of Business Venturing, 30（1）: 1-10.

Sutanto E M. 2017. The influence of organizational learning capability and organizational creativity on organizational innovation of Universities in East Java, Indonesia[J]. Asia Pacific Management Review, 22（3）: 128-135.

Suzuki K I, Kim S H, Bae Z T. 2002. Entrepreneurship in Japan and Silicon Valley: a comparative study[J]. Technovation, 22（10）: 595-606.

Swart J, Kinnie N. 2007. Simultaneity of learning orientations in a marketing agency[J]. Management Learning, 38（3）: 337-357.

Symeonidou N, Bruneel J, Autio E. 2017. Commercialization strategy and internationalization outcomes in technology-based new ventures[J]. Journal of Business Venturing, 32（3）: 302-317.

Tajeddini K. 2009. The impact of learning orientation on NSD and hotel performance: evidence from the hotel industry in Iran. education[J]. Business and Society: Contemporary Middle Eastern Issues, 2（4）: 262-275.

Tan B, Pan S L, Lu X, et al. 2009. Leveraging Digital Business Ecosystems for Enterprise Agility: The Tri-Logic Development Strategy of Alibaba.com[C]//Proceedings of the International Conference on Information Systems, ICIS 2009, Phoenix, Arizona, USA, December: 15-18.

Tan J J, Litsschert R J. 1994. Environment-strategy relationship and its performance implications: an empirical study of the chinese electronics industry[J]. Strategic Management Journal, 15（1）: 1-20.

Tan J, Fischer E, Mitchell R, et al. 2009. At the center of the action: innovation and technology strategy research in the small business setting[J]. Journal of Small Business Management, 47（3）: 233-262.

Tang Z, Tang J. 2012. Entrepreneurial orientation and SME performance in China's changing environment: the moderating effects of strategies[J]. Asia Pacific Journal of Management, 29（2）: 409-431.

Teece D J. 2007. Explicating dynamic capabilities: the nature and microfoundations of（sustainable）enterprise performance[J]. Strategic Management Journal, 28（13）: 1319-1350.

Teece D J. 2011. Dynamic Capabilities and Strategic Management: Organizing for Innovation and Growth[M]. Oxford: Oxford University Press.

Teece D J. 2012. Dynamic capabilities: routines versus entrepreneurial action[J]. Journal of Management Studies, 49（8）: 1395-1401.

Teece D J. 2017. A capability theory of the firm: an economics and（strategic）management perspective[J]. New Zealand Economic Papers, 53（1）: 1-43.

Teece D, Pisano G. 1994. The dynamic capabilities of firms: an introduction[J]. Industrial &

Corporate Change, 3（3）: 537-556.

Teece D, Pisano G, Shuen A. 1997. Dynamic capabilities and strategic management[J]. Strategic Management Journal, 18（7）: 509-533.

Thiele I, Swainston N, Fleming R M T, et al. 2013. A community-driven global reconstruction of human metabolism[J]. Nature Biotechnology, 31（5）: 419-425.

Thompson J L. 2004. The facets of the entrepreneur: identifying entrepreneurial potential[J]. Management Decision, 42（2）: 243-258.

Thompson M, Heron P. 2005. The difference a manager can make: organizational justice and knowledge worker commitment[J]. International Journal of Human Resource Management, 16（3）: 383-404.

Timmons J A. 1982. The Encyclopedia of Small Business Resources[M]. New York: Harper & Row.

Timmons J A, Spinelli S. 2008. New Venture Creation: Entrepreneurship for the 21st Century[M]. New York: McGraw-Hill.

Tocher N, Oswald S L, Hall D J. 2015. Proposing social resources as the fundamental catalyst toward opportunity creation[J]. Strategic Entrepreneurship Journal, 9（2）: 119-135.

Toft-Kehler R V, Wennberg K, Kim P H. 2016, A little bit of knowledge is a dangerous thing: entrepreneurial experience and new venture disengagement[J]. Journal of Business Venturing Insights, 6（12）: 36-46.

Tolstoy D. 2009. Knowledge combination and knowledge creation in a foreign-market network[J]. Journal of Small Business Management, 47（2）: 202-220.

Townsend D M, Busenitz L W. 2015. Turning water into wine? Exploring the role of dynamic capabilities in early-stage capitalization processes[J]. Journal of Business Venturing, 30（2）: 292-306.

Tsai K H, Hsu T T. 2014. Cross-functional collaboration, competitive intensity, knowledge integration mechanisms, and new product performance: a mediated moderation model[J]. Industrial Marketing Management, 43（2）: 293-303.

Tsai W. 2001. Knowledge transfer in intraorganizational networks: effects of network position and absorptive capacity on business unit innovation and performance[J]. Academy of Management Journal, 44（5）: 996-1004.

Tsang E W K. 1998. Can guanxi be a source of sustained competitive advantage for doing business in China?[J]. Academy of Management Perspectives, 12（2）: 64-73.

Tseng H C, Kang L M. 2008. How does regulatory focus affect uncertainty towards change? [J]. Leadership and Organization Development Journal, 29（8）: 713-731.

Tsui A S, Farh J L. 1997. Where guanxi matters: relational demography and guanxi in the Chinese context[J]. Work & Occupations, 24（1）: 56-79.

Tsui A S, Nifadkar S S, Ou A Y. 2007. Cross-national, cross-cultural organizational behavior research: advances, gaps, and recommendations[J]. Journal of Management, 33（3）: 426-478.

Tugade M M, Fredrickson B L, Feldman B L. 2004. Psychological resilience and positive emotional granularity: examining the benefits of positive emotions on coping and health[J]. Journal of personality, 72（6）: 1161-1190.

Tumasjan A, Welpe I, Spörrle M. 2013. Easy now, desirable later: the moderating role of temporal distance in opportunity evaluation and exploitation[J]. Entrepreneurship Theory and Practice, 37（4）: 859-888.

Tung R L. 1979. Dimensions of organizational environments: an exploratory study of their impact on organization structure[J]. Academy of Management Journal, 22（4）: 672-693.

Tyebjee T T, Bruno A V. 1984. A model of venture capitalist investment activity[J]. Management Science, 30（9）: 1051-1066.

Tzabbar D, Aharonson B S, Amburgey T L. 2013. When does tapping external sources of knowledge result in knowledge integration? [J]. Research Policy, 42（2）: 481-494.

Ucbasaran D, Westhead P, Wright M. 2009. The extent and nature of opportunity identification by experienced entrepreneurs[J]. Journal of Business Venturing, 24（2）: 99-115.

Uhlenbruck K, Meyer K E, Hitt M A. 2003. Organizational transformation in transition economies: resource-based and organizational learning perspectives[J]. Journal of Management Studies, 40（2）: 257-282.

Ulrich D. 1998. Intellectual capital equals competence x commitment[J]. Sloan Management Review, 39（2）: 15-26.

Valaei N, Rezaei S, Wan K W I. 2016. Examining learning strategies, creativity, and innovation at SMEs using fuzzy set qualitative comparative analysis and PLS path modeling[J]. Journal of Business Research, 70（1）: 224-233.

van Den Hooff B, de Ridder J A. 2004. Knowledge sharing in context: the influence of organizational commitment, communication climate and CMC use on knowledge sharing[J]. Journal of knowledge management, 8（6）: 117-130.

Velean D, Shoham A, Asseraf Y. 2014. Conceptualization of MILE orientation（market innovative learning entrepreneurial）for global businesses[J]. Procedia-Social and Behavioral Sciences, 109（2）: 837-840.

Verreynne M L, Meyer D. 2010. Small business strategy and the industry life cycle[J]. Small Business Economics, 35（4）: 399-416.

Verreynne M L, Meyer D, Liesch P. 2016. Beyond the formal-informal dichotomy of small firm strategy-making in stable and dynamic environments[J]. Journal of Small Business

Management, 54（2）: 420-444.

Vogel P. 2013. The employment outlook for youth: building entrepreneurship ecosystems as a way forward[C]. Conference Proceedings of the G20 Youth Forum.

Walsh J P, Ungson G R. 1991. Organizational memory[J]. Academy of Management Review, 16（1）: 57-91.

Wang C L. 2008. Entrepreneurial orientation, learning orientation, and firm performance[J]. Entrepreneurship Theory and Practice, 32（4）: 635-657.

Wang C L, Ahmed P K. 2007. Dynamic capabilities: a review and research agenda[J]. International Journal of Management Reviews, 9（1）: 31-51.

Wang C L, Chugh H. 2014. Entrepreneurial learning: past research and future challenges[J]. International Journal of Management Reviews, 16（1）: 24-61.

Wang L, Zajac E J. 2007. Alliance or acquisition? A dyadic perspective on interfirm resource combinations[J]. Strategic Management Journal, 28（13）: 1291-1317.

Wang P, Zhu W. 2011. Mediating role of creative identity in the influence of transformational leadership on creativity: is there a multilevel effect? [J]. Journal of Leadership & Organizational Studies, 18（1）25-39.

Wang Z, Liu T, Dai X Y. 2010. Effect of policy and entrepreneurship on innovation and growth: an agent-based simulation approach[J]. Studies in Regional Science, 40（1）: 19-26.

Wang Z, Yao Z X, Gu G X, et al. 2014. Multi-agent-based simulation on technology innovation-diffusion in China[J]. Papers in Regional Science, 93（2）: 385-408.

Watson J. 2007. Modeling the relationship between networking and firm performance[J]. Journal of Business Venturing, 22（6）: 852-874.

Webb J W, Ireland R D, Ketchen D J. 2014. Toward a greater understanding of entrepreneurship and strategy in the informal economy[J]. Strategic Entrepreneurship Journal, 8（1）: 1-15.

Webb W C, Marzluff J M, Omland K E. 2011. Random interbreeding between cryptic lineages of the Common Raven: evidence for speciation in reverse[J]. Molecular Ecology, 20（11）: 2390-2402.

Weick K E, Roberts K H. 1993. Collective mind in organizations: heedful interrelating on flight decks[J]. Administrative Science Quarterly, 38（3）: 357-381.

Welsch H P, Young E C. 1982. The information source selection decision: the role of entrepreneurial personality characteristics[J]. Journal of Small Business Management, 20（4）: 49-57.

Welter C, Kim S. 2018. Effectuation under risk and uncertainty: A simulation model[J]. Journal of Business Venturing, 33（1）: 100-116.

Welter C, Mauer R, Wuebker R J. 2016. Bridging behavioral models and theoretical concepts:

effectuation and bricolage in the opportunity creation framework[J]. Strategic Entrepreneurship Journal, 10（1）: 5-20.

Welter F, Smallbone D. 2011. Conceptualising entrepreneurship in a transition context[J]. International Journal of Entrepreneurship and Small Business, 3（2）: 165-184.

Wernerfelt B. 1984. A resource view of the firm[J]. Strategic Management Journal, 5（2）: 171-180.

Wernerfelt B. 1995. The resource-based view of the firm: ten years after[J]. Strategic Management Journal, 16（3）: 171-174.

West G P, Bamford C E, Marsden J W. 2008. Contrasting entrepreneurial economic development in emerging Latin American economies: applications and extensions of resource-based theory[J]. Entrepreneurship Theory and Practice, 32（1）: 15-36.

West G P, Wilson E V. 1995. A simulation of strategic decision making in situational stereotype conditions for entrepreneurial companies[J]. Simulation & Gaming, 26（3）: 307-327.

Wheelen T L, Hunger J D. 2011. Concepts in Strategic Management and Business Policy[M]. London: Pearson Education India.

Wiklund J, Shepherd D A. 2003. Knowledge-based resources, entrepreneurial orientation, and the performance of small and medium-sized businesses[J]. Strategic Management Journal, 24（13）: 1307-1314.

Wiklund J, Shepherd D A. 2008. Portfolio entrepreneurship: habitual and novice founders, new entry, and mode of organizing[J]. Entrepreneurship Theory & Practice, 32（4）: 701-725.

Williams C, Lee S H. 2009. Resource allocations, knowledge network characteristics and entrepreneurial orientation of multinational corporations[J]. Research Policy, 38（8）: 1376-1387.

Williamson O E. 1986. Vertical integration and related variations on a transaction-cost economics theme[C]//Stiglitz J E, Mathewson G F. New Developments in the Analysis of Market Structure: 149-176.

Wiltbank R, Dew N, Read S, et al. 2006. What to do next? The case for non-predictive strategy[J]. Strategic Management Journal, 27（10）: 981-998.

Winter S G. 2003. Understanding dynamic capabilities[J]. Strategic Management Journal, 24（10）: 991-995.

Withers M C, Drnevich P L, Marino L. 2011. Doing more with less: the disordinal implications of firm age for leveraging capabilities for innovation activity[J]. Journal of Small Business Management, 49（4）: 515-536.

Wu L Y. 2007. Entrepreneurial resources, dynamic capabilities and start-up performance of Taiwan's high-tech firms[J]. Journal of Business Research, 60（5）: 549-555.

Wu S Y, Ho M. 2009. An agent-based simulation of the opportunity creation process[A]. The 6th AGSE International Entrepreneurship Research Exchange[C]. AGSE.

Xin K R, Pearce J L. 1996. Guanxi: connections as substitutes for formal institutional support[J]. The Academy of Management Journal, 39（6）: 1641-1658.

Yamakawa Y, Peng M W, Deeds D L. 2008. What drives new ventures to internationalize from emerging to developed economies? [J]. Entrepreneurship Theory & Practice, 32（1）: 59-82.

Yang M H. 1994. Gifts, favors, and banquets: the art of social relationships in China[J]. Journal of Asian Studies, 56（3）: 789.

Yang S J S, Chandra Y. 2013. Growing artificial entrepreneurs: advancing entrepreneurship research using agent-based simulation approach[J]. International Journal of Entrepreneurial Behavior & Research, 19（2）: 210-237.

Yang Y, Narayanan V K, Zahra S. 2009. Developing the selection and valuation capabilities through learning: the case of corporate venture capital[J]. Journal of Business Venturing, 24（3）: 261-273.

Yencken J, Gillin M. 2003. Entrepreneurial capacity and the new technology-based small firm[C]. 16th Annual Conference of Small Enterprise Association of Australia and New Zealand.

Yin R K. 1994. Discovering the future of the case study method in evaluation research[J]. American Journal of Evaluation, 15（3）: 283-290.

Yin R K. 2010. Case study research: design and methods[J]. Journal of Advanced Nursing, 44（1）: 108-108.

Yiu D W, Lau C M. 2008. Corporate entrepreneurship as resource capital configuration in emerging market firms[J]. Entrepreneurship Theory & Practice, 32（1）: 37-57.

Yiu D, Makino S. 2002. The choice between joint venture and wholly owned subsidiary: an institutional perspective[J]. Organization Science, 13: 518-535.

Yli-Renko H, Autio E, Tontti V. 2002. Social capital, knowledge, and the international growth of technology-based new firms[J]. International Business Review, 11（3）: 279-304.

Young M N, Tsai T, Wang X, et al. 2014. Strategy in emerging economies and the theory of the firm[J]. Asia Pacific Journal of Management, 31（2）: 331-354.

Zahra S A. 1991. Predictors and financial outcomes of corporate entrepreneurship: an exploratory study[J]. Journal of Business Venturing, 6（4）: 259-285.

Zahra S A. 1993. A conceptual model of entrepreneurship as firm behavior a critique and extension[J]. Entrepreneurship Theory and Practice, 17（4）: 5-21.

Zahra S A. 1996. Technology strategy and new venture performance: a study of corporate-sponsored and independent biotechnology ventures[J]. Journal of business venturing, 11（4）: 289-321.

Zahra S A. 2008. The virtuous cycle of discovery and creation of entrepreneurial opportunities[J]. Strategic Entrepreneurship Journal, 2（3）: 243-257.

Zahra S A. 2012. Organizational learning and entrepreneurship in family firms: exploring the moderating effect of ownership and cohesion[J]. Small Business Economics, 38（1）: 51-65.

Zahra S A. 2015. Corporate entrepreneurship as knowledge creation and conversion: the role of entrepreneurial hubs[J]. Small Business Economics, 44（4）: 727-735.

Zahra S A, Abdelgawad S G, Tsang E W K. 2011. Emerging multinationals venturing into developed economies: implications for learning, unlearning, and entrepreneurial capability[J]. Journal of Management Inquiry, 20（3）: 323-330.

Zahra S A, Dess G G. 2001. Entrepreneurship as a field of research: encouraging dialogue and debate[J]. Academy of Management Review, 26（1）: 8-10.

Zahra S A, George G. 2002. Absorptive capacity: a review, reconceptualization, and extension[J]. Academy of Management Review, 27（2）: 185-203.

Zahra S A, Hayton J C, Salvato C. 2004. Entrepreneurship in family vs. non-family firms: a resource-based analysis of the effect of organizational culture[J]. Entrepreneurship Theory and Practice, 28（4）: 363-381.

Zahra S A, Ireland R D, Hitt M A. 2000. International expansion by new venture firms: International diversity, mode of market entry, technological learning, and performance[J]. Academy of Management Journal, 43（5）: 925-950.

Zahra S A, Korri J S, Yu J F. 2005. Cognition and international entrepreneurship: implications for research on international opportunity recognition and exploitation[J]. International Business Review, 14（2）: 129-146.

Zahra S A, Neubaum D O, El-Hagrassey G M. 2002. Competitive analysis and new venture performance: understanding the impact of strategic uncertainty and venture origin[J]. Entrepreneurship Theory and Practice, 27（1）: 1-28.

Zahra S A, Neubaum D O, Larrañeta B. 2007. Knowledge sharing and technological capabilities: the moderating role of family involvement[J]. Journal of Business research, 60（10）: 1070-1079.

Zahra S A, Nielsen A P. 2002. Sources of capabilities, integration and technology commercialization[J]. Strategic Management Journal, 23（5）: 377-398.

Zahra S A, Nielsen A P, Bogner W C. 1999. Corporate entrepreneurship, knowledge, and competence development[J]. Entrepreneurship Theory and Practice, 23（3）: 169-189.

Zahra S A, Sapienza H J, Davidsson P. 2006. Entrepreneurship and dynamic capabilities: a review, model and research agenda[J].Journal of Management Studies, 43（4）: 917-955.

Zampetakis L A, Moustakis V. 2007. Entrepreneurial behaviour in the Greek public sector[J].

International Journal of Entrepreneurial Behaviour & Research, 13（1）: 19-38.

Zhang J, Wong P K. 2008. Networks vs. market methods in high-tech venture fundraising: the impact of institutional environment[J]. Entrepreneurship & Regional Development, 20（5）: 409-430.

Zhang M, Tansuhaj P, McCullough J. 2009. International entrepreneurial capability: the measurement and a comparison between born global firms and traditional exporters in China[J]. Journal of International Entrepreneurship, 7（4）: 292-322.

Zhang W, White S. 2016. Overcoming the liability of newness: entrepreneurial action and the emergence of China's private solar photovoltaic firms[J]. Research Policy, 45（3）: 604-617.

Zhao H, Lu J. 2016. Contingent value of political capital in bank loan acquisition: evidence from founder-controlled private enterprises in China[J]. Journal of Business Venturing, 31（2）: 153-174.

Zhao Y B, Li Y, Lee S H, et al. 2011. Entrepreneurial orientation, organizational learning, and performance: evidence from China[J]. Entrepreneurship Theory Practice, 35（2）: 293-317.

Zheng W, Yang B, McLean G N. 2010. Linking organizational culture, structure, strategy, and organizational effectiveness: mediating role of knowledge management[J]. Journal of Business Research, 63（7）: 763-771.

Zhou J, Shalley C E. 2008. Expanding the scope andimpact of organizational creativity research[C]//Zhou J, Shalley C E. Handbook of Organizational Creativity. Mahwah: Erlbaum: 347-368.

Zhou K Z, Li C B. 2005. How does strategic orientation matter in Chinese firms?[J]. Asia Pacific Journal of Management, 24（4）: 447-466.

Zhou K Z, Poppo L. 2010. Exchange hazards, relational reliability, and contracts in China: the contingent role of legal enforceability[J]. Journal of International Business Studies, 41（5）: 861-881.

Zimmerman M A, Zeitz G J. 2002. Beyond survival: achieving new venture growth by building legitimacy[J]. Academy of management review, 27（3）: 414-431.

Zollo M, Winter S G. 2002. Deliberate learning and the evolution of dynamic capabilities[J]. Organization Science, 13（3）: 339-351.